JAZZ

JOHN FORDHAM

JAZZ

GESCHICHTE • INSTRUMENTE • MUSIKER • AUFNAHMEN

Christian Verlag

Vorwort

Es war mir ein Vergnügen, ein Vorwort zu diesem äußerst umfassenden und gehaltvollen Buch über mein Lieblingsthema – Jazz – beizusteuern. Es ist in der Tat überfällig, daß die vielen Mißverständnisse, die noch immer diese einzigartige Musik umgeben, beiseite geräumt werden. Dies ist John Fordham mit seinem kenntnisreichen, informativen und hervorragend lesbaren Text in bewundernswerter Weise gelungen. In diesem Buch wird der Leser zum erstenmal viele der besonderen Techniken demonstriert sehen, die bei der Erschaffung dieser magischen Musik verwendet werden. Es ist etwas für jeden dabei, vom Neuling bis zum Kenner. Jene, die neu zum Jazz kommen, werden von den unglaublichen Geschichten, die ihn umranken, ebenso in Bann gezogen werden, wie ich es einst wurde. Altgediente Fans werden durch die zahlreichen Querverweise und die Hinweise auf Schallplatten neue Einsichten über ihre Lieblingsmusiker gewinnen können. Für Studenten und Schüler wird dies eine unschätzbare Hilfe sein.
Als ich aufwuchs, gab es für meine Generation nichts Vergleichbares. Wir mußten unser Wissen Stück für Stück aufschnappen, wo wir es eben fanden. Das meiste lernten wir damals von Platten, bis wir alt genug waren, um in die Nachtclubs eingelassen zu werden, die, anders als heute, der einzige Ort waren, wo die Musik gespielt wurde. Doch schon bevor ich alt genug war, um gleichgesinnte Freunde zu haben, war für mich, der ich im New Yorker Stadtteil Harlem aufwuchs, Jazz bereits ein Teil meines Lebens geworden. Es war nicht nur die Musik, so großartig wie sie war, sondern auch das Gefühl von Wahrheit und Güte, das sie verkörperte – eine Art und Weise, die Leute zum Lächeln zu bringen und ihren Geist zu erquicken. Eine Weise, Können zu würdigen und dabei doch Intuition anzuerkennen. Eine Weise, sich darüber klarzuwerden, daß es tatsächlich einen Unterschied zwischen richtig und falsch, Wahrheit und Lüge, gut und böse gibt. Täuschen wir uns nicht: Der Jazz ist eine gewaltige Kraft für den Frieden und das Verständnis zwischen Nationen und Völkern, und unsere Welt würde ohne ihn ein viel unwirtlicherer Ort sein.
Ich wünschte, ich könnte beschreiben, was für ein Gefühl es wirklich ist, Jazz zu spielen. Soviel sei gesagt: Es gibt nichts, was der Euphorie und Herausforderung der Improvisation gleichkommt. Manchmal, wenn ich mitten in einem wirklich guten Konzert bin, schaltet mein Geist ganz von selbst auf Autopilot um, und ich erlebe, daß ich einfach dort stehe, während der Geist des Jazz quasi meinen Körper erfüllt und für mich die richtige Note, die richtige Phrase, die richtige Idee, das richtige Timing wählt. Ein tiefes spirituelles Erlebnis!
Es ist von nicht geringer Bedeutung, wenn wir heute sehen, daß sich eine immer größere Zahl junger Leute zum Jazz hingezogen fühlt. Ich beobachte diesen ermutigenden Trend nun schon seit über einem Jahrzehnt. Es stimmt mich froh, daß, während die Welt sich auf das neue Jahrhundert vorbereitet, manche der geistigen und politischen Führer von morgen die spirituelle Gewißheit des Jazz erfahren haben werden.
Zu guter Letzt möchte ich mir erlauben, im Namen meiner früheren und heutigen Kollegen zu sprechen, von denen viele großes Leid und schwere Entbehrungen auf sich nahmen, um uns ihre Musik zu geben. Ich bin mir sicher, daß sie über John Fordhams Buch ebenso froh wären, wie ich es bin. Ihnen allen – und es wäre eine lange Liste – sage ich: Danke, daß ihr uns Jazz gegeben habt, die universelle Musik.

Sonny Rollins

JOHN FORDHAM

JAZZ

GESCHICHTE • INSTRUMENTE • MUSIKER • AUFNAHMEN

Christian Verlag

Aus dem Englischen übersetzt und redaktionell bearbeitet
von Peter Niklas Wilson
Korrektur: Britta Fuss
Umschlaggestaltung: Graupner & Partner
Herstellung: Dieter Lidl
Satz: Fotosatz Völkl, Puchheim

Die Originalausgabe unter dem Titel *Jazz* wurde erstmals 1993
im Verlag Dorling Kindersley Limited, London, veröffentlicht

Design: Jane Bull, Shobha Mucha, Hazel Taylor
Fotos: Dave King, The Dorling Kindersley Studio

DK Ein Dorling Kindersley Buch

Druck und Bindung: New Interlitho, Mailand
Printed in Italy

ISBN 3-88472-251-4

Inhalt

EINLEITUNG

DIE GESCHICHTE DES JAZZ

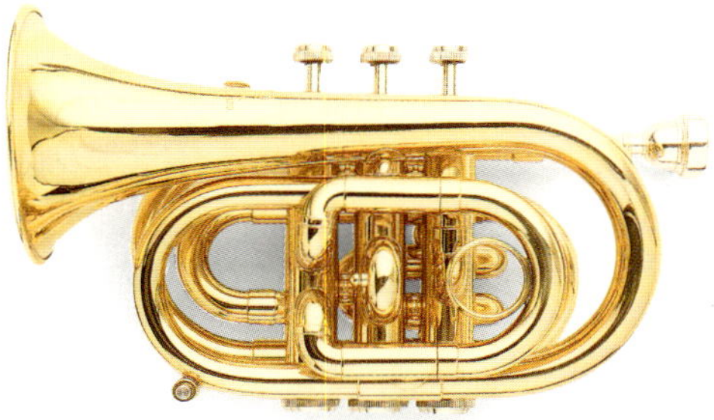

DIE INSTRUMENTE DES JAZZ

JAZZGRÖSSEN

DIE TECHNIKEN DES JAZZ

EIN PANORAMA KLASSISCHER AUFNAHMEN

Vorwort

Es war mir ein Vergnügen, ein Vorwort zu diesem äußerst umfassenden und gehaltvollen Buch über mein Lieblingsthema – Jazz – beizusteuern. Es ist in der Tat überfällig, daß die vielen Mißverständnisse, die noch immer diese einzigartige Musik umgeben, beiseite geräumt werden. Dies ist John Fordham mit seinem kenntnisreichen, informativen und hervorragend lesbaren Text in bewundernswerter Weise gelungen. In diesem Buch wird der Leser zum erstenmal viele der besonderen Techniken demonstriert sehen, die bei der Erschaffung dieser magischen Musik verwendet werden. Es ist etwas für jeden dabei, vom Neuling bis zum Kenner. Jene, die neu zum Jazz kommen, werden von den unglaublichen Geschichten, die ihn umranken, ebenso in Bann gezogen werden, wie ich es einst wurde. Altgediente Fans werden durch die zahlreichen Querverweise und die Hinweise auf Schallplatten neue Einsichten über ihre Lieblingsmusiker gewinnen können. Für Studenten und Schüler wird dies eine unschätzbare Hilfe sein.

Als ich aufwuchs, gab es für meine Generation nichts Vergleichbares. Wir mußten unser Wissen Stück für Stück aufschnappen, wo wir es eben fanden. Das meiste lernten wir damals von Platten, bis wir alt genug waren, um in die Nachtclubs eingelassen zu werden, die, anders als heute, der einzige Ort waren, wo die Musik gespielt wurde. Doch schon bevor ich alt genug war, um gleichgesinnte Freunde zu haben, war für mich, der ich im New Yorker Stadtteil Harlem aufwuchs, Jazz bereits ein Teil meines Lebens geworden. Es war nicht nur die Musik, so großartig wie sie war, sondern auch das Gefühl von Wahrheit und Güte, das sie verkörperte – eine Art und Weise, die Leute zum Lächeln zu bringen und ihren Geist zu erquicken. Eine Weise, Können zu würdigen und dabei doch Intuition anzuerkennen. Eine Weise, sich darüber klarzuwerden, daß es tatsächlich einen Unterschied zwischen richtig und falsch, Wahrheit und Lüge, gut und böse gibt. Täuschen wir uns nicht: Der Jazz ist eine gewaltige Kraft für den Frieden und das Verständnis zwischen Nationen und Völkern, und unsere Welt würde ohne ihn ein viel unwirtlicherer Ort sein.

Ich wünschte, ich könnte beschreiben, was für ein Gefühl es wirklich ist, Jazz zu spielen. Soviel sei gesagt: Es gibt nichts, was der Euphorie und Herausforderung der Improvisation gleichkommt. Manchmal, wenn ich mitten in einem wirklich guten Konzert bin, schaltet mein Geist ganz von selbst auf Autopilot um, und ich erlebe, daß ich einfach dort stehe, während der Geist des Jazz quasi meinen Körper erfüllt und für mich die richtige Note, die richtige Phrase, die richtige Idee, das richtige Timing wählt. Ein tiefes spirituelles Erlebnis!

Es ist von nicht geringer Bedeutung, wenn wir heute sehen, daß sich eine immer größere Zahl junger Leute zum Jazz hingezogen fühlt. Ich beobachte diesen ermutigenden Trend nun schon seit über einem Jahrzehnt. Es stimmt mich froh, daß, während die Welt sich auf das neue Jahrhundert vorbereitet, manche der geistigen und politischen Führer von morgen die spirituelle Gewißheit des Jazz erfahren haben werden.

Zu guter Letzt möchte ich mir erlauben, im Namen meiner früheren und heutigen Kollegen zu sprechen, von denen viele großes Leid und schwere Entbehrungen auf sich nahmen, um uns ihre Musik zu geben. Ich bin mir sicher, daß sie über John Fordhams Buch ebenso froh wären, wie ich es bin. Ihnen allen – und es wäre eine lange Liste – sage ich: Danke, daß ihr uns Jazz gegeben habt, die universelle Musik.

Sonny Rollins

Einleitung

Es gibt einen Augenblick auf Miles Davis' klassischer Platte *Kind of Blue*, der mindestens einem hervorragenden Musiker, den ich kenne, zum Schlüsselerlebnis wurde, das sein Leben bestimmte. Es gibt viele solcher Momente im Jazz, aber dieser sagt mehr über perfektes Timing, als es jedes Buch könnte oder als es in irgendeiner mir bekannten Notation festzuhalten ist. Es ist der Klang des ausgelassenen Herzschlags, des angehaltenen Atems, des plötzlichen Lächelns.

Dieser Moment kommt unvermittelt, nachdem der Kontrabaß leise und weich das Thema von *So What* gespielt hat. Als das Thema endet, hebt Miles Davis' Trompetensolo an, mit nur zwei Tönen, der zweite eine Oktave unter dem ersten. Der erste eindringliche Ton hängt ganz allein in einem ansonsten leeren Klangraum – einen Moment lang, der ewig zu währen scheint. Als er verklingt, schlägt der Schlagzeuger plötzlich sein Becken mit einem einzelnen, nachklingenden Schlag, der wie ein Blitz über einer halbdunklen Landschaft aufleuchtet, und die rasselnden Nieten des Beckens klingen weiter, während Davis' Trompete nonchalant zu swingen beginnt. Jedesmal, wenn man diese Stelle hört, klingt sie gleich selbstverständlich und verblüffend.

Es ist der Sound des Jazz.

Es ist ein Sound, der im Laufe dieses Jahrhunderts weltweit Unterschiede der Generationen, der Kulturen, der Sprache, der musikalischen Hintergründe überwunden hat. Er ist ein Amalgam afrikanischer und europäischer Musik, das nur in der Neuen Welt so vielgestaltig entstehen konnte. Er hat die Art und Weise, wie wir Musik hören, wie wir tanzen, wie wir sprechen, verändert. Und auch wenn es schmerzlich lange gedauert hat (zu lange, als daß es einige der großen Künstler der Vergangenheit noch erleben konnten), bis der Jazz als eine der phantasievollsten und inspirierendsten Entwicklungen unseres Jahrhunderts anerkannt worden ist, so wird er doch heute ob seines dynamischen Wesens immer mehr gewürdigt und geschätzt. Wurde das Werk Charlie Parkers oder Thelonious Monks seinerzeit von vielen abgelehnt oder belächelt, so wird es heute von so verschiedenen Musikern wie Prince und dem Kronos-Quartett als klassische Musik neu interpretiert. Als der große Schlagzeuger Art Blakey, fast siebzig Jahre alt und in seinen letzten aktiven Jahren, erlebte, wie Zuhörer, die jung genug waren, um seine Enkel zu sein, neue Tanzschritte zu einer Musik improvisierten, die er seit vierzig Jahren spielte, bewahrheitete sich das Diktum, das er Zeit seines Lebens wiederholt hatte: »Vom Schöpfer zum Künstler, direkt zum Publikum, das alles in Sekundenbruchteilen – das gibt es in keiner anderen Musik.«

Man kann den Jazz natürlich nicht entdecken, indem man ein Buch liest. Man muß ihn hören, im Konzert und auf Platte, um seine Euphorie, seinen Widerstandsgeist, seinen Witz und seine Energie wirklich zu erfassen. Aber der Jazz hat eine Geschichte, und sie und die einzigartigen Verfahren, die sich in ihrem Lauf entwickelten, sind die Themen von *Jazz*. Dieses Buch ist keine Erklärung des Jazz, aber vielleicht ein Führer zu einigen seiner Meilensteine. Es ist zugleich eine Hommage und ein Zeichen des Dankes – sowohl an die zahllosen Musiker, die den Jazz inspiriert haben, als auch an die vielen, die ihn zum Leben erweckt haben.

John Fordham

DUKE ELLINGTON
LAFF SENSATION
Dr Pepper
IN PERSON!

1

DIE GESCHICHTE DES JAZZ

Obwohl noch kein Jahrhundert alt, hat der Jazz doch schon so viele Wandlungen durchgemacht, daß die Bewunderer eines seiner Gesichter oft die anderen nicht einmal mehr als verwandte erkennen. Vom derben, ironischen ländlichen Blues bis zur atemberaubenden Präzisionsmaschinerie der Swing-Orchester, von romantischen Balladenspielern bis zur eigenwilligen Expressivität der Free-Jazz-Improvisatoren, von seinen Wurzeln im amerikanischen Süden bis zu Ablegern in Rio, Bombay, Kapstadt, Melbourne oder sogar Aserbaidschan ist der Jazz in seiner Spontaneität, Ehrlichkeit, Verletzlichkeit und Stärke ein Spiegel der modernen Welt. Jazz entstand gleichzeitig mit dem Film, der Plattenindustrie, der Tanzmode – und hat unsere Art, Tonalität und Rhythmus wahrzunehmen, von Grund auf verändert. Auch wenn sie häufig von etablierten Kunstformen an den Rand gedrängt wurden, ist die Geschichte von Jazz und Blues doch die heißeste Story in der Musik des 20. Jahrhunderts.

Die Quellen des Jazz

Work Songs, mit ihren ansteckenden Rhythmen und ihren Ruf-Antwort-Mustern, waren eine wichtige Quelle der Strukturen des frühen Jazz.

Als der Schriftsteller F. Scott Fitzgerald in den zwanziger Jahren den Beginn des *Jazz Age* verkündete, wollte er mit dem Wort »Jazz« eine Haltung beschreiben. Man brauchte die Musik nicht zu kennen, um das Gefühl zu verstehen, denn es ging um das neue Lebensgefühl der zwanziger Jahre. Der zerstörerischste Krieg der Menschheitsgeschichte war vorbei. Das Automobil, die Schallplatte und der Rundfunk waren im Begriff, die Vorstellungen von Entfernung, Freizeit und Gemeinschaft zu verändern – und die von »Freiheit«. Und drei Jahre vor dem Beginn des Jahrzehnts bescherte eine Gruppe enthusiastischer weißer Musiker dem modischen »Reisenweber's«-Restaurant am New Yorker Columbus Circle unerwarteterweise ein volles Haus – und nahm die erste rauhe, aber feurige Jazzplatte auf: den *Livery Stable Blues* und den *Original Dixieland One-Step*. Der Klang war so fremdartig, daß den Gästen erklärt werden mußte, daß sie dazu tanzen könnten. Zwei Wochen später waren sie nicht mehr davon abzuhalten. Von der Platte wurden eine Million Exemplare verkauft, und die *Original Dixieland Jazz Band* führte das Wort »Jazz« in das Vokabular der Straßenecken und der königlichen Paläste ein, über die *rent parties* von Harlem und elegante edwardianische Salons. Die Botschaft ging um die Welt.

Aber die Mitglieder der *Original Dixieland Jazz Band* hatten den Jazz nicht erfunden. Sie hatten ihn in New Orleans gehört.

Der Blues war im späten 19. Jahrhundert noch offen in seiner Form; doch um 1915, als diese Blues veröffentlicht wurden, war er bereits in ein harmonisches Raster gezwängt. Aber seine Timbres waren noch immer afrikanisch.

Im Rotlichtbezirk Storyville, bei den Straßenparaden und Begräbnisaufzügen hatten sie voller Verblüffung diesem ungewohnten, dissonanten, bittersüßen Klang gelauscht. In ihm schienen sich Militärmusik, Vaudeville-Songs, religiöse Stücke, ländlicher Blues zu mischen, Jubel, Arbeit und Trauer. Dergleichen hatten sie nie zuvor gehört.

Zur rechten Zeit am rechten Ort

Auch wenn Jazz kein etablierter Begriff war, ehe die *O.D.J.B.* 1917 das große Los zog, so hatten doch viele Amerikaner schon seit Jahren seine Fragmente gehört, noch ehe die Teile zueinanderfanden und einen Namen annahmen. Die Musik hatte damals keine Schlagzeilen gemacht, weil ihre Ingredienzen über das gesamte Land verstreut waren, und es hatte bislang keinen Moment gegeben, an dem der richtige Ort, der richtige Zeitpunkt und der richtige Name zusammenkommen konnten. Die Musik machte auch deshalb nicht von sich reden, weil die meisten Leute, die eine Ahnung von ihr hatten, Schwarze aus den Südstaaten waren, und nicht die weiße Bourgeoisie, die glaubte, gute Musik würde in Konzertsälen gespielt, nicht im Bordell. Schon lange hatte der Jazz in den geheimen Gärten der Neuen Welt geblüht. Und wenn sich seine Blüten zuerst in New Orleans geöffnet hatten, so war dies doch keineswegs seine einzige Heimat.

Aber wenn der Jazz nicht im »Reisenweber's«-Restaurant am New Yorker Columbus Circle begann, wo dann? Zum Beispiel in den *ring shouts* der *camp meetings* und religiösen Versammlungen des späten 18. Jahrhunderts, in den segregierten Kirchen der Zeit nach dem Bürgerkrieg, in der Demobilisierung der Armeen und der billigen Verfügbarkeit ihrer Instrumente, in den Work Songs der Eisenbahnarbeiter, in den Baumwollfeldern oder in den Häfen, in den reisenden *minstrel shows*, in der europäischen Rondo-Form in ihrer Übersetzung in den Ragtime. Oder, um noch weiter zurückzugehen, in den Kreistänzen, den Vorläufern der *ring shouts,* bei denen die Tänzer in Trance gerieten und von Freunden und Angehörigen im Ring beschützt werden mußten, in den Trommelensembles, in denen eine Gruppe von Trommlern simultan verschiedene Rhythmen spielt, im Ahnenkult, den geheimen Gesellschaften und den religiösen Zeremonien.

Exodus

Vieles davon war nicht amerikanische, sondern westafrikanische Kultur. Als die Sklaverei eine enteignete afrikanische Zivilisation brutal in eine vermischte und entwurzelte europäische einband, war eines der dramatischen Resultate Jazz – ein Hybride zweier alter Kulturen, die durch ihre Koexistenz in einer neuen Welt, die nach sich selbst suchte, verändert wurden.

Der Sklavenhandel brachte Hunderttausende von Senegalesen, Yoruba, Dahomeyern, Aschanti nach Amerika, jede Gruppe mit ihren eigenen Traditionen – und entließ sie in die Tabak- und Baumwollplantagen der Karibik und des amerikanischen Kontinents. Und so ungleich wie die Traditionen der Sklaven waren die der Sklavenhalter. Die Katholiken – Portugiesen, Spanier und Franzosen – ließen die westafrikanischen Kulturen eher intakt als der britische Protestantismus mit seinen Verboten von Tanz und Trommeln. Aus vermischten afrikanischen und katholischen Ritualen, durch den Protestantismus von »unzüchtigen« Bewegungen gereinigt, entstand das rhythmisch intensive Predigen der Erweckungsbewegungen. Die Zeremonien des Katholizismus und die Westafrikas überlappten sich manchmal so weit, daß Sklaven zum Tag des heiligen Patrick trommelten und dabei eine Religion mit dem Ritual einer anderen tarnten.

Im vorrevolutionären Kuba blieb der afrikanische Tanz am Leben: Rumba, Conga, Mambo und Cha-Cha sind vorwiegend afrikanisch. Die Mischung französischer und westafrikanischer Kultur auf Martinique, mit ihren Parallelen zu New Orleans, erzeugte eine eigenständig gewachsene Musik, die dem frühen Jazz recht ähnlich ist.

Afrikanische Rhythmen

Bei allen Unterschieden zwischen den afrikanischen Völkern, die da in Ketten in die Neue Welt verfrachtet wurden, gab es doch auch Gemeinsamkeiten. In der westafrikanischen Musik dominierte der Rhythmus über Melodie und Harmonik, die bestimmenden Größen europäischer Musik. Dabei waren die melodischen Grundlagen afrikanischer und europäischer Musik ähnlich genug, um eine Assimilation im Gesang zu ermöglichen. Die Besonderheiten afrikanischer Sprachen, in denen Tonhöhe und Sprachmelodie ebenso bedeutungstragend sind wie das Vokabular, brachten Feinheiten des Klangs mit sich, die den europäischen Musiktraditionen fremd waren – zum Beispiel den Falsettgesang und das Biegen und Anschleifen von Tönen, anstatt sie mit der Reinheit eines Chorknaben zu treffen. Und die Bedeutung der Trommelensembles in afrikanischen religiösen Zeremonien hatte im Lauf der Jahrhunderte zu einer Verfeinerung im Rhythmischen geführt – mit oft triolisch gruppierten, leicht gegeneinander verschobenen und einander überlagernden Klängen –, wie sie im Westen undenkbar war.

Keines dieser Elemente für sich machte den Jazz zu der Musik, die er wurde. Aber wären sie nicht so aufeinandergetroffen, wie sie es taten, wäre der Jazz nie entstanden.

Wenn die Mittel bescheiden sind, reichen Gesang, Fußstampfen und Klatschen zum Musikmachen aus. Im Süden hielten Stimme, Banjo und Körper-Perkussion die afrikanischen Musiktraditionen am Leben.

Ein Neuanfang

Gegen Mitte des 19. Jahrhunderts, als die Ketten endlich fielen, gab es vier Millionen schwarzer Sklaven in Nordamerika. Aber auch wenn Sklaven rechtlos waren, hatte doch der dreihundertjährige Strom von Ritualen, Gefühlen und Ideen über den Atlantik seine Spuren in der Neuen Welt hinterlassen. Und auch wenn sich die Toleranz der Weißen für afrikanische Sitten meist auf das beschränkte, was das Geschäft am Laufen halten würde, auch wenn nach Abschaffung der Sklaverei die Rassendiskriminierung die Rolle der Aufseher auf den Plantagen übernahm, so lebten doch Schwarze und Weiße zu eng beieinander, um sich nicht gegenseitig zu beeinflussen.

Eine bequeme weiße Rechtfertigung der Sklaverei war, daß sie eine Gelegenheit bot, den Heiden den wahren Glauben zu offenbaren. Somit war ein guter Teil des Kontakts zwischen den Rassen religiöser Natur. Schon im 18. Jahrhundert bedienten sich weiße Prediger der Dienste schwarzer Partner, die mit theatralischen Einlagen für Zulauf bei religiösen Treffen im Freien sorgten. Als sich die Sklaverei ausbreitete, betrachtete man sie jedoch als Unruhestifter und schickte sie weg. Um 1770 wurde ein Pastor namens Black Harry durch sein rhythmisches Predigen berühmt: Er aktualisierte die althergebrachten Psalmen durch elektrisierende flexible afrikanische Intonation, einen mitreißenden Beat und die Technik des sogenannten *lining out*, bei der die Gemeinde nach jeden zwei oder drei Zeilen die Worte des Predigers wiederholte.

Diese Technik, die aus der Praxis britischer Kirchen übernommen worden war, um mit Kirchgängern zurechtzukommen, die das Gebetbuch nicht lesen konnten, war zugleich ein Echo des afrikanischen *call and response*-Wechselspiels, das sich in der Gospel-Musik ebenso fortsetzte wie im Austausch von Riffs zwischen den verschiedenen Instrumentengruppen der Big Band und sogar im Wechselspiel von instrumentalen Chorussen und Schlagzeug-Breaks, wie es für Bebop-Combos typisch ist.

Das **Shanty**, einer der wenigen in ganz Europa verbreiteten Typen des Arbeitslieds, wurde von den schwarzen Seeleuten aus Savannah und New Orleans mit afrikanischen Formen verbunden. Es gehört zu den Ingredienzen des Jazz.

Europäische und westafrikanische Musik trafen in der Kirche und bei der Arbeit aufeinander. Aufseher störten sich oft nicht an afrikanischen Arbeitsliedern, weil sie die Arbeitsleistung und die Stimmung der Sklaven verbesserten. Der Begriff »Kunstmusik« hatte in Afrika keine Bedeutung. Musik war überall: Es gab Lieder zur Brautwerbung, Spottlieder, Lieder, deren Rhythmen sich für bestimmte Arbeiten eigneten, Lieder für die Seefahrt, für den Gottesdienst und zur Kriegsführung. Jetzt erhielt der Work Song sein rhythmisches Pendant im Klappern der Hämmer und Spitzhacken. Text- und Melodiefetzen fügten sich zueinander, wie bei den schwarzen Seeleuten von Savannah oder New Orleans, in deren Shantys sich afrikanische Weisen mit Elementen aus dem englischen Varieté mischten.

Blues – die Wahrheit der Seele

Eines der Fundamente beinahe aller Jazz-Genres und eines Großteils populärer westlicher Musik dazu ist der Blues. Doch die zwölftaktige Drei-Akkord-Form des Blues, wie sie heute jeder ernsthafte Teenager-Gitarrist lernt, ist eine relativ späte Entwicklung,

Als die *Fisk Jubilee Singers* 1871 begannen, die Vereinigten Staaten und Europa zu bereisen, schufen sie ein größeres Publikum für afroamerikanische Musik und vertieften das Verständnis der Weißen für die Lebensumstände schwarzer Menschen in Amerika.

die ländliche afroamerikanische Musik mit den Harmonien europäischer Kirchenlieder verbindet. Vor 1900 gingen reisende Bluessänger mit ihren Banjos oder Gitarren eher lässig mit der Dauer von Takten und Akkorden um. Diesen Musikern war die Harmonik weniger wichtig als der Gesang und dessen besonderer Klang – jenes gefühlvolle, nicht festzumachende Gleiten und Schweben der Tonhöhe, der Falsetto-Ruf oder *holler* (ein Gruß auf den Plantagen) – und die kürzelhaft alltäglichen Texte mit ihren kleinen Ironien, beiläufigen Tragödien und spöttischen Pointen.

Nach der Jahrhundertwende wurden »ordentlichere«, in Notenschrift fixierte Formen des Blues zu populären Hits (W. C. Handys *St. Louis Blues* war einer der berühmtesten), und es gab in den zwanziger und frühen dreißiger Jahren einen kurzen Blues-Boom: Die aufstrebende Plattenindustrie fand einen Markt für ihre sogenannten *race*-Labels, die sich an Käufer in den schwarzen Wohngegenden Amerikas wandten. Die Depression aber drängte den Blues an den Rand, bis sich in den fünfziger Jahren der Rock and Roll aus ihm entwickelte.

Die professionelle Karriere vieler Jazz- und Blues-Stars der zwanziger und dreißiger Jahre begann in den *minstrel shows.* Aus der Minstrelsy kamen populäre Tanzformen wie der Cakewalk und viele erstaunliche Sänger und Tänzer. Doch der ihr innewohnende Rassismus, wie er auch aus diesen Titelblättern spricht, führte dazu, daß schwarze Musiker von den späten dreißiger Jahren an die Vorführung von *minstrel shows* ablehnten.

Minstrel Shows

Zu Beginn des 20. Jahrhunderts kamen weitere flüchtige Ingredienzen in den Schmelztiegel, in dem der Jazz entstehen sollte. Zu ihnen zählen Minstrelsy, Spirituals und Ragtime. Die Wurzeln der *minstrel shows*, die die amerikanische Unterhaltungskultur in der zweiten Hälfte des 19. Jahrhunderts prägten, lagen in der sentimentalen weißen Phantasie vom »edlen Wilden«, und die frühen weißen Minstrel-Sänger spielten mit schwarzgemalten Gesichtern und lieferten eine Karikatur dessen, was sie für das echte Leben der Schwarzen hielten. Eine der berühmtesten Nummern der Minstrelsy, in den USA wie in Großbritannien, war *Jumpin' Jim Crow*, die Vorführung eines eigenartigen Hüpftanzes, den der weiße Minstrel Tom Rice einem behinderten Sklaven namens Crow in Louisville in Kentucky abgeschaut hatte.

Minstrelsy hatte keinen großen Einfluß auf den Jazz, aber das Aufkommen schwarzer *minstrel shows* gegen Ende des 19. Jahrhunderts brachte es mit sich, daß frühe Jazz- und Blues-Musiker wie Ma Rainey, Jelly Roll Morton und Clarence Williams in den *tent shows* und in der Vaudeville-Szene arbeiteten. Der Cakewalk – ursprünglich eine Karikatur der Gestik weißer Aristokraten – war die Schlußnummer vieler *minstrel shows* und wurde zum Tanzschlager des *Jazz Age*. Außerdem machten die Minstrels ein wachsendes weißes Publikum mit musikalischen Elementen vertraut, die es später im Jazz wiederfinden sollte. Das gleiche taten Spirituals, langsame Varianten afroamerikanischer Kirchenmusik, die formal den Regeln europäischer Musik am nächsten kamen und zum ersten Genre schwarzer amerikanischer Musik wurden, das regelmäßig in den Konzertsälen der Welt zu hören war.

Die musikalische Komplexität mancher Jazz-Ingredienzen leitet sich aus europäischen Formen ab. Aber ihre besondere Farbe verdankt die Musik ihrer mündlichen Überlieferung – durch Blues-Musiker, die im späten 19. und frühen 20. Jahrhundert die Südstaaten bereisten, Songs austauschten und ausgiebig improvisierten.

Ragtime

Zuletzt kam der Ragtime, eine weitere Mode, die sich im letzten Jahrzehnt des 19. Jahrhunderts sowohl in Amerika als auch in Europa etablierte. Der Begriff bedeutet wörtlich *ragged time* (zerrissene Zeit). Ragtime, eine technisch anspruchsvolle Klaviermusik, die leichte europäische Klassik adaptiert, beruht auf einer stetigen, marschartig im *two beat*-Rhythmus geführten linken Hand, die mit einer rechten Hand kontrastiert, die das Tempo verdoppelt und emphatische Akzente nicht auf, sondern zwischen die Taktschläge der linken Hand plaziert. Obwohl dieses polyrhythmische Verfahren Vorläufer in schwarzer Zeremonial- und Voodoo-Musik hatte, läßt es sich auch auf die europäische Klassik zurückführen, wo es jedoch meist nur als vorübergehender Effekt benutzt wurde. Ragtime war im allgemeinen eine freundliche und optimistische Musik, der die Ausdruckskraft des Blues abging; aber Virtuosen wie Tom Turpin gaben ihr einen unglaublichen Drive. Ihr munter vorantuckernder Beat, vermischt mit regulärer Marsch-Rhythmik, wurde zum wichtigen Element der Musik der frühen Jazzbands und des dynamischen Stride-Piano-Stils der zwanziger und dreißiger Jahre.

1900–1920

In den ersten beiden Jahrzehnten des 20. Jahrhunderts entstand in den USA ein neuer Sound. Seine Rhythmen und seine Expressivität deuteten zurück nach Afrika, sein Ausdruck war frisch und drängend-dynamisch. Die Welt nahm Notiz vom »Jazz«, als 1917 die ersten Platten der *Original Dixieland Jazz Band* veröffentlicht wurden, doch die Musik hatte schon lange im verborgenen geblüht. Im Blues und in der Plantagenmusik des ländlichen Südens,

MUSIKER UND BANDS

1900–02

Louis Armstrongs Geburtsort, ein Holzhaus im schwarzen Ghetto von New Orleans. Das größte Genie des Jazz wächst zwischen Bordellen und Tanzsälen auf und absorbiert die Klänge von Ragtime und Blues.

1903–04

Der Pianist und Komponist **Jelly Roll Morton** behauptet, er habe als erster den hölzernen Ragtime-Beat geglättet und den Jazz »erfunden«.

Zu Anfang des 20. Jahrhunderts wird **schwarze Volksmusik** in ganz Amerika bekannt. Die *Fisk Jubilee Singers* und andere popularisieren das Spiritual, eine hymnenartige Form mit afroamerikanischen Inflexionen.

1905–06

W. C. Handy, Bandleader und Komponist, formalisiert den Blues und macht Schlager aus ihm. Er notiert Musik, die zuvor nur mündlich tradiert wurde, und komponiert neue Songs wie den berühmten *St. Louis Blues.*

1907–08

Buddy Boldens blues- und ragbeeinflußte Musik beherrscht von 1895 bis 1905 die Musikszene von New Orleans, wird aber nie aufgenommen. 1907 wird Bolden in eine Nervenheilanstalt eingeliefert.

Jelly Roll Morton ist in diesen Jahren auf Reisen und spielt landesweit seine Melange von Ragtime, Schlagern und leichter Klassik.

1909–10

ORTE, AUFNAHMEN, SHOWBUSINESS

1900–02

Das Klavier sorgt vor der Ära der Schallplatte für **Unterhaltung zu Hause**. Es ist üblich, daß Kinder klassischen Klavierunterricht erhalten.

1903–04

Kazoo- und ***spasm*-Bands** spielen an den Straßenecken von New Orleans. Amateurmusiker vom Lande spielen auf selbstgebastelten Instrumenten wie diesem Kazoo, das Tony Sbarbaro von der *O.D.J.B.* anfertigte.

1905–06

Das ***Blue Book*** – ein detailliertes Verzeichnis der Bordelle in New Orleans, in denen Musik gespielt wird.

1907–08

Schwarze Bands in New Orleans spielen nun ihre Walzer, Quadrillen und Ragtimes sowohl in den schwarzen Vierteln als auch in den weißen Lokalen.

1909–10

Bei **Freiluft-Ereignissen** wie diesem treten Tanzkapellen auf – und bei Picknicks, Begräbnissen und auf den Wagen von Straßenparaden.

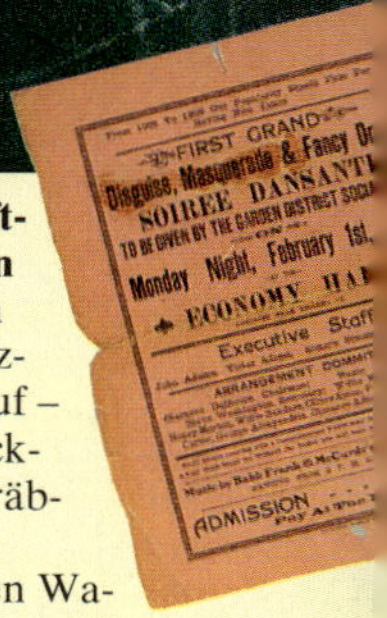

MUSIKALISCHE ENTWICKLUNGEN

1900–02

Kreolen bringen klassische Technik mit, **Kubaner** karibische Nuancen.

1903–04

Ein **regelmäßiger Puls** ist die Basis vieler früher Formen afroamerikanischer Musik – Work Songs, Field Hollers, Kirchenmusik und Blues. Er ist Bestandteil der sozialen Funktion afrikanischer Musik.

1905–06

Polkas, von Militärkapellen gespielt, vermengen sich mit afrikanischen Elementen.

1907–08

Für die neuen Tänze entwickelt sich eine **Band-Besetzung** mit Bläsern, Schlagzeug, Baß, dazu häufig Gitarre und Violine.

1909–10

Volksmusiker auf dem Lande verwenden h fig die Violine, um farbigen Klänge d Work Songs und Blues auszudrück Auch in Ragtime Orchestern ist Instrument vertreten.

HISTORISCHE FAKTOREN

1903–04

Die **Wanderung der schwarzen Bevölkerung** bringt den Blues nach New Orleans. Er erhält seinen Namen erst im 20. Jahrhundert.

1907–08

Der Begriff ***hot music*** bürgert sich für eine expressive, rhythmische, bluesbeeinflußte Ragtime-Spielart ein – das Wort »Jazz« gibt es noch nicht.

1909–10

Die **Tanzmode** hebt an. Tänze mit einfachen Schritten und engem Körperkontakt bringen einen Auftrieb für Tanzsäle u Varietés.

in den Boogie-Klavierklängen der Eisenbahnzentren und Saloons, in der Ragtime-Mixtur von rhythmischer Energie und Salonklavier-Eleganz, in den *marching bands,* Begräbniskapellen und der Musik der Bordell-Klavier-»Professoren« steckten die Zellen, aus denen der Embryo wuchs. Diese Elemente wirkten in vielen Teilen der Vereinigten Staaten, nicht nur in New Orleans. Doch der einzigartige Charakter dieser Stadt war das Treibhaus, das sie wachsen ließ.

1911–12

Junge Weiße in New Orleans spielen energiegeladene Kopien der neuen Musik, wie sie von den Afroamerikanern kreiert wird.

»Papa« Jack Laine (links), mit seinen *Reliance Brass Bands* einer der angesehensten weißen Bandleader in New Orleans, hat an Festtagen bis zu sechs Bands gleichzeitig auf den Straßen. Nick La Rocca von der *O.D.J.B.* ist einer seiner Zöglinge.

Mississippi-Dampfer, schwimmende Tanzsäle und Casinos, geben den Musikern Auftrittsmöglichkeiten.

Der zweischlägige *um-pa-*Rhythmus der **Marschkapellen** verändert sich zu einem gleichmäßigeren *four beat:* »Swing«.

1913–14

Scott Joplin, der König des Ragtime, dessen Kompositionen wie *Maple Leaf Rag* und *The Entertainer* gegen Ende des 19. Jahrhunderts immense Erfolge waren. Krank und verbittert arbeitet er nun wie besessen an seiner Ragtime-Oper *Treemonisha.*

Im ***Colored Waifs' Home for Boys*** lernt der junge Louis Armstrong, auf diesem Signalhorn zu spielen.

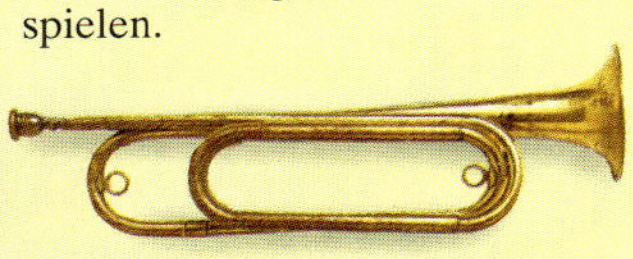

Im zweiten Jahrzehnt des Jahrhunderts läßt die Popularität des **Ragtime** nach. Aber Ragtime ist die Grundlage vieler Jazzstücke.

Die **Schallplatte** wird weiterentwickelt. Viele hören die neue Tanzmusik zu Hause auf den ersten Plattenspielern.

1915–16

Die Popularität des Jazz weitet sich aus: **Bands aus New Orleans** spielen in Kalifornien und am Broadway.

Freddie Keppard, der Kornettist aus New Orleans, tritt in Los Angeles auf. Keppard ist ein Ragtime-Spieler, hat aber dennoch einen kraftvollen Sound – doch seine Furcht vor Nachahmern führt dazu, daß er nur wenige Aufnahmen macht.

Treemonisha, Scott Joplins Oper, wird 1915 endlich in Harlem aufgeführt. Wegen unzureichender Mittel wird die Aufführung ein Mißerfolg. Joplin ist am Ende.

Minstrel- und **Vaudeville-Shows** engagieren Jazzmusiker.

1917–18

Der Kornettist **Joe »King« Oliver,** nun in seinen frühen Zwanzigern, erweist sich als einer der führenden Musiker in den *marching bands* und Tanzkapellen von New Orleans.

Coleman Hawkins, ein Tenorsaxophonist, schließt sich dem reisenden Ensemble um die Sängerin Mamie Smith an und beginnt, einen jazzspezifischen Saxophonstil zu entwickeln.

Jazz wird auf **Zelluloid** festgehalten. Als erste Jazzband wirkt die *O.D.J.B.* in einem Film mit: *The Good for Nothing.*

Die ersten **Jazz-Schallplatten** sind ein Meilenstein in der Entwicklung dieser Musik. Die Aufnahmen der *O.D.J.B.* (ganz rechts) werden sofort zu Hits. Larry Shields' Klarinette (rechts) ist auf diesen ersten Einspielungen zu hören.

1919–20

Kid Ory, der bedeutende Posaunist aus New Orleans, geht 1919 nach Los Angeles und gründet dort im folgenden Jahr eine Jazzband: Der Jazz findet ein neues Publikum.

Louis Armstrong mit Mutter und Schwester. 1919 arbeitet Armstrong bereits regelmäßig auf den Flußdampfern – eine wichtige Station auf dem Weg zum versierten Berufsmusiker.

Im Rahmen einer Tournee britischer Varietétheater tritt die *O.D.J.B.* neun Monate lang im **»Hammersmith Palais«** auf.

Freizeit wird salonfähig, und das Film-, Tanz- und Musikgewerbe blüht auf. Afroamerikanische Musik wird den Bedürfnissen des neuen Markts angepaßt.

New Orleans

Jelly Roll Morton, ein früherer Zuhälter, Spieler, Box-Manager und seit eh und je Vollzeit-Jazzgenie, nannte den Trompeter Buddy Bolden den »besten Bläser seit Gabriel«. Aber nur in den Werken älterer New-Orleans-Musiker, die ihre Erinnerungen schriftlich oder auf Schallplatte festhielten, ist Buddy Boldens großer Sound und seine Umformung der Elemente der Prä-Jazz-Musik überliefert. Als die ersten Jazzplatten entstanden, verbrachte der erste legendäre Blechbläser des Jazz bereits das zehnte seiner letzten 24 Jahre in einer psychiatrischen Anstalt in Jackson, Louisiana.

Doch bereits 1905 war Bolden zum Vorbild einer ganzen Generation von Musikern in New Orleans geworden. Seine Band spielte vermutlich eine Mischung populärer Tänze, einer rauhen Ensemble-Version des Ragtime und des Blues. Sie bestand aus Kornett, Klarinette, Ventilposaune, Gitarre, Kontrabaß und Schlagzeug, und ihr Repertoire entwickelte sich im *uptown*-Bezirk von New Orleans in den letzten Jahrzehnten des 19. Jahrhunderts. Es war eine Musik, die meist von schwarzen Musikern der Arbeiterklasse dargeboten wurde, die improvisierten und nach Gehör spielten. Für die weiße Bourgeoisie der Stadt klang sie fremd, ebenso wie für die von der französischen Kultur geprägten schwarzen Kreolen, farbige Nachkommen französischer und spanischer Siedler, die eine Art von Mittelklassestatus in der Stadt erreicht hatten und von denen viele dank ihrer Erziehung Noten lesen konnten und klassische Musik spielten.

Die Kreolen lernen den Blues kennen

Nach Jahrzehnten kosmopolitischer Koexistenz im Klima einer Boomtown verschärfte sich die Rassendiskriminierung im New Orleans nach 1890. Weiße, die in den Süden zogen, verdrängten die schwarze Bevölkerung aus den eleganten Wohnvierteln – und von ihren Arbeitsplätzen. Gebildete kreolische Musiker zogen *uptown*, in einen Bezirk der Stadt, der dabei war, zum Ghetto zu werden. Dort trafen sie auf Musiker, die einen guten Teil ihrer Musik ad hoc erfanden. Die Erinnerungen an die enorme Kraft von Buddy Boldens Spiel haben vermutlich ebenso viel mit dem – für europäisierte Ohren – erregenden Klang seiner »unreinen« Töne zu tun wie mit der bloßen Lautstärke seines Spiels. Das technische Können der kreolischen Musiker, verbunden mit der bluesigeren, erdigeren Musik, mit der sie sich nun konfrontiert sahen, war entscheidend für die Herausbildung einer neuen Musik.

Der Congo Square von New Orleans war der Schauplatz erregender Reanimationen afrikanischer Musik und Tänze.

New Orleans wird gemeinhin als Geburtsort des Jazz bezeichnet, auch wenn man heute weiß, daß die Stadt keineswegs die einzige Stätte des frühen Jazz war. Aber New Orleans brachte einmalige Voraussetzungen für diese Rolle mit. Zu Anfang des 19. Jahrhunderts war die Bevölkerung der Stadt ungefähr halb schwarz und halb weiß gewesen. Doch nachdem die Vereinigten Staaten durch den sogenannten »Louisiana Purchase« von 1803 die Stadt erworben hatten, kamen immer mehr amerikanische Siedler in den Süden. Zugleich kamen mehr Sklaven, und mit ihnen eine frische Zufuhr traditioneller afrikanischer Kultur. Jelly Roll Morton blieb zeitlebens ein strenger Anhänger des Voodoo, weil er in einer Stadt aufwuchs, in der dieser Kult in der schwarzen *uptown* florierte und eine Musik von solcher rhythmischer Verve mit sich brachte, daß sie immer wieder den disziplinierten Schritt der Militärmusik störte. Auf dem Congo Square, einst einem Ort, wo die Sklaven ihre Musik und ihre Tänze praktizieren durften, hatten Musiker um 1880 begonnen, europäische Instrumente mit afrikanischen zu kombinieren und Ruf-Antwort-Muster in kreolischem Patois zu singen.

Die Musik marschiert weiter

Die Musik im New Orleans des späten 19. Jahrhunderts wurde, wie fast überall in den Vereinigten Staaten, von Blaskapellen beherrscht. Ein reichliches Angebot billiger Militärkapellen-Instrumente nach Ende des Bürgerkriegs und der Auflösung der Truppen lieferte die Mittel, und der Wohlstand und die wachsende Bevölkerung der Stadt sorgten für den Bedarf. Blaskapellen spielten bei Paraden, Tanzveranstaltungen, Bootsausflügen und Beerdigungen. Für die Nachkommen westafrikanischer Kulturen war die Ehrung der Toten durch Musik eine wichtige Erinnerung an ihre Heimat. Afrikanische Kulte und Geheimgesellschaften tauchten in New Orleans unter dem Deckmantel von Freimaurerlogen oder Hilfsfonds wieder auf. Wenn fleißig eingezahlt wurde, war damit, wenn die Zeit kam, ein würdevoller Abschied garantiert, mit so vielen Musikern, so viel Getön und einer so langen Totenwache, wie es das Geld hergab. Wie im afrikanischen Dahomey, wo Beerdigungen als Freudenfeste betrachtet wurden, folgte der leidenschaftlichen Zeremonie auf dem Friedhof ein wilder Umzug zurück in die Stadt, und Favoriten des späteren New-Orleans-Jazz wie *Didn't He Ramble* und *When the Saints Go Marching In* waren ursprünglich Melodien der heimkehrenden Begräbniskapellen.

1897 überwachte der Ratsherr Sidney Story die Einrichtung des ersten legalen Amüsierviertels der Stadt an der Ecke der South Rampart und der Perdido Street. Es trug den Namen »Storyville« und bestand bis 1917, als es, da als wehrkraftzersetzend betrachtet, geschlossen wurde. Die *sporting houses* (Bordelle) wurden zu einer lukrativen

Die Besetzung des frühen Jazz leitete sich aus den Militärkapellen ab, auch wenn das Signalhorn bald durch das beweglichere Kornett ersetzt wurde. Dieses Signalhorn aus dem amerikanischen Bürgerkrieg, aus den Beständen der Alliierten, wurde später zum Jazzinstrument umfunktioniert.

Bei Freiluftveranstaltungen in der Stadt, wie der hier angekündigten Eröffnung eines Parks, sorgten *minstrel shows* und Blaskapellen für die Unterhaltung.

Louis Armstrong war ein Genie, aber auch er brauchte ein wenig Theorie, um Berufsmusiker zu werden. Die Arbeit in Fate Marables Riverboat-Kapelle war eine wichtige Lehrzeit.

Einnahmequelle für findige junge Pianisten wie Jelly Roll Morton, die dem wirtschaftlichen Niedergang der kreolischen Bevölkerung zu entkommen suchten. Die Pianisten spielten in den parfümierten, mit Samt ausgeschlagenen, kandelabergeschmückten Salons der Bordelle, und die Blaskapellen spielten draußen auf den Straßen oder auf Pferdekarren. Europa und Amerika vermischten sich weiter. Der *Tiger Rag* der *Original Dixieland Jazz Band* war ursprünglich, mit mehreren Zwischenschritten, aus einer alten französischen Quadrille abgeleitet worden.

Die klassische New-Orleans-Besetzung war eine eklektische Mixtur: Blechbläser und Schlagzeug kamen von den Militärkapellen, die Klarinette von den gebildeten, aber im sozialen Abstieg begriffenen kreolischen Musikern und Banjo oder Gitarre aus der Minstrelsy und dem Blues. Die Instrumente der *frontline* verwoben sich in einer Annäherung des europäischen Konservatoriums-Kontrapunkts, doch die ständige spontane Variation der Linien deutete auf die Musik Afrikas hin, in der keine Melodie so heilig war, daß sie nicht bei der nächsten Aufführung hätte verbessert werden können. »Jazz« war der Name des neuen Klangs, ein Name mit eher sexuellen als musikalischen Konnotationen. Aber in New Orleans war beides ohnehin eng verwoben.

1910 war es drei Jahre her, daß man Buddy Bolden nach einem Amoklauf in Gewahrsam genommen hatte. Doch viele begabte Musiker hatten inzwischen von ihm gelernt und warteten nur darauf, seinen Platz einzunehmen. Joe »King« Oliver hatte 1910 bereits in den besten Blaskapellen und Tanzensembles der Stadt gespielt. Louis Daniel Armstrong, der Sohn eines Hausdieners und einer Gelegenheitsprostituierten, wußte damals bereits, wie man mit *close harmony*-Gesang ein paar Groschen verdienen konnte, und lernte bald darauf Kornett in einem Heim für straffällige schwarze Jugendliche. Der berühmte kreolische Klarinettenlehrer Lorenzo Tio hatte einen Meisterschüler, Sidney Bechet, der schon als Teenager in allen wichtigen Kapellen von New Orleans mitspielen konnte. Seit 1904 hatte Jelly Roll Morton seine eigenen Varianten des Ragtime-Klavierspiels entwickelt. Die Kornettspieler Freddie Keppard und Bunk Johnson waren angesehene Erben von Boldens Techniken – und obwohl beide erst viel später Aufnahmen machten, hatte Keppard bereits lange vor der musikalischen Emigration aus New Orleans Tourneen an die Ost- und die Westküste unternommen. Aber als die neue Musik des Südens gerade heranreifte, war es schon wieder Zeit, aufzubrechen.

Die zwanziger Jahre

Der Schriftsteller F. Scott Fitzgerald nannte die zwanziger Jahre das *Jazz Age.* Im Geist des Jazz spiegelte sich das wachsende Selbstvertrauen einer jungen Nation wider. Ein neues Phänomen, die Freizeitindustrie, entwickelte sich beiderseits des Atlantik, mit revolutionären Neuerungen in der Tonaufnahme, im Film und im Rundfunk. Und der New-Orleans-Jazz belebte die urbane Tanzmusik der Zwanziger. Louis Armstrong löste sich aus dem kollekti-

	1920	1921	1922	1923	1924
MUSIKER UND BANDS	 Die ***New Orleans Rhythm Kings*** entstehen aus der Partnerschaft des weißen New-Orleans-Posaunisten George Brunies, der 1920 nach Chicago kommt, und des Trompeters Paul Mares. **Duke Ellington**, ein Schildermaler aus Washington, und der Schlagzeuger Sonny Greer aus New Jersey gründen eine Amateur-Tanzkapelle. 	**Bessie Smith**, die »Königin des Blues«, taucht aus der Minstrel-Szene auf und wird zur führenden schwarzen Sängerin der frühen zwanziger Jahre. 	 **King Oliver** holt **Louis Armstrong** nach Chicago, wo sie im »Lincoln Gardens« auftreten. Olivers bluesige Lead-Trompete ist der Hintergrund für Armstrongs improvisatorische Phantasie, und der engverwobene Ensembleklang der *Creole Jazz Band* wird zum Markenzeichen des New-Orleans-Jazz.	 **Sidney Bechet**, der vom Klarinettisten zum Saxophonisten konvertierte Musiker aus New Orleans, ist Armstrongs zweiter Konkurrent, was improvisatorische Kühnheit angeht. Aber Bechet ist ein Einzelgänger, der sich schwer in Bands einfügen kann. 	Bix Beiderbecke gründet die ***Wolverines***, eine Band im New-Orleans-Stil, und macht Aufnahmen mit ihnen. Beiderbecke erweist sich als Kornettist mit herrlichem Ton, eleganter Phrasierung und einer Phantasie, die kaum hinter der Armstrongs zurücksteht. **Fletcher Henderson**, ein diplomierter Chemiker, wendet sich der Musik zu und stellt Gelegenheitsbands zusammen. Eine davon spielt im »Roseland Ballroom« in Harlem. 
ORTE, AUFNAHMEN, SHOWBUSINESS	Afroamerikanische Musik erobert in Form von Eubie Blakes und Noble Sissles *Shuffle Along* den **Broadway**. 	 Die Band von **Kid Ory** macht als erste schwarze Kapelle Aufnahmen für das »Sunshine«-Label in Los Angeles (*Ory's Creole Trombone*).	**Kansas City** ist die Heimat eines jungen, rhythmisch intensiven, bluesgrundierten Jazz. Der Ragtime-Pianist Bennie Moten gründet ein wichtiges Sextett.	KANSAS CITY **Jelly Roll Morton** macht erste Aufnahmen in Chicago. **King Olivers Band** spielt ihre ersten Platten ein.	OKeh Das **»Okeh«**-Label der »General Phonographic Corporation« nimmt Mamie Smith, King Oliver und Louis Armstrong auf. Sein New Yorker Produzent ist Clarence Williams.
MUSIKALISCHE ENTWICKLUNGEN	**Paul Mares'** Trompetenstil ist in seinem *Friars Society Orchestra* und in *N.O.R.K.*-Stücken wie dem *Tin Roof Blues* zu hören.		**Mamie Smith** hat mit dem *Crazy Blues* ungeheuren Erfolg. Es ist der Auftakt eines Blues-Booms. Paul Whitemans Hit *3 o'Clock in the Morning* kündigt den **symphonischen Jazz** an.	Das **Sopransaxophon** ist wenig gebräuchlich, bis der Klarinettist Sidney Bechet eine Vorliebe dafür entwickelt. Es ist ein launisches Instrument, doch mit ausdrucksvoller Klangfarbe. 	**Ethel Waters** und andere Entertainer des Senders N.B.C. mischen Jazz, Blues und Schlager und verbreiten die neuen Klänge. 
HISTORISCHE FAKTOREN	 Die **Prohibition** wird eingeführt. Jazz floriert in illegalen Kneipen.	Ein Jahr nach der Erteilung der ersten Rundfunklizenz in den USA entstehen weitere **kommerzielle Rundfunksender**.		Die ***Harlem Renaissance*** würdigt das Schaffen afroamerikanischer Schriftsteller, Maler und Musiker.	

von Klang der frühen Ensembles und machte den Jazz zu einer Kunst des Solisten, mit Virtuosen wie Earl Hines, Coleman Hawkins und Sidney Bechet in seinem Gefolge. Bluessänger profitierten von einem kurzen Schallplatten-Boom. Musiker zogen von Chicago nach New York, und auch wenn der semiklassische *Symphonic Jazz* eine Zeitlang populär war, war es doch Duke Ellingtons bluesbeeinflußte Orchestermusik, die in die Zukunft wies.

1925

Louis Armstrong arbeitet mit den ***Hot Five*** und beginnt eine Serie von Aufnahmen, die später zur Handvoll essentieller Jazzklassiker zählen. Seine Platten mit den *Hot Five*, die ihn als Solisten herausstellen, machen seine Phrasierung und sein Timing zum Modell aller Jazzmusiker.

Die letzte Besetzung der ***N.O.R.K.*** geht kurz nach dem hier angekündigten Konzert auseinander.

Die **elektrische Aufnahme** wird erfunden. Nun überträgt ein Mikrophon die Signale an die Nadel, die in die Wachsmatrize schneidet, und nicht mehr ein Trichter.

Louis Armstrong entwickelt mit seinem rhythmisch unvorhersehbaren Reibeisen-Gesang einen Widerpart zu seinem Trompetenspiel. In *Heebie Jeebies* hört man eine frühe Variante des textlosen ***scat*-Gesangs.**

The Great Gatsby, F. Scott Fitzgeralds berühmter Roman über die *Roaring Twenties*, erscheint. Er tauft das Jahrzehnt *Jazz Age*.

1926

Earl Hines ist der erste Klaviervirtuose des Jazz. Seine rechte Hand spielt bläserähnliche Phrasen statt fester Ragtime-Figuren. Als technisch brillanter und integrationswilliger Spieler trägt er viel zur Musik Chicagoer Bands bei.

Bix Beiderbecke und sein Partner, der Saxophonist **Frankie Trumbauer**, schließen sich dem populären, anspruchsvollen Tanzorchester Jean Goldkettes in Detroit an.

Junge weiße Musiker entwickeln eine Musik, die später **»Chicago Jazz«** genannt wird. Es ist eine schnelle, intensive Version von New-Orleans-Musik.

Der Engländer Spike Hughes und der Franzose Hugues Panassie begründen die **ernsthafte Jazzkritik**, während sich in Europa Bands nach New-Orleans-Vorbildern formieren.

Die **»National Broadcasting Corporation«** (NBC) errichtet ein Netzwerk von Sendern, das die Städte der USA verbindet.

1927

Duke Ellington tritt ein Engagement im Harlemer »Cotton Club« an und macht sich schnell einen Namen in der Jazzszene. Wichtige Solisten wie der Saxophonist Harry Carney und der Klarinettist Barney Bigard schließen sich dem Orchester an.

Paul Whiteman, der selbsttitulierte *King of Jazz*, erkennt, daß der symphonische Jazz einem neuen Publikum zu zahm ist. Er engagiert eine Reihe führender weißer *hot*-Solisten, darunter Beiderbecke und Trumbauer.

Auf Aufnahmen der *Hot Five* und ***Hot Seven*** wird Armstrongs Spiel immer kühner.

Jelly Roll Morton macht Aufnahmen mit seinen legendären *Red Hot Peppers.*

Die ***Black and Tan Fantasy*** belegt die Abkehr von glatter Tanzmusik hin zu einem New-Orleans-beeinflußten Sound.

1928

Der New-Orleans-Stil ist bereits am Aussterben. Die **fortschrittlichsten Bands** verwenden kompliziertere Arrangements und fügen Saxophone hinzu.

Der **Stride-Piano**-Stil, aus dem Ragtime entstanden, ist nun eine selbständige Jazz-Spielart, mit Virtuosen wie James P. Johnson und Luckeyth Roberts.

Luis Russell, ein Bandleader aus Panama, entwickelt einen energiegeladenen Ensemblesound, in dem der Trompeter Henry »Red« Allen brilliert. Russells Band begleitet 1929 Louis Armstrong und wird 1930 zu dessen festem Begleitorchester.

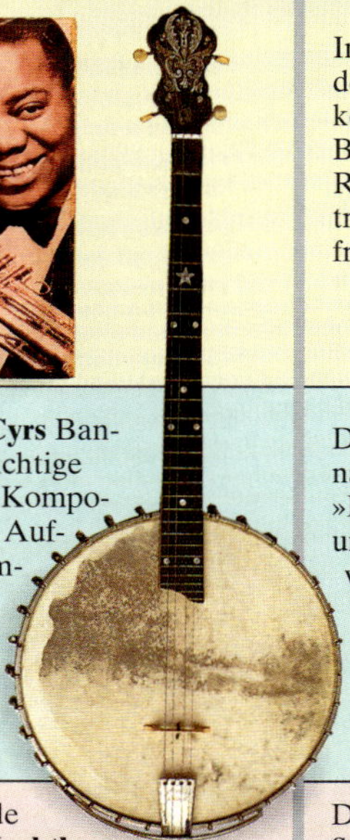

Johnny St. Cyrs Banjo ist eine wichtige rhythmische Komponente früher Aufnahmen Armstrongs und der *Red Hot Peppers.*

Das blühende Chicagoer **Nachtleben erlebt einen Niedergang**, als die Stadt entschlossen gegen die Gangster vorgeht – ein schwerer Schlag für den Jazz-Arbeitsmarkt.

1929

Mortons ***Red Hot Peppers*** mit ihren raffinierten Ensemble-Harmonien und Gegenmelodien beeinflussen Musiker überall. Aber während sich Ellington und Fletcher Henderson von der Kollektivimprovisation abwenden, fällt es Morton schwer, sich von den Idealen des New-Orleans-Sounds zu trennen.

In einer **Blues-Verfilmung**, in der Fletcher Hendersons Musiker mitwirken, spielt Bessie Smith die Rolle der betrogenen Ehefrau.

Der **Jazzkritiker** Robert Donaldson Darrell, der für die »Phonograph Monthly Review« und für »Disques« schreibt, entwickelt einen Stil eingehender Analyse von Jazzstücken, z. B. von Duke Ellingtons *Black and Tan Fantasy.*

Der **Börsenkrach** an der Wall Street ist ein Indiz der Wirtschaftskrise in den USA, die zu einer Wandlung des Musikgeschmacks und zum Niedergang des Blues beiträgt.

Chicago

Die unverwüstlichen Klassiker des Jazz, die King Oliver, Louis Armstrong, Jelly Roll Morton und Sidney Bechet in den zwanziger Jahren aufnahmen, werden gemeinhin als New-Orleans-Jazz bezeichnet. Dieser Name läßt heute an eine rauhe, informelle Ensemblemusik für Blech- und Holzbläser, Klavier und Schlagzeug denken, die munter durch die Jahrzehnte tanzt und durch das Knistern alter Schallplatten zu uns dringt. Doch seine Reifezeit erlebte dieser Stil nicht in der Mississippi-Metropole, und keine seiner maßgeblichen Aufnahmen wurde dort gemacht. In der Kälte und im Schmutz Chicagos erreichte der New-Orleans-Jazz seine Hochblüte, 1300 Kilometer nördlich des subtropischen Delta-Klimas.

1900 lebten drei Viertel der schwarzen Bevölkerung der USA im ländlichen Süden, keine 50 Jahre später nur ein Fünftel dieser Zahl. Der Bevölkerungsstrom, der sich von den Plantagen, den Baumwollmanufakturen und dem Rassismus Louisianas zu den Hochöfen, der Holzindustrie und den Fabriken des Nordens ergoß, folgte dem unwiderstehlichen Ruf der prosperierenden Industrie des jungen Amerika.

Obwohl das Wort »Jazz« seit 1917 in aller Munde war, bedeutete es nicht unbedingt die Art von Musik, die King Oliver oder Jelly Roll Morton meinten. Ein expandierender Freizeitmarkt verlangte nach einer leichten, tanzbaren Musik mit gerade genug Erdigkeit, um jungen Jurastudenten oder den künftigen Erben florierender Geschäfte den Eindruck zu geben, sie könnten mit dieser »schmutzigen« Musik ihre Eltern brüskieren. Und das hieß auch, daß die *Original Dixieland Jazz Band* fünf Jahre nach ihrem Hit *Livery Stable Blues* häufiger Foxtrotts als Hot Jazz spielte.

Der Weg nach Norden

Da die überwiegend schwarze Musik eher den ekstatischen Rhythmen und den sinnlichen Windungen des langsamen Blues zuneigte, die die Kunden von Storyville in

Das Chicago der zwanziger Jahre stand für das Versprechen eines neuen Lebens – zumal für die schwarze Bevölkerung des Südens, die von der wachsenden Industrie der Stadt angezogen wurde.

Joe »King« Olivers *Creole Jazz Band* war die Attraktion des »Lincoln Gardens Café«. Ihre Rhythmen und ihr bluesiger Sound strahlten eine ungekannte Faszination aus.

Stimmung brachten, war nach der Schließung Storyvilles der einzige Ort für ihre Spieler eine Stadt, die ebensosehr von menschlichen Schwächen lebte. In den zwanziger Jahren befand sich Chicago in der Hand der Gangster, die all jene Cabarets und Tanzkneipen betrieben, wie man sie aus dem Süden kannte – und dazu war die Bezahlung besser, auch wenn die Bosse launisch waren. Der New-Orleans-Jazz fand in Lokalen wie dem »Lincoln Gardens Café«, dem »Plantation«, dem »Sunset«, dem »Nest« in der *South Side* Chicagos eine neue Heimat. Kurz nach den New-Orleans-Emigranten kam die Prohibition nach Chicago. Das Gesetz von 1920, das Alkohol verbot, löste eine Welle von Alkoholschmuggel-Kriminalität aus und führte zu einem Untergrund-Netzwerk sogenannter *speakeasies*. Und die Leute, die dort etwas trinken wollten, wollten Musik dabei haben.

Die *Original Dixieland Jazz Band* war 1916 aus New Orleans nach Chicago gekommen. Joe »King« Oliver folgte zwei Jahre später und gründete dort seine berühmte *Creole Jazz Band*. Oliver arbeitete regelmäßig im »Lincoln Gardens«, und 1922 ließ er Louis Armstrong kommen, den begabten jungen Trompeter, den er in den Ragtime-Bands von New Orleans unterrichtet hatte. Armstrong hatte sich in den vier Jahren seit dem Weggang seines Mentors enorm weiterentwickelt. Er hatte Olivers Stelle in der renommierten Band des Posaunisten Kid Ory eingenommen, auf den Mississippi-Flußdampfern Tanzmusik gespielt und so sein ungeschliffenes Talent zu professionellem Können verfeinert. Wichtiger noch: Louis Armstrong verfügte nun über eine melodische Erfindungsgabe, die die seiner Jugendidole übertraf und die man weniger auf einen präzise benennbaren Einfluß als auf seine eigene Genialität zurückführen konnte.

Neue Dimensionen

Der Jazz war im Kern noch immer eine Ensemblemusik, in der Improvisation eher eine Sache der Textur und des Ornaments war als jener Strom spontaner neuer Melodien, der das Genre später charakterisieren sollte. Olivers strikte Gruppendisziplin sorgte dafür, daß die Stimmen eng verwoben waren, und seine Band hatte eine straffe rhythmische Energie. Als er Armstrong dazunahm, brach er die selbstgesteckten Regeln und gab der Gruppe eine *frontline* mit zwei Kornetten. Das Ergebnis war schlichtweg überwältigend. Oliver war ein ausgezeichneter Trompeter, der sich aber eng an die Melodie und den Beat hielt und durch Klangfarben und eine einfallsreiche Verwendung von Dämpfern für Abwechslung sorgte. Armstrong hingegen verdoppelte bereits die Anzahl von Noten, die er in einen Takt quetschte, und spielte sie mit unterschiedlichen Längen und unvorhersehbaren Betonungen. Die Musik gewann ein gezeitenartiges An- und Abschwellen anstelle des ragtimeartigen Wiegenrhythmus. Auch schien Armstrong seine Improvisationen über längere Strecken zu konstruieren, wie kleine Erzählungen, und sein Trompetenton strahlte.

Fässer zertrümmern – ein Versuch der Stadtverwaltung, die Stadt alkoholfrei zu halten. Die Prohibition brachte Gangstertum, von Banden kontrollierte Clubs mit Alkoholausschank und *speakeasies* mit sich: Arbeitsplätze für Jazzmusiker.

Weg vom Ghetto

Dieser Ton trug weit über das Ghetto hinaus. Junge Weiße der Mittelschicht kamen in die schwarzen Viertel, um die neue Musik zu hören. Zunächst vergrößerten sie nur am Wochenende das Publikum, aber dann wurde Olivers Band so populär, daß die Betreiber des »Lincoln Gardens Café« an Mittwochabenden sogenannte *midnight rambles* speziell für weiße Fans wie Benny Goodman, Bix Beiderbecke und Gene Krupa ausrichteten. Aber die Weißen hatten auch Vorbilder in ihrem eigenen Milieu, wie etwa die *New Orleans Rhythm Kings*, eine weiße Band, die sowohl von der *Original Dixieland Jazz Band* als auch der rhythmisch immer flexibler agierenden Oliver-Band mit Armstrong beeinflußt war, und die sogenannte *Austin High School Gang* (um Benny Goodman, Trompeter Jimmy McPartland, Saxophonist Bud Freeman und Gitarrist Eddie Condon) entwickelte einen frischen, leichten, swingenden Jazz, der etwas irreführend als »Chicago Jazz« bezeichnet wurde und den kommenden Swing und Mainstream beeinflussen sollte.

Die Rolle Chicagos in der Jazzgeschichte war ebensowenig von Dauer wie die der Musik aus New Orleans, die von hier aus ihren Siegeszug antrat. Der Jazz verbreitete sich mit immer größerem Tempo. Die ersten kommerziellen Rundfunksendungen waren 1920 über den Äther gegangen, und innerhalb von zwei Jahren wurden über 500 Sender registriert. Im ganzen Land orientierten sich junge Musiker an den Klängen, die im Norden erzeugt wurden. Eine neue Stadtverwaltung in Chicago setzte den Gangstern schwer zu und schloß ihre Lokale. Und Amerika tanzte nun nach einem cooleren, entspannteren Rhythmus: den vier gleichmäßigen Taktschlägen, von denen Jelly Roll Morton schwor, daß er sie bereits 20 Jahre zuvor erfunden habe, nicht nach dem veralteten *um-pa* des Ragtime. New York wurde zum Zentrum der amerikanischen Vergnügungsindustrie. Wieder einmal war es Zeit, aufzubrechen.

Die dreißiger Jahre

Zu Beginn der dreißiger Jahre wurde Jazz, der so sehr das vorige Jahrzehnt geprägt hatte, vom New Yorker Börsenkrach und der nachfolgenden Rezession beinahe begraben. Nicht, daß sein Publikum verschwunden wäre, aber die Plattenindustrie war beinahe am Ende, und der Siegeszug des landesweiten Rundfunks traf sie noch schwerer als die Wirtschaftskrise. Als es wieder aufwärtsging, gab es ein neues Publikum, das auch nach einer neuen Musik verlangte. Jazz

	1930	1931	1932	1933	1934
MUSIKER UND BANDS	Im **Überlebenskampf** der Wirtschaftskrise suchen die vielen Jazzmusiker, die keine Stars sind, Arbeit, wo immer sie sie finden können.	In einer New Yorker Pension stirbt **Bix Beiderbecke**, 28 Jahre alt, an Alkoholmißbrauch. Er hat nur wenig aufgenommen, aber sein leuchtender Ton und seine kühl-waghalsigen Phrasen sind unter Musikern bereits legendär. Beiderbeckes wenige Soloklavieraufnahmen, wie z. B. das grüblerische *In a Mist*, zeugen von einer Neugier nach einer anderen Jazzharmonik. Dieses Klavier stand im Bad seines Hotelzimmers und war mit Papier ausgestopft, um den Klang nächtelanger Jam Sessions zu dämpfen.	Ein junger Klarinettist und Saxophonist namens **Lester Young** spielt bei den *Blue Devils* in Kansas City. **Benny Goodman** (rechts), ein Klarinettenvirtuose in seinen frühen Zwanzigern, wird zu einem der gefragtesten Session-Musiker New Yorks und spielt im Rundfunk, in Plattenstudios und bei Broadway-Musicals. Dabei lernt er den reichen Fan John Hammond und den Pianisten Teddy Wilson kennen.	Die **Jimmie-Lunceford-Band**, die in Cleveland und Buffalo spielt, zeigt, wie swingender Jazz auch noch auf Grundlage des *two beat*-Pulses entstehen konnte. John Hammond entdeckt im »Monette's« die sensationelle junge Sängerin **Billie Holiday**.	**Benny Goodman** formiert nach dem Modell Fletcher Hendersons seine eigene Band und bekommt eine eigene Radiosendung spätabends. **Fats Waller**, ein brillanter Stride-Pianist und begabter Songschreiber, wird durch eine Serie temperamentvoller Jazz- und Kabarett-Aufnahmen mit einem Sextett zum populären Entertainer.
ORTE, AUFNAHMEN, SHOWBUSINESS	Die *jungle style*-Revuen des **»Cotton Club«** tragen zu Duke Ellingtons wachsendem internationalem Ruhm bei. Ein besonderer Erfolg ist das leise, stimmungsvolle *Mood Indigo*.	Das **»Savoy«**, als »the world's most beautiful ballroom« angepriesen, ist der beliebteste Tanzsaal in Harlem. Ellington, Cab Calloway und Chick Webb sind hier regelmäßig zu hören.	Sogenannte ***territory bands***, die nur regional in einzelnen Staaten arbeiten, kommen dem neuaufkommenden Appetit auf »heiße« Tanzmusik entgegen.	In **Paris** entwickelt der belgische Gitarrist Django Reinhardt (rechts) ein neuartiges Amalgam aus Jazz und Zigeunermusik. Er gründet ein Quintett mit dem Geiger Stéphane Grappelli.	In **Kansas Cit** ist ein 14jähri Schuljunge na mens Charlie Parker Jr. bes sen vom Altsa phon und hör Lokalmatado wie Lester Young.
MUSIKALISCHE ENTWICKLUNGEN	Eine **swingende** rhythmische Flexibilität, die die verschobenen Akzente und die Tongebung von *hot*-Spielern wie Armstrong benutzt, hat sich fast überall durchgesetzt, auch wenn »Swing« als Genre noch nicht existiert.	Barney Bigards Klarinette, beweglich in allen Registern, ist eine Säule des **Ellington-Sounds**, der auch nach Ende der »Cotton Club«-Ära die Depression übersteht.	**Bill »Bojangles« Robinson**, einer der großen schwarzen Tänzer und Erneuerer des Steptanzes. In den dreißiger Jahren tritt er in Filmen und am Broadway auf.	Die meisten amerikanischen Haushalte haben ein Radio, und Amateure fangen an, sogenannte *air shots* – **Live-Übertragungen** – mitzuschneiden.	Als Standardbesetzung der **Bi Band** setzen sich fünf Blechbl ser, vier Holzbläser und eine vierköpfige Rhythmusgruppe durch. Benny Goodman kauf viele von Fletcher Henderson besten Arrangements.
HISTORISCHE FAKTOREN	**Kansas City** wird von Gangstern regiert. Das Nachtclubgewerbe floriert. Ein ausdauerndes Tanzpublikum inspiriert einen stetigen *four beat*-Jazz.	Die **Plattenindustrie** bricht unter dem Druck der Wirtschaftskrise und der Verbreitung des Rundfunks fast völlig zusammen.		Die **Prohibition** wird aufgehoben. Das Abklingen der Rezession und ein wachsendes junges Publikum heizen die Nachfrage nach extrovertiertem, tanzbarem Jazz an.	

nach New-Orleans-Art oder ein schlichtes, schmuckloses Idiom wie der Blues erschienen nun altmodisch und hausbacken. Eine schnellere, glattere, kraftvollere Musik bediente einen Massenmarkt junger Tanzbegeisterter: Big-Band-Swing. Von 1935 an beherrschten die Big Bands die populäre Musik. Und mit ihnen kam eine Fülle brillanter Solisten, die über den vorantreibenden Rhythmen der Big Bands immer schnellere und komplexere spontane Geschichten erzählten.

1935

Art Tatum, ein blinder Musiker aus Toledo, Ohio, etabliert sich mit einem avancierten Stride-Stil, der Jazz- wie klassische Musiker gleichermaßen verblüfft, als Jazzpianist der Extraklasse.

Die neuaufgekommenen **Radio-Diskjockeys** verhelfen Benny Goodman zu einem landesweiten Erfolg, der die Swing-Ära einläutet.

Das **Mikrophon** verändert den Jazzgesang. Es ermöglicht erstmals die Verstärkung subtiler, individueller Nuancen.

1936

Lester Youngs kühler, luftiger Ton und seine sparsame Phrasierung kreieren eine neue Variante des Swing-Saxophons. Er schließt sich der jungen Basie-Band an.

Bill »Count« Basie ist Pianist in Benny Motens *Kansas City Band*, als Moten plötzlich stirbt. Basie formiert aus ihr eine neue Gruppe.

Armstrong wirkt im **Film** *Pennies from Heaven* mit. Er entwickelt sich mit der Unterstützung seines ehrgeizigen Managers Joe Glaser vom Musiker zum Allround-Entertainer.

Jimmy Dorsey, einer der beliebten **Swing-Bandleader**, ist ein einflußreicher Saxophonist.

1937

Der Sänger **Cab Calloway** ist der erfolgreichste kommerziell orientierte schwarze Bandleader. Er streitet sich heftig mit seinem dickköpfigen jungen Trompeter Dizzy Gillespie.

Das **»Three Deuces«**, wo ein Gastspiel von Art Tatum Chicago aufhorchen läßt.

Der neue Markt der **Juke Boxes** verlangt nach stetiger Zufuhr von Schlagern, was den Markt nach der Rezession weiter belebt.

Die **78-U/min-Schellackplatte** beschränkt noch immer die Dauer von Jazztiteln auf drei Minuten, auch wenn erste Experimente mit langsameren Geschwindigkeiten gibt.

1938

In den **Swing-Bands von Kansas City** verfeinert Charlie Parker seinen Sound, der stark von Lester Young beeinflußt, dabei aber schneller und harmonisch wagemutiger ist.

Das Multitalent **Artie Shaw** ist Benny Goodmans engster Rivale auf der Klarinette. Sein *Begin the Beguine* ist ein Hit.

Die **»Carnegie Hall«** öffnet sich mit einer *Spirituals to Swing*-Serie, die in Benny Goodmans legendärem Konzert gipfelt, erstmals dem Jazz. Swing wird salonfähig.

»Commodore« ist das erste kleiner **unabhängiger Plattenlabels**.

Junge Musiker arbeiten an **komplizierten Akkordprogressionen**.

1939

Nach fünf Jahren in Europa kehrt **Coleman Hawkins** zurück und spielt *Body and Soul* ein, eine inspirierte Improvisation, die auf Akkorden, nicht melodischer Variation beruht – eine der großen Aufnahmen des Jazz.

Der Komponist und Arrangeur **Billy Strayhorn** schließt sich Ellington an, und ihre Orchestrierungstechniken verbinden sich zu einem untrennbaren Ganzen.

Die Aufnahmen, die Pianist **Teddy Wilson** in den späten dreißiger Jahren mit Billie Holiday macht, verändern den Jazzgesang unwiderruflich.

Swing, nun ein Phänomen des kulturellen Hauptstroms, wird in der populären Presse zelebriert.

In Europa bricht **Krieg** aus. Jazz soll in den besetzten Ländern zum Symbol von Freiheit und Widerstand werden.

New York

Als die *Original Dixieland Jazz Band* auf dem Broadway spielte, horchte die Welt auf. Was in New York passierte, war allemal eine Nachricht wert, denn als die Vergnügungsindustrie wuchs, um eine Bevölkerung zu belohnen, die sich ebenso ausdauernd amüsieren wollte, wie sie arbeitete, wurde New York zu ihrem natürlichen Zentrum. New York war die Heimat der meisten neuen Plattenfirmen und vieler der neuen Rundfunksender. *Tin Pan Alley*, die Musikverlagsindustrie, die gegen Ende des vorigen Jahrhunderts emporgeschossen war, war der Spitzname für die Gegend um die 32. Straße an der Ecke zum Broadway.

Doch der schwarze Süden hatte dem Jazz eine einmalige Würze gegeben, die Showbusineß-Unternehmern nicht schmeckte. Der New-Orleans-Ensembleklang und der Blues waren die Quellen dieser Dynamik. Obwohl es einen Trend hin zu einem intimeren, auf das einzelne Paar konzentrierten Gesellschaftstanz gab, war die Schärfe der New-Orleans-Musik noch zu insistierend, zu kräftig, zu irritierend für einen Massenmarkt, und ihr unvermittelt sinnlicher Klang ließ für manche die Verbindung zwischen Tanz und Sexualität ein wenig zu direkt erscheinen.

Dieses Problem der Musikindustrie war erstmals an der Westküste um 1915 in Angriff genommen worden. Ferde Grofé, ein weißer Pianist und Arrangeur, der sich ebensogut mit europäischer Klassik wie »niederer« Tanzmusik auskannte, experimentierte mit symphonischen Techniken für Tanzorchester, verwendete Saxophone (die außerhalb des Varietés kaum ernst genommen wurden) als Träger harmonisierter Themen und kontrastierte diese mit ausgeschriebenen Gegenstimmen. Paul Whiteman, ein ehrgeiziger junger Bandleader mit einem ähnlichen Hintergrund wie Grofé, bereicherte seine ohnehin schon populäre Tanzband um Grofés einfallsreiche Arrangements. Whitemans symphonischer Jazz war ein sofortiger Erfolg (seine erste Platte von 1922 wurde über dreimillionenmal verkauft), und Whiteman fühlte sich dadurch berechtigt, sich mit dem Titel *King of Jazz* zu schmücken.

Jazz im New-Orleans-Sinn gab es wenig in Whitemans Orchester, und seine Musiker hatten weder die Neigung noch das Talent zu ausgiebigen Improvisationen. Die Musik klang wie Jazz, dem man die rauhen Kanten abgeschliffen hatte. Dies war der Kern von Whitemans Marktstrategie. Im Februar 1924 setzte er in der New Yorker »Aeolian Hall«, einem renommierten Konzertsaal, ein berühmtes Konzert an, in dem er ausdrücklich vorführen wollte, wie weit sich die Dinge vom »dissonanten frühen Jazz bis zur melodischen Form der Gegenwart« entwickelt hatten. George Gershwin stellte bei diesem Anlaß seine *Rhapsody in Blue* vor.

Paul Whiteman »verbesserte« den Jazz nicht, aber seine Musik war schick und elegant und nahe genug am Jazz, um das Publikum für ihn zu interessieren. Sein Einfluß auf die Tanzmusik New Yorks war so umfassend, daß alle Musiker im Tanzgewerbe versuchten, ihn zu kopieren. Unterdessen wurde Fletcher Henderson, einem schüchternen College-Absolventen, um 1920 klar, daß ein Chemiediplom einem jungen schwarzen Mann nicht zwangsläufig zu einer Stelle als Chemiker verhalf. Mit dem Hintergrund der mütterlichen Klavierlektionen verlegte er sich zunächst darauf, in der *Tin Pan Alley* als Vorführer von Noten-Neuerscheinungen zu arbeiten, um dann der Hauspianist von »Black Swan«, der ersten schwarzen Plattenfirma, zu werden. Dadurch, daß er Freelance-Musiker für Plattenaufnahmen des Labels zusammenholte, wurde er schließlich zum Bandleader wider Willen, der seine ersten Schritte in den Fußstapfen Whitemans unternahm: eine glatte, einschmeichelnde, vom Saxophonsatz geprägte Musik, oft mit einer Spur Ragtime.

Mehr Hitze

Henderson und sein Stammarrangeur Don Redman entwickelten das für Whiteman typische Wechselspiel von Blech- und Holzbläsern und die Verwendung kontrastierender Klangfarben weiter. Henderson erkannte auch, wie es Duke Ellington und Whiteman später gleichfalls tun würden, daß das tanzende Publikum nicht ganz so auf Verfeinerung und Zurückhaltung bedacht war, wie man glaubte. Bandleader fingen an, Jazzsolisten einzustellen, um der Musik einzuheizen, wenn auch zunächst nur in so kurzen Schüben, daß die Solisten nach der Arbeit Jam Sessions organisierten, um zu ihrem Vergnügen zu spielen.

Genau aus diesem Grund holte Fletcher Henderson 1924 Louis Armstrong nach New York, und das sollte den Jazz des nächsten Jahrzehnts von Grund auf verändern. Duke Ellington, der sich allmählich als Leiter einer Band profilierte, die zu Anfang ein gleichberechtigtes Kollektiv namens *The Washingtonians* war, stellte aus den gleichen Motiven den von King Oliver beeinflußten Trompeter

In den zwanziger Jahren erkannte Fletcher Henderson, Bandleader wider Willen, daß glatte New Yorker Tanzmusik und rauher New-Orleans-Sound zusammen eine kraftvolle Mischung ergaben. Louis Armstrong (dritter von links) sorgte für den kreativen Funken.

Der »Cotton Club«, früher in Besitz des Boxers Jack Johnson, war einer der beliebtesten Nachtclubs im New York der zwanziger Jahre. Seine musiktheatralischen Revuen waren oft Karikaturen des afrikanischen Lebens – aber der Jazz war *hot*.

Duke Ellingtons Engagement im »Cotton Club« (1927–1931) markierte die berühmteste Periode des Clubs. Cab Calloway folgte ihm nach. In diesen Bands spielten einige der berühmtesten Musiker Amerikas mit.

»Bubber« Miley ein. Auch Whiteman folgte diesem Trend, änderte seine Meinung über den »dissonanten frühen Jazz« und engagierte Bix Beiderbecke und den Saxophonisten Frankie Trumbauer.

Die *Harlem Renaissance*

Doch nicht nur die Musik auf den noblen Tanzparketts New Yorks änderte sich, sondern auch die der schwarzen Subkultur. In den zwanziger Jahren setzte die sogenannte *Harlem Renaissance* ein, eine Blütezeit schwarzer Literatur, bildender Kunst, Musik und Philosophie, die teils von jenem optimistischen Glauben an die Vervollkommnung des menschlichen Geistes getragen wurde, der schon hinter den religiösen Erweckungsbewegungen des vorigen Jahrhunderts und den Prohibitionsgesetzen gestanden hatte. Eine Zeitlang betrachteten weiße Intellektuelle die Schwarzen als Träger des Geheimnisses eines Lebens, das spiritueller und erleuchteter war als ihr eigenes, vom Materialismus geprägtes.

Die Nachtclubs von Harlem zogen magisch ein weißes Publikum an, und das Engagement der Ellington-Band zunächst im »Kentucky Club«, dann im »Cotton Club« lebte von einem Bild des afrikanischen Lebens, das einer Karikatur gleichkam. Das berühmte Ellington-Stück *Black and Tan Fantasy* wurde für eben eine solche musiktheatralische Verklärung der Vorstellung vom »edlen Wilden« komponiert.

Aber die Aktivitäten Harlems spielten sich nicht nur in den Nachtclubs ab. Sogenannte *rent parties* und *parlours-socials*, bei denen die Bewohner Musiker in ihre eigene Wohnung einluden und ein kleines Eintrittsgeld verlangten, um die wöchentliche Miete aufzubringen, boten Spielmöglichkeiten für Musiker. Sowohl die Boogie-Woogie-Pianisten, deren Wurzeln in den Saloons der Pionierstädte lagen, als auch die eleganten, technisch brillanten Stride-Piano-Meister wie Luckeyth Roberts, James P. Johnson und Fats Waller verkehrten dort. 1925 wurde der Gitarrist und Bluessänger Huddie »Leadbelly« Leadbetter aus dem Gefängnis entlassen, und auch er brachte seine Musik in die Wohnzimmer Harlems und sang jene Musik, die er von Musikern auf dem Lande gelernt hatte, die wenig über Jazz wußten, aber um so mehr von Blues, Ring Shout und Field Holler.

Die Musikindustrie, ständig auf der Suche nach neuen Märkten, entdeckte in den schwarzen Wohnvierteln ein Potential und entwickelte speziell für die schwarzen Läden sogenannte *race*-Labels. Sie gaben einem Blues-Boom Nahrung, der bis zum Börsenkrach an der Wall Street und zur Wirtschaftskrise andauerte. Die majestätische, theatralische Blues-Künstlerin Bessie Smith brachte der in Schwierigkeiten geratenen Plattenfirma »Columbia« ein Vermögen ein, und Leadbelly hörte ihre Platten mit bewunderndem Staunen. Louis Armstrong, King Oliver und Sidney Bechet gehörten zu den vielen jungen schwarzen Musikern, die bei Blues-Aufnahmen mitwirkten und dabei Entscheidendes über Phrasierung, Timing und Emotion lernten. Auch die Tanzmusik wurde revitalisiert.

Zu Anfang der dreißiger Jahre hatte Duke Ellingtons bluesgetränkte Variante des symphonischen Jazz Whiteman an Beliebtheit überholt. Das *Jazz Age* starb mit der Rezession, das *Swing Age* der Big Bands stand vor der Tür.

Swing

Eine überhitzte amerikanische Wirtschaft brach 1929 in sich zusammen. Bis 1935 brauchte der Jazz, um sich von diesem Schlag zu erholen. Die ehrgeizigen und enthusiastischen Musiker der *Austin High School Gang* lebten von *baked beans*. Sidney Bechet putzte Schuhe und half seinem Trompeterfreund Tommy Ladnier in dessen kümmerlichem Schneidergeschäft aus.

Im Mittleren Westen und Südwesten fuhren *territory bands* in verbeulten Bussen umher und spielten für ein Trinkgeld. Einige prominente schwarze Musiker, so Louis Armstrong und Duke Ellington, reisten nach Europa, um dort zu spielen.

Und kurz nachdem Coleman Hawkins 1934 Gleiches tat, löste sich die Fletcher-Henderson-Band auf, die so viel dazu beigetragen hatte, daß eine Big Band wie Louis Armstrong swingen konnte.

Henderson hatte sich bei der Orchestrierung jener schwer greifbaren Komponente namens Swing ganz auf seinen Arrangeur Don Redman verlassen. Armstrongs Trompetenspiel suggerierte eine Überlagerung rhythmischer Ebenen: Der Beat der improvisierten Melodie entfernte sich in kühnem Höhenflug vom stetigen Tuckern des zugrundeliegenden Rhythmus, um sich im entscheidenden Moment wieder mit ihm zu vereinen. Unter Verwendung einer größeren Band, die in Blechbläser-, Holzbläser- und Rhythmusgruppe unterteilt war, entwickelte Redman einen Ensemblestil, der wie ein Armstrong-Solo klang, und ließ Saxophone und Blechbläser sich farbig harmonisierte Riffs zuwerfen.

Das gab der ganzen Gruppe einen mitreißenden Drive, der sich noch intensivierte, wenn die Solisten improvisierten. Es war das genaue Gegenteil jenes dezenten, improvisationsfreien Abspielens von Arrangements von der Stange, wie es die meisten Tanzbands praktizierten, auch wenn weiße Bands wie die von Jean Goldkette und Red Nichols Henderson sehr nahe kamen.

Redman und Henderson hatten diesen Stil bereits 1931 ausgearbeitet, aber fast nur das Harlemer Publikum wußte davon. Duke Ellington, Chick Webb, Earl Hines, Luis Russell und William McKinney waren nicht weit im Rückstand. Henderson lernte das Verfahren von Redman, der es seinerseits aus einer Mixtur von Armstrongs Improvisationen und einem Verständnis der orchestralen Techniken Paul Whitemans und Ferde Grofés abgeleitet hatte.

Basies Orchester hatte die besten Solisten und die vehementeste Attacke des Genres, und wenn Goodman der *King of Swing* zu sein schien, so war Basie der Königsmacher.

Henderson selbst entwickelte es weiter, als er später musikalisch auf sich allein gestellt war.

Stompin' at the Savoy

Die Wirtschaftskrise und seine eigene Nachlässigkeit brachten Henderson in Schwierigkeiten. Ein Ausweg tat sich auf, als der gewitzte Impresario und Talentsucher John Hammond ihn damit beauftragte, Arrangements für Benny Goodman zu liefern, einen jungen, klassisch ausgebildeten weißen Bandleader und Klarinettisten. Goodman war eines von zwölf Kindern einer Familie osteuropäischer Juden, dessen früh ausgeprägtes Klarinettentalent von seinem Vater als Chance der Flucht aus dem Ghetto erkannt wurde. Schon im Alter von 14 war der Junge Berufsmusiker und bald darauf der Hauptternährer der Familie.

Goodmans Vorbilder waren die ungemein kreativen Dorsey-Brüder und eine weiße Band aus Detroit, die New Yorker Raffinesse mit der bluesigen Unmittelbarkeit des Mittleren Westens verband: das *Casa Loma Orchestra*. Ungeachtet der Depression feierte diese Band Erfolge auf den College-Campus, und die langfristigen Perspektiven dieses Erfolges blieben Goodmans Manager nicht verborgen.

Swing und Tanz waren untrennbar. Im »Savoy Ballroom« in Harlem entwickelten die Lindy-Hopper ihren Stil zu den Klängen des frühen Swing und beeinflußten damit den Trend hin zu einem gleichmäßigen *four beat* als Begleitung fließender Tanzbewegungen.

Der »King of Swing«

Im August 1935 trat Goodmans Band, der so starke Musikerpersönlichkeiten wie der Trompeter Bunny Berigan und Schlagzeuger Gene Krupa angehörten, gegen Ende einer trostlosen Tournee von Küste zu Küste im »Palomar Ballroom« in Los Angeles auf. Goodman begann das Konzert mit glatter Tanzmusik, die das Publikum von College-Studenten kalt ließ. In letzter Verzweiflung zählte er Fletcher Hendersons Arrangement von Jelly Roll Mortons *King Porter Stomp* an – New Orleans und Harlem vereinigten sich auf dem Umweg über das jüdische Ghetto. Die Zuhörer schrien vor Begeisterung; der kommerzielle Durchbruch eines heißen, vitalen, rasanten Big-Band-Jazz im schwarzen Stil war da, und Benny Goodman war auf dem Weg dazu, zum *King of Swing* ausgerufen zu werden.

Die Verbreitung des Radios war ebenso entscheidend für diesen Swing-Boom, wie es das Ende der Wirtschaftskrise, steigende Umsätze »heißer« schwarzer Musik wie der Armstrongs bei einer wachsenden Zuhörerschaft weißer Studenten und nicht zuletzt Goodmans Alter, Hautfarbe und Talent waren. Goodman war jünger als all jene Jazzpioniere, deren Musik in den verbrauchten zwanziger Jahren zu wurzeln schien; er ähnelte den jungen Männern im studentischen Publikum, und er spielte mit einer Mischung improvisatorischer Verve und europäischer Intonationsgenauigkeit, die ein junges, gebildetes Publikum in den gesamten USA aufhorchen ließ.

Fünf Jahre nach dem kalifornischen Erfolg war Goodman ein internationaler Star, der 1938 mit seiner legendären *Spirituals to Swing*-Show in der »Carnegie Hall« den Jazz sogar in die Welt der klassischen Konzertsäle brachte. Er war auch einer der Vorreiter rassisch integrierter Bands, indem er den Pianisten Teddy Wilson, den Vibraphonisten Lionel Hampton und den Gitarristen Charlie Christian engagierte. Diese Offenheit war dadurch gewachsen, daß er noch in Chicago die New-Orleans-Pioniere gehört und 1933 im Rahmen von Aufnahmeprojekten John Hammonds mit Musikern wie Coleman Hawkins und Billie Holiday kooperiert hatte.

Weiße Bandleader wie Jimmy und Tommy Dorsey, Bob Crosby und Glenn Miller kamen ebensogut bei diesem neuen, größeren Publikum an und auch schwarze Bands wie die Jimmie Luncefords und Andy Kirks. Und nicht nur die durch Goodmans Band symbolisierte, makellos gespielte, straff disziplinierte Musik profitierte vom Swing-Boom. Duke Ellingtons farbig-impressionistische Klangmalerei entfaltete sich nun über einem mitreißenden Beat, den die Band im wettbewerbsfördernden Klima der Ballrooms gelernt hatte. Ihre subtilsten, bewegendsten und konzentriertesten Aufnahmen sollte die Ellington-Band gerade dann machen, als die Kriegswirtschaft und der Aufstieg des Bebop in den frühen vierziger Jahren die meisten anderen anachronistisch erscheinen ließen.

Swing, Brother, Swing

In Kansas City hatte seit den zwanziger Jahren eine einfachere, risikofreudigere, bluesigere, rifforientierte Musik geblüht, besonders die der Bennie-Moten-Band, zu der der Saxophonist Ben Webster und der Pianist William »Count« Basie gehörten. Nach Motens Tod als Folge einer Mandeloperation übernahm Basie dessen Ansatz und viele der Moten-Musiker in seine eigene Band. Als die Band nach New York kam, wurde sie beinahe so populär wie die Benny Goodmans und glänzte mit einem entspannt fließenden Rhythmus und exquisiten Soli von Musikern wie Buck Clayton, Herschel Evans und Lester Young. Damit beeinflußte sie schließlich sogar das Repertoire und die musikalische Orientierung des *King of Swing*.

Basies Schlagzeuger Jo Jones wies mit seinem lockeren, schwebenden Beat, seinem herrlichen Beckenklang und seiner leichteren Bass-Drum-Technik den Weg für eine neue Rolle der Rhythmusgruppe: Der elegant-tänzerische *four beat* ermöglichte eine improvisierte Musik ohne Lärm, und Basies dahingetupfte linke und seine ruhig-eloquente rechte Hand wurden zum Modell einer zurückgenommeneren Weise des Klavierspiels.

Zum Aufstieg der Bebop-Bewegung, die auf den Swing folgte, trugen viele Komponenten bei, nicht zuletzt der Überdruß an den Ritualen des Swing. Doch zur Inspiration durch Count Basie haben sich Musiker aller Generationen und Stile bekannt.

Benny Goodman und Gene Krupa, die Stars des Swing. Krupa war der Pionier des virtuosen Solos, das auf Schlagzeugfiguren in furiosen Tempi basierte – seine Trommelstöcke künden davon.

Die vierziger Jahre

Gegen Ende der dreißiger Jahre schien der Swing unbezwingbar – selbst die »Carnegie Hall« hatte er erobert. Aber der Stil war so populär, daß er irgendwann begann, sich selbst zu wiederholen. Eine Gruppe junger, gelangweilter Big-Band-Musiker, darunter der Trompeter Dizzy Gillespie, der Saxophonist Charlie Parker und der Gitarrist Charlie Christian, brachten die Dinge ins Rollen. Sie erweiterten die Harmonik, unterbrachen den stetigen

MUSIKER UND BANDS

1940

Der Schlagzeuger **Kenny Clarke** verlagert den Beat von der Baßtrommel auf die Becken, mit einem leichten, lockeren Rhythmus und unvorhersehbaren Akzenten.

Ben Webster, der Tenorsaxophonist mit dem warm leuchtenden Ton, schließt sich der Duke-Ellington-Band an, die am Beginn ihrer kreativsten Phase in den vierziger Jahren steht.

1941

Charlie Christian, der Stargitarrist Benny Goodmans, Begründer der Bop-Gitarre und ein Pionier der Verwendung elektrischer Verstärkung, spielt eine wichtige Rolle in der neuen Bewegung, indem er mit ungebräuchlichen Harmonien experimentiert. Er stirbt jung.

1942

Charlie Parkers Soli oszillieren innerhalb weniger Chorusse zwischen Flüstern und Schreien, sehnsüchtigem Blues und haarsträubendem Tempo, Kratzbürstigkeit und Eleganz.

Lionel Hampton, der extrovertierte Schlagzeuger und Vibraphonist, ist einer der Swing-Musiker, der nach wie vor populär ist.

1943

Der Virtuose **Bud Powell** ist der einflußreichste Pianist des frühen Bop. Die Melodien seiner rechten Hand erinnern an Bläserlinien.

Der Swing-Klavierstar und Bandleader **Earl Hines** engagiert Gillespie und Parker.

1944

Der Schlagz ger **Max Ro** begleitet Cl lie Parker a einigen sein wichtigsten nahmen mit fehlbarer Se bilität.

Thelonious Monks kantig-pe kussives Spiel und seine sprö den Kompositionen gelten sp ter als Klassiker des 20. Jahr hundert

ORTE, AUFNAHMEN, SHOWBUSINESS

1940

1941

»Minton's Playhouse«, ein Club auf der 108. Straße, wo die Swing-Stars ohne kommerzielle Zwänge improvisieren und wo Kenny Clarke gebeten wird, eine Hausband zusammenzustellen. Er bringt einige der frustrierten jungen Musiker zusammen, die den Jazz verändern werden.

1942

Das **»Onyx«** auf der 52. Straße, wo Dizzy Gillespie in einer Band mit Max Roach den Bebop erstmals *downtown* präsentiert.

1943

Gegen Ende des Jahres macht **Coleman Hawkins** wieder Aufnahmen. Obwohl selbst kein Bebopper, fasziniert ihn doch die neue Musik.

1944

Hawkins macht die **ersten B Aufnahmen** nach Ende des Aufnahmeverbots.

MUSIKALISCHE ENTWICKLUNGEN

1940

Jimmy Blanton, der junge Bassist der Ellington-Band, erweitert die begleitende Rolle des Basses, indem er schnelle gitarristische Gegenmelodien spielt.

1941

Die Bebopper erweitern die herkömmlichen Akkorde und improvisieren über die höheren Intervalle – Charlie Parkers Biograph Ross Russell spricht später vom »Hüpfen über die höchsten Gipfel der Akkorde«.

1942

Der Bebop wird von vielen Stars als unverkäuflich abgelehnt, verbreitet sich aber dennoch unter wagemutigeren Musikern und neugierigen Fans. Da Amerika nun in den Krieg eingetreten ist, wird eine sogenannte ***cabaret tax*** eingeführt. Veranstalter bevorzugen daher kleinere Bands, was der Combo-Musik Bebop zugute kommt.

1943

Bop-Schlagzeuger verwenden die Baßtrommel für Akzente (*bombs*), nicht zum Markieren des Tempos.

1944

Der Bebop provoziert eine Gegenreaktion: ein Revival des freundlichen, melodischen N Orleans-Sounds. Der Vetera **Bunk Johnson** macht seine e sten Aufnahmen.

HISTORISCHE FAKTOREN

1941

Politisch engagierte junge afroamerikanische Musiker wehren sich gegen die **rassistischen Klischees** im Showgeschäft.

1942

Ein **Aufnahmeverbot** wird von der amerikanischen Musikergewerkschaft verhängt. Der Bebop entwickelt sich daher beinahe im Untergrund.

Swing-Puls und schufen so eine nervöse, fragmentierte, mehrdeutige Musik, die die Jazzkomposition und die Solostile aller Instrumente revolutionierte. Parker war ihr Hohepriester und ihr erratisches Genie, doch der neue Bebop basierte auf einem Zusammenwirken musikalischer und ökonomischer Wandlungen während des Zweiten Weltkriegs. Afroamerikanische Entertainer fügten sich nicht mehr in die alten Rollenklischees. Die Big Bands zerfielen.

1945

Der Sänger **Billy Eckstine** wird zum ersten schwarzen Pop-Star. In seiner Band spielen führende Bebopper.

Miles Davis, ein Student der »Juilliard School of Music«, folgt Parker überallhin und wird Mitglied seiner Band.

Die Presse feiert noch den **Swing**, während sich seine wichtigsten Bands bereits wegen ökonomischer Zwänge auflösen.

Der **Zweite Weltkrieg** endet, und mit Hiroshima beginnt das Zeitalter der Atombombe. *Modern Jazz* wird zum Klang der *Beat Generation.*

1946

Einige der Swing-Bands entwickeln sich zu bopbeeinflußten größeren Gruppen, manchmal unter Verwendung semiklassischen Materials. Woody Hermans Band ist eine der besten von ihnen. Der Saxophonist **Stan Getz** gibt sein Debüt.

Dizzy Gillespie, der wagemutige, schlagfertige Trompetenvirtuose. Seine Band von 1946 experimentiert mit orchestralem Bebop und kubanischer Tanzmusik.

Afrokubanische Musik wird in und um New York populär. Am Ostersonntag wird ein 24stündiger Mambo-Tanzmarathon mit fünf Latin-Kapellen veranstaltet.

Louis Armstrong spielt mit seinen All-Stars in der New Yorker »Town Hall«.

Progressive Jazz-Apologeten wie Stan Kenton kombinieren Big-Band-Virtuosität mit modernen Kompositionstechniken.

1947

Der ländliche Blues durchläuft nach den späten dreißiger Jahren einen Urbanisierungsprozeß. Blues und tanzbarer Jazz kombiniert, ergibt *Jump Music*, einen Vorläufer des Rock and Roll, wie ihn **Louis Jordan** spielte.

Miles Davis und der Arrangeur **Gil Evans** suchen nach einem weicheren Jazz-Sound.

»Blue Note«, das Label von Alfred Lion und Francis Wolff, das während des Kriegs geruht hatte, tritt wieder in Aktion und nimmt jüngere Musiker wie Miles Davis und Thelonious Monk auf.

Als **»Cubop«** bezeichnet man eine Fusion von kubanischer Musik und Bebop.

Bebop wird zu einer **Subkultur der Hipster** – mit Ziegenbärtchen und Baretten, Insider-Sprache, Interesse an moderner Kunst und existentialistischer Philosophie.

1948

Stan Kenton engagiert Trommler aus Machitos *Afro-Cuban Band* und landet mit *The Peanut Vendor* einen Hit.

Der kubanische Perkussionist **Chano Pozo** verblüfft seine Mitmusiker in Dizzy Gillespies Band und das Publikum mit polyrhythmischem Spiel und Ritualgesängen aus afrikanischen Quellen. Er wird 1948 in Harlem im Zuge einer Auseinandersetzung erschossen.

Das New Yorker **»Royal Roost«** ist der Rahmen der einzigen wenigen Auftritte der *Birth of the Cool-*Band von Miles Davis und Gil Evans. Das Publikum bleibt ungerührt; Musiker sind fasziniert.

Die ***Jazz at the Philharmonic***-Kombinationen des Impresarios Norman Granz sind nun alljährliche Jazz-Kreuzzüge, in denen Stars hitziges Club-Ambiente in die Konzertsäle der gesamten USA bringen.

Der **Islam** findet immer mehr Anhänger unter Afroamerikanern und bringt ein tieferes Verständnis der eigenen kulturellen Wurzeln mit sich. Manche Musiker nehmen Muslim-Namen an.

1949

Mary Lou Williams, eine brillante Komponistin und Pianistin, entwickelt sich von einer Swing-Musikerin zur wichtigen Figur in der Bop-Szene. Sie schreibt Partituren für Dizzy Gillespies Orchester und hilft vielen jungen Musikern.

Beim **Pariser Jazz Festival** von 1949 spielen Charlie Parker und andere Bop-Stars, die von den Fans wie Könige empfangen werden. Europa beweist seinen Enthusiasmus für den neuen Jazz.

Die ***Birth of the Cool*-Aufnahmen** entstehen.

Bebop

Wenn der Swing ein Jazz war, der das Publikum mit offenen Armen empfing, so war Bebop einer, der ihm scheinbar den Rücken zukehrte. Viele der führenden Swing-Musiker der vierziger Jahre fühlten sich persönlich beleidigt.

Tommy Dorsey sagte der Zeitschrift »Down Beat«: »Bebop hat die Musik zwanzig Jahre zurückversetzt.« Selbst der leutselige Louis Armstrong ließ sich, selten genug, zu Tadel hinreißen, als er von »schrägen Akkorden« sprach, »die gar nichts bedeuten … Es gibt keine Melodie, an die man sich erinnert, und keinen Beat, nach dem man tanzen könnte«.

Nachdem sich die erste Aufregung gelegt hatte, erkannten Musiker wie Publikum, daß der Bebop in Wirklichkeit gar nicht so völlig anders klang. Und beinahe fünfzig Jahre später begleiten die Soli Charlie Parkers Restaurant-Konversationen, und Thelonious Monks *Round Midnight* ist ebensogut im Supermarkt zu hören wie auf einer Platte mit Meisterwerken des 20. Jahrhunderts eines klassischen Pianisten.

Auch wenn er sich scheinbar von der Vergangenheit löste, knüpfte der Bebop doch tatsächlich sinnvoll an sie an. Er vollzog sich meist auf der Basis des Swing-*four beat*, aber mit unregelmäßiger verstreuten Akzenten und ohne jenes stetige Stampfen der Baßtrommel. Seine Improvisationen beruhten auf Akkorden, aber solchen, die die einfachen *Tin Pan Alley*-Harmonien um Zusatztöne bereicherten und die viel rascher wechselten – wie flüchtige Impressionen, die die harmonischen Hauptfunktionen miteinander verbanden. Der Pianist Art Tatum und der Swing-Saxophonist Coleman Hawkins hatten schon lange Vergleichbares getan, und die moderne europäische Kunstmusik war voll solcher Verfahren.

Die beliebtesten Akkordprogressionen des Bebop waren der Blues und die Harmoniefolge des zweiunddreißigtaktigen Songs mit achttaktigem Mittelteil – wie zum Beispiel *I Got Rhythm*. Aber die Bebop-Pioniere machten sich einen Spaß daraus, solche Songs so zu verschleiern, daß nicht einmal ihre treuesten Fans sie erkennen würden. Wenn die Kombination der Akkorde von *I Got Rhythm* mit denen des Mittelteils eines völlig anderen Songs einen berühmten Swing-Star, der darüber zu improvisieren versuchte, ins Straucheln brachte oder die alternden Swing-Fans verärgerte, dann um so besser.

Während gebildete Musiker wie Art Tatum und Coleman Hawkins die Fundamente des Bebop verstanden und andere – wie der Saxophonist Lester Young, der Trompeter Roy Eldridge, die Pianisten Count Basie und Clyde Hart und der Schlagzeuger Jo Jones – nur einen Schritt davon entfernt waren, Bebop zu spielen, so war dieser Schritt doch der schwerste. Er erforderte die unverbrauchte Energie des Newcomers, mit einem Ruf, der erst zu gewinnen und noch nicht zu verlieren war. Dies war die Clique der jungen Swingband-Mitglieder, die sich in den *after hours*-Clubs New Yorks trafen. Kein einzelner von ihnen, nicht einmal Charlie »Yardbird« Parker, hatte die zukünftige Architektur des Bebop voll und ganz vor Augen. Sie waren gelangweilt, begabt und rebellisch – und lebten für die Musik. Jeder von ihnen hörte ein Fragment des neuen Sounds. Erst als sie zusammenkamen, konnte der moderne Jazz geboren werden.

Straight, No Chaser

Das herrschende Genie des Bebop war Charlie Parker, auch wenn viele andere Musiker ihre eigenen wichtigen Rollen spielten. Parker war bereits als Meister des Altsaxophons anerkannt und spielte im bluesorientierten Swingorchester Jay McShanns einen schnellen, harmonisch avancierten Stil, der von Lester Young abgeleitet war.

Parker war Autodidakt, er hatte aber schon als Teenager gelernt, in jeder Tonart mit gleich verblüffender Virtuosität zu spielen. Als er sich der Band von Jay McShann anschloß, hörte er bereits eine noch schwer greifbare, doch sich langsam herauskristallisierende Art des Improvisierens, eine, die das harmonische Potential der Akkordtöne freisetzte und damit dem Solisten mehr Material in die Hand gab.

Die Wandlung der Harmonik machte den Bebop scheinbar zu einer stärker europäisierten Musik – als hätte Bach den Blues und afrikanische Rhythmen gekannt. Aber wie in

»The Street«: Die 52. Straße in New York, zwischen der 5th Avenue und dem Broadway, war in den vierziger Jahren die Jazz-Straße schlechthin, mit Souterrain-Clubs wie dem »Onyx«, dem »Famous Door« und dem »Three Deuces«.

Dizzy Gillespie (Mitte rechts) und Charlie Parker (Mitte links) prägten den neuen Klang, den dann in den Fünfzigern jüngere Neuerer weiterentwickelten. Gillespie engagierte den kraftvollen Saxophonisten John Coltrane (ganz rechts), der seine Wurzeln im Bebop wie im Rhythm and Blues hatte.

allen früheren Jazz-Revolutionen war der wichtigste Beitrag des Bebop rhythmischer Natur. Auch wenn New-Orleans-Jazz und Swing rhythmische Ideen benutzten, die zuvor im Westen unbekannt waren, waren sie doch nur eine partielle Wiederentdeckung des afrikanischen Erbes und bei weitem nicht so eloquent wie ein afrikanisches Trommelensemble. Als der Bebop sich als Bewegung entwickelte, näherte sich sein Schlagzeugspiel jenem mysteriösen, polyrhythmischen Unterstrom des Jazz. Der Mann, der am meisten dafür verantwortlich war, hieß Kenny Clarke.

Clarke spielte Schlagzeug in der Swing-Band von Teddy Hill. Ein weiteres Bandmitglied war ein junger Trompeter namens John Birks »Dizzy« Gillespie – ein erfahrener, aber eigensinniger Musiker, der bereits mit der Swing-Harmonik experimentierte.

Inspiriert vom Spiel des Basie-Schlagzeugers Jo Jones wollte Clarke einen leichteren Schlagzeug-Sound erreichen und mehr Spannung erzeugen – wie es Jazz-Neuerer seit Anbeginn getan hatten –, indem er rhythmische Ideen miteinander kontrastierte. Und seinen Spitznamen »Klook« oder »Klook-a-mop« verdankte er schließlich seinen Snare- und Bass-Drum-Akzenten, die dem regelmäßigen Beat des Swing auf ungehörte Weise zuwiderliefen.

Clarkes Arbeitgeber Teddy Hill feuerte ihn schließlich 1940 wegen musikalischer Aufsässigkeit, aber erinnerte sich an den störrischen jungen Schlagzeuger, als er ein Jahr später eine kleine Hausband für ein neues Lokal zusammenstellte: »Minton's Playhouse« in der 108. Straße in Harlem.

Hill bat Kenny Clarke, einige Musiker zu finden, die bereit wären, für wenig Geld zu spielen, aber gut genug, um Stargäste zu begleiten und ein ansehnliches Publikum anzulocken. Clarke benutzte die Gelegenheit, um gleichgesinnte Musiker zu suchen. Außer Gillespie fand er Thelonious Monk, einen eigenartigen, aber kreativen Pianisten, der ebenso vom Stride Piano wie der Musik der »Baptist Church« beeinflußt war und einen Stil fremdartig dissonanter Akkorde und überraschender, spannungsreicher Pausen entwickelt hatte.

Arriba!

Zur gleichen Zeit schlug sich Charlie Parker in einem anderen Harlemer Musikertreffpunkt namens »Monroe's Uptown House« mit seinem Anteil der Eintrittsgelder durchs Leben. Als Kenny Clarke ihn hörte, entdeckte er, wie er später einmal Parkers Biograph Ross Russell erzählte, daß Parker »doppelt so schnell wie Lester Young spielte und Akkorde verwendete, die Lester nicht einmal kannte«.

Parker wurde ins »Minton's« geholt, und ein neues Repertoire bildete sich heraus. Auch wenn etablierte Jazz-Stars wie Coleman Hawkins, Duke Ellington, Count Basie und sogar Fats Waller ins »Minton's« kamen, um frühmorgens nach der Tretmühle der kommerziellen Swing-Shows Dampf abzulassen, hatte die von Clarke zusammengestellte Hausband doch anderes im Sinn.

Für das, was sie spielten, setzte sich ein Name fest – nicht, daß die Musiker ihn anfangs gemocht hätten. Die Silben »Bebop« (anfangs öfter auch »Rebop«) werden meist als vokale Imitation der jähen Offbeat-Akzente dieser neuen Musik erklärt – auch wenn der Jazzkritiker Marshall Stearns meinte, das spanische *arriba* sei möglicherweise die Wurzel gewesen, und seine englische Übersetzung (»go!«) wurde Bop-Solisten oft von ihren Fans zugerufen, um die Improvisationen anzufeuern.

Für Swing-Musiker, die mitzuspielen versuchten, und erst recht für ein unerfahrenes Publikum, wirkte Bebop zunächst so, als würden die Solisten zu früh oder zu spät einsetzen, Phrasen unabgeschlossen stehenlassen oder sich im Takt oder der Tonart irren. Im Swing trafen der Augenblick eines Akkordwechsels oder die wichtigen Noten einer Phrase meist mit den traditionell »starken« Taktzeiten zusammen. Der Bebop kehrte diese musikalischen Wegmarken absichtlich um und betonte »schwache« Taktzeiten oder Off-Beats.

Charlie Parkers Gefühl für Timing und seine Orientierung in der Struktur eines Stücks waren so absolut sicher, daß er diesen Rahmen für längere improvisatorische

Charlie Parkers Improvisationen zählen zu den brillantesten Beispielen spontaner Komposition in der Musik des 20. Jahrhunderts. Parker, impulsiv und erratisch, war ein Visionär, der Konventionen von Timing und Phrasierung über den Haufen warf.

Strecken verlassen und kühne Sprünge in entfernte Tonarten wagen konnte, um dann doch immer wieder sicher auf seinen Füßen zu landen. Die Bläser im Bebop wurden von aktiven und antreibenden Rhythmusgruppen mit Schlagzeugern wie Kenny Clarke und Max Roach ermutigt, sich auf risikoreiche Spiele mit Akzenten und Rhythmus einzulassen.

Der Klang der Revolte

Bebop war ein Ventil für die Musiker und eröffnete der Jazz-Improvisation ein neues Vokabular. Er wurde zudem von einer Generation schwarzer Musiker geprägt, deren Erfahrungen und Ansichten völlig anders als die der Pioniere von New Orleans waren. Swing war nicht einfach nur ein musikalischer Stil gewesen, sondern war schließlich zur Industrie geworden – die größte, lauteste und einträglichste, die das Musikgeschäft bis dahin gekannt hatte. Doch in den dreißiger Jahren verdienten schwarze Bands in der Regel nur halb soviel wie ihre weißen Kollegen. Der langsame Trend hin zu rassisch gemischten Bands baute Unzufriedenheit ab und vertiefte sie zugleich: Während schwarze Solisten wie Roy Eldridge in einer weißen Band mehr verdienen konnten, durften sie im Süden doch noch immer nicht im gleichen Lokal essen. Der aufgestaute Zorn und das vertiefte politische Bewußtsein des Rassismus führten, besonders in Harlem, zu einem erneuten Interesse der Afroamerikaner am Islam und an afrikanischer Geschichte. Manche Musiker nahmen Muslim-Namen an und traten in afrikanischen oder arabischen Gewändern auf.

Aber Swing hatte auch ein musikalisches Problem, eines, das junge schwarze wie weiße Musiker gleichermaßen quälte. Überall im Lande hatten sich mit dem Siegeszug des Swing Fanclubs gebildet. Artie Shaws *Begin the Beguine*, Benny Goodmans *Stompin' at the Savoy* und Glenn Millers *Moonlight Serenade* waren zu Erkennungsmelodien geworden, und das Publikum wollte sie hören. Doch dieser Erfolg rief nach Wiederholung – und Wiederholung verfestigte sich rasch zum Klischee.

Viele aus der neuen Generation wollten sich damit nicht abfinden. Sie waren sich des Ansehens bewußt, das andere Größen zeitgenössischer Musik und moderner Kunst genossen – Strawinsky, Schönberg, Picasso, Kandinsky –, und meinten, daß die einzigartige und dynamische Musik, die zum großen Teil von Afroamerikanern geschaffen worden war, die gleiche ernsthafte Beachtung verdiente. Zudem hatte der Zweite Weltkrieg unter den Künstlern und Intellektuellen in den USA und Europa zu Frustration und Pessimismus geführt. Der quecksilbrigflüchtige Klang des Bebop und die Indifferenz seiner Spieler gegenüber dem Showgeschäft paßten zum Bild des Künstlers als unbeugsamem Zeugen des Versagens der Menschheit, als Außenseiter, der die alten Werte verwarf, die die Welt an den Abgrund geführt hatten. Das Lebensgefühl der Hipster, in einem autonomen moralischen Universum zu leben, zusammen mit dem Druck des Rassismus, der Ablehnung des Establishments und den intensiven Anforderungen spontaner improvisatorischer Kreativität, führte immer häufiger zu einem Eskapismus, der in Drogen und Alkohol ebenso wie in Musik ausgelebt wurde. Heroin wurde zur trügerischen Lebenshilfe vieler Angehöriger der ersten Bebop-Generation – weißer wie schwarzer.

Doch zunächst genossen die Bebopper ihren Untergrund-Kultstatus. Auch wenn die Musiker und eine kleine Schar von Fans in New York von Anfang an vom Bebop wußten, so taten das nur wenige außerhalb dieser Kreise. Die Radiomoderatoren waren noch ganz auf Swing eingestellt, und von 1942 bis 1944 legte die amerikanische Musikergewerkschaft im Kampf um bessere Bezahlung die Plattenindustrie lahm. Die Bop-Musiker entwickelten ihre Kunst also im verborge-

Wenn Dizzy Gillespie auch nicht das herrschende Genie des Bebop war, so beeinflußte er doch dessen Entwicklung und verschaffte ihm größere Popularität. Sein herzliches Naturell machte ihn zum Liebling von Generationen von Fans, wie man am stürmischen Empfang sehen kann, den ihm seine Anhänger 1948 in New York nach einer zweimonatigen Europatournee bereiteten (rechts).

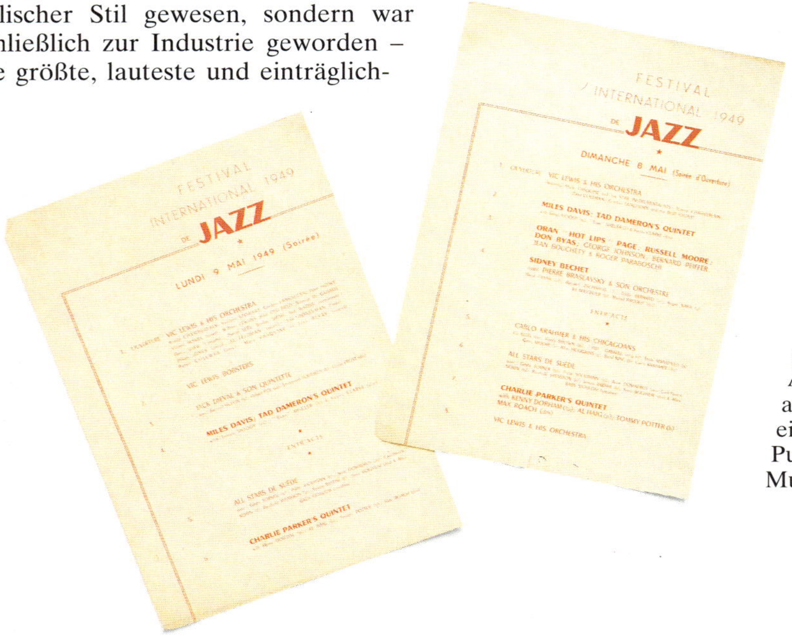

Das Pariser Jazz-Festival von 1949, bei dem Charlie Parker und Miles Davis gastierten, zeigte den Amerikanern, daß es außerhalb der USA ein kenntnisreiches Publikum für die neue Musik gab.

nen, was das große Publikum anging. Als der Aufnahmeboykott endete und der Bebop in voller Pracht auftauchte, war der Schock um so größer.

Revolutionäre Klassiker

Die Aufnahmen dieser ersten Schockwelle sind heute Jazzklassiker. Eine Band, der Charlie Parker und Max Roach angehörten, spielte 1944 im New Yorker »Three Deuces«, und ein von Coleman Hawkins geleitetes Ensemble mit Dizzy Gillespie machte die ersten Bebop-Aufnahmen nach Aufhebung des gewerkschaftlichen Verbots. In den Beliebtheitsumfragen der Musikzeitschriften spiegelte sich der Aufstieg der neuen Generation wider, und 1945 begannen Charlie Parker und Dizzy Gillespie mit einer sensationellen Serie von Combo-Aufnahmen, in der *Groovin' High*, *Billie's Bounce*, *Now's the Time* und *Ko-Ko* entstanden. Bebop wurde zur musikalischen wie gesellschaftlichen Revolution und veränderte den Sound des Jazz ebenso wie Sprache und Mode der Jugend.

Dizzy Gillespie, von Anbeginn der am meisten Showbiz-Bewußte der Bebopper, baute einem neuen Publikum Brücken zu einer neuen Musik, und in der zweiten Hälfte der Vierziger gründete er eine Big Band, die karibische Tanzmusik integrierte und damit den Jazz noch enger mit seinen rhythmischen Wurzeln verband. Das leuchtende Vorbild Parkers, Gillespies und ihrer Zeitgenossen inspirierte viele brillante Musiker, ihnen zu folgen, darunter die Trompeter Fats Navarro und Clifford Brown und die Saxophonisten Dexter Gordon, Sonny Rollins und Sonny Stitt.

Aufgeklärte Swing-Bandleader wie beispielsweise der Pianist Earl Hines und der Sänger und Trompeter Billy Eckstine und bald darauf der wendige Woody Herman spürten die neue Stimmung und unterstützten die Bebop-Spieler, ebenso wie der Saxophonist Coleman Hawkins, der mit einer ähnlichen Harmonik wie die neue Generation arbeitete und den Bop ins Plattenstudio einführte.

Es gab zwei interessante Gegenreaktionen auf diese Revolution. Die labyrinthartig verschlungenen Melodien, atemlosen Tempi und die Komplexität des Bebop führten zu einem wiedererwachten Interesse an den eingängig-kommunikativen Stilen des frühen Jazz, und es kam zu einer New-Orleans-Renaissance, die sogar den legendären Kornettisten Bunk Johnson vom Altenteil holte und ihn erstmals ins Studio brachte. Und sie führten zugleich zu einer Musik, die viele der Neuerungen des Bebop aufgriff, aber das Publikum mit einem weicheren Sound umschmeichelte, anstatt es bis zum Zähneklappern durchzuschütteln. Das war der Cool Jazz.

Der kubanische Perkussionist Machito (mit Maracas, ganz rechts) und sein Orchester entzündeten das Cubop-Fieber der vierziger und fünfziger Jahre, als Bebop-Musiker erkannten, daß afrikanische Polyrhythmen in verschiedener Gestalt in Amerika und der Karibik überlebt hatten.

Die fünfziger Jahre

Der Jazz splitterte sich in den fünfziger Jahren auf. Hatte Swing die dreißiger Jahre beherrscht und Bebop das folgende Jahrzehnt, so sahen die Fünfziger zunächst den Untergang des Swing, dann sein Wiederauftauchen als Mainstream, die Wandlung des Bebop zu einer erdigeren Spielart namens Hard Bop oder zum sanfteren Cool Jazz und schließlich seine Entwicklung zum weniger streng organisierten modalen Jazz. Sie sahen auch die Revitalisierung

	1950	1951	1952	1953	1954
MUSIKER UND BANDS	 **Stan Kentons** 43köpfiges, semisymphonisches *Innovations in Modern Music*-Orchester bereist die USA. **Frank Sinatra** überflügelt Bing Crosby als höchstbezahlten Sänger Amerikas, indem er einen Rundfunkvertrag über mehrere Millionen Dollar abschließt.	 Die verhaltenen linearen Improvisationen des Pianisten **Lennie Tristano** inspirieren den aufkommenden Cool Jazz. 	Das **Modern Jazz Quartet** entsteht aus einem Combo-Ableger von Dizzy Gillespies Big Band, der von Milt Jackson geleitet wird und in dem der Pianist John Lewis mitwirkt. Der Cool-Guru Lennie Tristano gründet in New York eine **Jazz-Schule**, in der auch seine Jünger Lee Konitz und Warne Marsh lehren. **Chet Baker**, ein Trompeter mit einem zarten, romantischen Sound. 	 Der Baritonsaxophonist und Arrangeur **Gerry Mulligan** gründet mit Chet Baker eine klavierlose Band. **Horace Silver** macht Aufnahmen, die einen neuen Stil namens Hard Bop ankündigen, der Bebop, Rhythm and Blues und Gospel verbindet. 	 **Ella Fitzgerald** beeindruckt durch Stimmumfang und Swin Mit Norman Granz plant sie e Serie mit Themen großer ame kanischer Songschreiber. **The Jazz Messengers**, eine Ha Bop-Band mit Horace Silver u dem explosiven Schlagzeuger Blakey, werden gegründet. 
ORTE, AUFNAHMEN, SHOWBUSINESS	Die Zeitschrift »Down Beat« feiert den **50. Geburtstag Louis Armstrongs**. Armstrong tourt wieder mit den *All-Stars*, einer Band, die an seine frühen Jahre erinnert. 	Amerikas **Westküste** wird zum Zentrum einer sanfteren, von weißen Musikern beherrschten Version des Bebop. Die Region gibt dem Stil einen Namen, der mit dem gesamten Cool Jazz assoziiert wird: West Coast Jazz. 	Die Entwicklung der **Langspielplatte** ermuntert Duke Ellington, mehrsätzige Suiten zu schreiben.	Für eine Tournee nach Kanada formiert sich eine **All-Star-Bebop-Gruppe**. Bird, Dizzy, Mingus, Bud Powell und Max Roach machen Live-Aufnahmen in der »Massey Hall« in Toronto.	Der Pop-Sänger **Bill Haley** nimmt *Shake, Rattle and Roll*, einen Song des Basie-Sängers Big Joe Turner, auf. Im folgenden Jahr wird *Rock Around the Clock*, die erste Rock-and-Roll-LP, veröffentlicht.
MUSIKALISCHE ENTWICKLUNGEN	**Count Basies Orchester**, das den Swing seit den mittdreißiger Jahren prägte, löst sich auf. Benny Goodmans Band unternimmt keine Tourneen mehr und kommt nur für einzelne Projekte zusammen.	**Rock and Roll** entsteht aus Boogie Woogie, Rhythm and Blues, Country Music und der *Jump Music* der späten Vierziger. Direkt, emotional und tanzbar, hat er den gleichen Einfluß auf die Jugend wie seinerzeit der Swing und beherrscht bald das Musikgeschäft.	**George Russell**, ehemals Bop-Drummer, nun Komponist und Theoretiker, veröffentlicht sein *Lydian Chromatic Concept of Tonal Organization*, eine komplexe Analyse von Skalen und Modi. Sie wird zur Grundlage einer neuen, nichtakkordischen Improvisationsmethode.	Nicht alle Musiker der fünfziger Jahre spielen Bop oder Cool. Der Kornettist **Ruby Braff** (rechts) bleibt beim Kleingruppen-Swing. 	*Hear Me Talkin' to Ya* (deutsch als: *Jazz erzählt*), die **erste Jazzgeschichte** in den Worten der Musiker, wird von Nat Hentoff und Nat Shapiro zusammengestellt.
HISTORISCHE FAKTOREN	Die Plattenindustrie floriert. PVC- bzw. »Vinyl«-Platten sind billig, und ihre feinkörnige Struktur ermöglicht die Entwicklung der ***Microgroove*-LP**.	**Die erste H-Bombe** wird auf einem pazifischen Atoll getestet. Sie ist mehrere hundertmal stärker als die Bomben von Hiroshima und Nagasaki.			

der derbsten Ursprünge afroamerikanischer Musik, im einen Extrem in den vokalisierten Klängen und der Negation von Struktur des aufkeimenden Free Jazz, im anderen in der Verbindung weißer Country Music und des städtischen schwarzen Rhythm and Blues zum Rock and Roll. All diese Entwicklungen vollzogen sich simultan und machten die Jazzszene einerseits fraktionierter und sektiererischer, andererseits reicher und farbenfroher.

1955

Clifford Brown, ein technisch perfekter, lyrischer Trompeter, spielt mit Roach und Rollins in einer der besten Hard-Bop-Bands. Sein Tod ein Jahr später ist ein großer Verlust.

Max Roach, ein brillanter Vertreter eines vielschichtigen, farben- und nuancenreichen Schlagzeugspiels und zugleich ein engagierter Vorkämpfer schwarzer Bürgerrechte und schwarzer Kultur.

Das **Newport-Jazzfestival**, eines der langlebigsten Festivals, gedeiht unter George Weins Leitung in Newport auf Rhode Island. Duke Ellingtons spektakulärer Auftritt dort im folgenden Jahr bringt der Band neue Popularität.

Miles Davis verwendet erstmals den **Harmon-Dämpfer**. Eine Woche nach einem Auftritt im »Birdland« stirbt **Charlie Parker** im Alter von 35 Jahren.

Der Rock-and-Roll-Sänger **Elvis Presley**, ein ehemaliger Lastwagenfahrer, ist mit 20 beinahe Millionär.

1956

Im *Jazz Workshop* des Bassisten und Komponisten **Charles Mingus** entsteht durch Notenschrift und orale Übermittlung ein dynamischer neuer Jazz.

Nach seinem Comeback beim Newport-Festival etabliert sich **Miles Davis** mit den klassischen LPs *Workin'* und *Steamin'* als führender Exponent des Hard Bop.

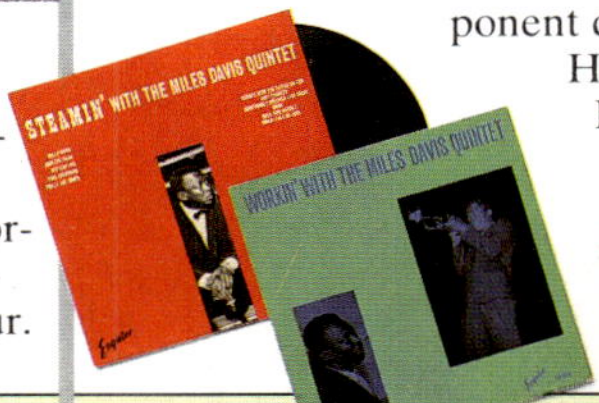

Dizzy Gillespies Band bereist den Iran, Syrien, Griechenland, Pakistan und die Türkei, anschließend Südamerika. Sie wird vom amerikanischen Außenministerium finanziert und macht Gillespie zum **Botschafter des Jazz**, wie Armstrong vor ihm.

Louis Armstrong nimmt auf *Satchmo: A Musical Autobiography* neue Versionen seiner klassischen Soli auf, und einige von ihnen können sich mit den Originalen messen.

Die Eisenhower-Regierung schickt Truppen nach Little Rock/Arkansas, um dort schwarzen Kindern den Besuch **integrierter Schulen** zu ermöglichen.

1957

Nach einigen mageren Jahren wird **Thelonious Monk** durch eine Serie wichtiger Aufnahmen, die 1957 beginnt, zu einem der angesehensten Jazzmusiker.

Dem New-York-Debüt des Organisten **Jimmy Smith** folgt ein triumphaler Auftritt in Newport, der ihn als wichtigen Vertreter des Blues und des gospelgeprägten Jazz etabliert.

Cecil Taylors Plattenaufnahmen (die 1956 beginnen) machen ihn zum bedeutendsten Pianisten der heraufziehenden Avantgarde. Aus so verschiedenen Einflüssen wie Ellington, Monk, Brubeck und Strawinsky entwickelt er eine dichte, perkussive, manchmal atonale Musik.

Durch Jimmy Smith wird die **Hammond-Orgel**, davor ein selten benutztes Instrument, das Count Basie und Fats Waller gelegentlich spielten, zu einem wertvollen Werkzeug von Improvisatoren.

1958

Sonny Rollins, ein eigensinniger, witziger, unberechenbarer Improvisator, macht einige seiner schönsten Platten.

Der Trompeter **Lee Morgan** entwickelt sich zu einem kraftvoll und lebendig spielenden Solisten und schließt sich für drei entscheidende Jahre den *Jazz Messengers* an.

Ornette Coleman, von den einen als Genie apostrophiert, von anderen als Scharlatan verhöhnt, betritt die Szene und wird zum revolutionärsten Saxophonisten seit Charlie Parker.

Jack Kerouacs *On the Road* wird mit seiner Ablehnung des Materialismus, seiner Sympathie für den Bop und seiner Suche nach der Quintessenz der *hipness* zur Bibel der Beatniks.

1959

Mit seinem sensiblen Spiel auf *Kind of Blue* und anderen gelungenen Aufnahmen wird **Bill Evans** zum vielimitierten Pianisten.

Count Basie ist eines der Aushängeschilder des neuen Mainstream, aber seine Partner der dreißiger Jahre, Lester Young und Billie Holiday, sterben früh.

Jackie McLean, ein glühend expressiver Altsaxophonist, profiliert sich in Jack Gelbers Drogendrama *The Connection* als Schauspieler.

Die harmonisch komplexesten und die strukturell reduziertesten **Weiterentwicklungen des Bebop** werden im gleichen Jahr aufgenommen und erreichen Klassikerstatus: Coltranes rasend verwinkeltes *Giant Steps* und Miles Davis' kontemplatives *Kind of Blue*.

Die **Stereo-Wiedergabe**, die zwischen zwei Lautsprechern ein breiteres Panorama entfaltet, setzt sich durch.

Cool Jazz

In den späten vierziger Jahren spielten die Bebopper Charlie-Parker-Platten, bis sie völlig abgenutzt waren. Ob in Los Angeles oder London, Lyon oder Leningrad: alle jungen Jazzmusiker wollten so wie er klingen. Parker war der Messias, und das mußte man wissen, um *hip* zu sein. Doch schon in den frühen fünfziger Jahren bedeutete *hipness*, zu einer ganz anderen Art von Jazz zu tanzen – oder eher, nur leicht mit dem Kopf zu nicken.

1948 hatte der Trompeter Miles Davis für ein paar Auftritte eine neunköpfige Band zusammengestellt, die im folgenden Jahr Aufnahmen machte. Ihre Musik war nicht schnell, explosiv und bluesig wie Parkers Bebop. Es war eine ätherische Musik sanfter Klangwolken, die sowohl das Waldhorn als auch gebräuchliche Jazzinstrumente verwendete, mit einer reichen Klangfarbenpalette und fein ziselierten Arrangements, über denen sich die Solisten in wohlabgemessenen und vorsichtigen Schritten bewegten. Parkers Vorstellung von einem Arrangement war ja schließlich kaum mehr als das gewesen, was man unmittelbar vor Aufnahmebeginn auf einen Fetzen Papier kritzeln konnte. Die Stücke, die diese subtil und transparent musizierende Band 1949 und 1950 einspielte, wurden als *Birth of the Cool* etikettiert. Davis hatte diesen Kurs auch deswegen gewählt, weil seine eigene Trompetentechnik, deren Stärke eher Klangfarbennuancen als Kaskaden von Sechzehntelnoten waren, nicht zum Bebop paßte. Er war zudem, wie Charlie Parker in seinen letzten Jahren, zur Überzeugung gekommen, daß die Improvisation über Schlagerharmonien den Jazz in die Zwangsjacke einer Haiku-artigen musikalischen Stenographie drängte, in der man sich entweder blitzschnell oder gar nicht artikulieren konnte.

Davis zog den jungen kanadischen Arrangeur Gil Evans hinzu, der sich ebenso mit der europäischen Klassik wie mit Ellington befaßt hatte und in Arrangements für das elegante, unterschätzte Tanzorchester Claude Thornhills bereits viele der feineren Abstufungen einer neuen Klangpalette ausgetüftelt hatte. Auch einige mutigere Big Bands, wie die von Woody Herman und Stan Kenton, tendierten zu einem europäisierten Jazz mit längeren, suitenartigen Stücken und Techniken, die ebensogut von Debussy wie von Parker abgeleitet sein konnten.

Davis wollte zudem mit Solisten seines Schlags arbeiten, die nicht immer so spielten, als habe gerade jemand einen Startschuß abgefeuert. Unter den Solisten, die er fand, waren zwei weiße Saxophonisten, der Baritonsaxophonist und Komponist Gerry Mulligan und Lee Konitz, der Altsaxophonist der Thornhill-Band. Konitz war unverkennbar von Parker beeinflußt, hatte aber dessen Sprache unter dem Einfluß eines strengen, eigenwilligen Lehrers, des blinden Chicagoer Pianisten Lennie Tristano, auf eigene Weise interpretiert. Mulligans Sound war von dem des einzigen Saxophonisten geprägt, dessen Einfluß auf Bläser dem Parkers nahekam – dem poetischen, rhapsodischen Lester Young.

Die berühmten *Birth of the Cool*-Aufnahmen von 1949; links der junge Guru Miles Davis. Lee Konitz (Mitte) und Gerry Mulligan (rechts) entwickelten unter dem Einfluß von Lester Young und Claude Thornhills mondänem Tanzorchester einen leichteren, zurückhaltenderen Sound als den des Bop.

Way Out West

Doch mit dem Aufkommen des Cool Jazz wurden Parker und Young ironischerweise an den Rand gedrängt. Beide waren in den frühen fünfziger Jahren krank und künstlerisch nicht immer in Hochform, und es schmerzte Parker, erleben zu müssen, daß sich die Jazzmode hin zu jener Art von elegantem Kammerjazz bewegte, von dem er selbst geträumt hatte. Young mußte feststellen, daß die führenden Saxophonisten der Cool-Richtung (Konitz und Mulligan, Brew Moore, Art Pepper, Warne Marsh, Paul Desmond, Stan Getz) mit einem Sound Erfolge feierten, der dem seinen abgehorcht war. Aber die wahren Vertreter des Cool waren die kompromißlose Tristano-Clique und die samtig-sinnliche Miles-Davis-Richtung.

Tristano, ein gnadenloser Bandleader, glich Davis nur darin, daß auch er die Harmonien der *Tin Pan Alley* als Grundlage der Improvisation ablehnte. Für ihn zählte an erster Stelle die Melodie, und er verabscheute jene billigen Effekte, Blues-Klischees, sensationellen hohen Töne und anderen publikumswirksamen Tricks, die den Swing und manche Spielarten des Bebop infiziert hatten. So wie jüngere Jazzinstrumentalisten Parkers Saxophon imitiert hatten, so versuchten Tristanos Jünger, wie Pianisten zu klingen, auch wenn sie Saxophon spielten: mit langen, gelassenen Linien, die sich kühn über Taktgrenzen hinwegsponnen, sich wanden und verknäuelten und doch selten die Lautstärke eines leisen Raunens überstiegen. Schlagzeuger und Bassisten waren nur zum Markieren des Tempos da – nichts von den klappernden Einwürfen eines Max Roach oder Kenny Clarke. Manchen erschien Tristanos Musik zu zerebral, aber indem er sich von der Song-Form löste, war der Pianist Vorläufer einer Free-Jazz-Bewegung, die erst ein Jahrzehnt später von sich reden machen sollte.

Im Mittelpunkt der faszinierendsten formalen Experimente des Cool stand Lennie Tristano, der Pianist und Komponist aus Chicago. Er veränderte die Balance und Intensität bebopgrundierter Improvisation und mied publikumswirksame Klischees.

Tristanos verhalten-raffinierte Melodik und die leuchtenden Harmonien von Miles Davis' Mini-Orchester waren die Essenz der Cool-Schule – eine intellektuellere, europäischere Musik, die einige als passende Begleitmusik der ernüchterten Ära der Atombombe und des kalten Krieges hörten. Häufiger aber wird der Begriff »Cool« mit jener Musik in Verbindung gebracht, die zur gleichen Zeit an der amerikanischen Westküste gemacht wurde – und die zum großen Teil überhaupt nicht »cool« war, auch wenn sie ein akademisches Interesse an formalen Experimenten und Konservatoriumstechniken an den Tag legte.

Die Dave-Brubeck-Combo, die in den frühen sechziger Jahren zu einer der profitabelsten Bands des Jazz wurde, unternahm faszinierende Experimente mit den Formen der europäischen Klassik und komplexen Taktarten, aber Brubeck attackierte die Tasten mit vitalem Temperament, und sein Schlagzeuger Joe Morello war alles andere als ein seelenloses Metronom. Gerry Mulligan und der Trompeter Chet Baker spielten eine leise, dialogisierende Bebop-Variante ohne Klavier, die kommerziell nicht zuletzt deshalb sehr erfolgreich wurde, weil Baker – der James Dean ähnelte und eine romantische Trompete wie ein weniger grüblerischer Miles Davis spielte – auch ein Sänger im Stil der populären »Crooner« war. Der luftig-tänzerische Jazz der Mulligan-Baker-Band wurde zu dem Sound, der am häufigsten mit dem Begriff Cool bezeichnet wurde. Doch die Cool-Mode inspirierte auch eine der langlebigsten und beliebtesten aller Jazzgruppen der Ostküste.

Dort schuf das *Modern Jazz Quartet* einen ähnlich intimen Klang, aber mit einer einzigartigen Kombination von europäischer Barockmusik (sein klassisch ausgebildeter Pianist John Lewis liebte Rondos und Fugen im Bach-Stil) und dem Blues des herausragenden Bebop-Vibraphonisten Milt Jackson.

Mucho Calor

Nicht alle Musiker unter der kalifornischen Sonne waren Cool-Spieler im Sinne Bakers und Mulligans. Es gab hitzige weiße Musiker wie den Altisten Art Pepper und feurige schwarze wie Frank Morgan – beider Karrieren wurden durch Drogenquerelen unterbrochen, doch beide klangen zeitweise so leidenschaftlich wie Parker, auch wenn ihre Phrasen fragmentarischer waren. Es gab auch mehrere Bands unter Leitung des Trompeters Shorty Rogers mit Mitgliedern des Stan-Kenton-Orchesters (darunter auch Pepper), die meist eine kernige, zupackende, boppige Musik irgendwo zwischen Parker und dem *Birth of the Cool*-Klang spielten. Dann war da die Gruppe des Pianisten Hampton Hawes mit dem Saxophonisten Harold Land, die einen Bebop spielte, der nicht weniger hitzig als der auf der 52. Straße war. Und Kalifornien konnte sich mit Dexter Gordon brüsten, einem der »heißesten«, bluesigsten aller Jazzmusiker.

Aber der Punkt, um den sich alles drehte, war noch immer Miles Davis – so wie in den kommenden zwei Jahrzehnten. Davis verband immer, in seinem eigenen Spiel wie in seinen Bands, Hot und Cool. Und obwohl er so viel zur Lancierung der Cool-Mode beigetragen hatte, war er sofort dabei, als die Gegenreaktion kam: Hard Bop.

In seiner Jugend verkörperte der Trompeter Chet Baker das Idealbild der Westküste: Sonne, Meer, ein Traum von Freiheit. Auch als gebrochener Mann spielte er noch so, als wäre dieser Traum wahr.

Die sechziger Jahre

Zu Beginn der sechziger Jahre bestimmte die freie Musik oder das sogenannte *New Thing* den Kurs der Musik – Musiker spielten entweder diese Musik oder wandten sich gegen sie. Selbst Miles Davis, der den neuen Stil ablehnte, ließ seine Bands zwischen 1960 und 1965 offener und flexibler spielen. Der Kampf um Bürgerrechte wurde in den USA immer heftiger, und die gesellschaftlichen Spannungen, die der sich hinziehende Vietnam-Krieg hervor-

MUSIKER UND BANDS

1960

John Coltranes Spiel ist mittlerweile ebenso bewegend in einer Ballade wie *Naima* wie einem stürmischen *up-tempo*-Stück. Er fängt an, mit Mehrklängen zu experimentieren und setzt erstmals das wenig gespielte Sopransaxophon ein, u. a. im berühmten *My Favorite Things.*

1961

Elvin Jones aus Michigan wird durch sein Spiel im 1960 formierten klassischen *John Coltrane Quartet* zum meistbewunderten Schlagzeuger der Zeit.

McCoy Tyner, der zuvor in Benny Golsons *Jazztet* spielte, ist eine zweite treibende Kraft von Coltranes Quartett. Mit perkussiver Kraft und Dichte stützt er Coltranes mächtigen Klangstrom.

1962

Der Tenorsaxophonist **Stan Getz** ließ schon immer mit seinen weichen, grazilen Phrasen und seinem fragilen Ton aufhorchen. Aber den kommerziellen Durchbruch erzielt er mit *Jazz Samba*, leisen Variationen über lateinamerikanische Rhythmen, die zu ewigen Nachtclub-Favoriten werden.

1963

Der Saxophonist, Flötist, Mystiker und Komponist **Yusef Lateef** beweist, daß nah- und fernöstliche Instrumente und Spieltechniken den Jazz klangfarblich bereichern können.

Charles Mingus leitet Musikerinitiativen, die Kontrolle über die wirtschaftlichen Faktoren der Musik wollen. Er gerät in finanzielle Schwierigkeiten.

1964

Eric Dolphy, der virtuose Altsaxophonist, Erneuerer der Jazzflöte und Pionier der Baßklarinette, stirbt im Alter von 36 Jahren kurz nach der Aufnahme der klassischen *Out to Lunch*-L

Herbie Hancock und der Schla zeuger Tony Williams geben Miles Davis eine unerhört akti Begleitung und machen die Band zu Davis' bislang lebendigster und umstrittenster.

ORTE, AUFNAHMEN, SHOWBUSINESS

1960

In ***Sketches of Spain***, einer Sammlung spanischer Themen, schafft Gil Evans einen orchestralen Hintergrund für den einzigen Solisten Miles Davis.

1961

Mancherorts, besonders in Großbritannien, kommt ein **Dixieland-Revival** in Gang, das auf einem modifizierten New Orleans/Chicago-Stil basiert.

1962

Obwohl die **Beatles**, eine junge Rhythm-and-Blues-Band aus Liverpool, Erfolge beim Publikum ihrer Region haben, werden sie von »Decca Records« abgelehnt. Sie erwägen, eine Platte zu produzieren.

1963

James Brown füllt das **»Apollo«** in Harlem, seit langem Zentrum schwarzer Tanzmusik. Afroamerikanische Musik prägt die Popmusik weltweit.

1964

John Coltranes ***A Love Supreme***, eine Verbindung unvergleichlicher Saxophonvirtuo sität, einer Abkehr von seinem früheren Strukturdenken und dem emphatischen Stil schwarzer Prediger, beeindruckt Rock und Jazzmusiker.

MUSIKALISCHE ENTWICKLUNGEN

1960

Jazz entsteht, der sich unüberhörbar für die **Bürgerrechte** engagiert, wie diese Suite Max Roachs mit einem noch immer majestätischen Coleman Hawkins.

1961

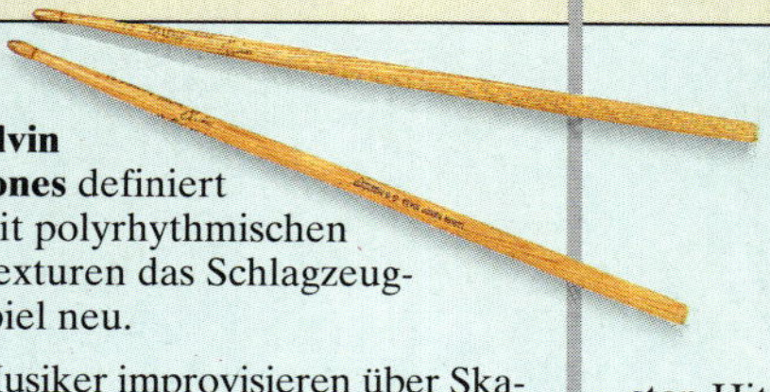

Elvin Jones definiert mit polyrhythmischen Texturen das Schlagzeugspiel neu.

Musiker improvisieren über Skalen, **Modi** und einfache Ostinati.

1962

Der **Jazz-Samba**-Boom hat seinen ersten Hit: *Desafinado*. Das *Girl from Ipanema* folgt ihm auf dem Fuße.

1963

Eine noch kompromißlosere Zukunftsvision für den Jazz als die Colemans, völlig befreit von Skalen und Akkorden, wird vom Saxophonisten **Albert Ayler** aufgezeigt.

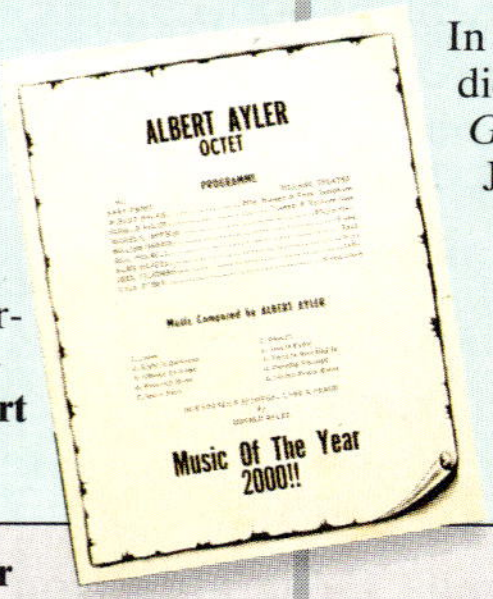

1964

In New York bildet sich die *Jazz Composers Guild*. Aus dieser Free-Jazz-Kooperative wird später die von Carla Bley und Michael Mantler geleitete ***Jazz Composer's Orchestra Association.***

HISTORISCHE FAKTOREN

1960

Neue Malerei wird mit Ornette Coleman in Verbindung gebracht: Er verwendet Jackson Pollocks *White Light* auf der Hülle von *Free Jazz.*

1961

Jazzclubs verlieren ihr Publikum an die **Rockmusik.**

1962

Die UdSSR und die USA entschärfen in letzter Minute die **Kuba**-Krise. Folk Music und manche Formen des Jazz artikulieren politischen Protest.

1963

Dr. Martin Luther King hält seine »I have a dream«-Rede. Im September werden vier schwarze Mädchen beim Bombenattentat auf eine Kirche in Alabama ermordet.

Im Mittelpunkt der faszinierendsten formalen Experimente des Cool stand Lennie Tristano, der Pianist und Komponist aus Chicago. Er veränderte die Balance und Intensität bebopgrundierter Improvisation und mied publikumswirksame Klischees.

Tristanos verhalten-raffinierte Melodik und die leuchtenden Harmonien von Miles Davis' Mini-Orchester waren die Essenz der Cool-Schule – eine intellektuellere, europäischere Musik, die einige als passende Begleitmusik der ernüchterten Ära der Atombombe und des kalten Krieges hörten. Häufiger aber wird der Begriff »Cool« mit jener Musik in Verbindung gebracht, die zur gleichen Zeit an der amerikanischen Westküste gemacht wurde – und die zum großen Teil überhaupt nicht »cool« war, auch wenn sie ein akademisches Interesse an formalen Experimenten und Konservatoriumstechniken an den Tag legte.

Die Dave-Brubeck-Combo, die in den frühen sechziger Jahren zu einer der profitabelsten Bands des Jazz wurde, unternahm faszinierende Experimente mit den Formen der europäischen Klassik und komplexen Taktarten, aber Brubeck attackierte die Tasten mit vitalem Temperament, und sein Schlagzeuger Joe Morello war alles andere als ein seelenloses Metronom. Gerry Mulligan und der Trompeter Chet Baker spielten eine leise, dialogisierende Bebop-Variante ohne Klavier, die kommerziell nicht zuletzt deshalb sehr erfolgreich wurde, weil Baker – der James Dean ähnelte und eine romantische Trompete wie ein weniger grüblerischer Miles Davis spielte – auch ein Sänger im Stil der populären »Crooner« war. Der luftig-tänzerische Jazz der Mulligan-Baker-Band wurde zu dem Sound, der am häufigsten mit dem Begriff Cool bezeichnet wurde. Doch die Cool-Mode inspirierte auch eine der langlebigsten und beliebtesten aller Jazzgruppen der Ostküste.

Dort schuf das *Modern Jazz Quartet* einen ähnlich intimen Klang, aber mit einer einzigartigen Kombination von europäischer Barockmusik (sein klassisch ausgebildeter Pianist John Lewis liebte Rondos und Fugen im Bach-Stil) und dem Blues des herausragenden Bebop-Vibraphonisten Milt Jackson.

Mucho Calor

Nicht alle Musiker unter der kalifornischen Sonne waren Cool-Spieler im Sinne Bakers und Mulligans. Es gab hitzige weiße Musiker wie den Altisten Art Pepper und feurige schwarze wie Frank Morgan – beider Karrieren wurden durch Drogenquerelen unterbrochen, doch beide klangen zeitweise so leidenschaftlich wie Parker, auch wenn ihre Phrasen fragmentarischer waren. Es gab auch mehrere Bands unter Leitung des Trompeters Shorty Rogers mit Mitgliedern des Stan-Kenton-Orchesters (darunter auch Pepper), die meist eine kernige, zupackende, boppige Musik irgendwo zwischen Parker und dem *Birth of the Cool*-Klang spielten. Dann war da die Gruppe des Pianisten Hampton Hawes mit dem Saxophonisten Harold Land, die einen Bebop spielte, der nicht weniger hitzig als der auf der 52. Straße war. Und Kalifornien konnte sich mit Dexter Gordon brüsten, einem der »heißesten«, bluesigsten aller Jazzmusiker.

Aber der Punkt, um den sich alles drehte, war noch immer Miles Davis – so wie in den kommenden zwei Jahrzehnten. Davis verband immer, in seinem eigenen Spiel wie in seinen Bands, Hot und Cool. Und obwohl er so viel zur Lancierung der Cool-Mode beigetragen hatte, war er sofort dabei, als die Gegenreaktion kam: Hard Bop.

In seiner Jugend verkörperte der Trompeter Chet Baker das Idealbild der Westküste: Sonne, Meer, ein Traum von Freiheit. Auch als gebrochener Mann spielte er noch so, als wäre dieser Traum wahr.

Die sechziger Jahre

Zu Beginn der sechziger Jahre bestimmte die freie Musik oder das sogenannte *New Thing* den Kurs der Musik – Musiker spielten entweder diese Musik oder wandten sich gegen sie. Selbst Miles Davis, der den neuen Stil ablehnte, ließ seine Bands zwischen 1960 und 1965 offener und flexibler spielen. Der Kampf um Bürgerrechte wurde in den USA immer heftiger, und die gesellschaftlichen Spannungen, die der sich hinziehende Vietnam-Krieg hervor-

MUSIKER UND BANDS

1960

John Coltranes Spiel ist mittlerweile ebenso bewegend in einer Ballade wie *Naima* wie einem stürmischen *up-tempo*-Stück. Er fängt an, mit Mehrklängen zu experimentieren und setzt erstmals das wenig gespielte Sopransaxophon ein, u. a. im berühmten *My Favorite Things.*

1961

Elvin Jones aus Michigan wird durch sein Spiel im 1960 formierten klassischen *John Coltrane Quartet* zum meistbewunderten Schlagzeuger der Zeit.

McCoy Tyner, der zuvor in Benny Golsons *Jazztet* spielte, ist eine zweite treibende Kraft von Coltranes Quartett. Mit perkussiver Kraft und Dichte stützt er Coltranes mächtigen Klangstrom.

1962

Der Tenorsaxophonist **Stan Getz** ließ schon immer mit seinen weichen, grazilen Phrasen und seinem fragilen Ton aufhorchen. Aber den kommerziellen Durchbruch erzielt er mit *Jazz Samba*, leisen Variationen über lateinamerikanische Rhythmen, die zu ewigen Nachtclub-Favoriten werden.

1963

Der Saxophonist, Flötist, Mystiker und Komponist **Yusef Lateef** beweist, daß nah- und fernöstliche Instrumente und Spieltechniken den Jazz klangfarblich bereichern können.

Charles Mingus leitet Musikerinitiativen, die Kontrolle über die wirtschaftlichen Faktoren der Musik wollen. Er gerät in finanzielle Schwierigkeiten.

1964

Eric Dolphy, der virtuose Altsaxophonist, Erneuerer der Jazzflöte und Pionier der Baßklarinette, stirbt im Alter von 36 Jahren kurz nach der Aufnahme der klassischen *Out to Lunch*-L

Herbie Hancock und der Schla zeuger Tony Williams geben Miles Davis eine unerhört akti Begleitung und machen die Band zu Davis' bislang lebendigster und umstrittenster.

ORTE, AUFNAHMEN, SHOWBUSINESS

1960

In ***Sketches of Spain***, einer Sammlung spanischer Themen, schafft Gil Evans einen orchestralen Hintergrund für den einzigen Solisten Miles Davis.

1961

Mancherorts, besonders in Großbritannien, kommt ein **Dixieland-Revival** in Gang, das auf einem modifizierten New Orleans/Chicago-Stil basiert.

1962

Obwohl die **Beatles**, eine junge Rhythm-and-Blues-Band aus Liverpool, Erfolge beim Publikum ihrer Region haben, werden sie von »Decca Records« abgelehnt. Sie erwägen, selbst eine Platte zu produzieren.

1963

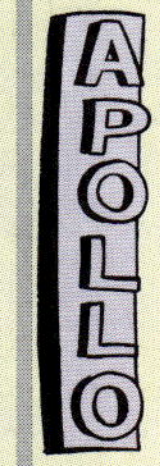

James Brown füllt das **»Apollo«** in Harlem, seit langem Zentrum schwarzer Tanzmusik. Afroamerikanische Musik prägt die Popmusik weltweit.

1964

John Coltranes ***A Love Supreme***, eine Verbindung unvergleichlicher Saxophonvirtuo sität, einer Abkehr von seinem früheren Strukturdenken und dem emphatischen Stil schwarzer Prediger, beeindruckt Rock und Jazzmusiker.

MUSIKALISCHE ENTWICKLUNGEN

1960

Jazz entsteht, der sich unüberhörbar für die **Bürgerrechte** engagiert, wie diese Suite Max Roachs mit einem noch immer majestätischen Coleman Hawkins.

1961

Elvin Jones definiert mit polyrhythmischen Texturen das Schlagzeugspiel neu.

Musiker improvisieren über Skalen, **Modi** und einfache Ostinati.

1962

Der **Jazz-Samba**-Boom hat seinen ersten Hit: *Desafinado*. Das *Girl from Ipanema* folgt ihm auf dem Fuße.

1963

Eine noch kompromißlosere Zukunftsvision für den Jazz als die Colemans, völlig befreit von Skalen und Akkorden, wird vom Saxophonisten **Albert Ayler** aufgezeigt.

1964

In New York bildet sich die *Jazz Composers Guild*. Aus dieser Free-Jazz-Kooperative wird später die von Carla Bley und Michael Mantler geleitete ***Jazz Composer's Orchestra Association.***

HISTORISCHE FAKTOREN

1960

Neue Malerei wird mit Ornette Coleman in Verbindung gebracht: Er verwendet Jackson Pollocks *White Light* auf der Hülle von *Free Jazz.*

1961

Jazzclubs verlieren ihr Publikum an die **Rockmusik.**

1962

Die UdSSR und die USA entschärfen in letzter Minute die **Kuba**-Krise. Folk Music und manche Formen des Jazz artikulieren politischen Protest.

1963

Dr. Martin Luther King hält seine »I have a dream«-Rede. Im September werden vier schwarze Mädchen beim Bombenattentat auf eine Kirche in Alabama ermordet.

Im Mittelpunkt der faszinierendsten formalen Experimente des Cool stand Lennie Tristano, der Pianist und Komponist aus Chicago. Er veränderte die Balance und Intensität bebopgrundierter Improvisation und mied publikumswirksame Klischees.

Tristanos verhalten-raffinierte Melodik und die leuchtenden Harmonien von Miles Davis' Mini-Orchester waren die Essenz der Cool-Schule – eine intellektuellere, europäische Musik, die einige als passende Begleitmusik der ernüchterten Ära der Atombombe und des kalten Krieges hörten. Häufiger aber wird der Begriff »Cool« mit jener Musik in Verbindung gebracht, die zur gleichen Zeit an der amerikanischen Westküste gemacht wurde – und die zum großen Teil überhaupt nicht »cool« war, auch wenn sie ein akademisches Interesse an formalen Experimenten und Konservatoriumstechniken an den Tag legte.

Die Dave-Brubeck-Combo, die in den frühen sechziger Jahren zu einer der profitabelsten Bands des Jazz wurde, unternahm faszinierende Experimente mit den Formen der europäischen Klassik und komplexen Taktarten, aber Brubeck attackierte die Tasten mit vitalem Temperament, und sein Schlagzeuger Joe Morello war alles andere als ein seelenloses Metronom. Gerry Mulligan und der Trompeter Chet Baker spielten eine leise, dialogisierende Bebop-Variante ohne Klavier, die kommerziell nicht zuletzt deshalb sehr erfolgreich wurde, weil Baker – der James Dean ähnelte und eine romantische Trompete wie ein weniger grüblerischer Miles Davis spielte – auch ein Sänger im Stil der populären »Crooner« war. Der luftig-tänzerische Jazz der Mulligan-Baker-Band wurde zu dem Sound, der am häufigsten mit dem Begriff Cool bezeichnet wurde. Doch die Cool-Mode inspirierte auch eine der langlebigsten und beliebtesten aller Jazzgruppen der Ostküste.

Dort schuf das *Modern Jazz Quartet* einen ähnlich intimen Klang, aber mit einer einzigartigen Kombination von europäischer Barockmusik (sein klassisch ausgebildeter Pianist John Lewis liebte Rondos und Fugen im Bach-Stil) und dem Blues des herausragenden Bebop-Vibraphonisten Milt Jackson.

Mucho Calor

Nicht alle Musiker unter der kalifornischen Sonne waren Cool-Spieler im Sinne Bakers und Mulligans. Es gab hitzige weiße Musiker wie den Altisten Art Pepper und feurige schwarze wie Frank Morgan – beider Karrieren wurden durch Drogenquerelen unterbrochen, doch beide klangen zeitweise so leidenschaftlich wie Parker, auch wenn ihre Phrasen fragmentarischer waren. Es gab auch mehrere Bands unter Leitung des Trompeters Shorty Rogers mit Mitgliedern des Stan-Kenton-Orchesters (darunter auch Pepper), die meist eine kernige, zupackende, boppige Musik irgendwo zwischen Parker und dem *Birth of the Cool*-Klang spielten. Dann war da die Gruppe des Pianisten Hampton Hawes mit dem Saxophonisten Harold Land, die einen Bebop spielte, der nicht weniger hitzig als der auf der 52. Straße war. Und Kalifornien konnte sich mit Dexter Gordon brüsten, einem der »heißesten«, bluesigsten aller Jazzmusiker.

Aber der Punkt, um den sich alles drehte, war noch immer Miles Davis – so wie in den kommenden zwei Jahrzehnten. Davis verband immer, in seinem eigenen Spiel wie in seinen Bands, Hot und Cool. Und obwohl er so viel zur Lancierung der Cool-Mode beigetragen hatte, war er sofort dabei, als die Gegenreaktion kam: Hard Bop.

In seiner Jugend verkörperte der Trompeter Chet Baker das Idealbild der Westküste: Sonne, Meer, ein Traum von Freiheit. Auch als gebrochener Mann spielte er noch so, als wäre dieser Traum wahr.

Die sechziger Jahre

Zu Beginn der sechziger Jahre bestimmte die freie Musik oder das sogenannte *New Thing* den Kurs der Musik – Musiker spielten entweder diese Musik oder wandten sich gegen sie. Selbst Miles Davis, der den neuen Stil ablehnte, ließ seine Bands zwischen 1960 und 1965 offener und flexibler spielen. Der Kampf um Bürgerrechte wurde in den USA immer heftiger, und die gesellschaftlichen Spannungen, die der sich hinziehende Vietnam-Krieg hervor-

MUSIKER UND BANDS

1960

John Coltranes Spiel ist mittlerweile ebenso bewegend in einer Ballade wie *Naima* wie einem stürmischen *up-tempo*-Stück. Er fängt an, mit Mehrklängen zu experimentieren und setzt erstmals das wenig gespielte Sopransaxophon ein, u. a. im berühmten *My Favorite Things.*

1961

Elvin Jones aus Michigan wird durch sein Spiel im 1960 formierten klassischen *John Coltrane Quartet* zum meistbewunderten Schlagzeuger der Zeit.

McCoy Tyner, der zuvor in Benny Golsons *Jazztet* spielte, ist eine zweite treibende Kraft von Coltranes Quartett. Mit perkussiver Kraft und Dichte stützt er Coltranes mächtigen Klangstrom.

1962

Der Tenorsaxophonist **Stan Getz** ließ schon immer mit seinen weichen, grazilen Phrasen und seinem fragilen Ton aufhorchen. Aber den kommerziellen Durchbruch erzielt er mit *Jazz Samba*, leisen Variationen über lateinamerikanische Rhythmen, die zu ewigen Nachtclub-Favoriten werden.

1963

Der Saxophonist, Flötist, Mystiker und Komponist **Yusef Lateef** beweist, daß nah- und fernöstliche Instrumente und Spieltechniken den Jazz klangfarblich bereichern können.

Charles Mingus leitet Musikerinitiativen, die Kontrolle über die wirtschaftlichen Faktoren der Musik wollen. Er gerät in finanzielle Schwierigkeiten.

1964

Eric Dolphy, der virtuose Altsaxophonist, Erneuerer der Jazzflöte und Pionier der Baßklarinette, stirbt im Alter von 36 Jahren kurz nach der Aufnahme der klassischen *Out to Lunch*-L

Herbie Hancock und der Schla zeuger Tony Williams geben Miles Davis eine unerhört akti Begleitung und machen die Band zu Davis' bislang lebendigster und umstrittenster.

ORTE, AUFNAHMEN, SHOWBUSINESS

1960

In ***Sketches of Spain***, einer Sammlung spanischer Themen, schafft Gil Evans einen orchestralen Hintergrund für den einzigen Solisten Miles Davis.

1961

Mancherorts, besonders in Großbritannien, kommt ein **Dixieland-Revival** in Gang, das auf einem modifizierten New Orleans/Chicago-Stil basiert.

1962

Obwohl die **Beatles**, eine junge Rhythm-and-Blues-Band aus Liverpool, Erfolge beim Publikum ihrer Region haben, werden sie von »Decca Records« abgelehnt. Sie erwägen, selbst eine Platte zu produzieren.

1963

James Brown füllt das **»Apollo«** in Harlem, seit langem Zentrum schwarzer Tanzmusik. Afroamerikanische Musik prägt die Popmusik weltweit.

1964

John Coltranes ***A Love Supreme***, eine Verbindung unvergleichlicher Saxophonvirtuosität, einer Abkehr von seinem früheren Strukturdenken und dem emphatischen Stil schwarzer Prediger, beeindruckt Rock und Jazzmusiker.

MUSIKALISCHE ENTWICKLUNGEN

1960

Jazz entsteht, der sich unüberhörbar für die **Bürgerrechte** engagiert, wie diese Suite Max Roachs mit einem noch immer majestätischen Coleman Hawkins.

1961

Elvin Jones definiert mit polyrhythmischen Texturen das Schlagzeugspiel neu.

Musiker improvisieren über Skalen, **Modi** und einfache Ostinati.

1962

Der **Jazz-Samba**-Boom hat seinen ersten Hit: *Desafinado*. Das *Girl from Ipanema* folgt ihm auf dem Fuße.

1963

Eine noch kompromißlosere Zukunftsvision für den Jazz als die Colemans, völlig befreit von Skalen und Akkorden, wird vom Saxophonisten **Albert Ayler** aufgezeigt.

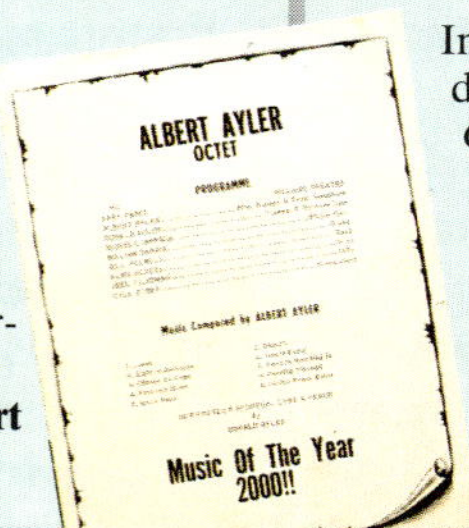

1964

In New York bildet sich die *Jazz Composers Guild.* Aus dieser Free-Jazz-Kooperative wird später die von Carla Bley und Michael Mantler geleitete ***Jazz Composer's Orchestra Association.***

HISTORISCHE FAKTOREN

1960

Neue Malerei wird mit Ornette Coleman in Verbindung gebracht: Er verwendet Jackson Pollocks *White Light* auf der Hülle von *Free Jazz.*

1961

Jazzclubs verlieren ihr Publikum an die **Rockmusik.**

1962

Die UdSSR und die USA entschärfen in letzter Minute die **Kuba**-Krise. Folk Music und manche Formen des Jazz artikulieren politischen Protest.

1963

Dr. Martin Luther King hält seine »I have a dream«-Rede. Im September werden vier schwarze Mädchen beim Bombenattentat auf eine Kirche in Alabama ermordet.

Im Mittelpunkt der faszinierendsten formalen Experimente des Cool stand Lennie Tristano, der Pianist und Komponist aus Chicago. Er veränderte die Balance und Intensität bebopgrundierter Improvisation und mied publikumswirksame Klischees.

Tristanos verhalten-raffinierte Melodik und die leuchtenden Harmonien von Miles Davis' Mini-Orchester waren die Essenz der Cool-Schule – eine intellektuellere, europäischere Musik, die einige als passende Begleitmusik der ernüchterten Ära der Atombombe und des kalten Krieges hörten. Häufiger aber wird der Begriff »Cool« mit jener Musik in Verbindung gebracht, die zur gleichen Zeit an der amerikanischen Westküste gemacht wurde – und die zum großen Teil überhaupt nicht »cool« war, auch wenn sie ein akademisches Interesse an formalen Experimenten und Konservatoriumstechniken an den Tag legte.

Die Dave-Brubeck-Combo, die in den frühen sechziger Jahren zu einer der profitabelsten Bands des Jazz wurde, unternahm faszinierende Experimente mit den Formen der europäischen Klassik und komplexen Taktarten, aber Brubeck attackierte die Tasten mit vitalem Temperament, und sein Schlagzeuger Joe Morello war alles andere als ein seelenloses Metronom. Gerry Mulligan und der Trompeter Chet Baker spielten eine leise, dialogisierende Bebop-Variante ohne Klavier, die kommerziell nicht zuletzt deshalb sehr erfolgreich wurde, weil Baker – der James Dean ähnelte und eine romantische Trompete wie ein weniger grüblerischer Miles Davis spielte – auch ein Sänger im Stil der populären »Crooner« war. Der luftig-tänzerische Jazz der Mulligan-Baker-Band wurde zu dem Sound, der am häufigsten mit dem Begriff Cool bezeichnet wurde. Doch die Cool-Mode inspirierte auch eine der langlebigsten und beliebtesten aller Jazzgruppen der Ostküste.

Dort schuf das *Modern Jazz Quartet* einen ähnlich intimen Klang, aber mit einer einzigartigen Kombination von europäischer Barockmusik (sein klassisch ausgebildeter Pianist John Lewis liebte Rondos und Fugen im Bach-Stil) und dem Blues des herausragenden Bebop-Vibraphonisten Milt Jackson.

Mucho Calor

Nicht alle Musiker unter der kalifornischen Sonne waren Cool-Spieler im Sinne Bakers und Mulligans. Es gab hitzige weiße Musiker wie den Altisten Art Pepper und feurige schwarze wie Frank Morgan – beider Karrieren wurden durch Drogenquerelen unterbrochen, doch beide klangen zeitweise so leidenschaftlich wie Parker, auch wenn ihre Phrasen fragmentarischer waren. Es gab auch mehrere Bands unter Leitung des Trompeters Shorty Rogers mit Mitgliedern des Stan-Kenton-Orchesters (darunter auch Pepper), die meist eine kernige, zupackende, boppige Musik irgendwo zwischen Parker und dem *Birth of the Cool*-Klang spielten. Dann war da die Gruppe des Pianisten Hampton Hawes mit dem Saxophonisten Harold Land, die einen Bebop spielte, der nicht weniger hitzig als der auf der 52. Straße war. Und Kalifornien konnte sich mit Dexter Gordon brüsten, einem der »heißesten«, bluesigsten aller Jazzmusiker.

Aber der Punkt, um den sich alles drehte, war noch immer Miles Davis – so wie in den kommenden zwei Jahrzehnten. Davis verband immer, in seinem eigenen Spiel wie in seinen Bands, Hot und Cool. Und obwohl er so viel zur Lancierung der Cool-Mode beigetragen hatte, war er sofort dabei, als die Gegenreaktion kam: Hard Bop.

In seiner Jugend verkörperte der Trompeter Chet Baker das Idealbild der Westküste: Sonne, Meer, ein Traum von Freiheit. Auch als gebrochener Mann spielte er noch so, als wäre dieser Traum wahr.

Hard Bop

Alfred Lion (links), der Mitbegründer von »Blue Note Records«, grübelt mit den *Jazz Messengers* Lee Morgan (sitzend) und Bobby Timmons über eine Aufnahme.

Immer, wenn genügend Leute so lange zur selben Zeit das gleiche tun, bis sie die Uniform einer »Bewegung« verpaßt bekommen, steht die Bewegung, die all das über Bord werfen will, schon vor der Tür. In den fünfziger Jahren wurde der Cool Jazz zunächst als schicker und elegant-lyrischer Jazz der Nachkriegsjugend angesehen; doch dann betrachtete man ihn als beengte, emotional distanzierte Musikform die eher Verklemmung als Grazie ausstrahlte.

Schuld an diesem Wandel war der Rock and Roll, der die Sentimentalität, Heimeligkeit, unterdrückte Sexualität und Fadheit hinwegfegte, in die sich die populäre Musik mit ihren Schnulzensängern der Tanzorchester-Ära verkrochen hatte. Als die Radiomoderatoren im Süden erstmals Elvis Presleys *That's All Right, Mama* auflegten, wurden sie mit Anrufen bombardiert, die mehr und mehr davon verlangten. Der rhythmische Drive der alten Boogie-Pianisten und die ausdrucksvollen Gesangstimbres der Felder und der Bahnhofsstädte waren Jahrzehnte später in der Stimme eines jungen Weißen aus Memphis wieder auferstanden, der Talent und eine Gitarre sein eigen nannte. Das Ergebnis war ein musikalischer Erdrutsch, der den Jazz aus seiner Schlüsselposition in der populären Musik verdrängte. So cool der Jazz auch war, so konnte er doch nicht das Feuer des Rock and Roll ignorieren. Im Vergleich zum Rock and Roll klang so mancher routinierte modische Jazz der frühen Fünfziger nicht nur cool, sondern leblos. Und für viele Jazzmusiker war Cool ohnehin nie ihre Sprache gewesen. Unter den Anhängern Charlie Parkers waren Musiker, deren Leben durch sein Spiel von Grund auf verändert worden war – so wie Hampton Hawes, ein Bop-Pianist von der Westküste, der berichtet, wie er eines Abends in Kalifornien Parker hörte: »Bird spielte einen achttaktigen Mittelteil zu *Salt Peanuts*, der eine solche Offenbarung war, daß ich auf der Stelle verwandelt war, wie ein Stück Lehm, das geformt wird.« Ähnlich war es Clarence Williams ergangen, als er mit 13 Jahren von zu Hause weglief und nach New Orleans ging, weil er gerade Buddy Bolden gehört hatte.

Die populären Konzerte des Hard Bop revitalisierten den Jazz. Musiker nach der ersten Welle des Bebop – Lee Morgan, Max Roach, Freddie Hubbard, Milt Jackson – vereinfachten seine Harmonien, um eine unmittelbarere Musik zu machen.

Feelin' the Spirit

Der Einfluß des Bop blieb auch während der Welle cool-gemäßigter Klänge wirksam. Die Bop-Jünger arbeiteten weiter an sich und ihrer Musik, und mit Erfolg. Der Baßvirtuose Charles Mingus hatte gemeinsam mit Max Roach eine eigene Plattenfirma gegründet. Gegen Mitte der fünfziger Jahre rief er eine lockere Workshop-Formation ins Leben, mit der er Bebop, Gospel und bluesbeeinflußte Musik erkundete – und vor allem eine diesen Klängen gemäße Form des Komponierens und Arrangierens. Sonny Rollins, ein vitaler Spieler mit kratzbürstigem Ton, der seine Lektionen bei Coleman Hawkins, Lester Young und Charlie Parker gelernt hatte, spielte mit Miles Davis und Thelonious Monk, später mit dem blendenden jungen Gillespie-Anhänger Clifford Brown eine kernig-kraftvolle Bebop-Variante. Dexter Gordon lieferte sich packende Bop-Duelle mit seinem Tenorsax-Kollegen Wardell Gray. Der junge Schlagzeuger Art Blakey, ein Mann mit einem Snare-Drum-Wirbel von raketengleichem Schub, gründete zusammen mit dem bluesigen, gospelgetönten Pianisten Horace Silver eine Bop-Gruppe. Unter dem Namen *Jazz Messengers* und schließlich unter Blakeys alleiniger Führung spielte die Gruppe bis zu Blakeys Tod im Jahr 1990 ein ähnliches Repertoire.

Keiner dieser Musiker wollte wie die

Cool-Spieler klingen; sie wollten die vokale Färbung, das intensive Vibrato, die drängenden Ensembleklänge und die treibenden Rhythmusgruppen des früheren Jazz und der schwarzen Kirchen beibehalten. Anfangs waren sie zu verstreut, als daß man von einer Bewegung hätte reden können, doch schließlich wurde ihr Stil mit dem Namen »Hard Bop« belegt. Obwohl einige ausgezeichnete Hard-Bop-Spieler Weiße waren (zum Beispiel der Saxophonist Joe Farrell und der Pianist Joe Zawinul, später Mitbegründer der Fusion-Gruppe *Weather Report*), waren die meisten Schwarze und arbeiteten an der Ostküste: in Philadelphia oder in rauhen Industriestädten wie Chicago und Detroit.

Sweet Soul Music

Gegen Mitte der fünfziger Jahre bündelten sich diese Tendenzen, und in der Band, die Miles Davis 1955 bei einem berühmten Comeback nach Bewältigung seiner Drogenprobleme gründete, wirkten zwei Musiker aus Philadelphia mit (Tenorsaxophonist John Coltrane und Schlagzeuger Philly Joe Jones), einer aus Detroit (der Bassist Paul Chambers) und der texanische Pianist Red Garland. Die Band spielte mit einer kollektiven Kraft, die es in Davis' Musik seit Jahren nicht gegeben hatte, und Coltrane, der genaue Gegenpol des Trompeters, verband erdige Expressivität mit einem hartnäckigen Interesse an der Erweiterung der Bebop-Harmonik, was ihn zu einem der innovativsten Improvisatoren der Zeit machte.

Beeinflußt wurde Coltrane vom Bandleader und Komponisten George Russell, der mit seinem *Lydian Chromatic Concept of Tonal Organization* in den frühen fünfziger Jahren eine ausgiebige Studie über Jazz-Harmonik vorgelegt hatte, und in den Workshop-Bands von Russell und Mingus entwickelten sich immer flexiblere Ensemblegrundierungen für die expressiven Hard-Bop-Soli – Vorboten des Free Jazz.

Stil mit Stehvermögen

Der Hard Bop erlebte in den achtziger Jahren eine plötzliche Renaissance, als alte Jazzplatten in den Händen von jungen DJs wie den Londonern Paul Murphy und Gilles Peterson zurück in die Clubs kamen: eine Musik für eine neue Generation von Tänzern, die sich von deren elektrisierender Rhythmik inspirieren ließen. »Funk« war ein Begriff, der von Horace Silver bereits gegen Mitte der fünfziger Jahre verwendet wurde, und aus dem Hard Bop war der Soul Jazz entstanden, mit noch stärkerer Betonung repetierter Blues-Motive, eines gospelartigen Ensembleklangs und eines unerbittlich mitreißenden Rhythmus.

Bop-Musikern mit Wurzeln in oder einer starken Vorliebe für Rhythm and Blues und die schwarze Kirche unterstützten diese Bewegung, so der Saxophonist Julian »Cannonball« Adderley (der Komponist von *Sack o' Woe*) sowie die Pianisten Horace Silver (*Song for My Father*), Bobby Timmons (*Moanin'*) und Joe Zawinul (*Mercy, Mercy, Mercy*). Auf der Welle dieser Erfolge ritten der virtuose Pianist Herbie Hancock, der 1962 einen großen Hit mit dem Jazz-Funk-Stück *Watermelon Man* hatte, und der Trompeter Lee Morgan, dessen reizvoller mittelschneller Funk-Blues *The Sidewinder* in den Sechzigern ein Knüller war – und dann noch einmal 20 Jahre später. Andere Musiker, die der Popmusik näherstehen, haben sich den Hard Bop kreativ angeeignet – so Ray Charles' Bands der sechziger Jahre, die Organisten Jimmy Smith und Richard »Groove« Holmes und die Pianisten Ramsey Lewis und Les McCann.

Der Hard-Bop-Bewegung ist manchmal vorgeworfen worden, sich zu sehr auf abgestandene Blues-Formeln über dürftigen Ensemble-Arrangements zu verlassen. Ihr Trend zu ausgedehnten Soli – die die erstaunlichen improvisatorischen Fähigkeiten eines Sonny Rollins oder John Coltrane formten – hätte sich ohne die Erfindung der Mikrorillen-Langspielplatte wohl kaum so entwickelt. Der beste Hard Bop verströmt eine Unmittelbarkeit und schiere Energie, die als willkommenes Gegengift zum Cool Jazz kam, und seine erneute Popularität ist ein Beweis seiner dauerhaften Vitalität und der Stärke seiner Wurzeln in den expressiven Klängen der schwarzen Kirche und des Blues.

Der Hard Bop war nie weit von Blues und Gospel entfernt, und die Hammondorgel war das Bindeglied zur Kirche. Jimmy Smith ist einer der spektakulärsten Jazz-Organisten.

Die sechziger Jahre

Zu Beginn der sechziger Jahre bestimmte die freie Musik oder das sogenannte *New Thing* den Kurs der Musik – Musiker spielten entweder diese Musik oder wandten sich gegen sie. Selbst Miles Davis, der den neuen Stil ablehnte, ließ seine Bands zwischen 1960 und 1965 offener und flexibler spielen. Der Kampf um Bürgerrechte wurde in den USA immer heftiger, und die gesellschaftlichen Spannungen, die der sich hinziehende Vietnam-Krieg hervor-

MUSIKER UND BANDS

1960

John Coltranes Spiel ist mittlerweile ebenso bewegend in einer Ballade wie *Naima* wie einem stürmischen *up-tempo*-Stück. Er fängt an, mit Mehrklängen zu experimentieren und setzt erstmals das wenig gespielte Sopransaxophon ein, u. a. im berühmten *My Favorite Things*.

1961

Elvin Jones aus Michigan wird durch sein Spiel im 1960 formierten klassischen *John Coltrane Quartet* zum meistbewunderten Schlagzeuger der Zeit.

McCoy Tyner, der zuvor in Benny Golsons *Jazztet* spielte, ist eine zweite treibende Kraft von Coltranes Quartett. Mit perkussiver Kraft und Dichte stützt er Coltranes mächtigen Klangstrom.

1962

Der Tenorsaxophonist **Stan Getz** ließ schon immer mit seinen weichen, grazilen Phrasen und seinem fragilen Ton aufhorchen. Aber den kommerziellen Durchbruch erzielt er mit *Jazz Samba*, leisen Variationen über lateinamerikanische Rhythmen, die zu ewigen Nachtclub-Favoriten werden.

1963

Der Saxophonist, Flötist, Mystiker und Komponist **Yusef Lateef** beweist, daß nah- und fernöstliche Instrumente und Spieltechniken den Jazz klangfarblich bereichern können.

Charles Mingus leitet Musikerinitiativen, die Kontrolle über die wirtschaftlichen Faktoren der Musik wollen. Er gerät in finanzielle Schwierigkeiten.

1964

Eric Dolphy, der virtuose Altsaxophonist, Erneuerer der Jazzflöte und Pionier der Baßklarinette, stirbt im Alter von 36 Jahren kurz nach der Aufnahme der klassischen *Out to Lunch*-L

Herbie Hancock und der Schla zeuger Tony Williams geben Miles Davis eine unerhört akti Begleitung und machen die Band zu Davis' bislang lebendigster und umstrittenster.

ORTE, AUFNAHMEN, SHOWBUSINESS

1960

In ***Sketches of Spain***, einer Sammlung spanischer Themen, schafft Gil Evans einen orchestralen Hintergrund für den einzigen Solisten Miles Davis.

1961

Mancherorts, besonders in Großbritannien, kommt ein **Dixieland-Revival** in Gang, das auf einem modifizierten New Orleans/Chicago-Stil basiert.

1962

Obwohl die **Beatles**, eine junge Rhythm-and-Blues-Band aus Liverpool, Erfolge beim Publikum ihrer Region haben, werden sie von »Decca Records« abgelehnt. Sie erwägen, selbst eine Platte zu produzieren.

1963

James Brown füllt das **»Apollo«** in Harlem, seit langem Zentrum schwarzer Tanzmusik. Afroamerikanische Musik prägt die Popmusik weltweit.

1964

John Coltranes ***A Love Supreme***, eine Verbindung unvergleichlicher Saxophonvirtuosität, einer Abkehr von seinem früheren Strukturdenken und dem emphatischen Stil schwarzer Prediger, beeindruckt Rock und Jazzmusiker.

MUSIKALISCHE ENTWICKLUNGEN

1960

Jazz entsteht, der sich unüberhörbar für die **Bürgerrechte** engagiert, wie diese Suite Max Roachs mit einem noch immer majestätischen Coleman Hawkins.

1961

Elvin Jones definiert mit polyrhythmischen Texturen das Schlagzeugspiel neu.

Musiker improvisieren über Skalen, **Modi** und einfache Ostinati.

1962

Der **Jazz-Samba**-Boom hat seinen ersten Hit: *Desafinado*. Das *Girl from Ipanema* folgt ihm auf dem Fuße.

1963

Eine noch kompromißlosere Zukunftsvision für den Jazz als die Colemans, völlig befreit von Skalen und Akkorden, wird vom Saxophonisten **Albert Ayler** aufgezeigt.

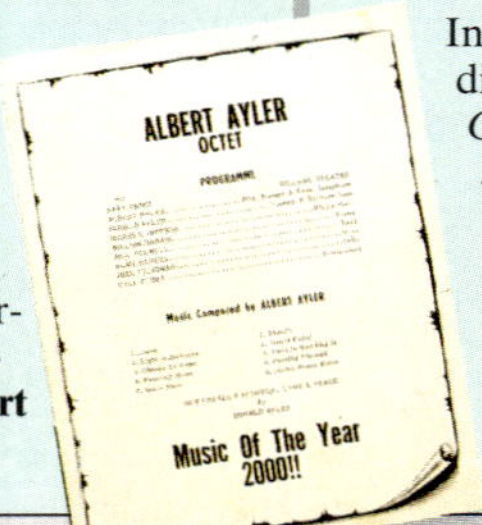

1964

In New York bildet sich die *Jazz Composers Guild*. Aus dieser Free-Jazz-Kooperative wird später die von Carla Bley und Michael Mantler geleitete ***Jazz Composer's Orchestra Association.***

HISTORISCHE FAKTOREN

1960

Neue Malerei wird mit Ornette Coleman in Verbindung gebracht: Er verwendet Jackson Pollocks *White Light* auf der Hülle von *Free Jazz*.

1961

Jazzclubs verlieren ihr Publikum an die **Rockmusik.**

1962

Die UdSSR und die USA entschärfen in letzter Minute die **Kuba**-Krise. Folk Music und manche Formen des Jazz artikulieren politischen Protest.

1963

Dr. Martin Luther King hält seine »I have a dream«-Rede. Im September werden vier schwarze Mädchen beim Bombenattentat auf eine Kirche in Alabama ermordet.

rief, schufen ein Klima, in dem die Musik Protest, gemeinsame Überzeugungen, Ekstase und Trost artikulieren konnte. Auch wenn der Free Jazz die Sprachen vieler großer Musiker bereicherte – insbesondere die von Ornette Coleman und John Coltrane –, so war er doch im großen und ganzen unkommerziell. Die Jugend wandte sich dem Rock and Roll zu, die Musiker folgten ihr, und in den späten sechziger Jahren entwickelten sich Jazz-Rock-Fusionen.

1965

Die Platten des Avantgarde-Bandleaders **Sun Ra** werden zu Kultobjekten.

Albert Aylers Suche nach einem neuen Weg führt in die Vergangenheit: Ayler verbindet atonales Spiel mit den Klängen von New Orleans.

Ornette Coleman wird durch Aylers Spiel zu atonalen rhythmischen Klangtexturen auf der Violine inspiriert.

Auch Coltrane glaubt, daß Ayler ihn auf seiner Platte ***Ascension*** inspiriert hat, einer Free-Session mit zusätzlichen Bläsern.

Die Chicagoer *Association for the Advancement of Creative Musicians* **(A.C.M.)** wird gegründet.

Malcolm X wird erschossen. Rassenunruhen im Stadtteil Watts von Los Angeles fordern 34 Todesopfer.

1966

Mercy, Mercy, Mercy, ein Hit des Saxophonisten **Cannonball Adderley**, komponiert vom jungen österreichischen Pianisten Joe Zawinul, ist Wasser auf die Mühlen der Soul-Jazz-Bewegung.

Lee Morgan entwickelt sich zu einem prägnanten Trompetensolisten. Er spielt oft mit dem ausgezeichneten Saxophonisten Hank Mobley.

Im Zuge der **Soul-Jazz**-Welle hat Lee Morgan mit dem funky Blues *The Sidewinder* einen tanzbaren Hit.

Der **Black Power**-Slogan macht Schlagzeilen. Huey Newton und Bobby Seale gründen die **»Black Panther Party«**.

1967

Obwohl »normaler« Jazz unpopulär ist, zieht der Multiinstrumentalist **Rahsaan Roland Kirk** mit seinem simultanen Spiel mehrerer Blasinstrumente ein großes Publikum an.

Coltranes neuer Saxophonist **Pharoah Sanders** bewegt sich im abstrakten, energiegeladenen Territorium Albert Aylers. Nach Coltranes Tod spielt er in der Gruppe von dessen Witwe Alice.

Die Sängerin **Aretha Franklin** steht mit *Respect* an der Spitze der US-Hitparade, während Präsident Johnson eine Kommission zur Untersuchung der Rassenunruhen einsetzt.

Sly Stones *Dance to the Music* wird zum Hit.

Miles Davis hört Sly Stone und Jimi Hendrix und arbeitet am Konzept einer **Jazz-Rock**-Gruppe. »Down Beat« schreibt: »Jazz, wie wir ihn kennen, ist tot.«

Mit seiner Verbindung von **Ellington und Free Jazz** erregt Mike Westbrook Aufsehen.

Die hohe Todesrate unter schwarzen Wehrpflichtigen in Vietnam intensiviert die **Spannungen zwischen den Rassen** in den USA weiter.

1968

Der Saxophonist, Bühnenschriftsteller, Schauspieler und Akademiker **Archie Shepp** setzt sich für die Würdigung des Jazz als *black classical music* ein und interpretiert Free Jazz als gleichbedeutend mit politischem Protest.

Als zentraler Solist auf einer von der *Jazz Composer's Orchestra Association* eingespielten Platte mit Stücken Michael Mantlers liefert **Cecil Taylor** eines der besten Exempel avantgardistischer Klaviervirtuosität.

Im Alter von über 80 Jahren feiert der Ragtime-Pianist **Eubie Blake** mit seinen Interpretationen der Prä-Jazz-Stile ein Comeback.

Amerikanische Free-Spieler treten in **Europa** auf.

Der radikale schwarze Autor **LeRoi Jones** (später Amiri Baraka) plaziert seine politische Lyrik in den musikalischen Kontext des *Sun Ra Arkestra*.

Dr. Martin Luther King wird in Memphis ermordet. Wieder kommt es zu Unruhen.

Es kommt zu ersten **Anti-Vietnam-Demonstrationen**.

1969

Charlie Haden, der ehemalige Bassist Ornette Colemans, vertont in seiner preisgekrönten *Liberation Music* revolutionäre Lieder mit Jazzmitteln.

Das ***Art Ensemble of Chicago*** zieht nach Frankreich, nimmt dort innerhalb von zwei Monaten sechs LPs auf und macht sich einen Namen als eine der kreativsten und theatralischsten aller Free-Jazz-Gruppen.

Miles Davis' ***Bitches Brew***, in dem Jazzsoli gegen Rock-Rhythmusmuster und elektronische Texturen gesetzt werden, wird zu seiner bestverkauften Platte und trägt dazu bei, den Jazz einem jüngeren Publikum zugänglich zu machen. Einige von Davis' Mitspielern gründen ihre eigenen Fusion-Bands.

Jimi Hendrix, ein ehemaliger Angehöriger der US-Armee, der jetzt in England lebt, **revolutioniert das Gitarrenspiel** mit einer bluesgrundierten Musik, die nicht minder wild und abstrakt als der Free Jazz ist.

Rockmusiker **Frank Zappa** arbeitet auf *Hot Rats* mit dem Geiger Jean-Luc Ponty zusammen.

Free Jazz

In den späten fünfziger Jahren wurde der Saxophonist Ornette Coleman in Nat Hentoffs Begleittext zu seiner ersten Platte wie folgt zitiert: »Ich glaube, daß die Musik eines Tages sehr viel freier sein wird. Das Erfinden von Musik ist genauso natürlich wie das Atmen.«

Coleman erschien 1959 am Jazzhorizont, für manche ein Leitstern, für andere ein fehlgeleitetes Geschoß. Aber er tauchte gerade dann auf, als eines der überzeugendsten Belegstücke dafür, daß es ein Leben nach dem Bebop geben könne, verfertigt wurde. Miles Davis hatte gemeinsam mit dem eigensinnig-ausdrucksvollen Tenorsaxophonisten John Coltrane und dem lyrischen Pianisten Bill Evans die LP *Kind of Blue* eingespielt, eine Serie beinahe tranceartiger Variationen über Modi, deren gleichmäßig-meditative Dynamik völlig verschieden vom hitzigen Ansturm des Bebop war. Außer diesem Klassiker nahm Davis zu dieser Zeit *Porgy and Bess* und *Sketches of Spain* auf, raffinierte Koproduktionen mit dem Arrangeur Gil Evans, in denen die Trompete als Solostimme vor dem Hintergrund leuchtkräftiger orchestraler Texturen zu hören war.

The Shape of Jazz to Come

Coltrane entwickelte den *Kind of Blue*-Ansatz weiter und erforschte die Modi mit solcher Intensität, daß sich die raschen Tonfolgen zu sogenannten *sheets of sound* (Klangflächen) verdichteten. Auch Komponisten-Arrangeure wie George Russell und Charles Mingus schufen eine neue Ensemblemusik, die sich modales Spiel, impressionistische Effekte, Blues und Gospel zu eigen machte – und freie Improvisation. Dabei fanden sie Teillösungen für die schwierige Frage, wie man mit einem größeren modernen Ensemble zu formalen Konzeptionen kommen könnte, die an jene des Jazz vor dem militärischen Drill des Swing anknüpften. Experimentierfreudige Musiker wußten in den späten fünfziger Jahren, daß die Antwort in der Vereinfachung der zugrundeliegenden Struktur liegen müsse. Aber keiner dachte daran, so weit zu gehen wie Ornette Coleman.

Als junger Mann spielte Coleman Texas-Blues, Kneipen- und Kirchenmusik. Doch innerhalb weniger Jahre war er vom Rhythm-and-Blues-Saxophonisten in den Tanzsälen von Fort Worth zum *enfant terrible* geworden, das die Jazzszene entzweite. Von angesehenen Figuren des etablierten Musiklebens wie den Komponisten und Dirigenten Gunther Schuller und Leonard Bernstein und dem *Modern Jazz Quartet*-Pianisten John Lewis wurde er rasch zum wichtigen Neuerer der Musik des 20. Jahrhunderts ausgerufen. Doch genauso schnell lehnten viele Kritiker und Jazzfans Coleman ab, indem sie behaupteten, sein Spiel entbehre jeglicher Lyrik, sei verstimmt und rücksichtslos oder gar aggressiv gegenüber dem Publikum.

Aber allmählich wurde Colemans Musik, wie es auch der ersten Bebop-Welle beinahe zwei Jahrzehnte zuvor ergangen war, als erdiger, impulsiver Stil erkannt, der viel von der Unmittelbarkeit und emotionalen Offenheit früher Blues-Spieler hatte – mit einer ebenso persönlichen Palette von heiseren Schreien, gequältem Vibrato und Falsettrufen. Zusammen mit einem durchdringenden Beat war dies eine genuine Erweiterung eines Saxophonstils, der zuvor als unrevidierbar betrachtet worden war – dem Charlie Parkers. Was die Hörer verstörte, war, wie Coleman Akkorde über Bord warf (nach seiner ersten Platte von 1958 engagierte er in den folgenden dreißig Jahren keinen Pianisten mehr) und einen flexiblen, direkten Combo-Jazz schuf, in dem die Melodielinie mit ihren wechselnden tonalen Zentren, der Rhythmus und die Dynamik sich organisch entwickelten, indem ein Spieler den Ideen der anderen folgte.

Archie Shepps Appartement mit seiner Hommage an den schwarzen Schriftsteller Langston Hughes. In den sechziger Jahren entwickelten sich die Bürgerrechtsbewegung und der Free Jazz parallel. Viele Musiker betrachteten ihr afrikanisches Erbe als Quelle einer befreienden Erneuerung der amerikanischen Künste.

Der **Synthesizer-Pionier** Sun Ra katapultierte sich in die höheren Sphären der neuen Musik der sechziger Jahre. Seine Band war eine einzigartige kreative Kommune, deren Geist aus diesem Lyrikband und den Schriften seines »Saturn«-Labels spricht.

Mit den LPs *Something Else!* und *Tomorrow Is the Question* wurde Ornette Coleman zum ersten Propheten der Bewegung, die in den sechziger Jahren als Free Jazz bekannt wurde. Manche ihrer Resultate sollten so herausragend sein, wie es Colemans Musik war. Andere aber ersetzten Struktur durch Exzesse von Lautstärke und Aggressivität und verschreckten damit viele Jazzfreunde – und die Plattenfirmen.

Freedom Time

In Amerika kam der Free Jazz mit dem Aufkommen der Bürgerrechtsbewegung zusammen – 1957 war das Jahr, in dem die Regierung die Armee in die Südstaaten schickte, um schwarzen Schulkindern Zugang zu den bis dahin segregierten Schulen zu verschaffen. Es war eine Zeit, als viele afroamerikanische Jazzmusiker die Ziele ihrer Arbeit nicht anders als James Baldwin oder Malcolm X definierten: eine Unabhängigkeitserklärung und eine Ablehnung der Werte des von Weißen beherrschten Showgeschäfts. Der Saxophonist Archie Shepp, ebensosehr Schriftsteller und Polemiker wie Musiker, äußerte sich oft in diesem Sinne. Und nicht alle politisch engagierten Jazzer waren Free-Spieler: Der Bebop-Schlagzeug-Star Max Roach schuf *We Insist! – Freedom Now Suite* (bei der ein revitalisierter Coleman Hawkins mitwirkte), und Sonny Rollins schrieb *The Freedom Suite*.

In diesen Werken gingen künstlerische Kühnheit und politisches Bekenntnis Hand in Hand. Ornette Coleman setzte Jackson Pollocks abstraktes Gemälde *White Light* auf die Hülle seiner einflußreichen *Free Jazz*-Platte von 1960. Das Coltrane-Quartett mit dem Pianisten McCoy Tyner, dem Bassisten Jimmy Garrison und dem Schlagzeuger Elvin Jones entwickelte eine elementare Energie, die bis heute junge Jazzmusiker in aller Welt beeinflußt.

Fire Music

Auch wenn die Free Jazzer der sechziger Jahre angeblich die Improvisation aus dem gnadenlosen System des Bebop loslösten, so hieß das doch nicht, daß sie dabei den Entwicklungen der europäischen Musik indifferent gegenüberstanden, sosehr sie das auch verschleiern mochten. Der Klaviervirtuose Cecil Taylor, der Art Tatum der Avantgarde, verknüpfte Techniken des Jazz und der modernen Klassik in solch atemberaubendem Tempo, daß die Gemeinsamkeiten schnell überhört wurden.

Der Saxophonist, Klarinettist und Komponist Anthony Braxton wurde nicht nur von Coltrane und Coleman, sondern auch von Neue-Musik-Größen wie John Cage und Karlheinz Stockhausen beeinflußt und gab seinen Stücken oft abstrakte Titel, die wie mathematische Formeln aussahen.

In seiner ersten Phase fiel der Free Jazz in ein Niemandsland zwischen den Institutionen der Kunstförderung und der kommerziellen Musikindustrie und mußte so für sich selbst sorgen. Die *Association for the Advancement of Creative Musicians (A.A.C.M.)* in Chicago, zu deren führenden Köpfen der Pianist Muhal Richard Abrams zählte, und die *Jazz Composer's Orchestra Association* (mit Cecil Taylor, Carla Bley, Don Cherry, Michael Mantler und anderen) wurden ins Leben gerufen; ähnliche Kooperativen bildeten sich auch in Europa. In Großbritannien hatte der aus Jamaika stammende Saxophonist Joe Harriott bereits offenere Neo-Bop-Strukturen erforscht, und die Generation nach ihm suchte Kontakte mit Musikern aus Skandinavien, Deutschland, Italien und Osteuropa, um die Ideen Colemans, Coltranes und anderer fortzuführen und sie gelegentlich mit eigenen folkloristischen Wurzeln zu verbinden.

Jan Garbarek wurde von Coltrane inspiriert und entwickelte doch eine authentisch norwegische Musik, während sich in Deutschland Peter Brötzmann auf die kraftvollen und intensiven Aspekte des Free Jazz konzentrierte.

In Großbritannien übertrug John Surman Coltranes Überblastechniken auf das Bariton- und das Sopransaxophon, um eine Musik zu schaffen, die Klangbilder des ländlichen England malte. Noch weiter trieb sein Landsmann Evan Parker Coltranes technische Neuerungen, bis zu einer Gleichzeitigkeit mehrerer Linien, aus der Mehrklänge und bis dato für unmöglich gehaltene harmonische Effekte resultierten.

Manche einfallsreichen Spieler erzielten Fortschritte, ohne sich mit ganzem Herzen dem neuen Stil zu verschreiben oder aber die Vergangenheit neu heraufzubeschwören. Miles Davis verabscheute den Free Jazz, aber seine brillante Band der mittsechziger Jahre (mit dem Saxophonisten Wayne Shorter, dem Pianisten Herbie Hancock, dem Bassisten Ron Carter und dem Schlagzeuger Tony Williams) machte eine Musik, die zur offensten und ausdrucksvollsten und zugleich zur wohlproportioniertesten zählt, die Davis je schuf.

Sonny Rollins, ein Musiker, der schon immer in seinen Soli eher eigene, unberechenbare Wege ging, als einfach einem Akkordmuster zu folgen, arbeitete mit Ornette Colemans Trompeter Don Cherry. Und das *Art Ensemble of Chicago*, das aus der *A.A.C.M.* entstand, machte seine Konzerte zu theatralischen, collageartigen Aktionen, in deren stilistischer Vielfalt die Kontinuität hinter der rastlosen Entwicklung des Jazz plastisch deutlich wurde.

Der Free Jazz gewann nie ein großes Publikum. In manchen Händen erwies er sich auch als künstlerische Sackgasse, in der Freiheit nur ein Deckmäntelchen für die durch eine Handvoll immer wiederholter Figuren evozierten Pseudo-Emotionen war – nicht minder klischeehaft als die Patterns des Bebop.

Aber in seiner Radikalität öffnete der Free Jazz Türen, die sich seither nie mehr völlig geschlossen haben, und machte das Publikum mit einer Fülle unerhörter Klänge vertraut. Er hat den Jazz der Gegenwart unschätzbar bereichert.

Die intuitive Musik
Ornette Colemans (Mitte rechts) verlangte nach einer festen Clique von Mitspielern. Hier sind es der Schlagzeuger Ed Blackwell aus New Orleans, der Tenorsaxophonist Dewey Redman, Sohn des Swing-Arrangeurs Don Redman, und der Bassist Charlie Haden.

Fusion Music

Die Extreme des Jazz der fünfziger und sechziger Jahre waren der Cool Jazz mit seinen vertrackten Rhythmen und Melodien einerseits und das Aufkommen einer neuen, heißen, freien Musik andererseits, die anfangs völlig regellos schien. Aber auch wenn beide Ansätze der Kunstmusik näherstanden als dem Showgeschäft, so war die historische Verbindung zwischen Jazz und Tanz doch nie abgerissen. Sie machte bloß keine Schlagzeilen mehr.

Auch waren die Propheten des *New Thing* nicht von einem anderen Stern gekommen. Ornette Coleman und John Coltrane hatten ihr Handwerk in Blues-Bands gelernt, die in Tanzsälen und Bars auftraten. Ray Charles' mächtige, gospelgetönte Big Bands der fünfziger Jahre bewiesen, wie eng die Beziehung zwischen Blues und Hard Bop war. Gleiches tat der Pianist Horace Silver. Und mit Hammond-Organisten wie Jimmy Smith und Jimmy McGriff betraten die modernen Nachkommen der Boogie-Woogie-Pianisten die Szene, irgendwo in der Mitte zwischen Jazz und Rhythm and Blues. Und der Saxophonist Eddie »Cleanhead« Vinson spielte noch immer so bluesig wie kaum ein Gitarrist.

Funky Jazz war kein allein amerikanisches Phänomen. Der Skiffle-Boom im England der späten fünfziger Jahre brachte talentierte Blues-Musiker hervor, die sich oft vom Jazz anregen ließen. John McLaughlin machte in der kraftvollen Rhythm-and-Blues-Band Graham Bonds erstmals auf sich aufmerksam, und englische Rockstars der sechziger Jahre wie Jack Bruce und Ginger Baker von der Gruppe *Cream* lernten ihre Lektionen in der Londoner Jazzszene.

Jazz – gealtert und revitalisiert

Selbst der Cool Jazz verband sich mitunter mit Tanzmusik, wenn auch in einer angemessen distanzierten Form. Der elegant spielende Saxophonist Stan Getz, der der Cool-Schule nahestand, arbeitete mit brasilianischen Musikern zusammen und brachte damit eine Bossa-Nova-Welle ins Rollen. Fusion Music gab es bereits, ehe sie zum festen Begriff wurde.

1965 war Jazz für die Masse junger Rock-Fans eine Musik von gestern. Ihre Eltern sammelten Jazzplatten. Es war Zeit für etwas Neues – in der Musik, in der Mode, im persönlichen Verhalten, in der Moral. Eine komplexere, ausgedehntere, improvisatorisch offene instrumentale Rockmusik (die sich oft modaler Verfahren bediente) vereinte Zehntausende von Zuhörern zu gemeinsamer Trance. Riesige Freiluftfestivals nährten den Traum einer grenzenlosen Jugendkultur mit eigenen Werten und eigener Sprache. In den Vereinigten Staaten intensivierte sich die Ablehnung der Werte der älteren Generation mit dem Vietnam-Krieg und den Rassenunruhen. Jazz-Veranstalter und -Plattenfirmen kamen in die roten Zahlen. Selbst Miles Davis war betroffen – und wenn er es

Miles Davis beherrschte das erste Fusion-Zeitalter, wie er frühere Jazzepochen dominiert hatte: Indem er schwarzen Soul und elektronische Musik wie die Stockhausens adaptierte, gab er dem Jazz eine neue Richtung.

war, traf es andere Musiker um so härter. Nicht nur aus Berechnung näherten sich Jazzmusiker dem Rock an, auch wenn die »Columbia«-Manager Davis nahelegten, seine Hörgewohnheiten zu erweitern. Nicht alle jungen Musiker wollten Rock-Stars werden. Viele liebten noch immer Jazz und lernten seine Regeln, aber die Farbpalette war jetzt viel reicher. Seit Mitte der sechziger Jahre verwendeten Jazz-Improvisatoren den Moog-Synthesizer. Bereits 1959 hatte Ray Charles ein elektrisches Klavier gespielt, und dessen funkelnder Klang gefiel Jazzpianisten wie Herbie Hancock. Gitarristen orientierten sich nicht mehr ausschließlich am weichen, runden Klang von Wes Montgomery oder Jim Hall, sondern verbanden ihn mit den Klangsalven eines Jimi Hendrix. Kontrabassisten nahmen den E-Baß als Zweitinstrument hinzu.

Lockruf des Funk

Jazz-Rock oder Fusion – eine Mixtur von Bebop, Rhythm and Blues und Funk à la Motown, Stax, James Brown oder Sly Stone – erlebte einen rasanten Aufstieg. Das Wort »Jazz« wurde als geschäftsschädigend aus dem Vokabular der Marketingstrategen verbannt. Größere bluesorientierte Gruppen wie *Blood, Sweat and Tears* und *Chicago* arbeiteten mit jazzigen Bläsergruppen. Der Vibraphonspieler Gary Burton entwickelte eine bemerkenswerte Technik, mit der er die Noten wie ein Blues-Gitarrist biegen konnte, und spielte gegen Ende der sechziger Jahre eine Mischung von Jazz und Country-Blues, mit einer Band, in der sich die kreativen jungen Gitarristen Larry Coryell, Pat Metheny und John Scofield ihre ersten Sporen verdienten. Roy Ayers, ein zweiter Vibraphonist, kombinierte einprägsame Songs mit schwarzem Funk. Der Saxophonist Yusef Lateef, ein weltoffener Musiker, der sich schon lange mit anderen Musikkulturen beschäftigte, schuf eine einfallsreichen Variante von Funk Jazz, ebenso wie der Trompeter Randy Brecker und sein Bruder Mike, ein virtuoser Saxophonist. Donald Byrd, Professor an der »University of Southern California« und ein früherer Trompeten-Star bei »Blue Note«, tat sich mit seinen Studenten zusammen, darunter den Produzenten-Brüdern Larry und Fonce Mizell, und brachte mit Hits wie *Black Byrd* und dem heute vielgesuchten *Places and Spaces* jazzigen Funk in die Diskotheken. Er schuf damit einen Markt für jüngere Musiker wie Patrice Rushen und seine Studenten, die

Blackbyrds, die den Sound mit Singles wie *Do It Fluid* aufs 45er-Format übertrugen.

Aber wieder einmal hieß der Konvertit, der zum charismatischsten Prediger eines neuen Jazz-Evangeliums wurde, Miles Davis. Seine Band mit Herbie Hancock, Wayne Shorter, Tony Williams und Ron Carter hatte die Jazz-Improvisation an die Grenzen getrieben, die gerade noch mit der Beibehaltung von Form und Metrum vereinbar waren. Doch jetzt vertiefte sich Davis in die Musik von Sly Stone und Jimi Hendrix. Mit seiner charakteristischen Kühnheit verpflanzte er das solistische Potential seiner Band in eine elektrische Musik, in der es noch immer Raum, Dramatik und Überraschung gab, aber zunehmend auch elektronische Effekte, die ebenso suggestive und eindringliche Klangtexturen erzeugten, wie sie Gil Evans mit herkömmlichem Instrumentarium erzielt hatte. Mit *Filles de Kilimanjaro* und *In a Silent Way* begann für Miles Davis ein Weg, der zu einem vielverkauften Klassiker der Fusion-Klangmalerei führte: *Bitches Brew*. Es folgten weniger bemerkenswerte Phasen, in denen seine Musik an Disko-Musik grenzte – durch Elektronik wurde sein einmaliger Trompetenklang gitarrenartiger und unpersönlicher – oder sich den Hip-Hop- und Rap-Klängen der Achtziger und Neunziger näherte.

Armando »Chick« Corea brachte die Lebendigkeit lateinamerikanischer Musik in seine Variante von Fusion ein und verband in den siebziger und achtziger Jahren seine Karriere als Funk-Star erfolgreich mit der eines Komponisten und akustischen Jazzspielers.

Das Überleben der Stärkeren

Davis' Mitspieler initiierten ihre eigenen Fusion-Projekte. Wayne Shorter und der Pianist Joe Zawinul gründeten *Weather Report*, eine Fusion-Band, die mitreißende Stücke aus eigener Feder spielte. Der Pianist Chick Corea rief *Return to Forever* ins Leben, eine vitale Band mit lateinamerikanischem Touch, deren Musik anfangs leicht und zart war, doch sich im Lauf der siebziger Jahre dem Hard Rock annäherte. Miles Davis' sensationeller junger Schlagzeuger Tony Williams stellte mit dem Gitarristen John McLaughlin und dem *Cream*-Bassisten Jack Bruce die rauh, aber abstrakt musizierende Gruppe *Lifetime* zusammen. Eine kühlere, romantischere Spielart von Fusion wurde von Pat Metheny entwickelt, der bewies, daß der Gitarrensynthesizer tatsächlich die Ausdruckskraft des Instruments steigern kann, und dessen Musik doch immer das Bild eines Jungen mit zottigen Haaren evozierte, der mit seiner Gitarre auf dem Rücken per Anhalter durchs Land fährt. Gil Evans, der Meisterkolorist der Jazz-Instrumentation und führende Kopf der *Birth of the Cool*-Aufnahmen der späten vierziger Jahre, produzierte erratische, aber vielfach faszinierende Fusion-Sessions, bei denen er sogar Hendrix-Songs für eine große Band arrangierte.

Manche Jazzer folgten der Fusion-Straße bis zu ihrer Einmündung in die Pop-Musik – so wie beispielsweise der Gitarrist George Benson, einer der besten Improvisatoren seit Wes Montgomery. Als der Erfolg seiner 1976 produzierten Platte *Breezin'* mit ihrem weichgespülten Funk und ihrem von Nat King Cole beeinflußten Gesang sein Leben verändert hatte, ließ er nur noch bei gelegentlichen Sessions seine eigentlichen Jazztalente hören.

Die Fusion Music krankte nach einiger Zeit an ihrem eigenen Dünkel und ihrer Betonung demonstrativer Virtuosität und klischeehafter Floskeln, die die Improvisation einengten. Dennoch hat Fusion den Jazz unwiederbringlich verändert, und in den achtziger Jahren hatten sich alle Bedenken, was der Jazz sich aneignen könnte, in Luft aufgelöst.

Weather Report, die populäre und niveauvolle Gruppe, deren Grundpfeiler die Kooperation des Pianisten Joe Zawinul und des Saxophonisten Wayne Shorter war. 15 Jahre lang schuf sie Funk- und Latin-Klassiker, die durch kollektive Improvisationen ihre besondere Farbe bekamen.

1970–1990

Die Rockmusik erlebte in den sechziger und frühen siebziger Jahren einen derartigen kreativen Aufschwung, daß sie die Musik auf der ganzen Welt beeinflußte – auch den Jazz. Synthesizer, E-Baß, elektrische Klaviere und massive Verstärkung prägten die zahllosen rockorientierten Jazzbands der frühen Siebziger, auf einer Welle von ähnlicher Kraft wie die, die 40 Jahre zuvor den Swing getragen hatte. Viele Musiker aber, die die Klischees der kommerziellen Musik

1970–71

MUSIKER UND BANDS

Der Pianist **Chick Corea** verläßt, gemeinsam mit dem Bassisten Dave Holland, Miles Davis und gründet die Free-Jazz-Gruppe *Circle*, in der auch Anthony Braxton mitwirkt.

Am 6. Juli 1971 stirbt **Louis Armstrong** in New York. Die ganze Welt betrauert den Tod des Jazzgiganten und populären Entertainers.

ORTE, AUFNAHMEN, SHOWBUSINESS

Kleine Labels wie **»Black Jazz«** und **»Strata East«** dokumentieren Fusion und politisch engagierten Jazz.

MUSIKALISCHE ENTWICKLUNGEN

HISTORISCHE FAKTOREN

1972–73

MUSIKER UND BANDS

Das *Mahavishnu Orchestra* des britischen Gitarristen **John McLaughlin** verbindet rasante Rock-Rhythmen, furiose Improvisationen und indische Musik.

Freddie Hubbard, ein eleganter Bop-Trompeter, entdeckt das kommerzielle Potential der Fusion Music.

ORTE, AUFNAHMEN, SHOWBUSINESS

Die **Filmmusik** zu *The Sting* mit Paul Newman und Robert Redford mit Scott-Joplin-Themen führt zu einer neuen Popularität des Ragtime.

MUSIKALISCHE ENTWICKLUNGEN

Musiker, die mit **Miles Davis** (links) gespielt haben, weiten seinen Einfluß auf den Jazz-Rock aus: In der Gruppe *Weather Report* mit Joe Zawinul und Wayne Shorter, in Tony Williams' *Lifetime* und dem *Mahavishnu Orchestra*.

HISTORISCHE FAKTOREN

Die USA ziehen sich aus **Vietnam** zurück. Viele Musiker teilen den Zynismus über das System, dem sie als Entertainer dienen.

1974–75

MUSIKER UND BANDS

Keith Jarrett, ein weiterer ehemaliger Miles-Davis-Mitspieler, verwirft die elektrische Musik und wendet sich dem Soloklavier zu, wobei er sich bei Klassik, Country Music und der Musik von Bill Evans gleichermaßen bedient.

Miles Davis zieht sich wegen Krankheit und kreativer Erschöpfung aus der Musikszene zurück.

Wayne Shorter hält sich bei *Weather Report* zurück, aber die Latin-Exkursionen dieser Gruppe spiegeln sich auch in seiner eigenen LP *Native Dancer* wider.

ORTE, AUFNAHMEN, SHOWBUSINESS

Keith Jarrett nimmt ***The Köln Concert*** auf, die meistverkaufte Klavierplatte aller Zeiten. Sie macht ihn zum Star und gibt seiner deutschen Plattenfirma »ECM« Auftrieb.

MUSIKALISCHE ENTWICKLUNGEN

Ein wiedererwachtes Interesse am **klassischen Bebop** kündigt sich mit dem dramatischen Comeback des West-Coast-Altsaxophonisten Art Pepper nach Jahren von Drogenquerelen an.

HISTORISCHE FAKTOREN

1976–77

MUSIKER UND BANDS

Betty Carter, eine kreative Bebop-Sängerin, meidet in den sechziger und siebziger Jahren kommerzielle Projekte. Durch ihre Mitwirkung im Musical *Don't Call Me Man* macht sie wieder auf sich aufmerksam.

ORTE, AUFNAHMEN, SHOWBUSINESS

In seinem Soul-Jazz-Hit *Breezin'* stellt **George Benson** seinen Nat-King-Cole-artigen Gesang in den Vordergrund. Sein Talent als Improvisator hat in diesem Jazz für die Massen das Nachsehen.

MUSIKALISCHE ENTWICKLUNGEN

Disko-Musik beherrscht die Tanzböden der westlichen Welt.

Der markige Hard-Bop-Tenorist **Dexter Gordon** (links) kehrt nach 13 Jahren in Europa nach New York zurück und füllt das »Village Vanguard«.

HISTORISCHE FAKTOREN

Elvis Presley stirbt im Alter von 42 Jahren. Seine Einkünfte im Lauf seiner Karriere werden auf eine Milliarde Dollar geschätzt.

1978–79

MUSIKER UND BANDS

Scott Hamilton, ein im Swing-Stil spielender Tenorsaxophonist, arbeitet mit Benny Goodman und beginnt eine Serie schöner Aufnahmen, die ihn an die Spitze des Mainstream bringen.

Im gleichen Jahr, 1978, spielt **Herbie Hancock** subtile Duette auf dem akustischen Klavier mit Chick Corea und verwendet den Vocoder, einen von der Stimme gesteuerten Synthesizer, in seinem Riesenhit *I Thought It Was You*.

ORTE, AUFNAHMEN, SHOWBUSINESS

Die LP ***Pat Metheny Group*** von 1978 wird zum Bestseller. Auf ihr beweist das Gitarrenwunderkind aus Missouri, daß Fusion romantisch, sensibel und improvisatorisch offen sein kann – und dauerhafte Themen haben kann.

MUSIKALISCHE ENTWICKLUNGEN

Gil Scott-Heron, Urahn des Rap, Jazzpoet und Songwriter, verbindet Spontaneität mit unverblümten Geschichten von Rassismus, Drogenmißbrauch und der Suche nach Gerechtigkeit.

HISTORISCHE FAKTOREN

oder die Nuancenarmut der Fusion Music ablehnten, wandten sich anderen Jazzformen zu, darunter Swing, Bebop und Free Jazz. Ihre Zeit kam, als jüngere Musiker, die subtilere Mischungen von Jazz, Funk und Latin entwickelten, den frühen Fusion-Sound bombastisch und prätentiös wirken ließen. Die Lebendigkeit des Bebop gewann ihm neue Anhänger, und eine »Weltmusik« bereicherte die Musikszene.

1980–81

Jack DeJohnette, Schlagzeuger, Pianist und einfallsreicher Pionier einer Fusion von »Weltmusik«, Free Jazz, traditionellem Jazz und Funk. Seine *Special Edition* macht erste Aufnahmen.

Carla Bleys Originalität verbindet sich mit Respektlosigkeit, Theatralik und einer Prise Kitsch. Auf einigen schönen Platten der frühen achtziger Jahre finden sich Tango- und Gospel-Elemente.

Mit einem Auftritt beim »Kool Jazz Festival« und der Platte *Man with A Horn* feiert **Miles Davis** 1981 ein Comeback. Davis hat offenbar die Pop-Charts im Visier.

Airto Moreira und seine Frau **Flora Purim**, in den siebziger Jahren Pioniere der Bereicherung der Fusion Music mit brasilianischen Elementen, bleiben bis in die neunziger Jahre eine Quelle der Inspiration.

Der **Sony-Walkman** wird zum Verkaufsschlager und verändert tiefgreifend das menschliche Hörverhalten.

1982–83

Wynton Marsalis macht sich mit 21 nach sensationellen Debüts bei Art Blakey und Herbie Hancock selbständig.

Der norwegische Saxophonist **Jan Garbarek** verbindet Jazz und nordeuropäische Folklore zu einem einzigartigen Stil.

Das **»Kool Jazz Festival«** von 1982 stellt die junge Post-Bop-Generation heraus – darunter die Marsalis-Brüder und den Sänger Bobby McFerrin. Mit Wynton Marsalis erhält ein Musiker erstmals einen »Grammy« für Klassik und Jazz.

1984–85

Pat Metheny arbeitet mit David Bowie (*This Is Not America*) und mit Ornette Coleman auf der ungezügelten Free-Jazz-Quintett-Platte *Song X*.

Der dänische **Sonning-Musikpreis**, zuvor klassischen Musikern vorbehalten, geht an Miles Davis, der eine rare Orchester-Platte (*Aura*) mit dänischen Musikern einspielt.

Don Cherry ist nicht nur ein Pionier der »Weltmusik«, sondern arbeitet auch mit Lou Reed und Ian Dury zusammen und macht Jazz- und Reggae-Platten.

1986–87

Pharoah Sanders, einst eine umstrittene Free-Jazz-Figur, wird mit seiner Verbindung von schneidendem Ton, guten Themen und hypnotischem Beat zum Dancefloor-Helden.

Der junge Tenorsaxophonist **Courtney Pine** steht an der Spitze eines Jazz-Revivals in Großbritannien, besonders bei der Jugend.

Mike Brecker, ein bescheidener Saxophon-Star, macht nach fast 20 Jahren seine erste Platte unter eigenem Namen.

Im Zuge des neuerwachten Interesses am Bebop in den USA und Europa lancieren die großen Plattenfirmen gigantische **Reissue-Programme** und nehmen neue Künstler unter Vertrag.

Der »klassische Bebop« ist wieder da, auch wenn sich kommerzieller Jazz-Funk noch immer gut verkauft. Manche suchen nach einer anspruchsvolleren, originelleren Musik – so das New Yorker ***M-Base***-Kollektiv und der Jazz-Hardcore-Collagist **John Zorn**, der Stile wie mit einer TV-Fernbedienung kontrastiert.

Compact Discs treten ihren Siegeszug in den Plattenläden der Welt an.

1988–89

John Scofield, ein Ex-Miles-Gitarrist, erzeugt aus Bop-Linien, Hendrix-Farben und Swing eine der attraktivsten Mischungen der späten achtziger Jahre.

Greg Osby, Steve Coleman und die Sängerin Cassandra Wilson gehören zur *M-Base*-Clique. Osby experimentiert mit Bop-Saxophon über Hip-Hop-Rhythmen.

Clint Eastwood erfüllt sich den langgehegten Wunsch, einen Jazzfilm zu drehen: ***Bird!***, eine Filmbiographie Charlie Parkers. Die Soli des großen Saxophonisten werden mit den Klängen einer neuen Rhythmusgruppe zusammengemischt.

In der *House Music*-Ära verknüpft das britische **»Acid Jazz«**-Label Jazzphrasen und -klänge mit Dancefloor-Rhythmen und protegiert Gruppen wie die *Brand New Heavies*.

Jazz heute

1990 brachte das »Time Magazine« eine Titelstory über den jungen Trompeter Wynton Marsalis. Ein »neues Jazz-Zeitalter« wurde verkündet. »Time« nahm sich der Sache reichlich spät an: Bereits seit den frühen achtziger Jahren hatte es entsprechende Anzeichen gegeben – manche würden sogar sagen, seit 1976, als der »Village Vanguard«-Club überraschenderweise von Fans des nach New York heimgekehrten Bop-Saxophonisten Dexter Gordon überrannt wurde. Dennoch war für viele eine Jazz-Renaissance noch immer etwas Neues. Nachdem Jazz in den Schallplattenläden ein Jahrzehnt lang beinahe ein Schimpfwort gewesen war, war er nun von den Toten auferstanden.

»Time« konnte schwerlich behaupten, der Jazz genieße eine öffentliche Wertschätzung wie im letzten *Jazz Age* – kein Jazzmusiker verdiente genug, um Michael Jackson oder Madonna schlaflose Nächte zu bereiten oder erfreute sich jener Art von Popularität, die Paul Whiteman 60 Jahre zuvor seinen Titel des Jazzkönigs beschert hatte. Aber Jazz hatte unzweifelhaft wieder einen Einfluß erlangt, der über die Musik hinausging, wenn auch vielleicht nicht so, wie es Scott Fitzgerald meinte. Besonders in Europa schmückte der Begriff nun Autos, Parfüm und Kleidungsstücke. Jazz schien schick zu sein, und Leute, die eine Verpackung mit diesen vier Buchstaben darauf erstanden, bekundeten damit ihren anspruchsvollen Lebensstil.

Das Revival

Auch wenn viele die Ernsthaftigkeit dieser ungewohnten Begeisterung bezweifelten, so nahm die Beliebtheit des Jazz doch weltweit rasch zu. Die Leute kauften mehr Jazzplatten; alte Fans, die ihre Jazz-Sammlungen auf den Speicher gebracht hatten, holten sie wieder herunter, und junge Hörer fanden Vorbilder in einer Flut talentierter, technisch verblüffender Newcomer, die von einer Reihe von Jazz-Colleges hervorgebracht wurden. Dieser neue Enthusiasmus brachte nicht nur junge Gesichter ins Rampenlicht, sondern gab auch den Karrieren von Veteranen wie Dexter Gordon, Art Blakey, Horace Silver und Johnny Griffin neuen Auftrieb.

Diese Erneuerung vollzog sich vor dem Hintergrund einer sich rasch entwickelnden internationalen Musikszene. Die achtziger Jahre waren das Jahrzehnt der »Weltmusik«, in dem immer schnellere Kommunikationsmedien die Welt schrumpfen ließen, in dem ein vertieftes wechselseitiges Verständnis zwischen westlichen und nichtwestlichen Kulturen den Austausch musikalischer Sprachen beschleunigte und in dem die überlieferten Grenzen zwischen »E«- und »U«-Musik durchlässiger wurden. Erstmals wurde Jazz zu einer wahrhaft internationalen Sprache

Joe Henderson erinnerte die achtziger Jahre daran, daß »klassischer Jazz« mehr heißt, als die richtigen Skalen zu spielen. Die Soli dieses höchst individuellen Improvisators sind voller plötzlicher rhythmischer und dynamischer Kehrtwendungen und umgehen Jazzklischees.

In **Clubs** wie dem Londoner »Dingwalls« mischten die DJs modalen Jazz mit heißem Latin, Rap und Live-Auftritten, die Künstler wie Roy Ayers und Mark Murphy aus der Vergessenheit holten und auf neue Talente wie Steve Williamson aufmerksam machten.

ohne die alte Hackordnung von Nationen, die swingten und anderen, die es nicht konnten. Russische Jazzmusiker traten in den USA auf; amerikanische Jazzmusiker kollaborierten mit Europäern; Australier, Japaner, Südafrikaner und Bulgaren bedienten sich immer müheloser eines Vokabulars, das in Harlem und Kansas City geprägt worden war, und erfanden mit noch größerem Enthusiasmus ein eigenes. Der skandinavische Saxophonist Jan Garbarek verband auf faszinierende Weise Coltranes Saxophon-Sound mit nordeuropäischer Volksmusik, darunter auch Elementen wie norwegische Hirtenrufe. Technisch immer brillantere Newcomer konnten die Neuerungen Parkers oder Coltranes als wichtiges Propädeutikum benutzen, eher als Ausgangspunkt denn als endgültiges Ziel.

Zurück auf der Szene

Doch im Mittelpunkt des Jazz-Revivals stand der Bebop. Wurde er in den frühen vierziger Jahren als »Anti-Jazz« oder sogar »Unmusik« verunglimpft, so war er vier Jahrzehnte später zum elegant swingenden Idiom geworden, das für die meisten flüchtigen Hörer gleichbedeutend mit Jazz war. Die Welt der Clubs auf der 52. Straße und der Modern-Jazz-Boheme der Nachkriegsjahre lag lange genug zurück, um in halbdokumentarischen Spielfilmen wie Clint Eastwoods *Bird!* (Charlie Parker gewidmet) und Bertrand Taverniers *Round Midnight* neu erfunden zu werden. Durch letztgenannten Film wurde Dexter Gordon, der darin eine – Lester Young nachempfundene – Hauptfigur spielte, als Schauspieler berühmter, als er es je als Musiker gewesen war.

Das neuerwachte Interesse am Bebop brachte einige seiner stärksten Exponenten zurück auf die Szene, und es zeigte sich, daß sie in all den Jahren, in denen ihre Musik angeblich tot war, hervorragende Musik gemacht hatten. Zu den imposantesten dieser Figuren zählte Joe Henderson, einer der wenigen Saxophonisten mit einer ähnlichen Herangehensweise wie Sonny Rollins. Woody Shaw war ein älterer, bebcporientierter Meister der Trompete, der in Paris mit dem Schlagzeuger Kenny Clarke, einem der Bop-Gründerväter, gespielt hatte. Wie der Trompeter Freddie Hubbard, der von routiniertem Fusion-Spiel zum inspirierten Mainstream zurückkehrte, hatte Shaw eine brillante Technik, einen warmen Ton und eine improvisatorische Phantasie, die über die nächsten vier Takte hinausreichte. Shaws Bestreben, die traditionellen Fesseln des Bop zu lockern, war auch ein Kennzeichen der von dem Tenorsaxophonisten George Adams und dem Pianisten Don Pullen, zwei ehemaligen Mingus-Mitspielern, geleiteten Gruppe, die von 1979 bis 1989 bestand und auch vom rhythmischen Drive einer weiteren Mingus-Legende, des Schlagzeugers Dannie Richmond, lebte. Das Adams-Pullen-Quartett glänzte stets durch eine spannende Mischung von Blues, Bop, freier Musik und erdigem Swing, bis Richmonds Tod die Gruppe verstummen ließ.

Nach Jahren, in denen seine charakteristischen Arabesken nur auf Platten anderer zu hören waren, machte Mike Brecker erst 1987, im Alter von 38 Jahren, eine hervorragende erste Platte unter eigenem Namen, die wirkungsvoll Bebop und Coltranesches Feuer verband und die von einer spektakulären Band unter Mitwirkung des Gitarristen Pat Metheny eingespielt wurde. Ungeachtet seines Rufs als lyrischer Fusion-Spieler war Metheny einer der großen Bop-Improvisatoren seiner Generation, wie er gelegentlich in einem dynamischen Trio mit dem Schlagzeuger Roy Haynes und dem Bassisten Dave Holland unter Beweis stellte. Auch McCoy Tyner, seit seinen Tagen mit Coltrane unweigerlich ein kraftvoller Musiker voller Inbrunst, war ständig aktiv, manchmal mit einer kraftvoll swingenden, originellen Big Band.

Andere Pianisten – Joanne Brackeen, Steve Kuhn, Geri Allen und Keith Jarrett – gingen ihre eigenen Wege. Allen etablierte sich als virtuose Spielerin, die die warmen Klavierklänge eines Bill Evans mit stählerner Entschlossenheit und gelegentlicher Monkscher Exzentrik verband. Jarrett blieb über die Jahre einer der bemerkenswertesten Musiker seiner Zeit. Seit dem immensen Erfolg seines *Köln Concert* von 1974 zog er beständig ein großes Publikum für eine intensive akustische Musik an. Mit Soloklavier-Auftritten und Konzerten seines *Standards*-Trios entwickelte er eine erstaunliche Produktivität.

Hard-Bop-Revival und Neoklassizismus

Aber es waren nicht nur ältere Hörer und ein paar junge Insider, die dem Revival Auftrieb gaben. Tanzende Teenager und junge Diskjockeys in den Metropolen der Welt entdeckten die Hard-Bop-Platten der fünfziger und sechziger Jahre, und eine Nachtclubszene blühte auf, die von klassischen Jazzplatten lebte – sogar äußerst seltenen auf Siebziger-Jahre-Labels wie »Black Jazz«, »Strata East« und »Flying Dutchman«. Die DJs mixten Jazz-Standards mit Funk, Rap und Latin-Rhythmen. Teenager erfuhren, daß Art Blakey mit seinem Beat nicht nur jede Band in den Weltraum katapultieren konnte, sondern auch in den achtziger Jahren noch mit gleicher Intensität spielte. Blakeys feurige, bluesige Bands waren noch immer ein Brutkasten aufsteigender junger Jazz-Stars – er war von jeher ein Zauberer mit einer ständig wechselnden Schar von Zauberlehrlingen gewesen. Ab 1980 gehörten der Trompeter

In den achtziger Jahren war **Wynton Marsalis** so einflußreich, daß die »Time Magazine«-Titelstory, in der er zur Leitfigur eines neuen *Jazz Age* gekürt wurde, nicht überraschend kam.

Gegen Mitte der achtziger Jahre entstand in London aus einem losen Musikerverbund die kraftvolle Big Band *Loose Tubes*. Ihre Stücke, oft aus der Feder des originellen Pianisten und Komponisten Django Bates, verarbeiteten Elemente von Jazz, Funk und europäischer Musik.

Wynton Marsalis und sein saxophonspielender Bruder Branford Blakeys *Jazz Messengers* an. Wynton Marsalis stand an der Spitze einer Gruppe, die als Neo-Klassizisten etikettiert wurde, und im Verlauf der achtziger Jahre beschäftigte er sich mit großer Intensität mit seinen musikalischen Wurzeln. Marsalis, ein blendender Techniker, in der Klassik ebenso bewundert wie im Jazz, arbeitete sich vom boporientierten Jazz und dem Einfluß von Miles Davis bis zu einem Ensemble-Sound zurück, der an das frühe New Orleans erinnert – mit der Gruppenphilosophie eines Charles Mingus. Auch als Komponist machte er Fortschritte.

Während Marsalis den Jazz fast aller Perioden erforschte, um eine eigene Stimme zu finden, unternahmen andere enger umgrenzte Reisen zurück zu den Quellen. Der Mainstream-Stil, in den fünfziger Jahren ein Etikett für Musiker, deren Gruppen wie verkleinerte Basie-Swing-Bands spielten, verband Swing mit anderen Idiomen. Der Saxophonist Scott Hamilton und die Trompeter Ruby Braff und Warren Vache waren nun seine lyrischen, rhythmisch eleganten Exponenten. Manche jüngeren Spieler, die auch von der Vergangenheit inspiriert wurden, aber Stile auf eine weniger akademische Weise kombinierten, gründeten unterhaltsame, theatralisch aufspielende Gruppen. Eine der unwiderstehlichsten war die *Dirty Dozen Brass Band* aus Louisiana, ein frisches, vitales achtköpfiges Ensemble, das Cajun-Musik, Funk und Bop in unvorhersehbaren Proportionen mischte.

Abgesehen von jungen amerikanischen Virtuosen wie dem gemessen und reif spielenden Trompetenwunderkind Ray Hargrove, den an Blakey orientierten *Harper Brothers* und dem Miles Davis verblüffend nahen Wallace Roney gab es auch außerhalb der USA lebendige Neo-Bop-Entwicklungen. Großbritannien brachte mit Courtney Pine – dessen Musik Coltrane, afrikanischen Pop und den Reggae der Heimat seiner Eltern verbindet – einen eindrucksvollen, technisch bemerkenswerten Saxophonisten hervor – und den Saxophonisten Andy Sheppard mit seiner eigenwilligen Melodik. Und dann war da der Londoner Pianist Julian Joseph, ein inspirierter Vertreter eines entspannten, Herbie-Hancock-artigen Stils. Pine und Sheppard spielten auch in jungen Big Bands, deren Musik die Lockerheit von Mingus-Ensembles, Free-Jazz-Elemente und eigene musikalische Farben verband.

Unterdessen war Fusion Music, die vorherrschende Instrumentalmusik der siebziger Jahre, nicht von der Bildfläche verschwunden. Fusion wurde gelegentlich wegen seiner verfestigten Strukturen, die die Improvisation einengten, und wegen seiner Preisgabe der lockeren, wogenden Jazz-Rhythmen zugunsten eines harten, gnadenlosen Backbeats kritisiert; doch nun verbanden sich die Techniken des Jazz-Rock und des akustischen Jazz immer häufiger auf gleichberechtigte Weise.

Miles Ahead

Die Sensation der frühen achtziger Jahre war das Comeback von Miles Davis nach einer fünfjährigen, durch Krankheit und kreative Erschöpfung bedingten Pause. Davis klang zögerlich, und seine Musik war offensichtlich darauf getrimmt, von schwarzen Rundfunksendern gespielt zu werden. Doch auch wenn seine Kraft, mit einem einzigen Ton das Publikum zu hypnotisieren, geschwächt war, so bewies doch seine Interpretation von Cyndi Laupers *Time After Time* auf *You're Under Arrest* von 1985, daß Davis ein gutes Stück seiner früheren Lyrik wiedergewonnen hatte. John Scofields gitarristische Verknüpfung von bopartigen Melodien mit funkgesättigten Beats und Baßfiguren auf der gleichen Platte ist das Versprechen eines revitalisierten Jazz. Scofield wurde zu einem der interessantesten Gitarristen und Komponisten der Zeit: *Time on My*

Miles Davis' Platte *Doo-Bop*, die erst nach seinem Tod 1991 fertiggestellt wurde, zeigte eine uneinheitliche, aber interessante Mischung von Jazz-Trompetensoli, Samples und Hip-Hop-Rhythmen.

Hands von 1990 war eine der Platten des Jahrzehnts.

Weather Report, die langlebigste und oft musikalischste der Fusion-Bands, löste sich 1985 auf und gab damit ihrem Saxophonisten Wayne Shorter die Freiheit, sein kraftvolles Spiel und sein Komponieren in eigenen Bands zu regenerieren. Der Pianist Chick Corea begann, seine Aktivitäten zwischen einer akustischen und einer elektrischen Band aufzuteilen, und der Soul-Saxophon-Star David Sanborn löste sich mit seiner LP *Another Hand* auf verblüffende Weise von seinem poporientierten Stil.

All diese Musiker schienen die musikalischen Entwicklungen der siebziger Jahre zu perfektionieren. Miles Davis aber blickte trotz gesundheitlicher Probleme nach vorn. Seine posthum fertiggestellte letzte Platte *Doo-Bop* spiegelt die Tanzrhythmen des Hip Hop und die emphatischen Akzente des Rap wider. Davis' Soli waren so jazzig wie kaum etwas, was er in den letzten 25 Jahren aufgenommen hatte, und deuteten eine Perspektive für den Jazz der Gegenwart an.

Somethin' Else

Auch junge Musiker wie die Mitglieder des New Yorker *M-Base*-Kollektivs suchten Schnittstellen zwischen der Jazztradition und der neuen schwarzen amerikanischen Tanzmusik. Der Saxophonist Steve Coleman, ein großartiger Bop-Spieler, der, nach seinen Einflüssen befragt, ebenso oft James Brown wie Charlie Parker nannte, gründete die Band *Five Elements* und entwickelte eine Musik, in der verschobene, vom Funk abgeleitete Rhythmusmuster an die Stelle herkömmlicher Vorstellungen von Melodik zu treten schienen. Gary Thomas und Greg Osby, zwei weitere Saxophonisten aus dem *M-Base*-Umfeld, beackerten ein ähnliches Terrain, wobei Osby von den jungen Hip-Hop- und Dancefloor-Jazz-Musikern inspiriert wurde, die in London eine eigene Sprache entwickelten. Cassandra Wilson, eine agile, von New Yorker Straßenklängen, Funk und Betty Carter gleichermaßen beeinflußte Sängerin mit kräftigem Timbre, erwuchs in den achtziger Jahren aus der *M-Base*-Szene zur internationalen Jazzgröße. Und Betty Carter, nach dem Tod Sarah Vaughans und dem gesundheitlichen Verfall Ella Fitzgeralds die Grande Dame des Jazzgesangs, reiste weiter mit einer eindringlich dramatischen, individuellen Musik um die Welt, die an Billie Holiday denken ließ.

Nicht alle Entwicklungen der achtziger Jahre führten zu etwas, was die meisten Hörer als Jazz bezeichnen würden, aber der Sound und die spontane Herangehensweise ans Musikmachen ließen den Begriff dennoch angemessen erscheinen. Weltweit hatte die frei improvisierte Musik, die in den Sechzigern und Siebzigern entstanden war, Musikern die Möglichkeit gegeben, ihre eigene Stimme zu finden. In Europa bildete sich eine sehr reichhaltige Free-Jazz-Szene heraus, in der Spieler aus diversen Ländern in immer neuen Formationen zusammenarbeiteten. Der Pianist Cecil Taylor, ein Genie der amerikanischen Avantgarde, kooperierte erfolgreich mit europäischen Musikern. In New York entwickelte der Komponist John Zorn eine unkategorisierbare Musik, die aber eindeutig von der europäischen Free-Szene inspiriert war. Zorns Musik lebt von der Improvisation, und in seinen Vorlieben steht japanische Popmusik gleichberechtigt neben Bobby McFerrin, Reggae oder Hard-Core-Punk. Seit den achtziger Jahren wurde deutlich, daß immer mehr junge Musiker mit ähnlich offenen Ohren hörten.

Cassandra Wilson ist eine der Größen des Jazzgesangs. In Standards wie Funk gleichermaßen legt die von Abbey Lincoln und Betty Carter beeinflußte Vokalistin Kraft, Charakter und Swing an den Tag.

2

DIE INSTRUMENTE DES JAZZ

Während Studenten westlicher klassischer Musik persönliche Eigenarten der Spieltechnik eliminieren, kultivieren Jazz-Adepten sie – Jazz beruht auf der Vorstellung, daß die Persönlichkeit des Spielers ein Stück nach Belieben formen kann. Der charakteristische Klang eines kreativen Jazzmusikers ist ebenso persönlich wie eine Unterschrift oder der Klang einer Stimme. Jazzmusiker verwenden Instrumente, die ursprünglich aus Militär-, Zirkus- oder Vaudeville-Kapellen, gelegentlich auch aus dem Symphonieorchester kamen, (und neuerdings auch Produkte der Computertechnologie) und adaptieren sie mit eigenen Methoden für ihre eigenen Zwecke. Auf den folgenden Seiten offenbaren prominente Jazzmusiker die Geheimnisse ihres Handwerks und legen dar, daß die oft so mysteriösen und flüchtigen Klänge des Jazz auf spezifischen, genauen und hart erarbeiteten Techniken beruhen.

Die Stimme

Cleveland Watkiss

Das älteste Musikinstrument der Welt ist jenes in der menschlichen Kehle. Seit Jahrtausenden spielt der Gesang eine wichtige Rolle in religiösen Ritualen, beim Jagen und Arbeiten, bei der Kinderpflege und beim Spiel. Viele Musiker, gleich welches Instrument sie spielen, empfinden den Klang der Stimme als wichtigste Inspiration. Und Stimmen – zumal afrikanische Stimmen – sind die Quelle der einzigartig sprechenden Timbres des Jazz. Töne, die irgendwo zwischen den »reinen« Tonhöhen der westlichen klassischen Musik schweben, gehen auf Afrika zurück, und das *call and response* der Bläsergruppen einer Swing-Big-Band ist ein Echo jener Botschaften von Ermutigung und Verzweiflung, wie sie nach Amerika verschleppte Sklaven in Work Songs austauschten. Da der Jazz keine festen Methoden kennt, haben die Sänger ihre eigenen Regeln geschaffen, denen nur die eigene Anatomie und Phantasie Grenzen setzt. Afroamerikanische Gesangsstile haben die Musik des 20. Jahrhunderts verwandelt.

Das »innere Gesicht« eines Sängers – die Form der Atemwege und der Nasenhöhlen – erzeugt einen persönlichen Klang

Sängern wird beigebracht, den Körperschwerpunkt nach unten zu verlagern und den Bauch fallen zu lassen. Cleveland Watkiss sagt, er »atme von den Füßen her«

STARS UND STILE

Louis Armstrongs Erkundung der perkussiv-explosiven Laute des textlosen improvisierten Scat-Gesangs war eines der einflußreichsten Beispiele dafür, wie Jazzsänger ihren eigenen Klang schaffen. Sein rauhes Timbre hatte wenig mit europäischen Vorstellungen gemein, aber die Ausdruckskraft seiner Stimme ist immens. Wichtige Blues-Sängerinnen waren die erdige, humorvolle **Ma Rainey** und die mächtige Blues-Majestät **Bessie Smith**, deren Gesang den Klang eines Baptistenchors oder einer growlenden Trompete suggerieren konnte. **Ethel Waters** zeigte, wieviel Farbe und Persönlichkeit auch Schlagern eingehaucht werden konnte, aber die Jazzsängerin par excellence war **Billie Holiday**. Ihre kleine und sensible Stimme hatte die improvisatorische Flexibilität eines Saxophons, und sie konnte den profansten Song überirdisch klingen lassen. Mit der Big-Band-Ära kamen die entspannt und mitreißend swingend phrasierende **Ella Fitzgerald**, die selbstsichere, opernhafte **Sarah Vaughan** und der Sänger **Billy Eckstine**. Der Bebop brachte unsentimental und mit instrumentaler Geläufigkeit agierende Künstlerinnen wie **Carmen McRae, Anita O'Day, Betty Carter** (die mittlerweile zu einer Sängerin gereift ist, deren Ausdruckskraft Holiday nahekommt) sowie das Trio **Lambert, Hendricks and Ross**, dessen Vokalisen-Erbe die Gruppe **Manhattan Transfer** antrat. **Leon Thomas** und später **Al Jarreau** und **Bobby McFerrin** haben die Traditionen von Scat, vokaler Klangmalerei und Jazz-Song ins Zeitalter von Fusion, Soul und Funk fortgesetzt, ebenso wie **Jean Carn, Dee Dee Bridgewater, Marlena Shaw** und **Rickie Lee Jones**.

Die Bewegung der Luft

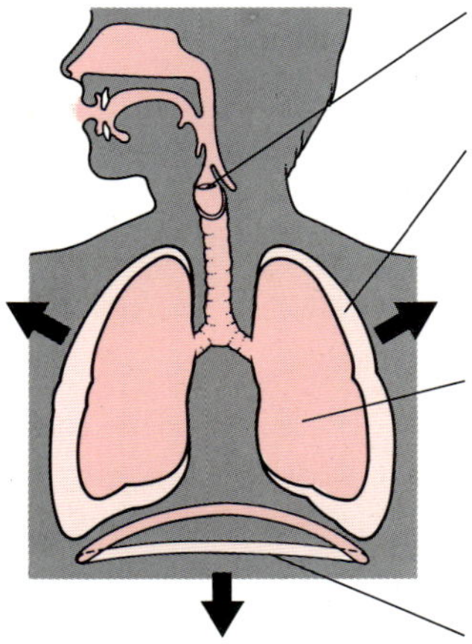

Die schwingende Luftsäule, die den Klang erzeugt, kommt aus dem Brustkorb und wird vom Zwerchfellmuskel unter den Lungen »hochgepumpt«. Tiefe Töne erfordern eine längere Luftsäule und werden als Schwingungen in der Brust gefühlt. Höhere Töne mit kürzerer Luftsäule werden in der Kehle und im Kopf lokalisiert. Nach den Lungen passiert der Luftstrom das aus Knorpel bestehende »Horn« des Kehlkopfes: zwei schwingende Muskelfalten, die Stimmbänder, und die Spalte zwischen ihnen, die Stimmritze. Der Druck des Luftstroms kann auf mannigfaltige Art und Weise variiert werden: durch die Stellung der Zunge im Gaumen oder an den Zähnen, die Form der Lippen und die Menge der durch Mund oder Nase freigegebenen Luft.

Bewegter Klang

Ein Vokalklang ist nicht rein wie der einer Stimmgabel – er besteht aus einem Grundton, der von der Anatomie des Sängers bestimmt wird, und Obertönen. Die Größe der Stimmbänder determiniert die Grundfrequenz und den Umfang einer Stimme: Ein durchschnittlicher Sänger hat etwa zwei Oktaven, ein guter drei oder mehr. Durch Variation der Spannung der Stimmbänder und des Drucks der von unten einströmenden Luft wird die Tonhöhe verändert. Obertöne sind schwer greifbare, leise Klänge über dem Grundton, doch sie verleihen jedem musikalischen Klang sein besonderes expressives Timbre, seine Klangfarbe. Klassisch ausgebildete Sänger erzeugen Obertöne, deren Frequenz ein ganzzahliges Vielfaches des Grundtons ist. Die rauhere, individuellere und sprachähnliche Tongebung von Jazz- und Blues-Sängern resultiert aus einem irregulären Verhältnis harmonischer und nichtharmonischer Obertöne.

Durch die Rückkehr zum Körper als Klangerzeuger, wie in archaischer Musik, haben Sänger ein ganzes Arsenal von Effekten neu entdeckt. Bobby McFerrin gibt Solokonzerte, in denen er Instrumente nachahmt und durch Klopfen auf seine Brust eine »Perkussions«-Schicht hinzufügt. Originelle Sänger wie Leon Thomas und der Brite Phil Minton haben kehlige, nicht vom Mund variierte Laute wie das Jodeln in den Jazz eingebracht.

Die »Kopfstimme« – die Kehle eng, die Zähne zusammen, um einen flachen, schlanken Klang zu erzeugen, wie er für so verschiedene Stile wie Soul und Flamenco typisch ist. Stevie Wonder singt so, ebenso wie viele andere Sänger von heute, die gleichermaßen vom Soul beeinflußt sind wie vom perkussiven Stil des bebopinspirierten Scat.

Das laute Singen mit offenem Mund und einem Ton, der aus der Brust kommt, war eine Technik der Blues- und Vaudeville-Sänger vor der Erfindung des Mikrophons. In den letzten Jahren sind Gesangslehrer zu dem Schluß gekommen, daß Probleme von Sängern oft von einer zu starken Konzentration auf den Brustbereich herrühren. Erfahrungen aus Gebieten wie dem Kampfsport haben dazu geführt, daß man sich auf ein Atmen im unteren Bauchbereich konzentriert.

Verstärkung

Vor dem Aufkommen des Mikrophons waren die Sänger in Minstrel- und Varietétruppen auf Kraft angewiesen, um sich hörbar zu machen. Die Verwendung von Mikrophonen sollte den Jazzgesang verändern. Nuancen, die zuvor überhört wurden, konnten mit Hilfe von Verstärkeranlagen nun derart hervorgehoben werden, daß die Neudefinition gesanglicher Dynamik zur Kunst für sich wurde. Mikrophone enthalten Membranen, die im Einklang mit den Schallwellen schwingen, sie in elektrische Impulse umwandeln, die durch Verstärker vergrößert und dann durch Lautsprecher wieder in Schall zurückverwandelt werden. Die Verstärkungstechnik hat seit den dreißiger Jahren große Fortschritte gemacht: Ein Großteil der Natürlichkeit und Differenzierung einer unverstärkten Stimme in einem kleinen Raum kann nun in großen Sälen übertragen werden. Diese Sensibilität ist für den Jazz entscheidend.

Im modernen Gesang ist das Mikrophon ebensosehr ein Instrument wie die Stimme. Wie weit man es vom Mund entfernt hält, wie man seine Stellung während eines gehaltenen Tons ändert und sogar, ob man damit auf die Brust klopft oder es mit den Lippen berührt – all das bereichert die Möglichkeiten des Sängers. Die Intimität Billie Holidays wäre ohne Mikrophon undenkbar gewesen. Es machte die feinen Nuancen ihrer Stimme hörbar, die den Jazzgesang veränderten.

Die Trompete

Claude Deppa

Die ersten Trompeten waren ausgehöhlte Stoßzähne, und als metallene Instrumente aufkamen, blieb das Grundprinzip sehr ähnlich. Eine Trompete ist eine lange, enge Messingröhre, die durch ihre Windung sehr viel länger ist, als es den Anschein hat. Je stärker die Trompete angeblasen wird, desto ausgeprägter werden die Obertöne (die Bestandteile des Klangs, die seine Farbe bestimmen), wodurch im Zusammenwirken des flachen Mundstücks und der engen Röhre der charakteristisch brillante, durchdringende Ton entsteht. Machte er die Trompete zum Militärinstrument par excellence, so war es die Auflösung der Armeen nach dem amerikanischen Bürgerkrieg, durch die die Trompete im Süden zum preiswert verfügbaren Instrument wurde. Sie erlebte eine neue Blüte in *marching bands*, Begräbniskapellen, Tanzorchestern – und Jazzbands. Der Klang der Trompete war dabei jeweils so einzigartig wie die improvisierten Methoden jener unorthodoxen Spieler, die Ideen austauschten und neue Regeln erfanden. So entstand eine Palette des Trompetenklangs von Louis Armstrongs glühendem Feuer bis zu Miles Davis' Melancholie.

Taschentrompete

Kornett

Die Trompete

Die im Jazz gebräuchlichste Trompete hat den Grundton B. Die Fanfare, der Vorläufer der Trompete, war ventillos – die Hinzufügung von Ventilen erweiterte den Tonraum. Im frühen Jazz war das Kornett weit verbreitet, das in der Musik des 19. Jahrhunderts die Stimmen spielte, die später von Trompeten übernommen wurden. Es spricht etwas leichter an als die Trompete. Das Flügelhorn hat einen samtigeren, weicheren Klang und wird von Trompetern häufig als Zweitinstrument gebraucht, wenn auch einige Spieler wie Art Farmer sich darauf spezialisiert haben.

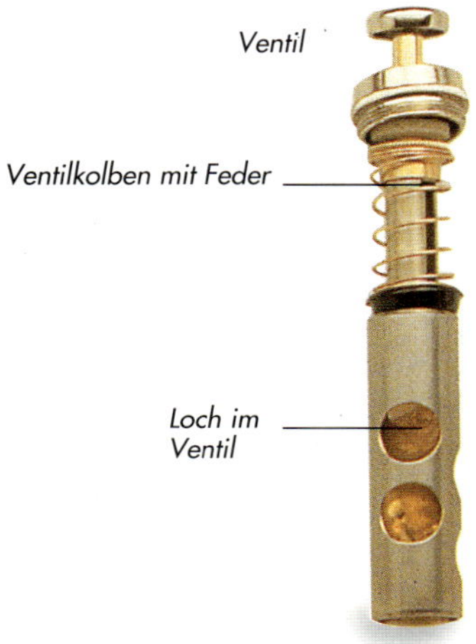

Flügelhorn

Trompete

STARS UND STILE

Der kornettspielende Jazzpionier **Charles »Buddy« Bolden**, dessen Musik in die Ära vor der Jazzschallplatte fällt, hatte einen kraftvollen, bluesigen Klang. Der bedeutende New-Orleans-Bandleader **Joe »King« Oliver** inspirierte **Louis Armstrong**, der die rhythmisch steifen Blues-Stile der frühen Jahre durch sein brillanteres, kühn den Beat umkreisendes, von einem erzählerischen langen Atem getragenes Spiel ablöste. In den zwanziger Jahren entwickelte **Bix Beiderbecke** eine elegante, silbrige, coole Stilistik, während **Henry »Red« Allen** technisch beinahe Armstrong ebenbürtig war und dazu ein außergewöhnliches Repertoire von Trillern, Growls und vokalen Effekten entwickelte, bei dem sich noch die Avantgarde der sechziger Jahre bediente. **Roy Eldridge** war der spektakulär virtuose Swing-Trompeter, der **Dizzy Gillespies** saxophongleiches Bebop-Feuerwerk beeinflußte. Der früh verstorbene **Clifford Brown** war ein poliert spielender Bebop-Meister, aber es war **Miles Davis'** sinnlich-kontemplative Trompete, die den Nachkriegsjazz beherrschte. **Wynton Marsalis**, ein Musiker von heute mit phänomenaler Technik, kann mühelos in fast allen Trompetenstilen spielen.

Der Umfang der Trompete Das Kornett ist im Grundton B gebaut; seine Stimmen werden einen Ganzton höher als der tatsächliche Klang notiert. Sein Umfang reicht vom E unter dem eingestrichenen C bis zum zweiten B über ihm. Trompete, Taschentrompete und Flügelhorn stehen ebenfalls in B. Durch ihre Spieltechnik können viele Musiker von heute den Tonumfang nach oben erweitern.

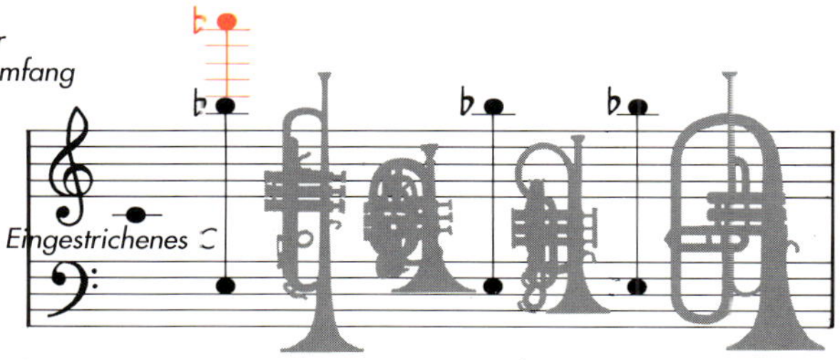

Ansatz

Die Stellung der Lippen auf dem Mundstück wird als Ansatz bezeichnet. Klarinettisten oder Saxophonisten benutzen ein Rohrblatt, um die Luftsäule in Schwingung zu versetzen, doch das natürliche Doppelrohrblatt des Blechbläsers sind die Lippen. Die Muskeln um den Mund herum werden trainiert, ohne Ermüdung oder Verletzung verschiedene Tonhöhen und Klangfarben zu erzeugen. Trompetenschulen empfehlen eine Stellung des Mundstücks in der Lippenmitte, aber verschiedene Physiognomien führen zu diversen Methoden.

Tonerzeugung

Beim Spielen aller Blasinstrumente muß man sich die Luftsäule, die im Mundstück in Schwingung versetzt wird, als kontinuierlich vorstellen – vom unteren Lungenende bis zur Stürze des Instruments. Eine gute Atemkontrolle beinhaltet die Stärkung des Zwerchfells – des breiten, flachen Muskels unter den Lungen – und die Weitung des Solarplexus, um den Lungen mehr Raum zum Anschwellen zu geben. Eine stetige Stütze der Luftsäule ist entscheidend für eine sichere, kontinuierliche Tonerzeugung. Ein Trompeter kann allein durch Veränderung des Ansatzes sieben Basistöne erzeugen (notiert C-G-C-E-G-B-C); die fehlenden Töne dazwischen werden mit Hilfe der Ventile eingefügt. Mit dem ersten Ventil wird der Grundton zu B erniedrigt. In der Praxis wird die Intonation durch jede weitere Erniedrigung des Grundtons per Ventil verschlechtert; der Trompeter muß das ständig durch den Ansatz und mit dem Stimmbogen ausgleichen.

Der Ansatz wird von den Muskeln um den Mund herum gebildet

Die linke Hand umgreift die Ventile

Die Bewegung des Zwerchfells steuert den Luftstrom

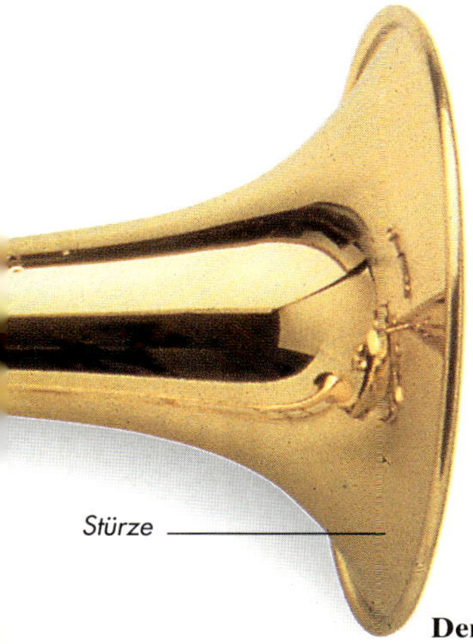

Stürze

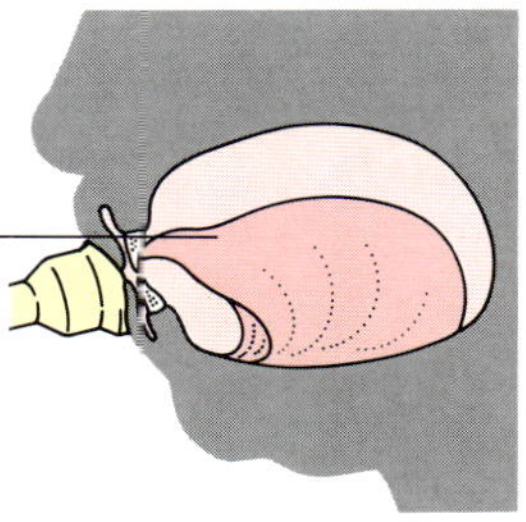

Zunge

Der Zungenstoß wird eingeführt, wenn der Trompeter auf dem Mundstück allein spielen kann. Mit dem Zungenstoß erhält die Note einen klar definierten Anfang, indem die Zunge hinter den oberen Schneidezähnen eine »Ta«- oder »Da«-Silbe artikuliert. Mit einer Schüttelbewegung des Instruments gegen die Lippen können Jazzmusiker einen Triller erzeugen.

Die Ventile

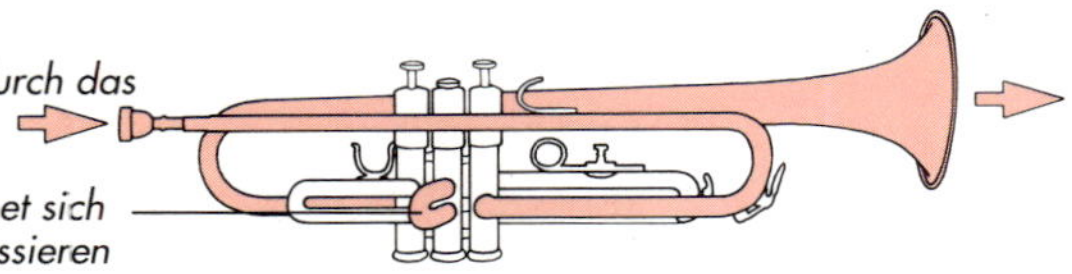

Eine normale Ventilstellung: Hier das gedrückte zweite Ventil, das den kurzen zweiten Zusatzbogen öffnet und damit alle Prinzipaltöne des Instruments um einen Halbton erniedrigt. Mit dieser Ventilstellung kann der Trompeter durch Gebrauch seiner Lippenmuskeln folgende Töne erzeugen: H-Fis-H-Dis-Fis-A-H.

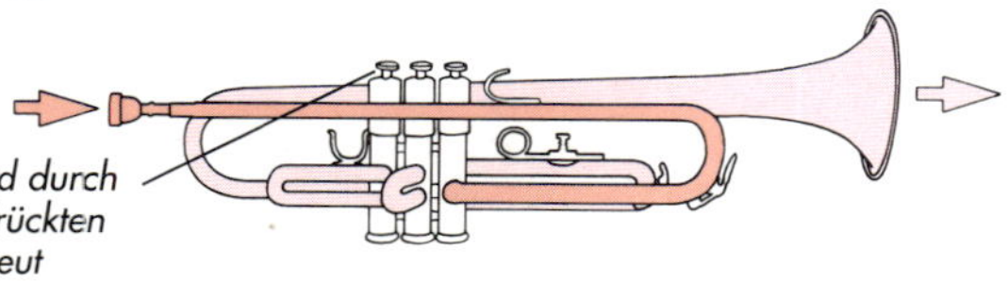

Durch teilweises Drücken der Ventile verstoßen Jazzspieler gegen die Regeln. Auch das Verändern des normalen Ansatzes behindert den Lufstrom und führt zu Tönen mit unklarer oder gleitender Tonhöhe. In Verbindung mit der allmählichen Öffnung der Ventile ergeben sich spezielle Effekte.

Die Röhre verlängern

Die Trompete ist keine perfekte Konstruktion – jedes Erniedrigen des Grundtons durch Betätigen der Ventile erforderte, strenggenommen, mehr Rohrlänge als praktikabel, will man eine präzise Intonation erreichen. Daher nehmen Trompeter kleine Tonhöhenkorrekturen vor, nicht allein mit den Lippen, sondern auch, indem sie die Länge des ersten und des dritten Bogens leicht verändern. Auf diese Weise gleichen sich Trompeter im Ensemble auch der Stimmung anderer Blasinstrumente an.

Die Taschentrompete

Die Taschentrompete (genaugenommen ein Kornett) hat den gleichen Umfang wie ihr großer Bruder, nur ist das Rohr besonders eng gewunden. Manche Trompeter schätzen die Handlichkeit des Instruments und seinen typisch engen Ton. Der Avantgarde-Jazztrompeter und »Weltmusiker« Don Cherry, der ehemalige Partner des Saxophonisten Ornette Coleman, bevorzugt es seit langem und erzeugt mit ihm einen charakteristisch perlenden, semiabstrakten, vokalisierten Sound.

Dämpfer

Dämpfer behindern die Schwingung der Schallwellen in Blechblasinstrumenten. De facto verstärken sie bestimmte Obertöne und schwächen andere ab. Jazzmusiker experimentieren seit langem mit eigenen Dämpfertechniken, vom Einführen einer Hand in den Schalltrichter (eine orthodoxe Technik bei manchen klassischen Blasinstrumenten) bis zum Bedecken des Trichters mit einem Hut oder zur Verwendung eines Bierglases, wie King Oliver. Oliver war der Pionier einer ausgiebigen Verwendung von Dämpfern und inspirierte damit Duke Ellingtons Trompeter Bubber Miley, einen der berühmtesten aller Dämpferspezialisten. Im Bebop und danach wurden Dämpfer kaum verwendet, abgesehen von Revival-Stilen und speziellen Effekten im Free Jazz. Im Modern Jazz wurde der Harmon-Dämpfer durch den unnachahmlich intimen, vieldeutigen Sound von Miles Davis populär.

Plunger

Cup-Dämpfer

Bucket-Dämpfer

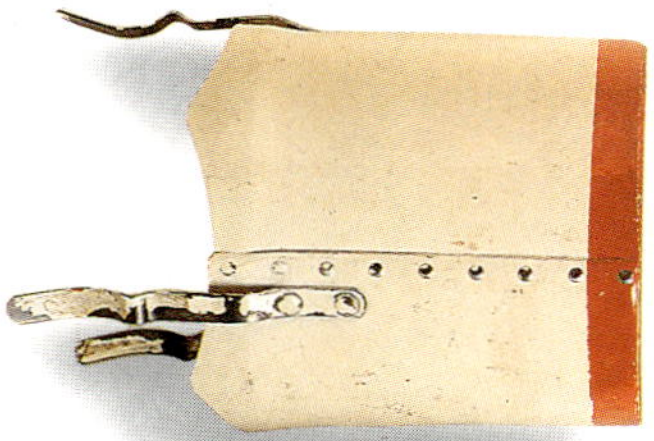

Harmon-Dämpfer

Der Cup-Dämpfer ist konisch, mit einem tassenförmigen Aufsatz am einen Ende und oft mit Filz gefüttert. Dieser Dämpfer mindert die Lautstärke und den schneidenden Strahl des Tons, fügt aber eine sanfte, nachgiebige Qualität hinzu. Der Abstand des Aufsatzes vom konischen Teil und damit der Abstand vom Schalltrichter kann variiert werden.

Der Plunger hat dem Jazz einige seiner erdigsten und stimmähnlichsten Trompetenklänge geschenkt. Trompeter borgten sich die Gumminäpfe von Abflußsaugern (englisch: *sink plungers*), um solche Effekte zu erzielen. Bei der Plunger-Technik wird der Gummikelch über den Trichter gehalten, und durch Veränderung der Öffnung erhält man einen Wah-Wah-Effekt.

Die Wah-Wah-Technik, wie sie King Oliver benutzte, trug entscheidend zum Konzept eines »sprechenden« Trompetenklangs bei

Der Bucket-Dämpfer erzeugt die leisesten und zartesten aller Trompetenklänge. Er ist zylindrisch und wird mit Klammern am Trichter befestigt. Die Trompete spielt in das offene Ende des Dämpfers hinein, und die Schallwellen werden vom schallschluckenden Füllmaterial des Zylinders absorbiert.

Dieser Dämpfer gibt der Trompete einen entspannten, zurückgenommenen Klang

Die schwingende Luft kann das Instrument nur durch eine Öffnung in der Dämpfermitte verlassen. Durch einen verschiebbaren Röhreneinsatz kann die Klangfarbe weiter variiert werden

Der Harmon-Dämpfer, 1865 erfunden, ist eine Metallröhre, die sich eng dem Schalltrichter anpaßt und mit einem Korkring schalldicht versiegelt wird. Die typisch ätherische Klangfarbe hängt davon ab, wie weit der Dämpfer, der besonders durch Miles Davis berühmt wurde, hineingeschoben wird.

Die Posaune

Fayyaz Virgi

Die erste Rolle, die dem großen, wilden Klang und der beweglichen Intonation der Posaune im Jazz zufiel, war es, die Melodielinien der anderen Blechblasinstrumente der Musik von New Orleans zu stützen und gelegentlich die Rolle eines Basses zu übernehmen. In den Big Bands spielte die Posaune unterstützende und solistische Rollen, wobei ihre tonliche Flexibilität vitale Sound-Effekte inspirierte. Im Bebop mußte sich das eher träge Instrument, wie so manch andere, mühen, um Schritt zu halten, und Posaunisten erarbeiteten bemerkenswerte Techniken, um es den Trompetern und Saxophonisten gleichzutun. In der Free-Jazz-Ära griffen manche Spieler auf die Klangfarben und die Effekte der Prä-Bop-Zeiten zurück und entwickelten sogar mehrstimmiges, akkordisches Spiel, indem sie einen Ton spielten und einen anderen sangen. Im neueren Jazz haben jüngere Spieler die technische Geläufigkeit des Bop mit den Timbres früherer Stile verbunden.

STARS UND STILE

Die New-Orleans-Musiker **Kid Ory** und **George Brunies** perfektionierten die Rolle der Posaune als Stütze der höheren Instrumente. Im Swing der dreißiger Jahre gewann das Instrument, besonders durch Fletcher Hendersons Posaunisten **Jimmy Harrison**, eine urbane Eleganz. **Jack Teagarden** verlieh ihr Charme und Humor und Ellingtons **Tricky Sam Nanton** einen bluesigen Growl. Der Bandleader **Tommy Dorsey** swingte mit makelloser Intonation, und der Woody-Herman-Posaunist **Bill Harris** sowie der Bebopper **J. J. Johnson** erreichten saxophongleiche Beweglichkeit. Der Free Jazz brachte mit **Roswell Rudd** und **Grachan Moncur** eine Rückbesinnung auf einen erdigeren Stil, während sich **Albert Mangelsdorff** durch mehrstimmiges Spiel selbst begleitet.

Die Posaune

Die Posaune, einstmals »Busune« genannt, ist ein Instrument des 15. Jahrhunderts, das aus der Zugtrompete hervorgegangen ist. Deren unhandliche Länge führte zur Entwicklung des U-förmigen Zugs, der die Armbewegungen des Spielers halbiert. Der Zug übernimmt die Rolle der Ventile bei anderen Blechblasinstrumenten und ist mit seiner Möglichkeit flexibler Intonation ideal für den Jazz.

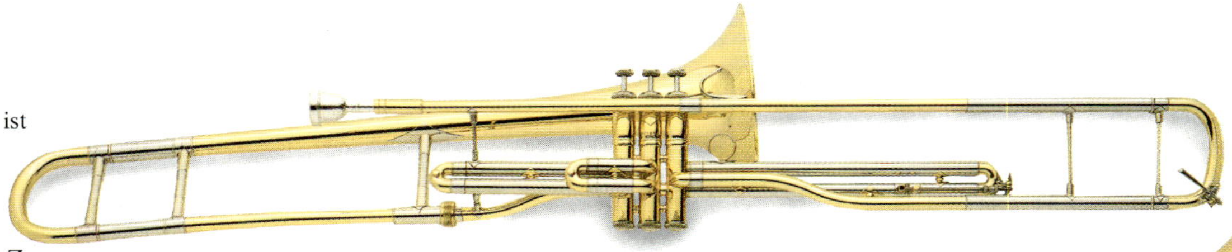

Die zuglose Ventilposaune erleichtert schnelles Spiel, hat aber Intonationsmängel.

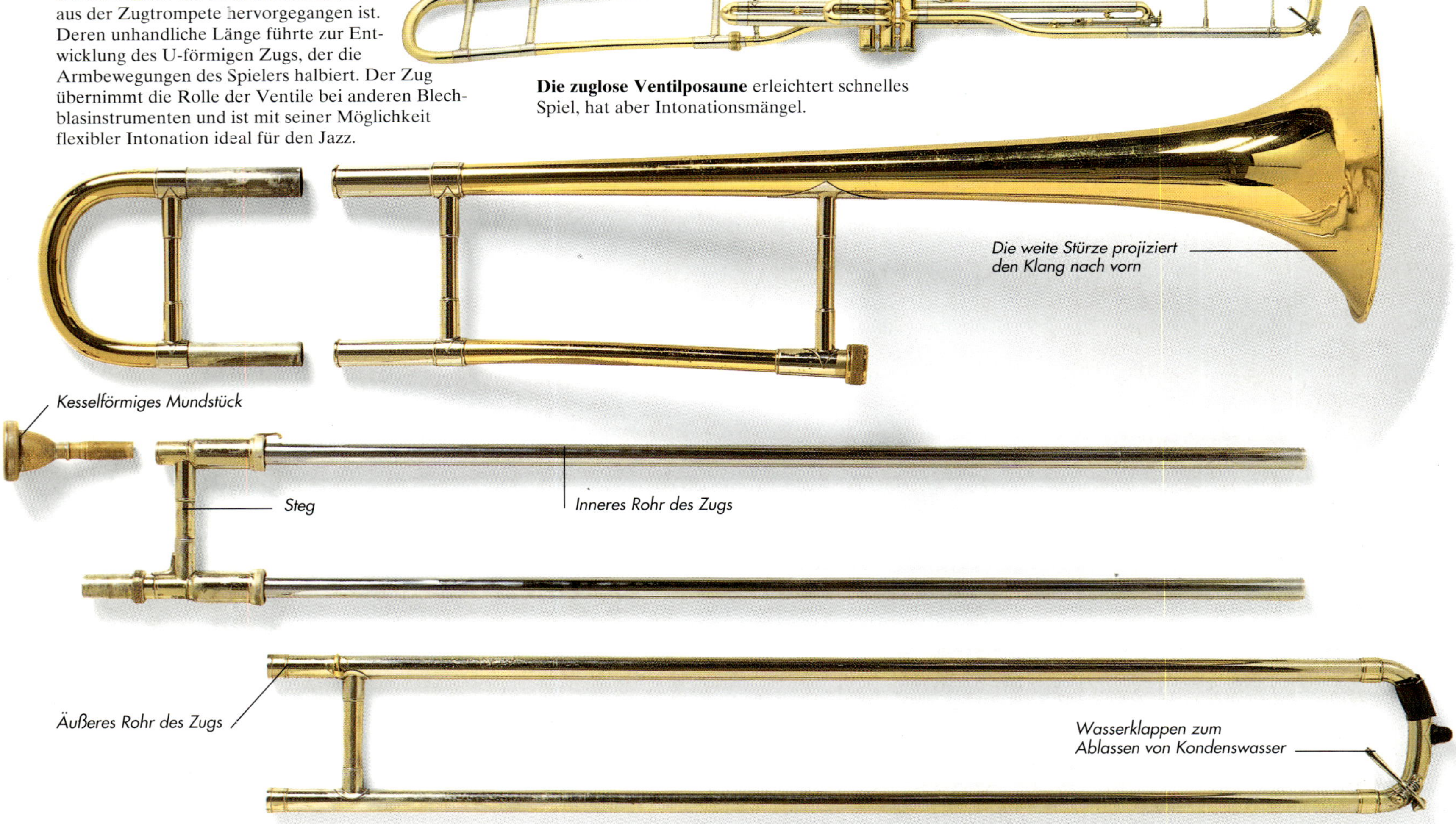

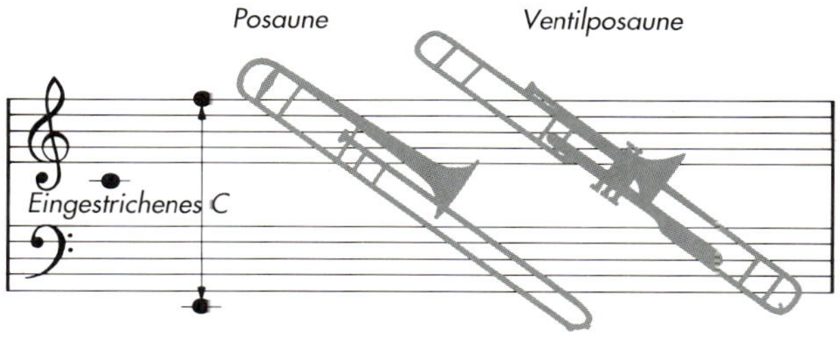

Der Umfang der Posaune Die gebräuchlichste Posaune ist die Tenorposaune in B, mit einem Normalumfang vom tiefen E der Gitarre bis zum zweigestrichenen F. Bei der Baßposaune erleichtert ein Ventil die Spieltechnik; die echte Baßposaune kann bis zum dritten C unter dem eingestrichenen C absteigen, wobei Tonhöhen unter dem F nur als lange Töne verwendet werden.

Tonerzeugung

Wie bei der Trompete ist es die Vibration der Lippen, die den aus der Lunge kommenden Luftstrom in Schwingung versetzt. Daher ist das disziplinierte Training der Lippenmuskulatur ebenso wesentlich wie das Entwickeln einer stetigen, tiefen Atmung. Posaunenmundstücke haben einen tieferen Kessel als die von Trompeten. Unterschiedlich geformte Mundstücke werden anatomischen Differenzen und verschiedenen musikalischen Anforderungen gerecht, wobei die Tiefe und die Krümmung des Kessels auf feine, aber entscheidende Weise variiert werden.

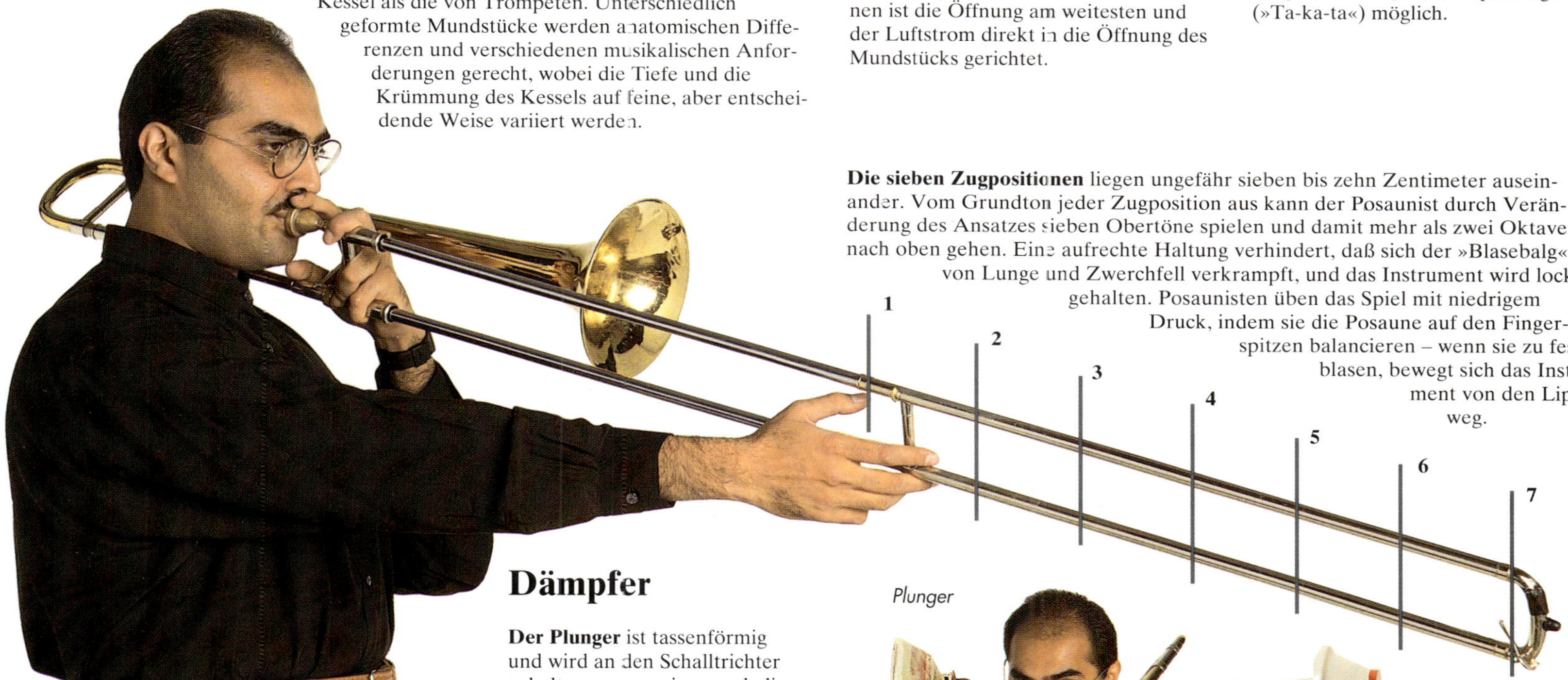

Die sieben Zugpositionen liegen ungefähr sieben bis zehn Zentimeter auseinander. Vom Grundton jeder Zugposition aus kann der Posaunist durch Veränderung des Ansatzes sieben Obertöne spielen und damit mehr als zwei Oktaven nach oben gehen. Eine aufrechte Haltung verhindert, daß sich der »Blasebalg« von Lunge und Zwerchfell verkrampft, und das Instrument wird locker gehalten. Posaunisten üben das Spiel mit niedrigem Druck, indem sie die Posaune auf den Fingerspitzen balancieren – wenn sie zu fest blasen, bewegt sich das Instrument von den Lippen weg.

Der Ansatz

Die Position von Lippen und Zähnen auf dem Mundstück wird Ansatz genannt. Einen idealen Posaunenansatz erhält man, indem man den Unterkiefer etwas nach vorne schiebt, so daß die Zähne übereinander stehen. Der Mund ist wie zum Pfeifen gespitzt, aber die Lippen werden dicht beieinandergehalten, in der Form eines angedeuteten Lächelns (oben). Bei den tiefsten Tönen ist die Öffnung am weitesten und der Luftstrom direkt in die Öffnung des Mundstücks gerichtet.

Bei hohen Tönen ist die Öffnung eng und der Luftstrom zum Kinn hin abgewinkelt, so daß er das Mundstück nahe an dessen Rand trifft. Wie ein Trompeter stößt auch ein Posaunist den Ton mit einer »Ta«-Silbe an, bei der die Zunge kurz auf die oberen Schneidezähne trifft. Größere Geschwindigkeit ist mit der Doppelzunge (»Ta-ka«) oder Tripelzunge (»Ta-ka-ta«) möglich.

Dämpfer

Der Plunger ist tassenförmig und wird an den Schalltrichter gehalten, was zu einem vokalisierten Klang mit feinen Nuancen führt. Ellingtons Posaunist Tricky Sam Nanton verwendete den Plunger und den Spitzdämpfer einer Trompete.

Ein Cup-Dämpfer wird von Posaunisten meist so eingestellt, daß er etwa einen halben Zentimeter von der Stürze entfernt ist. Cup-Dämpfer machen den Klang leiser und satter, und Dämpfer aus Metall oder Filz erlauben weitere klangfarbliche Variationen.

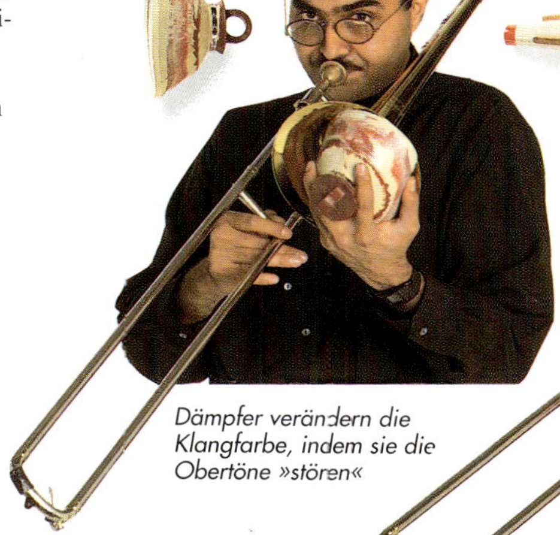

Plunger

Cup-Dämpfer

Dämpfer verändern die Klangfarbe, indem sie die Obertöne »stören«

Die Klarinette

Jimmy Giuffre

Die Klarinette verschwand nach den vierziger Jahren beinahe aus dem Jazz, als der Bebop die Vorherrschaft des Saxophons zementiert hatte. Bis dahin hatten ihr zerbrechlich-melancholischer Klang, ihre Beweglichkeit und ihr Potential für stimmungsvolle Blues-Töne und ekstatische Schreie in den höchsten Lagen der Klarinette einen festen Platz in allen Stilen vom New-Orleans-Ensemble bis zur gutgeölten Präzisionsmaschinerie der Swing-Bands gesichert. Im frühen Jazz waren die Klarinettisten oft harmonisch versierte, in der französischen klassischen Tradition geschulte Kreolen, die die Linien der Blechbläser mit reichen Arabesken umsponnen. Andere brachten als Gegengewicht zu dieser kreolischen Eleganz die Erdigkeit des Blues ein. Die tiefen, schwermütigen Klänge der Baßklarinette wurden in den sechziger Jahren populär.

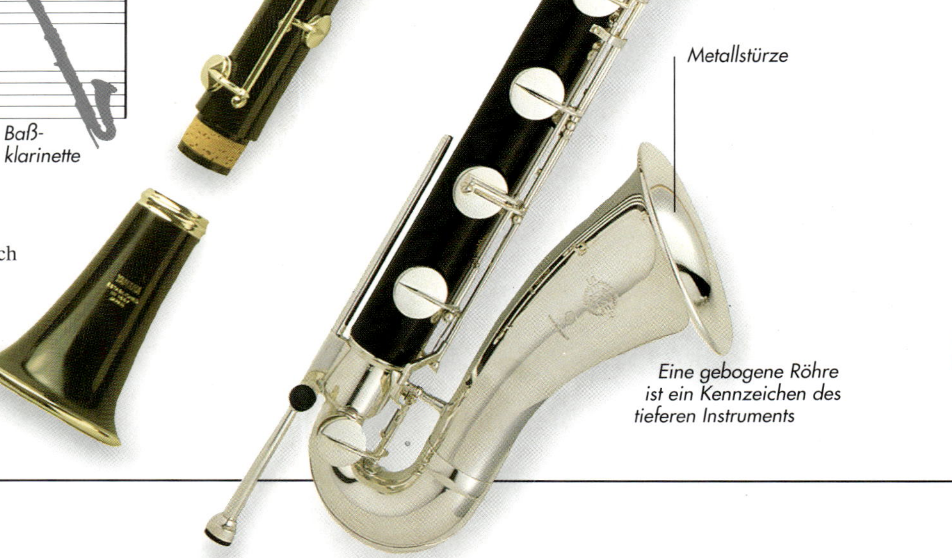

Die Sopranklarinette in B ist die im Jazz gebräuchlichste Variante. Die Klarinette, ein Instrument mit einfachem Rohrblatt, hat einen mehrteiligen Holz- oder Plastikkorpus und meist ein Boehm-Klappensystem (es gibt auch andere Systeme).

Die Baßklarinette hat einen tiefen, warmen Ton und einen Klang von holziger Wärme, der sie zum Ensembleinstrument prädestiniert (wie in den Händen Harry Carneys bei Ellington). Eric Dolphys außergewöhnliche Technik machte sie in den sechziger Jahren zum expressiven Soloinstrument.

STARS UND STILE

Der legendäre New-Orleans-Klarinettist **Lorenzo Tio** unterrichtete die berühmten Spieler **Sidney Bechet** und **Barney Bigard**. Andere Stars der frühen Jazzklarinette waren der freundlich-verhaltene **Jimmie Noone** und der bluesig-seelenvolle **Johnny Dodds**. **Omer Simeon** und Bigard paßten zu Jelly Roll Mortons und Ellingtons Raffinement. Die Swing-Virtuosen **Jimmy Dorsey**, **Benny Goodman** und **Artie Shaw** erreichten den Ruhm von Trompetenstars. Ein Liebling des Mainstream war der lakonische **Pee Wee Russell**, und **Jimmy Giuffres** Reflexionen in tiefen Lagen gaben den Ton der Cool-Klarinette an. Der poetische **Eric Dolphy** spielt eine stimmungsvolle Baßklarinette.

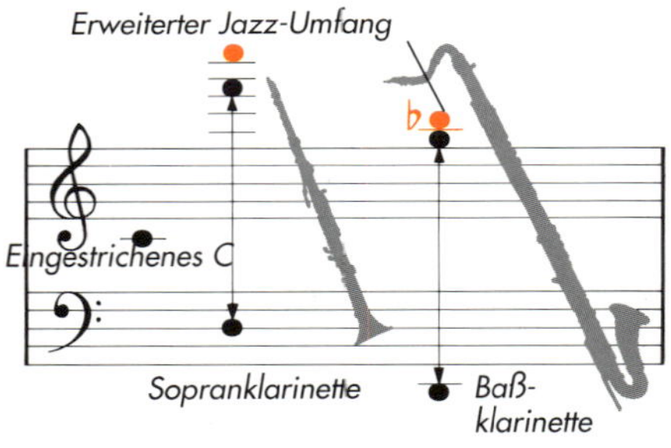

Der Umfang der Klarinette
Auf der Sopranklarinette in B kann das höchste Register durch spezielle Techniken erweitert werden. Die Baßklarinette steht eine Oktave tiefer.

Die Haltung

Meisterklarinettist Jimmy Giuffre schwört darauf, das Instrument so zu halten, daß das Mundstück fest nach oben gedrückt wird. Giuffres subtiler, hintergründiger Klang ist völlig anders als der der meisten Klarinettisten.

Der Ansatz

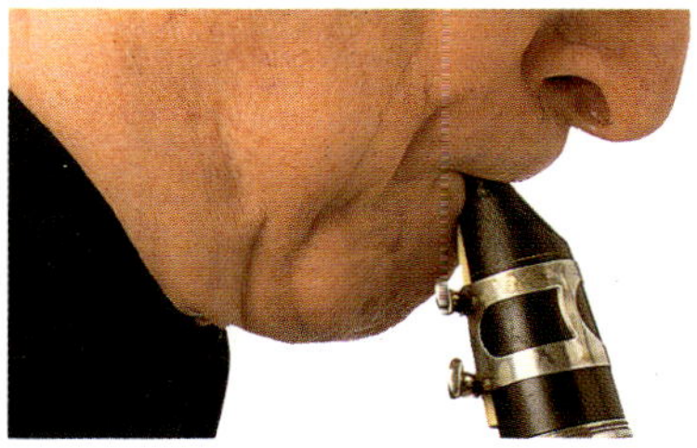

Der Ansatz und die Art des Rohrblatts prägen entscheidend den Klang (siehe S. 57). Beim einfachen Ansatz, der gebräuchlichsten Methode, wird die Unterlippe über die Zähne gezogen und ist stärker angespannt als die Oberlippe.

Der doppelte Ansatz: Sowohl Ober- als auch Unterlippe sind gespannt; das Kinn tritt etwas nach vorn. Es ist etwas schwerer, auf diese Weise einen Ton zu erzeugen, aber Spieler merken früh, welche Methode ihnen mehr liegt und bleiben dabei.

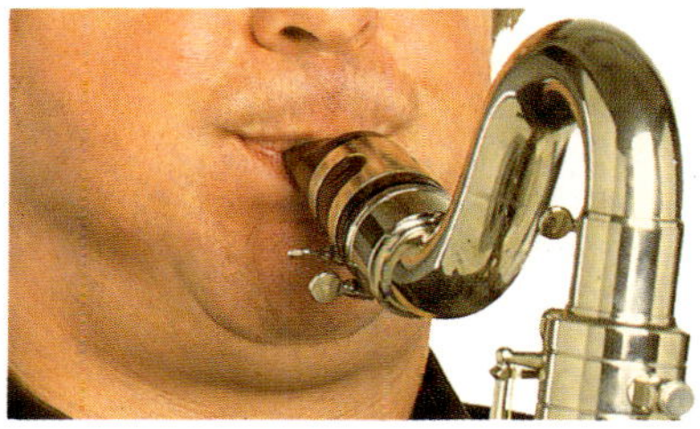

Baßklarinette, mit doppeltem Ansatz und einem Plastikblatt angeblasen. Der erklingende Ton ist ein tiefes Es, so daß viel Luft durch das Instrument strömt.

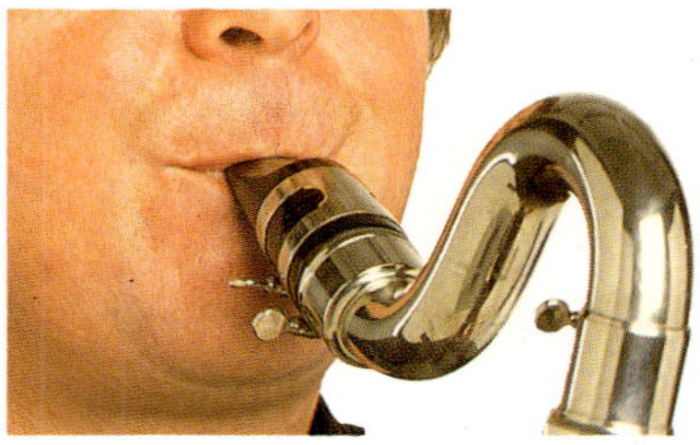

Ein Es zwei Oktaven darüber: Wenn höhere Töne gespielt werden, muß der Atemstrom gedrosselt und der Ansatz verengt werden, um die Öffnung zu verkleinern. Die Lippen sind fester gespannt, und der Unterkiefer steht stärker hervor.

Tonerzeugung

Die lange, enge Luftsäule in einer Baßklarinette verlangt eine feste Stütze, besonders, wenn lange Töne im tiefsten Register gespielt werden. Dazu hält der Spieler das Zwerchfell straff gespannt, und der Brustkorb kann sich wölben.

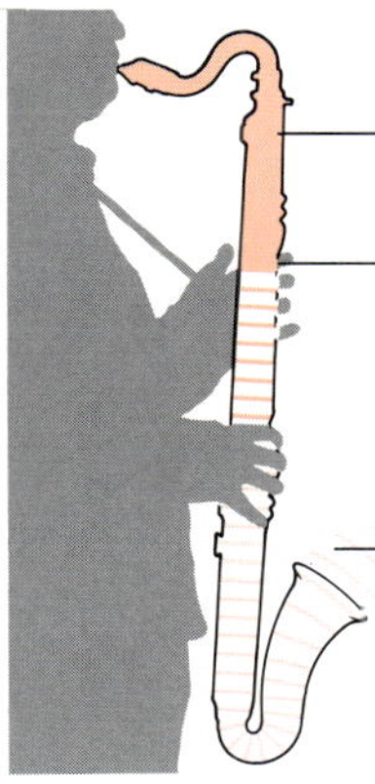

Die Luftsäule im Instrument gerät in Schwingung und erzeugt eine Schallwelle, wenn das Instrument angeblasen wird. Sobald die Luftsäule die erste offene Klappe erreicht, verstreut sich die Luft. Die Länge der Luftsäule bestimmt die Tonhöhe: Eine kürzere Luftsäule ergibt einen höheren Ton. Hier spielt John Surman ein offenes G, die höchste Note im unteren (Chalumeau-)Register der Baßklarinette.

Fingersatz

E unter Verwendung aller Finger

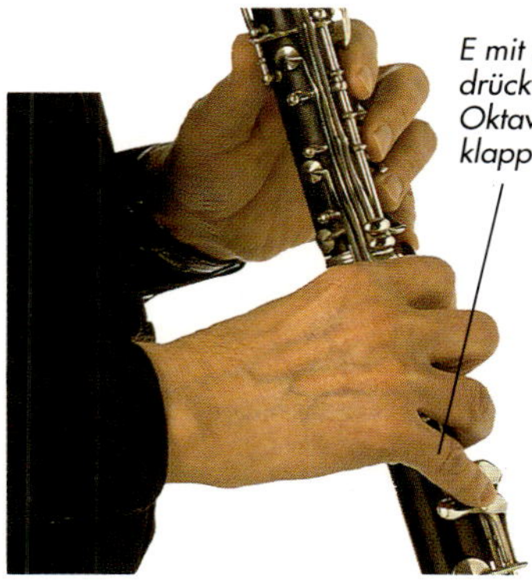

E mit gedrückter Oktavklappe

Wie alle Rohrblatt-Instrumente, die im Jazz verwendet werden, kann ein und derselbe Ton auf der Sopranklarinette mit verschiedenen Fingersätzen und Anblastechniken erzeugt werden: eine Methode, die Klangfarbe bei gleichbleibender Tonhöhe zu ändern. Jimmy Giuffre spielt ein E mit normalem Fingersatz (links) und mit einem »falschen« Fingersatz, der den Ton entfernter, ätherischer klingen läßt.

John Surman spielt ein tiefes Es

Zusätzliche Klappen für die kleinen Finger der rechten bzw. linken Hand erweitern den Umfang der Baßklarinette nach unten. Dieses Register, das bis Kontrabaß-Tiefen reicht, ist eines der Charakteristika des Instruments und hat zu seiner häufigen Verwendung in eher impressionistischen oder experimentellen Jazzgefilden geführt.

Das Saxophon

Andy Sheppard

Adolphe Sax erfand das Saxophon im Jahr 1846 zum Gebrauch in Militärkapellen. Im frühen 20. Jahrhundert war es ein Gag in Vaudeville-Orchestern oder ein süßliches Geigensurrogat in Tanzbands. Doch dann verliehen Jazzmusiker, die die Attacke und die Phrasierung der New-Orleans-Trompeter aufgriffen, dem Saxophon eine starke Identität als Solo-Instrument, so daß es schließlich der Trompete den Rang des Jazz-Instruments per se streitig machte. Das Alt- und das Tenorsaxophon beherrschten die Musik der dreißiger und vierziger Jahre. Die Palette des zarten Alts reichte von den romantischen Klängen eines Johnny Hodges bis zur glühenden Intensität Charlie Parkers. Das schwerere Tenor verlieh der Bigband-Musik einen kraftvoll rollenden Swing, Blues und Fusion einen erdigen Schub und dem Hard Bop und dem *New Thing* der sechziger Jahre durchdringende Schärfe.

Das Tenorsaxophon ist erdiger, dramatischer Klänge im tiefen Register fähig, wurde aber durch Post-Coltrane-Techniken bis in Sopranhöhen erweitert und ist damit eines der ausdrucksstärksten aller Jazzinstrumente. Evan Parker erzeugt auf ihm erstaunliche atonale und mehrstimmige Texturen. Obwohl selbst Altsaxophonist, hat Ornette Coleman behauptet, daß das Tenor einige der ehrlichsten Offenbarungen der afroamerikanischen Seele artikulierte.

STARS UND STILE

Der feurige **Sidney Bechet** (Sopran), Ellingtons gefühlvoller **Johnny Hodges** (Alt) und der markig-einfallsreiche **Coleman Hawkins** (Tenor) fegten die süßlichen Saxophonsätze der Tanzbands der zwanziger Jahre hinweg. **Lester Young** war ein Meister der melancholischen Melodie. **Charlie Parker** wurde von Young inspiriert, aber revolutionierte mit seinem Feuerwerk von erweiterten Harmonien, asymmetrischer Phrasierung und intensivem Blues das Konzept des Jazz-Solos. Beide Richtungen kamen in der Musik des klar und intelligent spielenden Cool-Altisten **Lee Konitz**, des verquälten **Art Pepper** und des ätherischen **Paul Desmond** zusammen. Das Gewicht von Hawkins' Spiel vereinigte sich in **Sonny Rollins'** Spiel mit den Ideen Parkers, Youngs und des Pianisten Thelonious Monk. Ein weiterer Hard-Bop-Tenorist, **Dexter Gordon**, kündigte die Ideen des messianischen **John Coltrane** an. Dieser lotete so besessen die funktionale Harmonik aus, wie **Ornette Coleman** sie negierte. Zu den Stilisten von heute zählen **Evan Parker**, der subtile **Wayne Shorter, Mike Brecker, Greg Osby** und **Steve Coleman** vom Musikerkollektiv *M-Base* und **Jan Garbarek**.

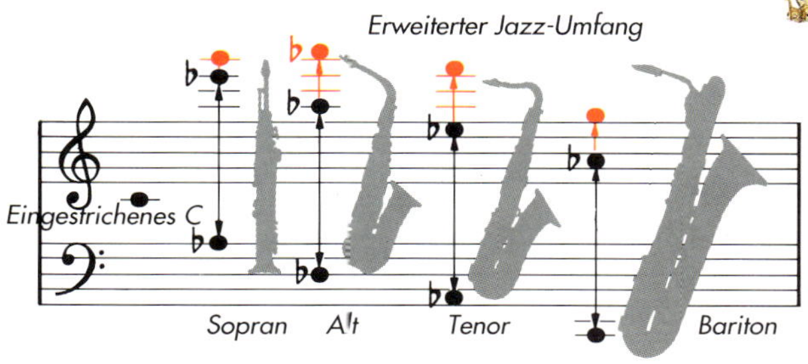

Der Umfang des Saxophons Durch ein Zusammenwirken spezieller Griffe und eines veränderten Ansatzes können Jazz-Saxophonisten, wie durch die roten Noten angezeigt, den traditionellen Umfang stark erweitern (siehe S. 66–67).

Das Altsaxophon kann weich und flötengleich klingen (Paul Desmond), bittersüß (Art Pepper) oder so sprechend-bluesig, unvorhersehbar und extrem wie bei Charlie Parker oder Ornette Coleman.

Das Bariton verlangt eine kräftige Luftsäule, und es wird meist mit einem lockereren Ansatz, aber starker Stütze durch das Zwerchfell gespielt. Dies hatte einen zurückhaltenderen Stil zur Folge, doch in letzter Zeit haben John Surman, Henry Threadgill und Hamiet Bluiett vehementere Spielweisen entwickelt.

Das Sopran ist schwieriger zu intonieren, hat weniger Kraft im tiefen Register und war daher zunächst weniger beliebt als seine Geschwister. Sidney Bechet war sein Hauptvertreter. John Coltrane adaptierte es in den späten fünfziger Jahren, inspiriert von Bechet und dem zum Avantgardisten konvertierten Dixielander Steve Lacy. Wayne Shorter ist ein eindrucksvoller Sopranist.

Der Wind-Synthesizer ist ein Resultat zahlreicher Versuche seit den siebziger Jahren, den elektronischen Synthesizer durch den menschlichen Atem steuern zu lassen. Musiker wie Mike Brecker, Sonny Rollins und Wayne Shorter haben damit experimentiert.

Das Rohrblatt

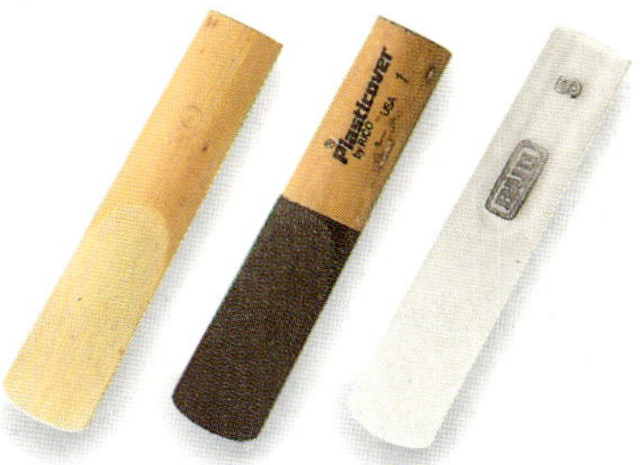

Blätter können aus Plastik oder Bambus hergestellt werden. Die Härte eines Blattes – inwieweit es Schwingung zuläßt oder verhindert – hat entscheidenden Einfluß auf Lautstärke und Ton.

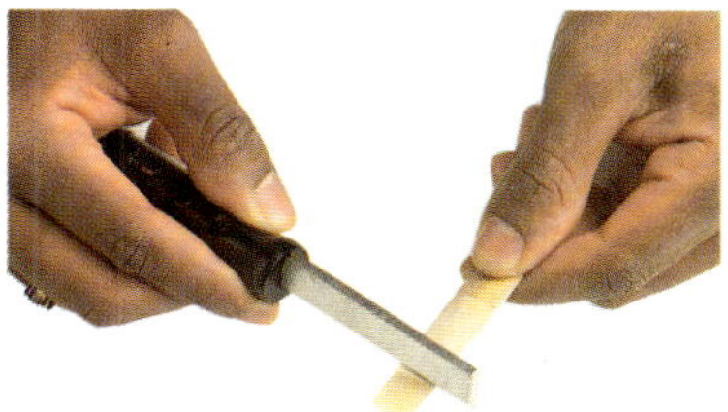

Das Bearbeiten des Blattes mit einem Messer ist hilfreich, wenn es zu dick (zu hart) ist, was das Spielen anstrengend macht. Ungleichmäßig bearbeitete Blätter sind dem Klang abträglich.

Wenn das Blatt zu weich (oder zu dünn) geworden ist, kann die Spitze des Blattes mit einem Blattschneider abgeschnitten werden.

Das Anfeuchten des Blattes verhindert Quietscher und unfreiwilliges Überblasen. Am besten ist vorheriges Einweichen; auf der Bühne muß man sich mit Speichel behelfen.

Gutes Blatt, gleichmäßig bearbeitet, am dicksten in der Mitte

Ungleichmäßiges Blatt, dickste Stelle an der Seite

Ansatz

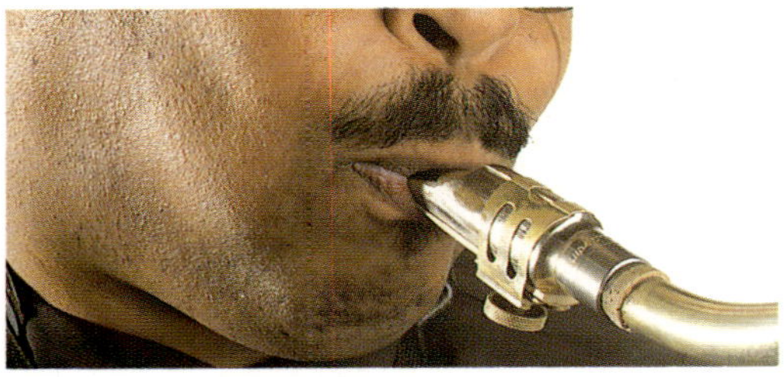

Beim doppelten Ansatz, hier beim Tenor, werden Ober- und Unterlippe über die Zähne gezogen. Coltrane bevorzugte diese alte Klarinettentechnik. Der vergleichsweise lockere Ansatz eines Saxophonisten (vergleiche S. 57) verleiht dem Instrument eine breite Klangpalette.

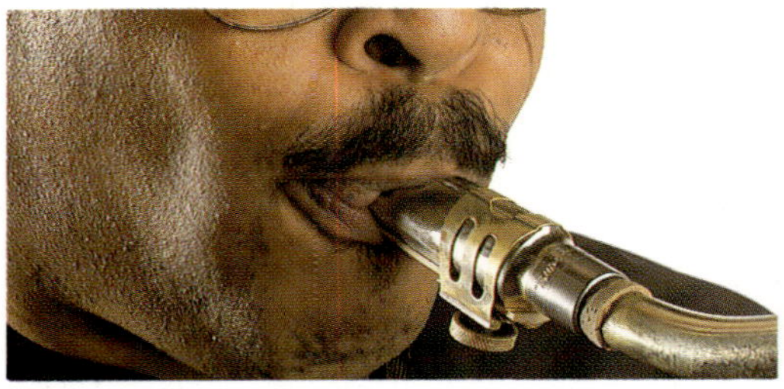

Der einfache Ansatz, bei dem die Oberlippe straffer als die Unterlippe gespannt wird. Er wird von Sonny Rollins favorisiert, aber die Wahl des einen oder anderen Ansatzes ist eine Frage des persönlichen Geschmacks.

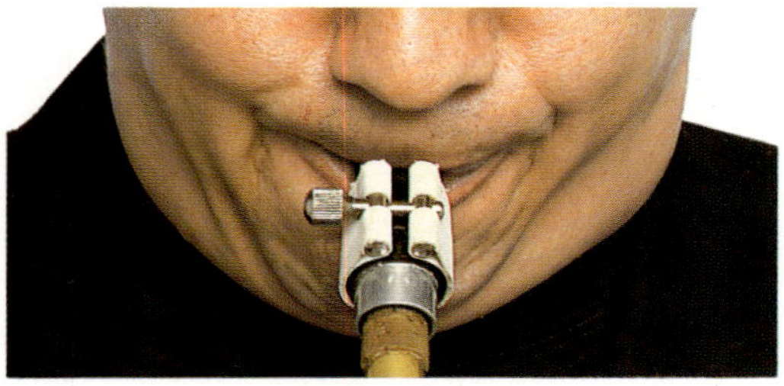

Beim Sopran-Ansatz müssen die Muskeln um den Mund herum viel straffer als beim Alt oder Tenor angespannt werden. Jeder Saxophonist wählt einen persönlichen Stil. Hier spielt Andy Sheppard ein Fis im mittleren Register.

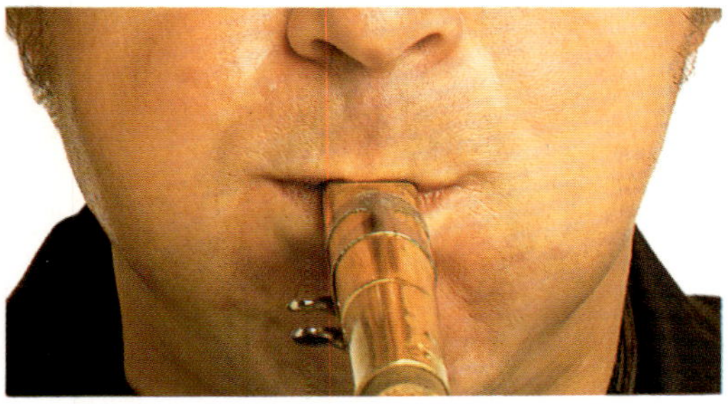

Der Bariton-Ansatz ist meist lockerer als der der anderen Saxophone. Da die Luftsäule im Instrument länger ist, sind die Lippen entspannter, außer bei sehr hohen Tönen.

Zirkuläres Atmen

Wie beim Singen kann falsches Atmen auch bei einem Blasinstrument den Fluß eines Solos stören. Neben einer ausgeprägten Kontrolle der Zwerchfellmuskulatur haben Saxophonisten die Technik des zirkulären Atmens entwickelt, um ununterbrochene Linien zu erzeugen. Dabei atmen sie durch die Nase ein, während sie gleichzeitig die in den Backen gespeicherte Luft ausstoßen – eine schwierige Übung.

John Surman stellt sich beim zirkulären Atmen vor, er würde in die Knie atmen

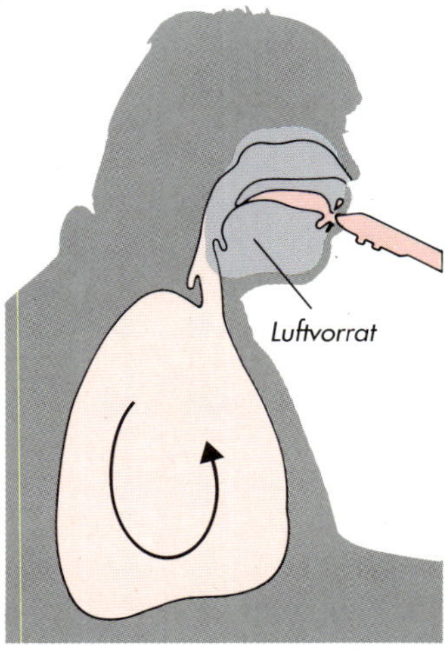

Beim zirkulären Atmen atmet der Saxophonist ein und füllt den Brustkasten mit Luft. Wenn die Luft auf halbem Wege nach oben ist, werden die Backen und der Hals aufgeblasen. Diese Luft wird in das Instrument gedrückt, während der Spieler gleichzeitig bei geschlossenem Gaumensegel durch die Nase einatmet. Die modernen Saxophonisten Roland Kirk und Pharoah Sanders haben diese Technik aufgegriffen.

Haltung

Klassischen Holzbläsern wird beigebracht, wie sie zu stehen haben; Jazzmusiker finden oft ihren eigenen Stil. Andy Sheppard meint, daß ihm das Hochziehen einer Schulter ausdrucksstärkeres Spiel ermöglicht.

Fingersatz

Wie bei der Klarinette und anderen Holzblasinstrumenten können auch auf dem Saxophon Töne »richtig« oder »falsch« gegriffen werden, und die »falsche« Methode führt in einer Musik, die sich wenig um klangliche Reinheit schert, oft zu interessanten Resultaten. Dies ist der korrekte Griff für den Ton A.

Beim *false fingering* erhält der Ton A durch Schließen tieferer Klappen eine andere Färbung. Das Alternieren beider A ergibt einen Wah-Wah-Effekt. Mit ähnlichen Griffen wird auch das hohe Register erweitert.

Flageolett-Töne

Ein Ton wird mit dem normalen Ansatz erzeugt. Bei gleichmäßigem Luftstrom und relativ entspanntem Unterkiefer ist der Ton rund und stabil.

Flageoletts – hohe, pfeifende Töne – werden mit dem gleichen Fingersatz, aber mit höherem Blasdruck, festerem Ansatz und nach vorne gezogenem Unterkiefer erzeugt. Diese Töne sind schwierig zu kontrollieren, können aber als besonderer Effekt nützlich sein.

Besondere Effekte

Das Attackieren der Klappen mit großen Fingerbewegungen ergibt einen perkussiven, bluesigen Effekt, ist aber schwer einzusetzen, da es die Fingerbewegungen verlangsamt. Sonny Rollins verwendet es gerne und ist dennoch verblüffend schnell.

Die Slap-Tongue, ein alter Saxophoneffekt des Vaudeville, wird noch immer gelegentlich gebraucht. Indem die Zunge hart an das Blatt gepreßt und dann plötzlich abgezogen wird, wird ein Vakuum gebildet. Dabei entsteht ein perkussives Geräusch. Andy Sheppard setzt es gerne in Soli ein.

Weitere Holzblasinstrumente

In der ersten Hälfte unseres Jahrhunderts wurden die Jazzbands größer, doch nahmen sie kaum je andere Blasinstrumente hinzu. Es schien so, als seien manche Instrumente so sehr mit der europäischen Klassik verknüpft, daß der Jazz sie sich nicht aneignen könne, ohne seine eigenständige Vitalität und seine anarchische Lust am Regelverstoß aufs Spiel zu setzen. Erst nach dem Zweiten Weltkrieg klangen diese Hemmungen ab. Holzblasinstrumente wie Oboe und Fagott hatten schon zuvor einigen Jazzkompositionen eine romantische Note verliehen, doch ab den fünfziger Jahren wurden sie auch solistisch eingesetzt. Zur gleichen Zeit wurde die Flöte im Jazz populär, meist als Nebeninstrument von Saxophonisten. Im Mainstream-Swing und im West-Coast-Jazz bewiesen Flötisten, daß sie sowohl mit kraftvoller Attacke und vokalisiertem Ton als auch mit der traditionellen Zurückhaltung ihres Instruments spielen konnten.

Lindsay Cooper

STARS UND STILE

Oboe und Fagott sind als Soloinstrumente selten, auch wenn **Yusef Lateef** beide verwendete. Der Folk-Jazzer **Paul McCandless** ist ein expressiver Oboist, und **Lindsay Cooper** ist eine Pionierin frei improvisierter und stilüberschreitender Musiken. Die Querflöte profilierte sich in den fünfziger Jahren in den Händen der Bop-Saxophonisten **Jerome Richardson** und **Frank Wess** als Soloinstrument. Der West-Coast-Altist **Bud Shank** schloß sich ihnen an, und **Yusef Lateef** fügte eine orientalische Note hinzu. **Herbie Mann** produzierte die Kult-Fusion-Platte *Memphis Underground*; **Eric Dolphy** spielte mit unkonventioneller Leidenschaft, und **Sahib Shihab** entwickelte das gleichzeitige Singen und Spielen, das durch **Rahsaan Roland Kirk** popularisiert wurde.

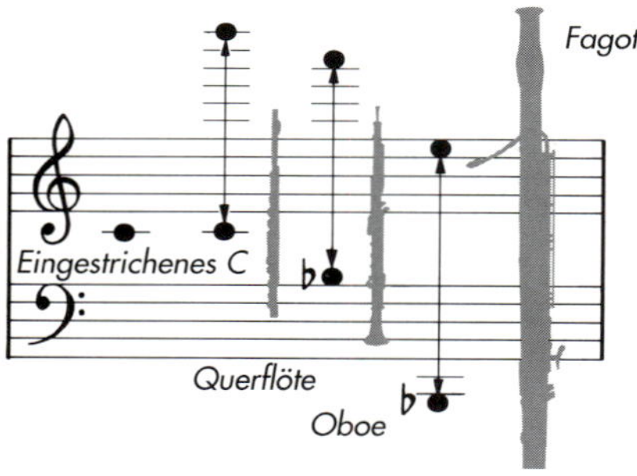

Der Umfang der Holzbläser reicht von der C-Flöte über die Oboe bis zum Fagott mit seinem tief hinabreichenden Baßregister.

Das Fagott hat eine konische, geknickte Röhre und wird mit einem Doppelrohrblatt angeblasen. Seine Klangfarbe ist äußerst variabel: warm und samtig im unteren Register, melancholisch in der hohen Lage.

Die Oboe, ein Doppelrohrblatt-Instrument, leitet ihren Namen vom französischen *hautbois* (hohes Holz) ab, was auf die Tonhöhe und den brillanten, schneidenden Klang hinweist. Die Mechanik ist im Lauf der Zeit erweitert worden, und unterschiedliche Bohrungen und Blattgrößen verleihen verschiedenen Instrumenten erheblich variierende Klangfarben.

Das Nagaswaram, im Jazz vor allem von Charlie Mariano verwendet, hat ein doppeltes Rohrblatt und einen aggressiven Ton. Es ist ein zentrales Instrument der südindischen Musik.

Die Querflöte wird von der Seite angeblasen und horizontal gehalten. Sie besteht aus drei Teilen, und Klappen am untersten Segment erweitern den Umfang nach unten hin.

Rohrblätter

Oboisten und Fagottisten verwenden viel Zeit und Mühe auf ihre Blätter und meinen, daß es Saxophonisten vergleichsweise leicht damit haben. Das Doppelrohrblatt aus Bambus ist klein, empfindlich und führt schon bei winzigen Modifikationen der Öffnung zu wesentlichen Änderungen des Klangs. Viele Spieler machen ihre eigenen Blätter nach ihren persönlichen Bedürfnissen. Die beiden Hälften des Blattes werden durch eine Plastikhülse zusammengehalten, früher durch in Schellack getauchte Baumwolle.

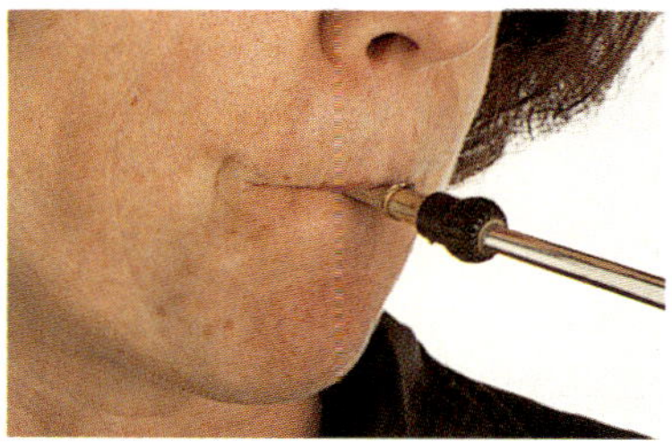

Das Doppelrohrblatt des Fagotts dient, wie bei allen Doppelrohrblatt-Instrumenten, als Mundstück. Da die Zähne nicht mit ihm in Berührung kommen, wie sie es beim Saxophon können, sind die Lippen gespannt, wenn auch nicht zu sehr.

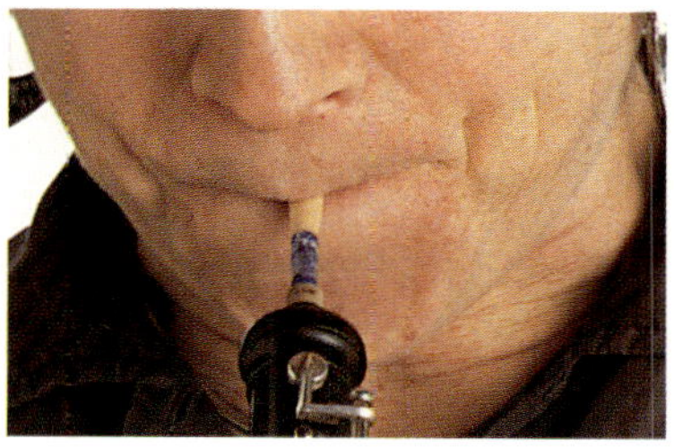

Beim Oboenansatz üben die Muskeln an den Mundwinkeln mehr Kraft aus, und die Lippen sind stärker angespannt. Der helle Klang der Oboe verlangt einen Ansatz mit enger Öffnung. Es ist schwer, das Instrument schnell und mit guter Intonation zu spielen.

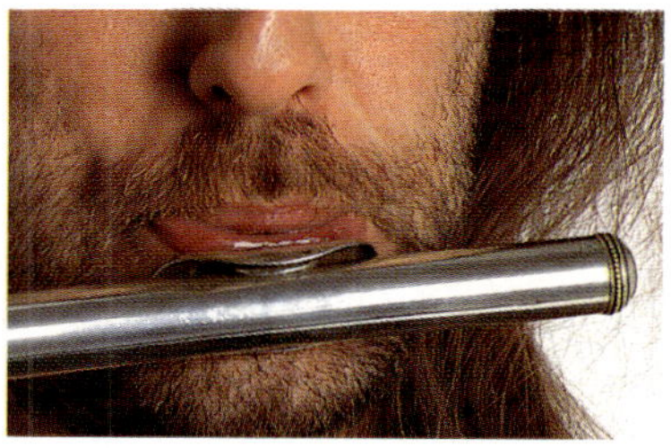

Flötenklänge werden durch eine der ältesten Techniken in der Musik erzeugt: durch das Blasen über die scharfe Kante eines Lochs, wodurch eine Luftsäule in Schwingung versetzt wird.

Klangerzeugung

Die Thrombose der Herzgefäße ist eine Berufskrankheit von Oboisten. Die enge Luftsäule und die kleine Öffnung erfordern weitaus mehr Druck als das Fagott. Der geringe Luftverbrauch bewirkt aber, daß lange Passagen in einem Atem gespielt werden können.

Um höhere Töne auf einer Flöte zu spielen, muß die Luftsäule entweder durch Öffnen von Tonlöchern oder Überblasen des Instruments verkürzt werden.

Eddie Parker

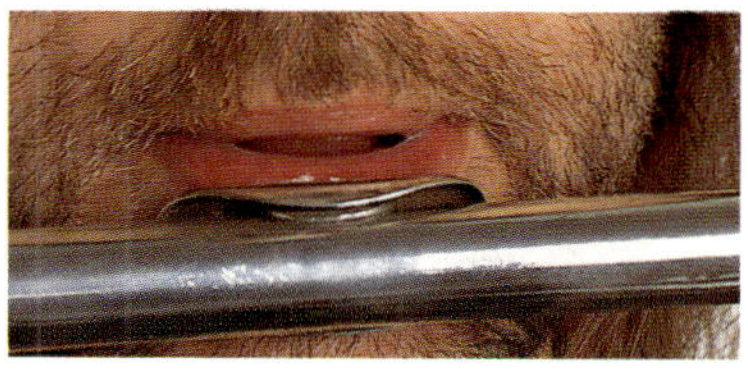

Das gleichzeitige Singen und Spielen wurde von Flötisten wie Sahib Shihab und dem großen Multi-Instrumentalisten Rahsaan Roland Kirk entwickelt. Die Spieler singen oft im Oktavabstand zum gegriffenen Ton. Durch die Wechselwirkung zwischen beiden Tönen entsteht ein rauher, summender Klang. Perkussive Geräusche, die mit den Lippen erzeugt werden, geben dem Instrument eine emphatische Qualität, die seinem traditionellen Charakter fremd ist.

Der Klang des Fagotts wurde vom Schriftsteller Sacheverell Sitwell mit einem »sprechenden Seegott« verglichen. Die geknickte Holzröhre ist über 2,4 Meter lang.

Ein Mikrophon fängt den Schall ein

Klappen

Fingersatz

Theobald Boehm, ein deutscher Flötist, entwickelte im 19. Jahrhundert ein Klappensystem, in dem die Tonlöcher durch Klappen ersetzt wurden, was die Grifftechnik vereinfachte und den Umfang der Flöte vergrößerte. Der Flötenklang ist von einer luftigen Fragilität, die auf anderen Instrumenten nicht nachzuahmen ist, und das neue System bewahrte diesen beschwörenden Ton. Das Boehm-System wurde von der Flöte auf Oboe, Fagott und Klarinette übertragen.

Der Fingersatz der Oboe im Jazz unterscheidet sich nicht vom klassischen. Nuancen der Klangfarbe und des Ausdrucks werden durch Phrasierung und Ansatz erzeugt.

Klappe, die am häufigsten vom Daumen betätigt wird

Die Mechanik des Fagotts ist kompliziert, und das Instrument ist schwer zu spielen, besonders in schnellen Passagen. Das hat seiner Verwendung im Jazz Grenzen gesetzt. Der rechte Daumen muß nicht weniger als zehn Klappen des tiefen Registers betätigen.

Das Schlagzeug

Mark Mondesir

Von alters her sind die Trommeln mit Krieg und Tanz liiert. Ihr Klang ist der Herzschlag des Jazz. Die Musik, die die Afrikaner nach Amerika brachten, gab dem Rhythmus jene Vorherrschaft, die Melodie und Harmonik im Westen hatten. Auch wenn die Raffinesse westafrikanischen Trommelns im Jazz erst später wiedererlangt wurde, so ist die Kluft zwischen der Ausdruckskraft afrikanischer Sprechtrommeln und dem komplexen, dramatischen Spiel eines Max Roach oder Elvin Jones doch nicht weit. Eine dröhnende Marschkapellen-Baßtrommel bildete das Fundament des frühen Jazz. Im Zuge der Entwicklung des Jazz verfeinerten die Schlagzeuger ihre Begleitung der Solisten, und aus dem gleichmäßigen Tanz-Beat des Swing wurden die provokant betonten Offbeats des Bebop. Die Avantgarde der sechziger Jahre ersetzte den klaren, treibenden Beat auf den Becken durch ein An- und Abschwellen perkussiver Texturen. Perkussionisten tauchten an der Seite der Schlagzeuger auf, und in den neunziger Jahren demonstrieren die Schlagzeuger verblüffend komplexe Stile, in denen sich Bebop- und Free-Techniken mit den Rhythmen von Funk, Hip Hop und Latin verbinden.

STARS UND STILE

Als sich der Jazz aus der Musik der Straßenkapellen entwickelte, öffneten die Schlagzeuger ihr Spiel, um auf die improvisierten Rhythmen der Solisten reagieren zu können. **Warren »Baby« Dodds** und **Zutty Singleton** benutzten Woodblocks oder die Snare Drum für Akzente, Becken für Betonungen. **Dave Tough, Gene Krupa, Cozy Cole** und **Jo Jones** entwickelten den gleichmäßigen *four beat* des Swing, während Fletcher Hendersons **Walter Johnson** eine virtuose High-Hat-Technik erfand. Tough und Jones machten den Klang leichter und verlagerten den Beat auf das zischende Ride-Becken, und Krupa machte als erster durch spektakuläre Schlagzeugsoli auf sich aufmerksam, mit **Buddy Rich** als seinem berühmtesten Nachfolger. Die Bebop-Drummer **Kenny Clarke, Max Roach** und **Art Blakey** verstärkten den Becken-Beat und setzten bevorzugt irreguläre Akzente, besonders mit der Baßtrommel (das sogenannte *bomb-dropping*). Schlagzeuger neigten immer mehr dazu, den Beat eher anzudeuten als klar zu markieren. **Elvin Jones, Tony Williams, Jack DeJohnette, Jeff Watts** und **Tony Oxley** haben dies so weit getrieben, daß der Beat keinen eindeutigen Bezugspunkt mehr hat. Die Cool-Schlagzeuger **Shelly Manne, Joe Morello** und **Paul Motian** setzen auf Subtilität und Präzision.

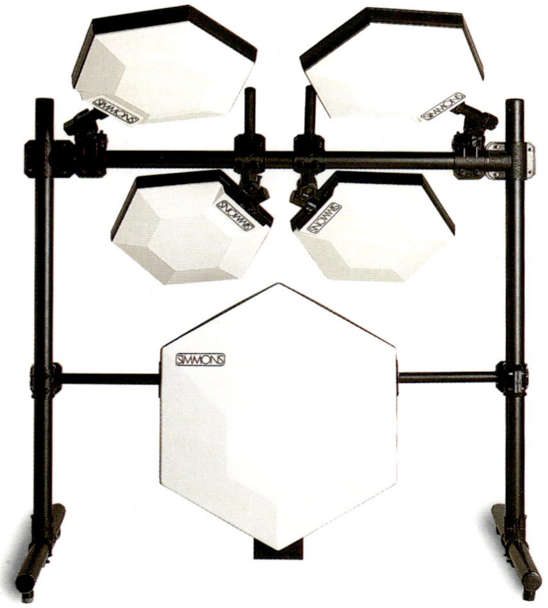

Die Simdrums oder Schlagzeug-Synthesizer bestehen aus einem Satz sogenannter »Pads«, um die der Schlagzeuger sein reguläres Schlagzeug-Set ergänzen (oder es sogar durch sie ersetzen) kann. Jeder Pad ist auf einen bestimmten Klang programmiert, der an einer zentralen Steuereinheit (oder durch Regler an den Pads) variiert werden kann. Solche elektronischen, aber durch konventionelle Schlagzeug-Spieltechnik aktivierten Effekte wurden in den siebziger Jahren in den Jazz eingeführt.

Schlagzeugstock

Paukenschlegel

Besen

Die Haltung der Stöcke

Die Vorliebe des Jazz für rasche Beckenfiguren führte dazu, daß die Trommelstöcke leichter wurden. Sie werden meist aus Harthölzern gefertigt – synthetische Materialien sind bei Schlagzeugern unbeliebt. Beim Jazz-Schlagzeugspiel stehen rasche, klar artikulierte Figuren und stetig rauschende Beckenrhythmen im Mittelpunkt. Daher sind leichte und belastbare Stöcke wichtig, die sich mühelos zwischen den Fingern und der Handfläche balancieren lassen. Für dramatischere Effekte werden gelegentlich die Schlegel des klassischen Paukers mit ihren Köpfen aus Filz, Holz, Plastik oder Baumwolle eingesetzt. Für leise Begleitungen verwendet der Schlagzeuger Drahtbesen, die in einer streifenden Bewegung über die Trommelfelle gezogen werden und auf den Becken ein plätscherndes Geräusch erzeugen.

Eine feste Haltung erlaubt stärkere Betonungen und größere Wucht. Die Haltung der Stöcke ist ein entscheidender Faktor für einen guten Klang und dafür, ob der Schlagzeuger hart und polternd spielen oder den Eindruck eines entspannten und fließenden Rhythmus vermitteln will.

Leichter Druck auf die Stöcke, allein mit dem Daumen sowie Zeige- und Mittelfinger, genügt für einen leichten, luftigen Beat auf dem Ride-Becken (siehe gegenüberliegende Seite). Diese Technik gibt die elegante optische Illusion, der Schlagzeugstock würde sich bei großer Geschwindigkeit biegen.

Das Schlagzeug-Set

Das Pedal, eine Erfindung des 19. Jahrhunderts, ermöglicht es einem einzigen Spieler, Baßtrommel, Snare Drum und High-Hat zu betätigen. Die Schlagzeug-Sets des frühen Jazz waren jedoch eine Ansammlung diverser Straßenkapellen-Instrumente, darunter eine große, tiefe Baßtrommel mit einem daran befestigten türkischen Becken, Woodblocks, Kuhglocken und oft ein chinesisches Tom-Tom. Als sich das Schlagzeugspiel weiterentwickelte, schneller und leichter wurde, wurden die Instrumente kleiner und ihr Klang heller und präziser.

Das Ride-Becken nimmt im Jazz-Schlagzeugspiel seit der Swing-Ära eine wichtige Rolle ein und vermittelt den »Ding-Dinka-Ding«-Puls.

Die Baßtrommel wird gespielt, indem das Fell an der Rückseite mittels eines Pedals mit einem filzüberzogenen Schlegel angeschlagen wird. Ihr tiefer, dumpfer Klang war ein prominentes Merkmal des orchestralen Swing und spielt eine wichtige Rolle in der Rockmusik. In neueren Jazzstilen wird sie eher für eine Vielfalt von Akzenten benutzt.

Elemente des Schlagzeugspiels

Die Grundlagen des Schlagzeugspiels wurden in den dreißiger Jahren auf der Snare Drum entwickelt und sind als *rudiments* bekannt. Dazu zählen einfache Wirbel und kombinierte Figuren mit beiden Stöcken, die auf verschiedenste Weise aneinandergereiht werden können.
Die grundlegende Figur dieser *rudiments* ist der Wirbel, eine gleichmäßige Figur alternierender links- und rechtshändiger Schläge, die ein stetiges *ta-ta-ta-ta*-Muster ergeben. Es kann schwierig sein, den Wirbel schnell auszuführen, auch wenn einige herausragende Spieler, zumal Buddy Rich, ihn so weit beschleunigt haben, daß die einzelnen Schläge kaum noch auseinanderzuhalten sind.

Variationen des einfachen Wirbels sind:

- Der doppelte Wirbel, bei dem der Schlagzeuger durch alternierende Doppelschläge der rechten, dann der linken Hand ein *tata-tata-tata-tata*-Muster erzeugt.
- Der *flam*, eine beliebte Technik, bei der der Spieler unmittelbar vor einen betonten Schlag mit der einen Hand einen leichten mit der anderen setzt, so daß die Schläge ineinandergleiten: *tTa, tTa*. Der erste, sehr kurze Schlag wird als »Vorschlag« bezeichnet.
- Der *paradiddle*, der genau so klingt, wie er geschrieben wird: Vier gleich lange Schläge, beginnend mit der rechten Hand (R. L. R. R.), dann das gleiche, aber mit links beginnend (L. R. L. L.): *tatatata, tatatata.*

Haltung

Ein flüssiger, entspannter und musikalischer Schlagzeugklang, der sich über Stunden erstreckt, Nacht für Nacht, erfordert die entspannte Anwendung von Kraft. Die meisten Schlagzeuger wählen eine gerade, aber entspannte Position, bei der die Entfernung zu den Instrumenten so ist, daß sich die Handgelenke locker ohne übermäßige Dehnung oder zu starkes Anwinkeln der Arme bewegen können. Viele große Jazz-Schlagzeuger haben allerdings ihre eigenen Varianten gefunden: Jack DeJohnette spielt seine Becken oft mit ausgestreckten Armen, und Buddy Rich kauerte über seinem Set, als würde er auf einem Rennrad sitzen.

Mark Mondesir behält eine locker-aufrechte Haltung bei und ordnet seine Instrumente so an, daß er jede Kombination von Trommelklängen ohne Streckungen erzeugen kann

Rimshots

Rimshots spielten im Jazz besonders mit dem Aufkommen des Swing eine Rolle, als die Spieler die Muster ihrer Begleitung zu intensivieren begannen. Rimshots werden entweder dadurch erzeugt, daß man einen Stock quer über das Fell und den Trommelrand (*rim*) legt, ihn auf der Randseite anhebt und dann schlägt, so daß er den Trommelrand trifft, oder indem man einen Stock, der auf dem Trommelfell ruht, mit dem anderen schlägt.

Rimshot, bei dem der Stock den Trommelrand schlägt

Ein Stock schlägt den anderen, der auf dem Fell ruht

Verschiedene Schlagzeug-Stile

Die unvorhersehbare Mischung eines stetigen und eines unterbrochenen Beats verleiht dem Jazz seinen Charakter wilder, unzähmbarer Energie. Der Beat wird meist in Achtelnoten unterteilt, die in Latin, Soul, Funk, Jazzrock und Ragtime zu mehr oder weniger gleichen Paaren gruppiert werden, in New-Orleans-Jazz, Swing, Bop und modalem Jazz jedoch zu ungleichmäßigen Triolen-Figuren.

Der Bebop-Stil, heute oft als *straight ahead jazz* bezeichnet, verwendet häufig Variationen des »Ding-Dinka-Ding«-Musters der rechten Hand auf dem Ride-Becken und kontrastierende unregelmäßige Akzente auf Snare Drum, Tom-Toms und Baßtrommel.

Die rechte Hand spielt das Ride-Becken

Das Spielen der Ride-Figur mit der linken Hand gibt dem Schlagzeuger die Möglichkeit, mit der rechten Hand die anderen Teile des Schlagzeug-Sets zu erreichen

Stocktasche

Das Fusion-Drumming entwickelte sich in den sechziger Jahren aus einer komplexen Mischung von Jazz-, Rock- und Latin-Rhythmen. Diese Art des Trommelns ist meist dichter und macht ständig vom ganzen Set Gebrauch, oft mit einem stetigen Fluß von Achtelnoten auf den Becken, während die Snare Drum den *backbeat* (2 und 4, die »schwachen« Taktteile) betont.

Die Snare Drum betont die Zählzeiten 2 und 4

Das Motown-Drumming und der Funk-Sound der Sechziger und Siebziger haben den modernen Jazz stark beeinflußt, und Mark Mondesir meint, daß ein guter Schlagzeuger Jazz verstehen muß, um gut Funk spielen zu können. Der Schlagzeuger hält einen konstanten Beat auf den Tom-Toms und der Snare Drum.

Perkussion

Nana Vasconcelos

Als sich der kubanische Trommler Chano Pozo 1947 der Band Dizzy Gillespies anschloß, verblüffte er das Publikum durch eine halbstündige Darbietung, bei der er in einem westafrikanischen Dialekt sang und auf einer Conga-Trommel ein Feuerwerk von Klangfarben und Polyrhythmen erzeugte. Schon Jelly Roll Morton hatte beobachtet, wie viel näher an Afrika als die nordamerikanischen Kreuzungen lateinamerikanische Rhythmen waren (er nannte die typische *BA-ba, ba-BA, ba-ba, BA-ba*-Figur den *spanish tinge*). Heute, wo Musiker nach neuen Farben suchen, gehören auch südamerikanische, karibische, asiatische und afrikanische Instrumente zur Jazz-Perkussion.

STARS UND STILE

Was der früh verstorbene **Chano Pozo** in der Gillespie-Band der vierziger Jahre initiierte, ist noch heute aktuell. Die Bandleader **Machito** und **Tito Puente** knüpften daran an, und der kubanische Congaspieler **Mongo Santamaria** (der mit Hancocks *Watermelon Man* einen Hit hatte) inspirierte viele Perkussionisten der sechziger Jahre. In der Fusion Music kam es zu vielen interkulturellen Verknüpfungen, z. B. in der Musik des Brasilianers **Airto Moreira** (der mit Chick Corea, Miles Davis und *Weather Report* spielte) und seiner Frau Flora Purim. **Trilok Gurtu** verbindet Jazz mit indischen Techniken, und der Brasilianer **Nana Vasconcelos** arbeitet mit Orchestern, Jazz- und Marschkapellen und Breakdancern.

Congas sind afrokubanische Trommeln, manchmal einzeln, häufiger aber in unterschiedlich gestimmten Paaren. Sie werden mit den Fingern und Handflächen gespielt. Auf Dizzy Gillespies *Cubana Be, Cubana Bop* führte Chano Pozo sie in den Jazz ein, und ihr warmer, lebendiger Klang ist ein integraler Bestandteil des Latin Jazz.

Die Cuica ist eine brasilianische Friktionstrommel. Auf der Unterseite des Fells befindet sich ein Stock, den der Spieler mit einem feuchten Tuch reibt und dabei mit der anderen Hand den Druck auf das Fell variiert, wodurch ein stöhnender Klang entsteht, der oft in der Fusion Music zu hören ist.

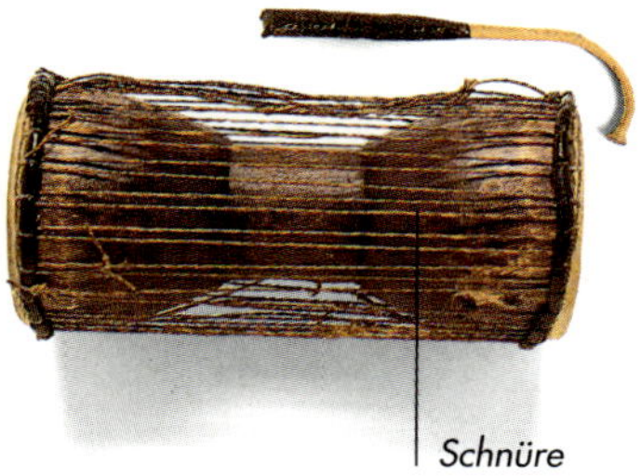

Gekrümmter Schlegel

Schnüre

Die afrikanische Sprechtrommel hat einen sanduhrförmigen Resonanzkörper. Die Trommelfelle sind mit Schnüren miteinander verbunden. Dieses traditionelle Instrument wird mit einem gekrümmten Schlegel angeschlagen. Durch Zusammendrücken der Schnüre mit dem Arm kann der Spieler die Tonhöhe verändern.

Stein

Rassel und Stöckchen

Die brasilianische Berimbau, ein traditionelles Instrument mit einem lautmalerischen Namen, ist ein mit einer Stahlsaite bespannter Bogen mit einer mitschwingenden Kalabasse an einem Ende. Sie wird mit einem Stein oder einer Münze und mit Rassel und Stöckchen gespielt. Airto Moreira führte sie in Jazz und Fusion ein.

Eine ghanaische Uduh, ein umfunktioniertes Gefäß, verleiht dem sonst eher kurzen und harten Perkussionsklang Wärme.

Bambus, mit Klebeband umwickelt

Woodblocks, wie sie Nana Vasconcelos mit Paukenschlegeln oder Reisigbesen spielt.

Die Tabla, ein Instrument der klassischen indischen Musik, wird im Jazz und in der improvisierten Musik des Westens immer beliebter. In den Händen von Perkussionisten wie Trilok Gurtu verbindet sich ihr hohler, nachklingender Ton mit Jazzrhythmen. Der Ton wird durch den Schlag auf die Mitte des Fells erzeugt und durch Druck mit der Handfläche variiert. Tablas werden meist in Paaren gespielt.

Rasseln aus organischen Materialien

Caxixi

Perkussionsspieler sammeln heute Instrumente aus aller Welt – siehe Nana Vasconcelos' Kollektion von Muscheln, Nußschalen und grob zusammengeschnürten Metallglöckchen. Die zylindrische Rassel wurde in den USA speziell für ihn angefertigt.

Nußschalen

Zylindrische Metallrassel

Metallrasseln

Der Chinagong Wenige Perkussionsinstrumente erzeugen einen so majestätischen Ton wie der Gong, der in der Mitte angeschlagen wird und bis an die Ränder schwingt.

Die Shekere, eine mit Perlen bespannte Kalebasse, gehört zur brasilianischen Perkussion und zu den *bloco afro*-Karnevalbands in Bahia, die Musik des afrobrasilianischen *Candomblé*-Kults spielen.

Das Tamburin ist eine flache Trommel mit winzigen Becken in ihrem Rahmen. Sie wird mit den Fingern oder gegen den Körper geschlagen.

Der Perkussionist

Ein Rhythmus kann mit einem Stock auf einer einzigen Trommel erzeugt werden oder als dichte polyrhythmische Textur zwischen verschiedenen Klangfarben pulsieren. Der brasilianische Perkussionist Nana Vasconcelos begann als Bossa-Nova-Spieler, aber lernte dann, westliche Tanzrhythmen mit denen traditioneller Musiken zu kombinieren. Er brachte sich selbst die Berimbau, ein Instrument der lokalen ethnischen Musik, bei, auf der er laut Airto Moreira der weltbeste Spieler ist. Vasconcelos ist ein faszinierendes Ein-Mann-Perkussionsorchester. Er spielt, je nach Laune, auf verschiedenen Matten, die als Pläne der Anordnung der Instrumente gestaltet sind.

Die Sprechtrommel

Sprechtrommeln wurden an beiden afrikanischen Küsten und in Teilen Südostasiens gebaut und fungierten als früher Botendienst, da sie die Rhythmen und Melodien gesprochener Sprache imitieren können. Durch das Drücken der Schnüre mit Fingern und Unterarm in Zusammenwirkung mit den mit dem Schlegel erzeugten Rhythmusmustern entsteht eine Fülle von Farben und Effekten.

Hand und Arm drücken die Schnüre

Das Loslassen und Einfangen der Trommel mit dem Arm ergibt ein perkussives Geräusch

Indem er die Trommel zwischen Ellbogen und Knie festklemmt, hat Nana Vasconcelos auch die linke Hand zum Spielen frei

Körperperkussion

Als man den südafrikanischen Pianisten Abdullah Ibrahim nach der ersten Musik fragte, die er je gehört habe, antwortete er: »Mein Herz.« Das grundlegende Perkussionsinstrument ist der menschliche Körper. Nana Vasconcelos' Soloauftritte konzentrieren sich oft auf diese tiefsten Wurzeln von Perkussion und Gesang und beziehen Tanz, Mimik und Musiktheater ein. Doch obwohl Vasconcelos' Kunst immer eng der traditionellen Musik Brasiliens mit ihrer Mixtur leichter, fließender Rhythmen und warmer Regenwald-Klänge verbunden bleibt, hat er, ebenso wie andere kreative Sänger und Perkussionisten von heute, entdeckt, daß die Seele der Musik allein mit den Instrumenten, mit denen er geboren wurde, vermittelt werden kann. Händeklatschen und Fußestampfen lieferten jahrtausendelang den Rhythmus für religiöse Rituale und Dorftänze. Die subtilen Polyrhythmen dieser »Körperinstrumente« waren oft alles, was den afrikanischen Sklaven in Amerika blieb, wenn Trommeln wegen ihrer vermuteten subversiven Botschaften verboten wurden.

Eine Sequenz kann mit Händeklatschen beginnen

Die Stimme wird »geworfen«

Ein klangvoller Schlag auf Rippen und Schulter

Ein Schlag auf die Hüfte

Mimik, Klang und Tanz sind untrennbar

Kontraste von Tonhöhen und Texturen, ähnlich wie die zwischen verschiedenen Trommeln, können durch das Schlagen auf die Glieder oder die Brust erzeugt werden, und Nana Vasconcelos verbindet all dies mit Pfeifen und Singen, wobei er seine Stimme wie ein Bauchredner projiziert.

Rasseln

In Zentral- und Südamerika sind die Instrumente ohne eindeutige Tonhöhe ebenso unentbehrlich für die vibrierende Energie der Musik wie jene, die herkömmliche Töne erzeugen. Perkussionisten verwenden eine Vielzahl von Rasseln, manche aus natürlichen Materialien (südamerikanische Maracas waren ursprünglich ausgehöhlte Kalebassen mit Samen darin), andere einfach zusammengebundene Muscheln oder Nußschalen, wieder andere aus Stahlperlen. Auch wenn sie keine melodiefähigen Instrumente im europäischen Sinn sind, so können sie doch ein ebenso breites Panorama von Stimmungen, Dramatik und Kontrasten entfalten wie jene, die eine Tonleiter spielen können – von einem Rascheln wie ein Lufthauch in Bäumen über ein dramatisches Knistern wie näherkommende Schritte in trockenem Laub bis zum Tosen brechender Wellen.

Rasseln können zart und schmeichelnd klingen

Melodisch-ätherische Glöckchen

Rasseln bauen eine dramatische Klimax auf

Eine Metallrassel macht einen fröhlichen Lärm

Gong

Gongs spielen in der Musik und den Ritualen Südostasiens eine wichtige Rolle. Da ihr Klang so eindringlich und reich ist, werden sie in improvisierter Musik meist als einzelne Effekte gebraucht, auch wenn in manchen östlichen Musiken Gongs verschiedener Größen als Ensembles gespielt werden. Das schnell wiederholte Anschlagen des Gongs erzeugt ein kontinuierliches Donnern.

Summen in die Schwingungen am oberen Rand des Gongs

Woodblocks

Woodblocks verschiedener Dicke erzeugen unterschiedliche Töne, und auch das Material, mit dem man sie anschlägt – sei es gebündeltes Reisig oder ein Schlegel mit gewickeltem Baumwollkopf –, beeinflußt die Klangqualität. In der oben abgebildeten Improvisation verbindet sich die perkussive Schärfe der Woodblocks mit dem weichen, fließenden Klang der mit der Handfläche gespielten Uduh.

Blasen in die Kalebasse – eine improvisierte Technik

Berimbau

Die Berimbau kam mit den Bantu-Sklaven nach Brasilien. Wenn die Metallsaite angeschlagen wird, überträgt sich der Klang über die an den Körper des Spielers gepreßte hohle Kalebasse auf seine Brust. Der brasilianische Kampfsport Capoeira hat vier spezielle Rhythmen für das Instrument entwickelt. Auch wenn Nana Vasconcelos alle vier – ursprünglich vier Berimbaus zugedachten – gleichzeitig auf einem Instrument spielen kann, so fügt er doch noch eigene improvisierte Techniken hinzu, wie das Umstreichen der Kalebassenöffnung mit einem Stock oder das Blasen in die Öffnung hinein.

Traditionelle Berimbau-Technik

Das Drücken des Steins gegen die Saite verändert die Tonhöhe

Ein Stock und eine Rassel in der rechten Hand fügen weitere Rhythmen hinzu

Orphy Robinson

Das Vibraphon

Mit seinem zarten, silbrigen Ton, seiner fixierten Tonhöhe und seinem opulenten Vibrato schien das Vibraphon kaum für den Jazz prädestiniert zu sein. Doch als Perkussionsinstrument mit dem melodischen Potential des Klaviers ist es geeigneter, als es den Anschein hat, und manche einfallsreiche Jazzmusiker haben es charaktervoll und ausdrucksstark gespielt. Das Vibraphon kam 1916 nach Amerika und wurde seit den dreißiger Jahren im Jazz verwendet, meist als Zweitinstrument ob der Neuheit seines Klangs. Der Saxophonist Adrian Rollini spielte es, ebenso wie Lionel Hampton, der zunächst allein Schlagzeuger war. Aber man brauchte es nicht so einzusetzen, als sei schimmernde Zartheit seine einzige Qualität. Im Swing wurde es zu einem kraftvoll zupackenden Instrument, und manche Bebop-Spieler spielten intensiven Blues und komplexe Linien, ohne an Klarheit einzubüßen.

STARS UND STILE

Lionel Hampton spielte mit dem Drive eines Schlagzeugers, während der Xylophonist **Red Norvo** einen vibratolosen lyrischen Stil an den Tag legte. Der Meister des Bebop-Vibraphons war **Milt Jackson** mit seinem Blues-Feeling und seinem Funk-Einschlag. **Teddy Charles** und **Terry Gibbs** spielten Bebop, **Cal Tjader** vibrierenden Latin Jazz. **Gary Burton** entwickelte einen Fusion-Stil mit verzogenen Tönen, während sich **Bobby Hutcherson** und **Walt Dickerson** an Coltrane orientierten.

Wie es funktioniert

Das Vibraphon besteht aus Metallplatten, die horizontal an Schnüren aufgehängt und wie eine Klaviertastatur mit dem Umfang von drei Oktaven angeordnet sind. Sie werden mit Paukenschlegeln angeschlagen. Jede Platte liegt über einer vertikalen Röhre, in der der durch den Anschlag erzeugte Klang wie in einer Orgelpfeife resonieren und mit einem regelbaren Vibrato versehen werden kann. Zudem gibt es ein Haltepedal, ähnlich wie beim Klavier.

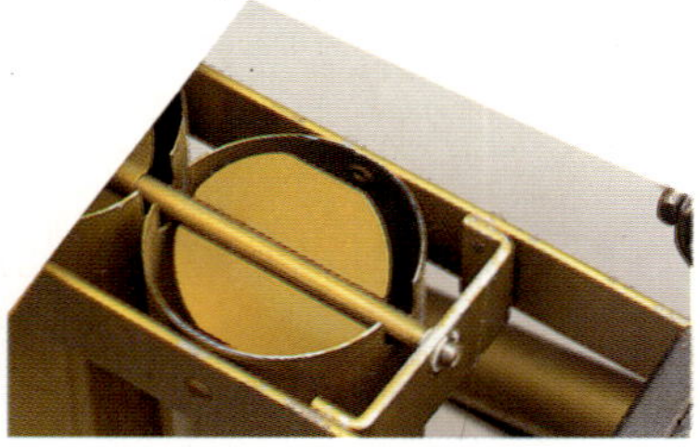

Eine rotierende Scheibe ist am Ende jeder Resonanzröhre angebracht. Die Rotationsgeschwindigkeit bestimmt die Intensität des charakteristischen Vibraphon-Vibratos.

Ein Gummiriemen, von einem lautlosen Elektromotor angetrieben, versetzt die Scheiben in Drehung. Der Spieler kann die Motorgeschwindigkeit regulieren oder das Vibrato durch Abschalten des Motors eliminieren.

Der britische Vibraphonist Orphy Robinson hat seinem Instrument durch Einflüsse aus afrikanischer Musik und Funk eine schlagzeuggleiche Attacke zurückgegeben

Verschiedene Schlegelköpfe – manche aus Gummi, andere aus gewundenem Garn – ergeben unterschiedliche Klangfarben

Das Pedal steuert, wie beim Klavier, die Länge der Töne

Spielweisen

Auch wenn das Vibraphon angeschlagen werden muß, um einen Klang zu erzeugen, so produzieren Musiker doch sehr verschiedene Klangqualitäten, manche so leicht und zart, daß man das perkussive Prinzip vergißt, andere in der kraftvollen, emphatischen Swing-Tradition eines Lionel Hampton. In dem Maße, indem sich Jazzmusiker von der Abhängigkeit von den traditionellen Bläserklängen lösen, wird das Vibraphon durch seinen einzigartigen Klang immer attraktiver.

Zwei Schlegel werden meist für schnelle, bebopartige improvisierte Linien verwendet. Die Tonqualität hängt nicht allein von den Schlegeln und der Intensität des Vibratos ab, sondern auch davon, ob die Platten ganz am Ende (ein harter, stumpfer Klang) oder nahe der Mitte (ein voller, runder Klang) angeschlagen werden.

Akkordisches Spiel ist mit zusätzlichen Schlegeln möglich, und gute Spieler können Akkordfolgen in erstaunlichem Tempo spielen. Das akkordische Spiel entwickelte sich, als das Vibraphon einen prominenteren Platz im Jazz einnahm, bereicherte seinen recht dünnen, luftigen Ton und erweiterte seine harmonischen Möglichkeiten.

Das Ziehen des Tons, eine schwierige Technik, erzeugt ein bluesiges, gitarrengleiches Glissando. Seit den sechziger Jahren verwendet der Amerikaner Gary Burton eine Technik, bei der er einen kurzen, harten Schlegel an die Stelle hält, wo die Schnur die Platte trägt, den Ton anschlägt und den Schlegel gleichzeitig die Platte entlang zieht.

Da die Platten alle in einer Ebene liegen, werden entweder einzelne Schlegel benutzt oder Paare in jeder Hand, um Akkorde zu spielen

Das Pedal kann den Fluß einer Melodielinie unterstützen

Das Marimbaphon

Marimba ist ein afrikanischer Begriff für Xylophon, aber die Ähnlichkeiten zwischen den gebräuchlichen Marimbaphon-Typen und dem Vibraphon liegen auf der Hand. Marimbaphone haben Kalebassen oder Röhren als Resonanzkörper, und wenn ihr Klang auch nicht so variabel wie der des Vibraphons ist, so wird ihr direkter Holzton doch von manchen Vibraphonisten bevorzugt. Marimbaphone gibt es in verschiedenen Größen (einige kann man sich umhängen, andere sind sehr groß) und sind sehr beliebt in Mittelamerika.

Ein mittelharter garnumsponnener Schlegel kann für Marimba- und Vibraphon verwendet werden

Die Spieltechnik von Marimba- und Vibraphon ist recht ähnlich. Orchester-Marimbaphone haben meist einen Umfang von dreieinhalb Oktaven, und wie beim Vibraphon hängt die Klangfarbe vom Material des Schlegelkopfs und der Anschlagstelle ab.

Tasteninstrumente

Julian Joseph

Als Instrument mit fixierten Tonhöhen ohne die vokale Qualität eines Blasinstruments spielt das Klavier im Jazz vor allem als Werkzeug des Komponisten und als Miniatur-Orchester eine wesentliche Rolle. Zunächst transportierte es die rauhe, aufregende Musik der Blues- und Boogie-Autodidakten und den elegant-tänzerischen Ragtime. Im Jazz wurde aus dem Ragtime-Klavier der stampfende Stride-Piano-Stil der zwanziger Jahre, der seine Vollendung in der brillanten Musik Art Tatums fand, dessen linke und rechte Hand stürmische Dialoge führten. Im Bebop folgten alle Instrumente dem bläserischen Ideal, und die harmonischen Abenteuer der *frontline* inspirierten die Pianisten, sie mit raschen Phrasen der rechten Hand zu beantworten, während die linke nur knappe, fragmentarische Akkorde einwarf. Sowohl Funk als auch Free Jazz brachten opulentere, perkussivere Klavierstile mit sich, und auch wenn elektronische Instrumente seit den sechziger Jahren das Panorama erweiterten, tauchen doch immer wieder brillante Vertreter des akustischen Klaviers auf. Viele von ihnen spielen Bebop, aber ein erneuerter Sinn für Tradition hat viele der orchestralen beidhändigen Techniken früherer Jahrzehnte wiederbelebt.

Der Flügel und das Klavier sind nach wie vor die Hauptinstrumente der Jazz-Tasteninstrumentalisten. Der Umfang beträgt sieben Oktaven, und der Ton wird durch den Anschlag der mit den Tasten verbundenen, zurückschnellenden Hämmer auf die Saiten erzeugt. Da es viele Töne gleichzeitig zum Klingen bringen kann, ist das Klavier auch für unbegleitetes Solospiel geeignet.

Die Hammondorgel, wegen ihrer kräftigen Bässe, ihrer durchdringenden Höhe und ihres vokal gehaltenen Tons ein Lieblingsinstrument der Soul-Jazzer der fünfziger Jahre. Ihr Mechanismus mit rotierenden *tone-wheels* geht auf das Jahr 1935 zurück (Fats Waller verwendete sie 1939). Ein rotierender Reflektor im sogenannten Leslie-Lautsprecher (links) verleiht dem Klang ein Vibrato.

Konzertflügel

B3-Hammondorgel

Das Fender-Rhodes-Klavier, das 1965 auf den Markt kam, war das erste populäre E-Klavier im Jazz. Es imitiert insofern das Prinzip des akustischen Klaviers, als Drähte durch Hämmer in Schwingung versetzt werden, aber zu jedem Draht gehört eine schwingende Metallplatte, die die Schwingungen anreichert, und die Hammerköpfe sind aus Gummi. Dadurch entsteht ein charakteristisch glockenartiger Klang, der von Herbie Hancock, Joe Zawinul und Chick Corea erfindungsreich eingesetzt wurde.

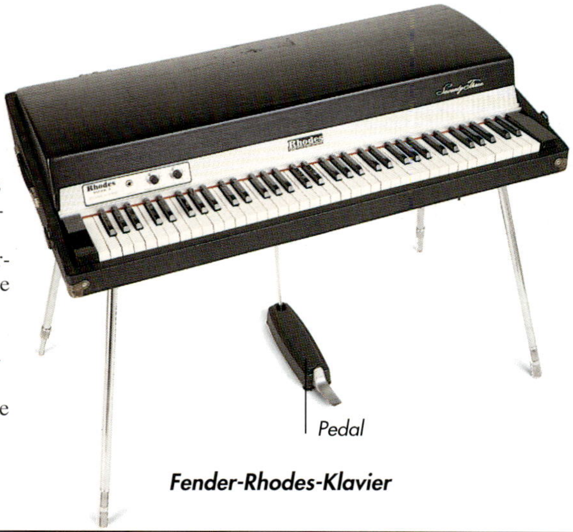

Fender-Rhodes-Klavier

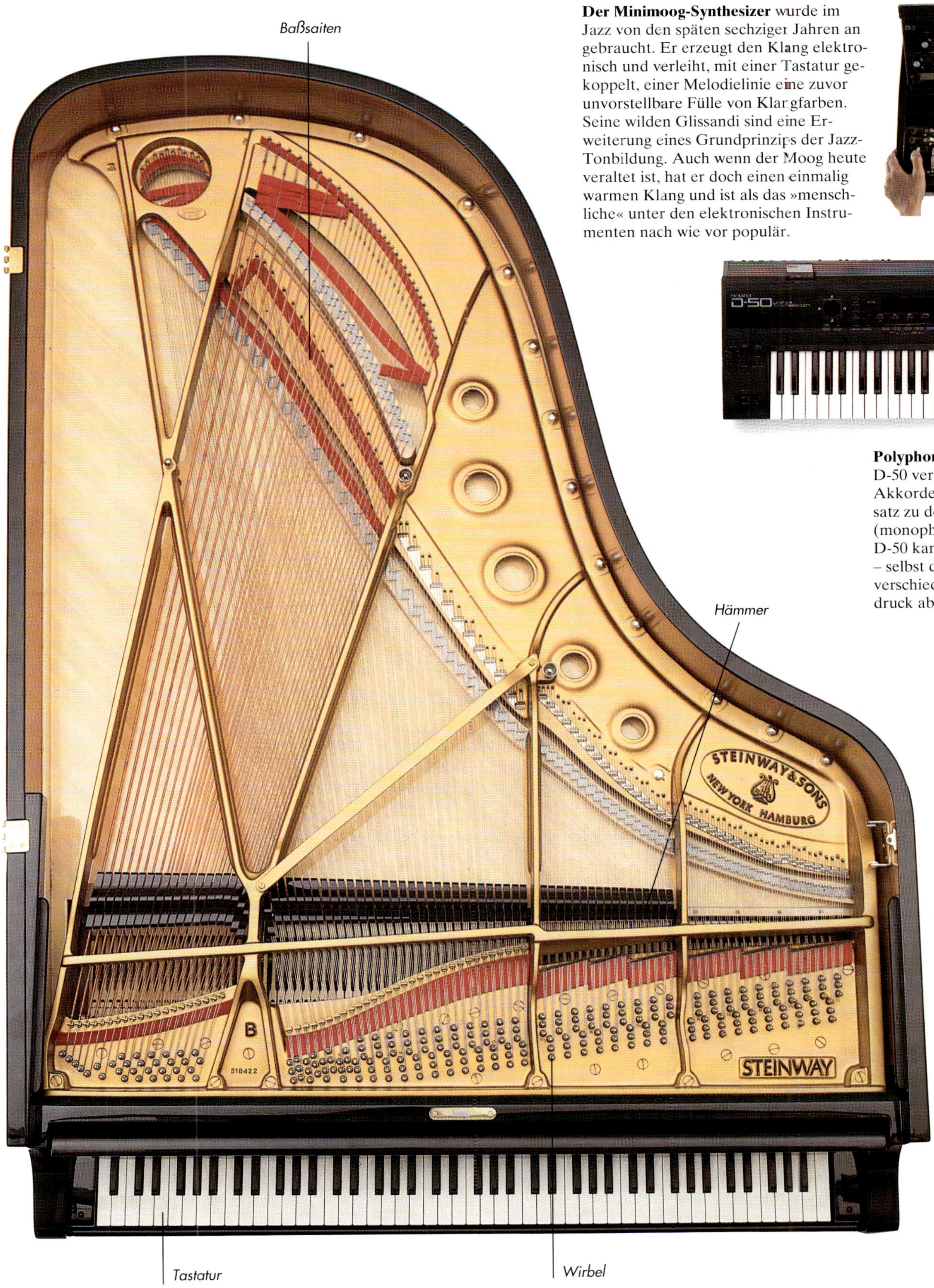

Der Minimoog-Synthesizer wurde im Jazz von den späten sechziger Jahren an gebraucht. Er erzeugt den Klang elektronisch und verleiht, mit einer Tastatur gekoppelt, einer Melodielinie eine zuvor unvorstellbare Fülle von Klangfarben. Seine wilden Glissandi sind eine Erweiterung eines Grundprinzips der Jazz-Tonbildung. Auch wenn der Moog heute veraltet ist, hat er doch einen einmalig warmen Klang und ist als das »menschliche« unter den elektronischen Instrumenten nach wie vor populär.

Polyphone Keyboard-Instrumente wie dieser D-50 verleihen auch mehreren Stimmen oder Akkorden faszinierende Klangpracht, im Gegensatz zu den ersten Synthesizern, die einstimmig (monophon) waren. Der Mikroprozessor des D-50 kann eine Fülle von Klangfarben speichern – selbst den Klang einer Streichergruppe –, die in verschiedenen Kombinationen durch Tastendruck abgerufen werden können.

STARS UND STILE

In den Gegenmelodien **Jelly Roll Mortons**, des »Klavierprofessors« von Ragtime, Blues und frühem Jazz, kündigte sich die Virtuosität eines **Earl Hines** und **Art Tatum** an. Die Harlemer Stride-Schule mit **Luckeyth Roberts, Willie »The Lion« Smith** und **James P. Johnson** verband Ragtime mit klassischen Techniken und beeinflußte die Komponisten und Pianisten **Duke Ellington** und **Count Basie**. **Fats Wallers** brillantes Tastenfeuerwerk war die Apotheose des Stride, so wie **Teddy Wilsons** eleganter Anschlag und sein linkshändiges *walking* die des Swing waren. Mit dem Bebop kam der Virtuose **Bud Powell**, und **Thelonious Monk** durchsetzte Stride- und Bop-Elemente mit langen Pausen. **Erroll Garner** kombinierte die Melodik des Bop mit einer swinggeprägten linken Hand; **Bill Evans** und **Lennie Tristano** brachten lange Linien, einen »coolen« Sound und unorthodoxe Harmonien ein und beeinflußten damit **McCoy Tyner, Chick Corea, Herbie Hancock, Keith Jarrett** und neuerdings **Geri Allen, Michel Petrucciani, Michel Camilo** und **Julian Joseph**. **Cecil Taylor** ist der Magier des Free Jazz.

Klavierstile

Beim Stride-Piano, bevor Pianisten in Nachahmung der Bläsersoli lange Notenketten spielten, verbanden die Pianisten ein Repertoire von Trillern, Akkorden und kurzen Figuren der rechten Hand mit einer kraftvollen linken, die Baßtöne und Akkorde alternierte. Beim Stride-Piano werden Baßtöne auf den starken Zählzeiten Eins und Drei, Akkorde auf den schwachen Zwei und Vier gespielt.

Die linke Hand ist in einer konstanten Wiegebewegung

Eine Stride-Figur der linken Hand

Die Hand bewegt sich von einem einfachen, mehr als eine Oktave umspannenden Intervall zu einem Akkord

Anders als Ragtime und Stride, die beträchtliches Können voraussetzten, begannen der frühe Blues und der Boogie-Woogie mit eher hausgemachten Techniken. Das *walking* ist eine ständig wiederholte Tonfolge im Baß. Die rechte Hand versucht, mit chromatischen Figuren die verschliffenen Töne der Bläser zu imitieren und setzt dazwischen kurze Läufe und Akkorde.

Die linke Hand wiederholt das walking-Muster

Die rechte Hand ist weniger prominent

Die linke Hand spielt zwei Achtelnoten-Figuren, beginnt und endet mit Oktaven

Kurze Akkorde in der linken Hand

Ununterbrochene lange Melodielinien

Die Solisten des Bebop entfernten sich gern von der zugrundeliegenden Harmonik, so daß die Pianisten in der linken Hand weniger eindeutige Akkorde spielten, um dem gerecht zu werden. Die neue Rolle des Bassisten als wichtigstem Lieferanten des Pulses befreite die linke Hand des Pianisten von ihren metronomischen Pflichten. Typisch für das Bop-Klavier sind die hingetupften Akkorde der linken und der Strom improvisierter Linien der rechten Hand.

Teil der Melodielinie, die Julian Joseph (links) gerade spielt

Sparsame Akkorde der linken Hand

Pianisten wie Herbie Hancock verwenden einen stärker pianistischen Stil, mit einer Akkordik und einem harmonischem Vokabular, das sich eng an die europäische Klassik anlehnt. Dieser Stil ist hochvirtuos und stellt an beide Hände gleich anspruchsvolle Aufgaben. Obwohl mit Leib und Seele Jazzpianist, hat Hancock doch einige der einflußreichsten Funk-Nummern geschrieben.

Ein dissonanter, vieltöniger Akkord ist typisch für diesen vollgriffigen Stil

Die Harmonien sind farbenreich und komplex

Die Verwendung des Pedals

Die Pedalisierung hebt die Kontraste und Feinheiten des Jazzklaviers hervor. Hier wird das Pedal in dem Augenblick gedrückt, wo die Hände nach dem Anschlag eines Akkords von den Tasten genommen werden. Der Akkord klingt daher nach, auch wenn der Anschlag nur kurz war.

Die Hände werden nach dem Anschlag eines Akkords angehoben

Das rechte Pedal wird getreten, um den Ton zu halten

Julian Joseph demonstriert eine pianistischere Spielweise

Elektronische Tasteninstrumente

Die zunehmende Verwendung von Verstärkung seit den fünfziger Jahren drängte das akustische Klavier in den Hintergrund. Und da Jazz lange genug als zweitklassige Musik galt, mußten Pianisten häufig mit defekten oder verstimmten Klavieren vorliebnehmen. Das waren die Gründe, die transportable elektronische Tasteninstrumente populär werden ließen. Sie haben das akustische Klavier nie ersetzt, werden aber wegen ihrer spezifischen Qualitäten geschätzt.

Jason Rebello

Analog-Synthesizer

Die Analogtechnik war in den siebziger Jahren weit verbreitet, war aber nicht in der Lage, Klänge zu digitalisieren und zu speichern. Der Moog-Synthesizer zum Beispiel kann nur einen Ton zu einer Zeit erzeugen, und der Spieler muß eine Vielzahl von Filtern und Modulatoren manuell betätigen, um den Klang zu variieren.

Jason Rebello reichert einen mit der rechten Hand gespielten Ton durch Betätigung eines der drei Oszillatoren an. Da der Ton nicht perfekt ist, hat der Moog einen »menschlichen« Klang und ist gut für Soli geeignet.

Die linke Hand betätigt einen Modulator

Digitale Synthesizer

Die Digitaltechnologie revolutionierte den Synthesizerbau der achtziger Jahre. Klänge konnten jetzt in numerische Komponenten zerlegt und in Computersprache gespeichert werden. Das Aneinanderreihen dieser Komponenten zu schnell bewegten Ketten ergibt Schallwellen verschiedenster Gestalt. Ein Klangrepertoire für den D-50 ist als Computerkarte erhältlich, die in die Rückseite des Geräts eingeschoben wird. Klänge können auch einprogrammiert werden, was dem Spieler ermöglicht, seine individuellen Sounds auf einer Karte mit sich zu führen.

Durch die Programmierung digitaler Synthesizer können Musiker den Klängen bestimmte Eigenschaften verleihen. Klar definierbare Aspekte machen die Farbe eines Klangs aus: die relative Lautstärke seiner Teiltöne, sein Ein- und Ausschwingvorgang. Hier kreiert Jason Rebello einen Klang und wählt einen Zahlencode, um ihn zu speichern.

Tonhöhenrad

Das Tonhöhenrad des Synthesizers erlaubt es dem Spieler, einen Ton zu beugen. Der Umfang der Tonhöhenänderung kann bis zu einer Oktave betragen, aber zumal in der Fusion Music ist das Glissando bereits zu einem musikalischen Klischee geworden, so daß Jazzmusiker diesen Effekt nur sparsam verwenden.

Mit dem Pedal des D-50 kann der Musiker die Lautstärke ändern und Filter anwählen, um den Klang zu beeinflussen. Es kann auch zum Beugen des Tons gebraucht werden, wenn die Hände des Spielers mit dem Solospiel auf einer Tastatur und dem Akkordspiel auf einer anderen beschäftigt sind.

Saiteninstrumente

Johnny Van Derrick

Als Säule des klassischen Symphonieorchesters und leise Instrumente, die leicht von den Bläsern übertönt werden, sind die Streichinstrumente im Jazz Randerscheinungen geblieben. Dennoch sind sie von Pionieren seit den Anfängen des Jazz erfindungsreich eingesetzt worden und spielten eine wichtige Rolle in größeren Ragtime- und Tanzbands. In den zwanziger und dreißiger Jahren tauchten swingende, kreative Geigensolisten auf (Joe Venuti, Stuff Smith und Stéphane Grappelli), mit Stilen, die von klassischer Glätte bis zur Rauheit des Blues reichten. Sie erfanden kühne Techniken und drehten sogar den Bogen auf den Kopf, um besser Akkorde spielen zu können. Im Zeitalter der Fusion Music brachten Verstärkung und Elektronik der Geige neue Durchsetzungskraft. Das Cello war kurz im Bebop populär. Es ist heute meist ein Texturinstrument in frei improvisierter Musik. Die offenen Grenzen der heutigen Musik haben traditionellen afrikanischen und asiatischen Instrumenten wie der Kora Zugang zum Jazz verschafft.

STARS UND STILE

Joe Venuti, Stuff Smith und **Stéphane Grappelli** waren die Pioniere; Venuti vital und perkussiv, Grappelli elegant. Smith verstärkte schon in den dreißiger Jahren seine Geige. In den siebziger Jahren trieb **Jean-Luc Ponty** dies weiter. **Zbigniew Seiffert** spielte seelenvoll Coltrane-inspiriert; **Didier Lockwood** folgte seinen Spuren. Bei den Free-Spielern **Leroy Jenkins, Billy Bang** und **John Blake** mischt sich Altes mit Neuem. Der Inder **L. Shankar**, der auf einer zehnsaitigen Geige improvisiert, verbindet Osten und Westen.

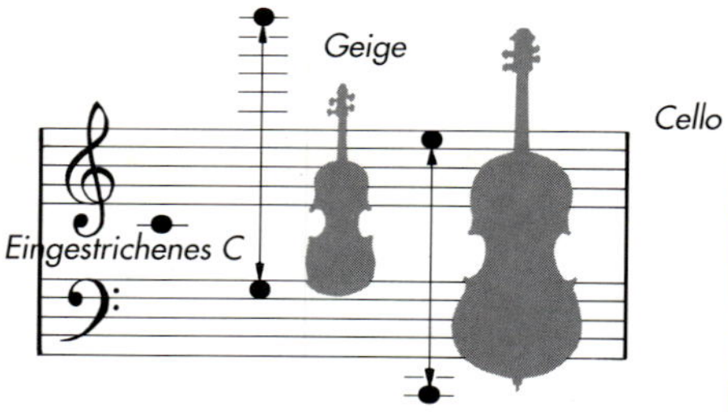

Umfang der Streicher Manche Geiger haben durch spezielle Instrumente mit fünf oder sechs Saiten den Umfang nach unten erweitert.

Als Sopran-Mitglied der Violinenfamilie beherrschte die Geige seit dem 17. Jahrhundert die Orchestermusik Europas. Jazzmusiker haben Geigentechniken erfunden, die klassischen Lehrern undenkbar schienen. Der Jazzstil, der der klassischen Spielweise noch am nächsten kommt, ist der Stéphane Grappellis. Darmsaiten und Holzkorpus wurden im Zeitalter von Verstärkung und Elektronik manchmal durch Stahl und Plastik ersetzt.

Das Cello wird im Jazz manchmal *pizzicato* gespielt (gezupft statt gestrichen). Dann nimmt es eine ähnliche Rolle wie der Kontrabaß ein, aber mit schneller Bewegung und einem helleren Klang. Meist ist es ein Zweitinstrument von Jazzbassisten, auch wenn in der freien Musik einige auf das Cello spezialisierte Spieler aufgetaucht sind.

Die Kora ist ein lyrisches Instrument der traditionellen Musik Westafrikas. Ihr Korpus besteht aus einer halbierten Kalebasse. Sie hat 21 Saiten, und ihr Klang ist harfengleich zart. Tunde Jegede lernte bei Amadu Jobarteh, einem der letzten Meister-Koraspieler Gambias, und verbindet die afrikanische Tradition mit Jazz und westlicher Klassik.

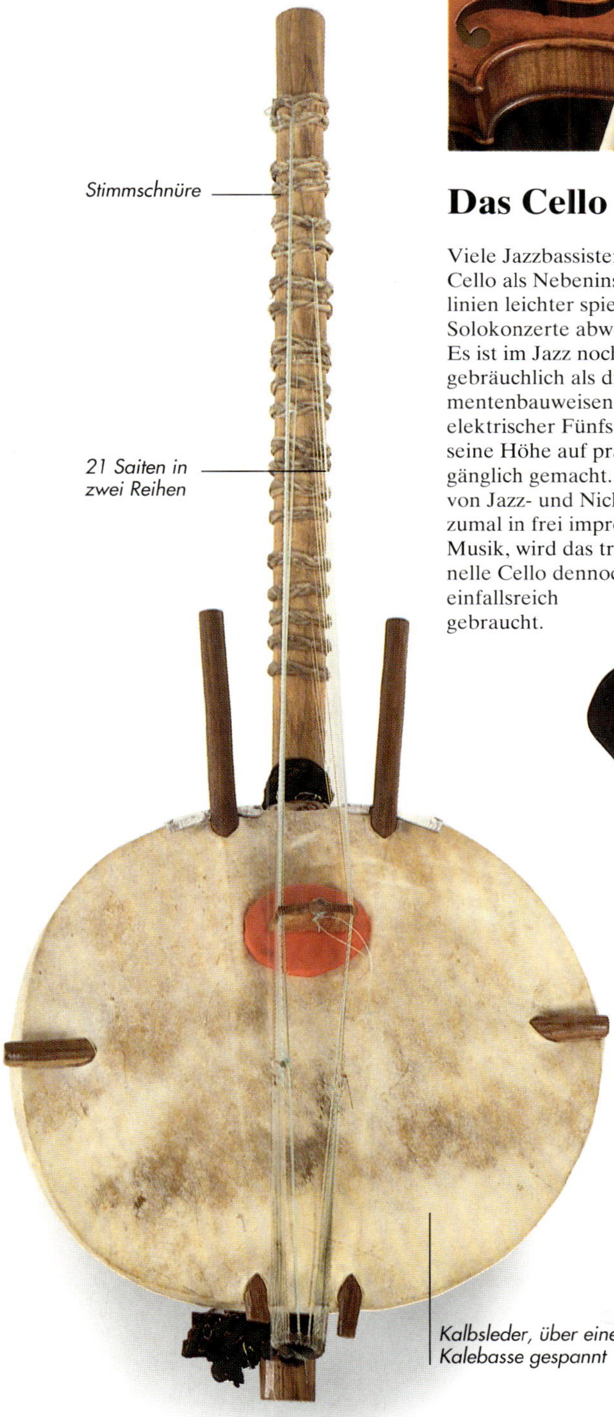

Die Geige

Selbst gefundene Griff- und Streichtechniken führen zu schärferer Artikulation, ungewöhnlichen Mehrklängen und perkussiven Effekten. Bei dieser gedämpften Spielweise wird das Bogenende weit vom Steg weg geführt (links). Stuff Smiths härterer Ton wurde näher am Steg erzeugt. Viele freie Improvisatoren haben rauhe, schnelle Bogentechniken entwickelt.

Das Wenden des Bogens mit dem Haar über den Saiten, um vierstimmige Akkorde spielen zu können, ist eine alte Technik, die sich Joe Venuti ausgedacht hat. Sie ergibt keinen reinen Klang, sorgt aber für aufregenden Drive.

Das Cello

Viele Jazzbassisten spielen das kleinere, höher gestimmte Cello als Nebeninstrument, entweder um komplexere Baßlinien leichter spielen zu können, oder um unbegleitete Solokonzerte abwechslungsreicher zu gestalten. Es ist im Jazz noch immer weit weniger gebräuchlich als die Geige, und neue Instrumentenbauweisen wie Eberhard Webers elektrischer Fünfsaiten-Kontrabaß haben seine Höhe auf praktikablere Weise zugänglich gemacht. In kreativen Mixturen von Jazz- und Nicht-Jazz-Stilen, zumal in frei improvisierter Musik, wird das traditionelle Cello dennoch einfallsreich gebraucht.

Die Kora

Die Kora wird traditionell auf dem Boden sitzend gespielt, auch wenn Tunde Jegede diese Haltung für das Spiel in Jazzensembles abgeändert hat. Man stimmt sie, indem man die Schnüre verschiebt, an denen die Saiten angebracht sind. Die zwei Saitenreihen werden wie bei der Harfe gezupft. Akkorde sind kein Bestandteil der klassischen Kora-Musik, aber Tunde Jegede hat einen Stil entwickelt, der sie einbezieht.

Die Gitarre

Die Gitarre, die das Banjo der frühen Jazzbands ablöste, war lange Zeit vorwiegend ein Rhythmusinstrument – Count Basies Gitarrist Freddie Green spielte vier Jahrzehnte lang kein Solo. In den dreißiger Jahren verliehen Verstärker der Gitarre ein neues Potential und ermöglichten es ihr, auch im Bläserorkan einer Big Band gehört zu werden. Dennoch versetzte der belgische Zigeuner Django Reinhardt die Jazzwelt mit einem akustischen Instrument in Erstaunen. Mit dem Bebop der vierziger Jahre wurde die Gitarre zum Anwärter für die *frontline*, ein Soloinstrument, das mit der Phrasierung eines Saxophons oder der geschäftigen rechten Hand eines Pianisten gespielt wurde. Unter dem Eindruck von Rockgitarristen der Sechziger wie Jimi Hendrix wurde die Jazzgitarre rauher und wilder.

Tony Rémy

STARS UND STILE

Der prophetische **Charlie Christian** erkundete die verzwickte Phrasierung und Harmonik der frühen elektrischen Gitarre. Die Soli des Swing-Genies **Django Reinhardt** waren Musterbeispiele inspirierter Kürze. Im Bebop wirkten **Barney Kessel, Tal Farlow**, der introvertiert-poetische **Jim Hall** und der elegant swingende **Wes Montgomery**. Der Einfluß von **Jimi Hendrix** führte zum kraftvoll-kratzbürstigen Spiel **John Scofields**. Pop, Bop und Country-Rock verbinden sich in der Musik **Pat Methenys**, und **Bill Frisell** und **Sonny Sharrock** schufen atonale Klangskulpturen.

Doppelhals-Gitarren, ein Hals für ein zwölfsaitiges, der andere für ein sechssaitiges Griffbrett, waren in der Fusion-Ära beliebt. John McLaughlin war ein prominenter Vertreter.

Die halbakustische Gibson mit einfachem *cutaway* war wegen ihrer leichten Bespielbarkeit und ihres warmen Klangs eine der beliebtesten Jazzgitarren. Wes Montgomerys Verwendung dieses Modells beeinflußte viele andere Spieler.

Die akustische Gitarre mit ihrem tiefen Korpus erzeugt einen Klang, der selbst in einer Zeit hochentwickelter Elektronik noch von vielen bevorzugt wird. Sie wird häufig auch in elektrisch spielenden Bands verwendet. Sie kann mit einem Mikrophon oder am Korpus befestigten Tonabnehmern verstärkt werden.

Der Umfang der Gitarre Der Umfang kann nach oben hin durch einen *cutaway*-Korpus erweitert werden, der die höchsten Bünde zugänglich macht.

Tonerzeugung

Ein biegsames Plektrum, zwischen Daumen und Zeigefinger gehalten, gibt einen weichen, flexiblen Klang. Die meisten Jazzgitarristen spielen mit Plektrum, auch wenn manche die Saiten mit den Fingern zupfen.

Wenn man nur ein kleines Stück des Plektrums zwischen den Fingern herausragen läßt, wird es härter, und der sich so ergebende harte, kratzige Klang wird oft als besonderer Effekt benutzt.

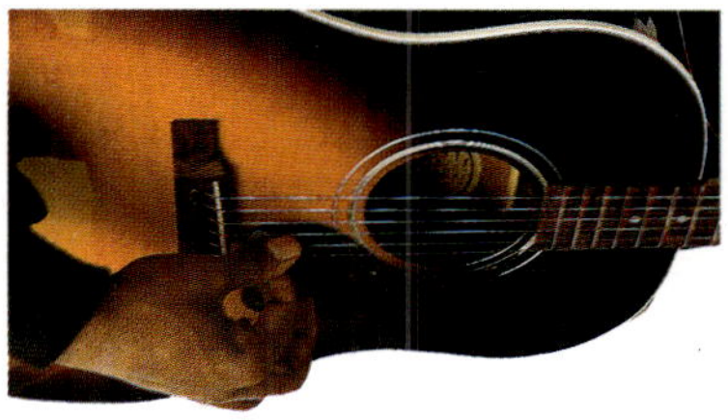

Die Anschlagstelle ist entscheidend für den Klang. Die Saiten sind nahe ihrer Befestigung am Steg am straffsten. Wenn man hier anschlägt oder zupft, entsteht ein harter, metallischer Klang.

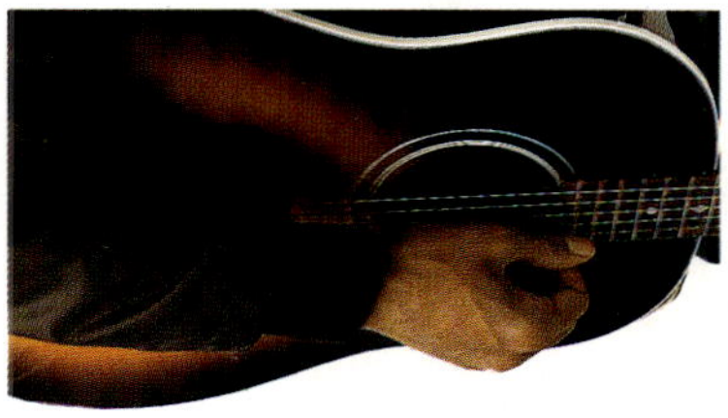

Der Anschlag nahe der Mitte des Schallochs erzeugt einen warmen, federnden Rhythmusgitarren-Klang. Durch den Anschlag beim Ende des Griffbretts wird er noch weicher.

Akkordspiel

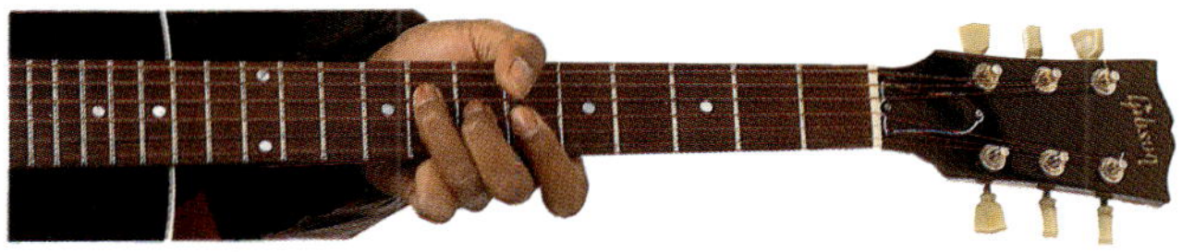

Normaler B-Dur-Akkord

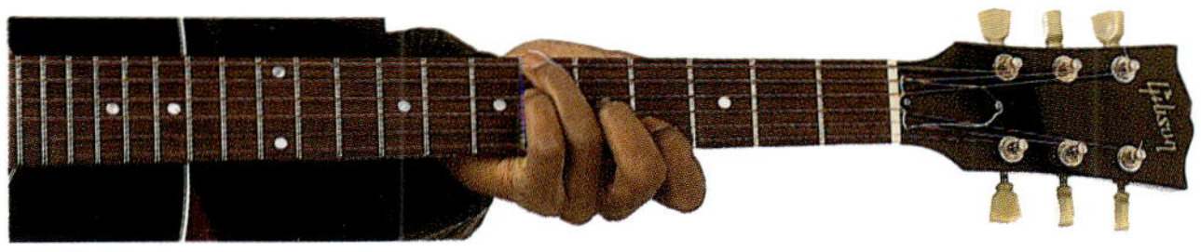

B-Dur mit hinzugefügter Undezime

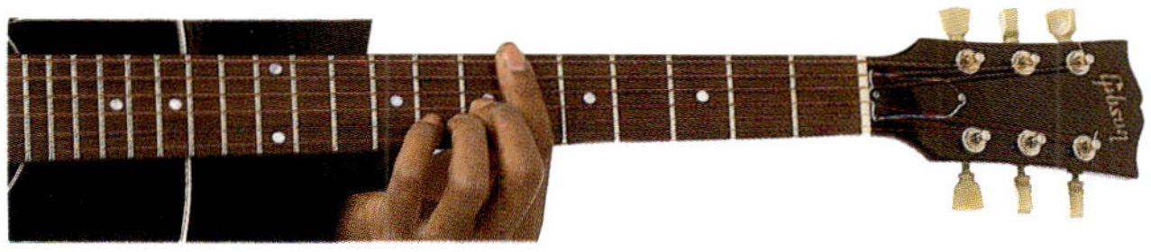

B-Dur mit hinzugefügter Tredezime

In Blues und frühem Jazz waren Gitarrenakkorde unkompliziert, aber die harmonischen Feinheiten des Bebop führten zu reicheren, mehrdeutigen Klängen. Diese waren für Gitarristen nicht schwerer zu greifen, wenn auch die Akkordwechsel, wie überall im Bebop, häufiger wurden. Um leicht zwischen melodischen Einwürfen und Akkorden wechseln zu können, verwenden Gitarristen für Baßtöne häufig den Daumen anstelle des Zeigefingers.

Flageoletts – hohe, leuchtende Obertöne – sind ein zarter Klangeffekt. Sie werden gespielt, indem die linke Hand normal greift, aber der rechte Zeigefinger zart auf den zwölften Bund hinter dem Greiffinger aufgesetzt wird. Der gekrümmte Mittelfinger reißt die Saite an.

Besondere Effekte

Das Ziehen der Töne – das Erzeugen von Tönen mit gleitender Tonhöhe – ist eine der grundlegenden Techniken der Blues-Gitarre. Da dieses Genre die Post-Bebop-Gitarristen beeinflußt hat, ist diese Methode noch immer weit verbreitet. Der Finger, der die Saite greift, zieht sie nach dem Anschlag quer über das Griffbrett.

Die Saite wird zu einer Seite hin gezogen

Der rechte Zeigefinger schlägt einen anderen Ton an

Beim Tapping werden die Finger beider Hände perkussiv zur Tonerzeugung eingesetzt. Bevor diese Technik von Eddie Van Halen und Stanley Jordan entwickelt wurde, konnten Plektrum-Gitarristen jeweils nur eine Melodielinie spielen.

Der Zeigefinger berührt die Saite nur leicht

Der Baß

Alec Dankworth

Allzu leicht überhört man das stetige, ermutigende Raunen des Kontrabasses – so lange, bis es fehlt und sich ein Abgrund unter der Musik aufzutun scheint. Der Baß färbt und festigt die Texturen des tiefen Registers, definiert aber auch häufig den Beat. Im Ragtime betonten die Bassisten die starken Taktteile, und obwohl der Baß in manchen Jazzformen der zwanziger Jahre einen gleichmäßigeren Fluß spielte, waren es erst die Bassisten der Vierziger, die eine dialogische, melodische Spielweise entwickelten und zur heute üblichen gitarrengleichen Geschwindigkeit hinführten. Manche Spieler haben jedoch nie die Wärme und Tiefe des traditionelleren Baß-Sounds preisgegeben und pflegen bis heute einen gemessenen, dramatischen, volltönenden Stil. In den siebziger Jahren griffen viele Bassisten die Baßgitarre auf, und die besten unter ihnen begriffen, daß dies ein Instrument mit eigenem Sound und eigenen Möglichkeiten ist.

STARS UND STILE

Selbstlose Ensemblespieler wie **Pops Foster** und **John Kirby** sorgten in den zwanziger und dreißiger Jahren für harmonische und rhythmische Unterstützung. Der Basie-Bassist **Walter Page** entwickelte den modernen ebenmäßigen *four beat.* Ellingtons früh verstorbenes Baßgenie **Jimmy Blanton** kontrapunktierte Soli und Ensembles mit raschen Gegenmelodien. Dann kamen **Oscar Pettiford** und **Ray Brown**, mit großem Ton und improvisatorischer Phantasie. In den späten Fünfzigern intensivierte der Bill-Evans-Bassist **Scott LaFaro** den dialogischen Stil und machte das Klaviertrio zum kollektiv improvisierenden Ensemble. Der große **Charles Mingus** und Jünger wie **Charlie Haden** und der deutsche Virtuose **Eberhard Weber** verschafften einem klangvollen, dramatischen und bedächtigen Stil neue Geltung. Mit dem Jazz-Funk kamen bemerkenswerte Baßgitarristen wie **Stanley Clarke**, der lyrische **Steve Swallow** und **Jaco Pastorius**.

Der Umfang des Basses Der Kontrabaß ist das tiefste Instrument der Violinenfamilie und klingt eine Oktave tiefer als notiert. Der elektrische Baß hat die gleiche Stimmung, eine Oktave unter den tiefsten vier Saiten der gewöhnlichen sechssaitigen Gitarre. Manche Kontrabässe haben eine fünfte Saite, auf das H oder das C unter der vierten (E-)Saite gestimmt.

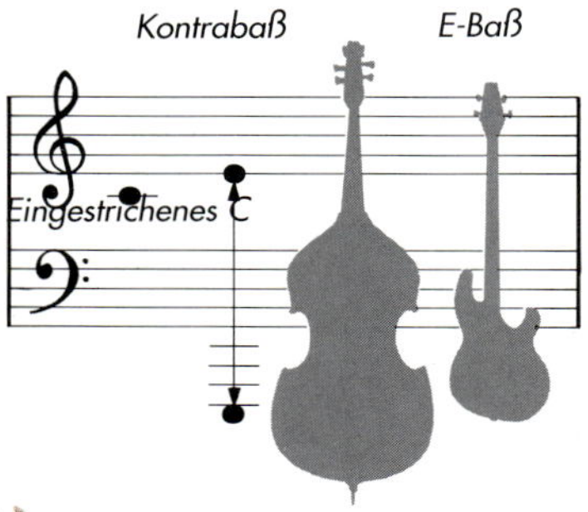

E-Baß

Regler zur Einstellung von Klang und Lautstärke

Leo Fender erfand 1951 die elektrische Baßgitarre, um den Bassisten reisender Tanzbands ein handlicheres Instrument zu geben, das zudem mit der Lautstärke der elektrischen Gitarre mithalten könnte. 1953 machte Wes Montgomerys Bruder Monk als erster Jazzmusiker Aufnahmen mit dem E-Baß. In den sechziger und siebziger Jahren wurde das Instrument äußerst beliebt, sogar in Big Bands.

Schlanker Wirbelkasten

Fünf Saiten

Steve Swallows Baß

E-Bässe klingen nie wirklich wie Kontrabässe, und manche Musiker haben ein eigenes Vokabular für sie erfunden. Steve Swallow ließ dieses Instrument für sich anfertigen. Es ist seinem Körper angepaßt und mit einer Elektronik versehen, die seinem weichen, singenden Ton gerecht wird.

Der Kontrabaß

Zur Maximierung seines tiefen und nachklingenden Tons hat der Kontrabaß einen großen Korpus, dicke Saiten und – in früheren Jahren – Darm- statt Stahlsaiten sowie einen hohen Steg, was das Spiel in hohen Lagen erschwerte. Mit den schnelleren Techniken des Bebop wurde der Steg erniedrigt, um die Saiten näher ans Griffbrett zu bringen, und heute verwenden Bassisten den ganzen potentiellen Umfang des Instruments.

Die Verstärkung wurde in den fünfziger Jahren effektiver, als Stahlsaiten die Darmsaiten ablösten. Ursprünglich wurden Mikrophone verwendet, aber inzwischen sind am Korpus oder am Steg befestigte Tonabnehmer in der Lage, den Klang zu verstärken, ohne die natürliche Resonanz des Instruments zu verzerren.

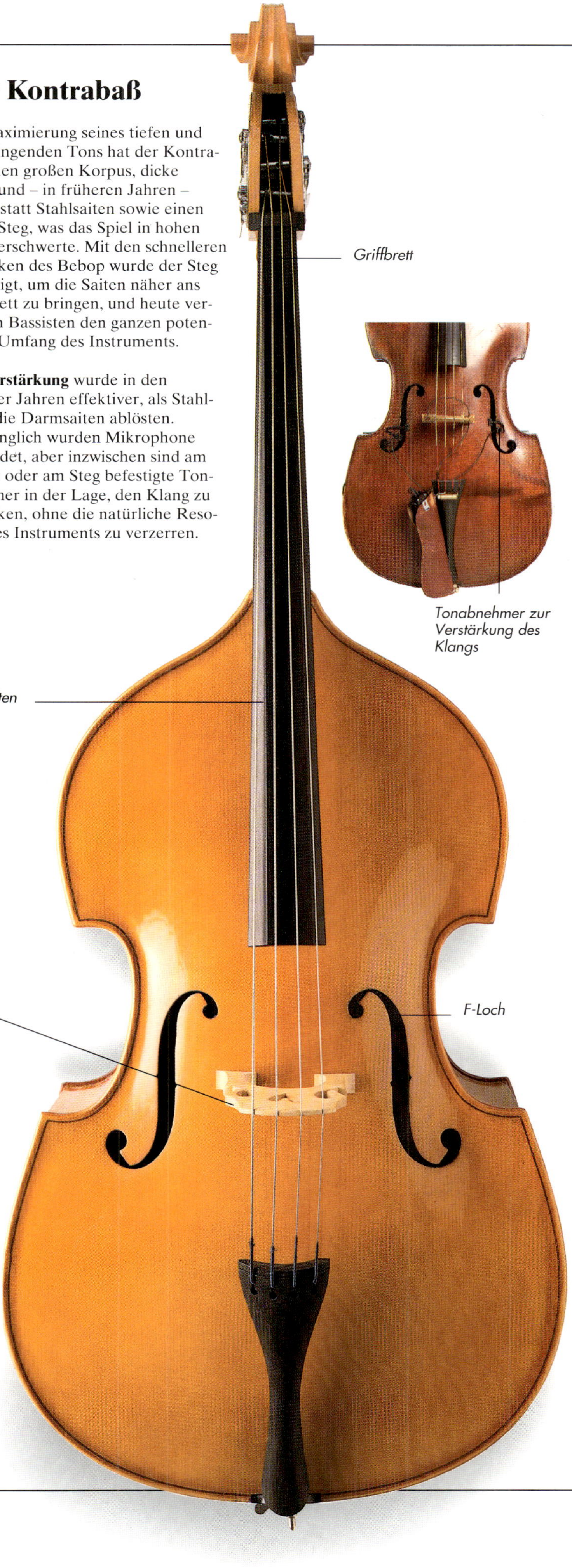

Fingersatz

Der klassische Fingersatz (rechts) mit den zwei gekoppelten mittleren Fingern der linken Hand. Die Hand ist gerundet, als hielte sie einen Ball. Diese Technik wird in tiefen Lagen verwendet, wo die Abstände zwischen den Tönen groß sind. Zur Erzeugung eines kräftigen Tones muß viel Druck ausgeübt werden.

Der offene Fingersatz (links), mit den zwei mittleren Fingern auseinander, ist von der Baßgitarre übernommen worden und wird in Lagen näher zum Steg hin verwendet. Jeder Finger greift einen Halbton. So sind mehr Töne in einer Lage ohne Verschieben der Hand zugänglich.

Beim Balladenspiel (rechts) ist die Baßlinie weiter ausgreifend; die Töne sind länger und wärmer. Die rechte Hand ist weiter vom Steg entfernt, um den Klang weicher zu machen, und die Finger zupfen die Saiten kräftiger, so daß sie länger schwingen.

Die hohen Lagen (links) können nur erreicht werden, indem der Unterarm über den Korpus hinweg greift. In diesen Lagen ist der kleine Finger zu kurz, um von Nutzen zu sein, so daß statt dessen der Daumen verwendet wird. Eine akkurate Intonation in dieser schwierigen Haltung erfordert viel Kraft und Geschick.

Akkordspiel

Nicht überall im modernen Jazz ist ein schneller, melodischer Stil gefragt. In langsameren Stücken, beim Spiel von Themen oder zur Bereicherung von Soli spielen Bassisten gelegentlich Arpeggios oder Akkorde und schlagen zuweilen die Saiten wie ein Gitarrist an. Doppel- und Tripelgriffe werden benutzt, zumal in klavierlosen Gruppen. Dieses Beispiel (rechts) zeigt einen Dominantakkord, bei dem Grundton, Septe und Dezime gleichzeitig gegriffen werden.

Walking Bass

Als der Basie-Bassist Walter Page die bis dahin nur gelegentlich gebrauchten vier Viertel pro Takt zu einem stetigen Baßpuls unter dem Orchester verdichtete, schuf er einen der typischsten aller Jazz-Sounds. Die *walking bass*-Linie ist ein Prüfstein für die Fähigkeit des Spielers, das Tempo zu halten, ohne an Drive zu verlieren. In Swing und Bebop, besonders bei Jam Sessions, muß der Bassist vielfach über lange Strecken hinter den Solisten schnelle *walking*-Linien spielen. Als der Bebop höhere Anforderungen an die Fingerfertigkeit der Bassisten stellte, gingen sie dazu über, schnelle Linien mit zwei oder drei Fingern zu zupfen statt mit dem zuvor allein verwendeten Zeigefinger.

Streichen

Seine Rolle als *timekeeper* machte das Pizzicato (Zupfen) zur zentralen Technik des Bassisten. Doch die warmen Klangfarben des Basses kommen oft besonders schön mit dem Bogen (Arco-Spiel) zur Geltung, zumal in Passagen ohne festes Tempo oder in langsamen, impressionistischen Einleitungen. Eine gute Bogentechnik ist für heutige Bassisten unerläßlich.

E-Baß

Die Technik des *slapping* fand durch Soul und Funk in den Jazz Eingang und wurde von Stanley Clarke popularisiert. Sie erzeugt einen federnden, treibenden Klang, der dadurch entsteht, daß die tiefen Saiten mit dem Daumen angeschlagen werden. Der elektrische Baß wurde im Jazz zunächst als lauter, handlicher Ersatz für den Kontrabaß angesehen, aber die E-Bassisten in Jazz, Rock und Soul entdeckten rasch eigene Techniken für ihn, wie das *slapping.*

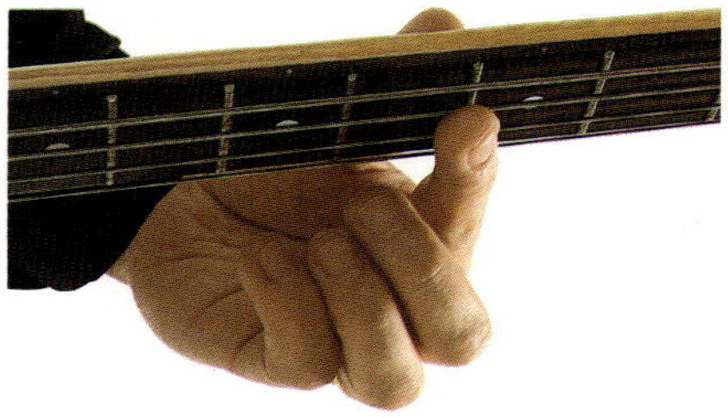

Flageoletts sind, wie auf der Gitarre, hohe, zarte Obertöne, die erzeugt werden, indem der Greiffinger die Saite nur sanft berührt, während die rechte Hand normal zupft. Virtuose Bassisten können solche Klänge bruchlos in ein schnelles Baßsolo einbauen.

Pull offs sind ein Gegenstück zum *slapping*: ein weiterer Versuch experimentierfreudiger Bassisten, der konventionellen Baßtechnik mehr Biß und Lebendigkeit zu verleihen. Beim *pull off* wird der Greiffinger unmittelbar nach dem Anschlag von der Saite gezogen, was einen abrupten, perkussiven Klang ergibt.

Das Sampling

Urban Species *mit Toningenieur Paul Borg*

In *Antonia*, einer Ballade des Gitarristen Pat Metheny, stammte der mysteriöse akkordeonartige Klang nicht von einem einzelnen Instrument, sondern von vielen gleichen Tönen eines Sopransaxophons und einem gestrichenen Baß in hoher Lage, zusammengemischt durch elektronisches Sampling. Seit die frühen Synthesizer durch Mikroprozessoren, die das Speichern und Abrufen von Klängen erlauben, flexibler gemacht wurden, hat die Technologie den Musikern neue Klangwelten eröffnet. Das Sampling ermöglicht die Digitalisierung, Speicherung und Manipulation der Klänge akustischer Instrumente oder jeglicher anderer Klangquellen. Diese Techniken werden in allen Musiken von heute verwendet, aber insbesondere in Mischformen von Jazz und Rap.

STARS UND STILE

Das Sampling ist mehr als ein elektronisches Orchester: Es eröffnet Nuancen, die auf Synthesizern unmöglich sind. **Pat Metheny** verwendete es auf Schallplatten, ebenso wie **Miles Davis**. In Dancefloor Jazz und Hip Hop, wo die DJs ebenso wichtig wie die Musiker sind, mischen sich von klassischen Platten gesampelte Jazz- und Funk-Bläser, Bässe und Schlagzeuge mit Gesang und Rap-Rezitation – so z. B. bei **A Tribe Called Quest** und **Gang Starr**.

Der AKAI S1000, ein Stereo-Digital-Sampler. Die Klänge werden mittels eines Computerprogramms aufgenommen.

Ein 48-Spur-Mischpult Jeder der 48 Kanäle hat einen Lautstärke-Schieberegler und Drehknöpfe zur Einstellung des Klangs und der Effekte. Der Computer in der Mitte steuert die einzelnen Spuren, so daß der Toningenieur keine 48 Hände benötigt.

Einstellen

Die britische Hip-Hop-Band *Urban Species* verwendet bei Plattenaufnahmen Samples und Live-Klänge und hat kürzlich mit Flora Purim zusammengearbeitet. Jeder Titel wird auf dem Technics-Plattenspieler eingestellt und mit dem AKAI S1000 aufgenommen, der die Wellen mehrere tausendmal pro Sekunde abtastet und sie als Zahlencode speichert. Wenn alle Bestandteile beisammen sind, arrangiert und mischt sie der DJ mit dem Computer.

Abmischen

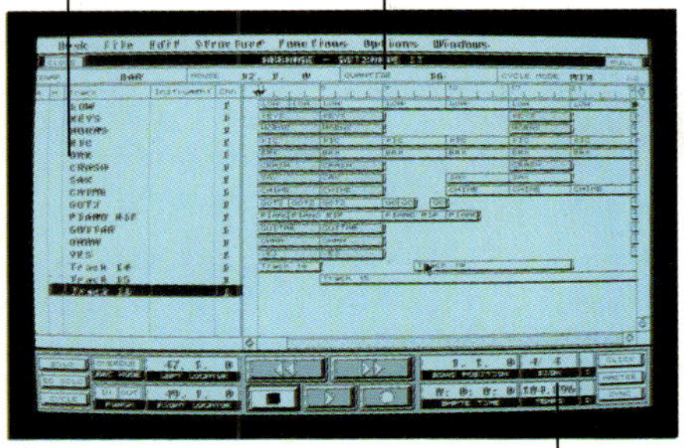

Der Computerbildschirm zeigt die verschiedenen Spuren an, die für *Urban Species'* Stück *Got to Have It* gesampelt wurden. Die Linie am oberen Rand zeigt die Taktzahlen, die Spalte links die Elemente des Songs: Bläser, Klavier-Riff, Gesangsspuren usw. Die weiteren Spalten halten fest, welche Samples zu einem gegebenen Moment spielen und wann sie ein- und aussetzen. Der Toningenieur steuert alle Elemente vom Mischpult aus.

3

JAZZGRÖSSEN

Kein einzelner Musiker hat den Jazz erfunden oder im Alleingang dessen periodische Stilwandlungen herbeigeführt – nicht einmal Louis Armstrong. Aber Ausnahmetalente haben dem Jazz neue Kräfte erschlossen und der Palette der Jazzmaterialien neue Klänge hinzugefügt. Von den zwanzig Jazzgrößen, deren Werdegang nun folgt, waren nur fünf in erster Linie Komponisten, und alle außer einem waren auch improvisierende Spieler. Abgesehen von Scott Joplin sind sie alle Pioniere einer anderen Kunst, der Kunst spontaner Komposition. Auch wenn die Leistungen dieser Meistermusiker neue Visionen davon, wie man Jazz spielen könne, in die Welt gesetzt haben, so waren diese Spieler doch Künstler ihrer Zeit, bauten auf der Geschichte auf, verwendeten die Materialien, die sie vorfanden, aber hörten neue Möglichkeiten in all dem. Viele mußten Beschimpfungen, Desinteresse, Rassismus und Betrug erdulden, und ihre Geschichten sind nicht immer tröstlich. Doch die Vitalität ihrer Musik und ihrer schöpferischen Wege hat über die Sensationslust triumphiert, der sie ausgesetzt waren.

Scott Joplin

Scott Joplins Name kommt nicht immer in den Jazzbüchern vor. Seine Musik geht dem Jazz voraus und war nicht improvisiert, sondern sehr strikt organisiert. Joplin sah sich als schwarzes Gegenstück eines Chopin oder Strauss: ein Komponist einer Musik für eine neue Welt und ein neues Jahrhundert, der seine eigenen Erfahrungen mit dem europäischen Erbe verband. Dennoch gehört Joplins sorgenreiches Leben zu den Geschichten der Jazzpioniere. Der Stil, dessen wagemutigster Vertreter er war – Ragtime –, war ein entscheidendes Element in jener chemischen Reaktion, aus der der Jazz hervorging.

Eine Klavierwalze des *Maple Leaf Rag*. Allein 1899 wurden die Noten dieser Joplin-Komposition 75 000mal verkauft und machten ihren Schöpfer berühmt.

Scott Joplin war kein Jazzmusiker, aber seine Musik war eine entscheidende Zutat der Mixtur, aus der Jazz entstand. Die Ragtime-Mode um 1900 führte dazu, daß die meisten Tanzorchester Rags spielten, die brillante Solisten wie Louis Armstrong und Jelly Roll Morton später improvisatorisch variierten.

Der Klavierkönig

Joplin wurde 1868 in Texas als Sohn eines ehemaligen Sklaven geboren. Als Klavierwunderkind mit einer musikalischen Ausbildung, die seine Mutter durch ihre Arbeit als Hausangestellte finanzierte, strebte er eine Karriere als Konzertpianist an. Als seine Mutter starb, während er noch ein Teenager war, reiste Joplin durch den mittleren Westen, lernte und konzertierte, trat sogar bei der Weltausstellung von 1893 auf und schrieb sich am »George R. Smith College for Negroes« in Sedalia/Missouri ein. Er fing an, Songs zu schreiben, und sein Talent sprach sich schnell herum. 1900 zog er nach St. Louis, um mit dem Verleger John Stark zusammenzuarbeiten (mit dem er eine der vertrauensvollsten und wichtigsten Allianzen seines Lebens einging), und erweiterte sein Schaffen von Songs zu großangelegten Werken, bis hin zu Balletten und Opern. Aber es waren die kurzen Stücke, die ihm den größten Zuspruch brachten, und der erste millionenfach verkaufte Song in der Geschichte der populären Musik war sein *Maple Leaf Rag*. Klassiker wie dieser und *The Entertainer* machten ihn zum König des Ragtime.

Ein schwarzes Eden

Der Ragtime war bereits von Pianisten wie Tom Turpin und James Scott weit entwickelt worden, aber Joplins Träume gingen weiter. Die Heimat des Ragtime waren der Süden und der mittlere Westen, wo er Hintergrundgeklingel in den Saloons und Bordellen war. Joplin war davon besessen, dem Ragtime ein würdevolleres Ambiente in Konzertsälen und Opernhäusern zu geben, und mehr noch: Er wollte den Horizont und das emotionale Spektrum der Musik erweitern. In einem Urheberrechtsbüro ging das einzige Exemplar seiner ersten Oper *A Guest of Honor* verloren (es wurde nie mehr aufgefunden), und Joplin widmete seine letzten Jahre der Arbeit an *Treemonisha*, einer nicht makellosen, gelegentlich naiven, aber überaus ambitiösen großen dreiaktigen Oper, die sein Biograph Rudi Blesh als »Legende eines schwarzen Eden« charakterisierte. Treemonisha, eine weibliche geistige Führerpersönlichkeit, wird von manchen Autoren als Hommage Joplins an seine geliebte Mutter interpretiert.

Die Musikindustrie, die Joplins populäre Rags so schnell verschlungen hatte, wie er sie komponierte, hatte kein Interesse an einer Oper, die wie eine teure und subversive Mischung schwarzer Selbstbewußtseinspropaganda und einer Kunstform des weißen Bürgertums wirkte. Niemand wollte sich dafür stark machen. In letzter Verzweiflung arrangierte Joplin 1915 schließlich selbst eine Aufführung in Harlem, ohne Bühnenbild, Kostüme oder Beleuchtung und mit nur ihm selbst am Klavier als »Orchester«. Die Premiere war ein Reinfall und zerschmetterte Joplins Träume. *Treemonisha* wurde schließlich 1972 am Broadway aufgeführt, diesmal unter beträchtlichem öffentlichem Interesse, und 1976 auch auf Schallplatte veröffentlicht. Fast 60 Jahre nach Joplins Tod – er starb im Alter von 48 Jahren in einer psychiatrischen Anstalt an Syphilis – wurde ihm für seinen Beitrag zur amerikanischen Musik der Pulitzer-Preis zuerkannt.

SCOTT JOPLIN
Texas, 24. November 1868 –
New York, 1. April 1917

*

Wichtige Kompositionen
Maple Leaf Rag, Swipsey Cake-walk, Easy Winners, Elite Syncopations, The Entertainer, Treemonisha

*

Wichtige Partner
John Stark, Texas Medley Quartet, zweite Ehefrau Lottie Stokes

*

Wichtige Stilmerkmale
Ragtime, eine afroamerikanische, dem Jazz vorausgehende Synkopierung europäischer Klaviermusik mit einer stetigen linken Hand im *two beat* gegen eine beweglichere rechte, die die Akzente auf die »schwachen« Taktteile verschiebt

Jelly Roll Morton

FERDINAND LEMOTT oder
LA MENTHE »Jelly Roll Morton«
New Orleans, 20. Oktober 1890 –
Los Angeles, 10. Juli 1941

*

Wichtige Aufnahmen
Klavieraufnahmen von 1923, darunter *King Porter Stomp;* 1926er Aufnahmen der *Red Hot Peppers,* darunter *The Pearls, Sidewalk Blues; Library of Congress*-Aufnahmen von 1938

*

Wichtige Partner
Omer Simeon, Kid Ory, Baby Dodds

*

Wichtige Stilmerkmale
Ragtime, Blues, lateinamerikanische Musik, Minstrel-Songs und Spirituals – alles Ingredienzen, aus denen der Jazz entstand

Jelly Roll Morton behauptete, der Jazz sei seine Erfindung gewesen. Er war es nicht, aber Morton hatte genug seiner Komponenten erfunden oder bereichert, um diese Behauptung verzeihlich erscheinen zu lassen. Indem er den Ragtime zum Swingen brachte und den Improvisator befreite, war er eine zentrale Figur des frühen Jazz.

Ferdinand Morton war der Sohn von F. P. La Menthe, einem schwarzen kreolischen Bauarbeiter und Freizeit-Posaunisten. Die sozial degradierende Ehe seiner opernliebenden Mutter und der frühe Fortgang seines Vaters führten dazu, daß sich der Junge bald nur auf seinen eigenen Verstand verließ und alles darauf setzte, Respekt zu gewinnen – was sich in einer Eitelkeit niederschlug, die viele seiner Zeitgenossen abstieß. In seinen frühen Jahren versuchte er auf verschiedenste Weise, seinen Lebensunterhalt zu verdienen: als Zuhälter, Vaudeville-Künstler, Musikverleger, Spielhöllenbetreiber und Box-Promoter. Vor allem aber war er ein begabter, sensibler Musiker.

Die Neuinterpretation des Ragtime

Mortons natürliches Ambiente war das Storyville-Viertel von New Orleans. Als Kind hatte er Schlagzeug gelernt, dann Mundharmonika und Gitarre, aber Arbeit in den Bordellen Storyvilles fand er als Pianist. 1923 schloß er sich dem Exodus nach Chicago an und begann, einige der schönsten Beispiele des frühen Jazz aufzunehmen, als Solopianist und als Leiter der *Red Hot Peppers,* eines der bahnbrechenden Ensembles der Jazzgeschichte. Ragtime war sein wichtigster Einfluß, doch seine Variante war anders als die der Ragtime-Klavierkönige. Morton improvisierte, und seine Interpretation folgte nicht Joplins Ideal einer würdigen, formellen schwarzen Musik, sondern war spontaner und ungebärdiger. Er wirbelte die floskelhaften Rhythmen des Ragtime durcheinander und erweiterte die Instrumentation der orthodoxen New-Orleans-Band. Indem er das Jazzensemble als Palette kontrastierender Klangfarben betrachtete, erfand Morton Techniken, die später zum orchestralen Jazz beitragen sollten.

Als sich der Swing der dreißiger Jahre aus der glatten High-Society-Tanzmusik und dem rauhen Charme des New-Orleans-Ensembles entwickelte, verpaßte Morton den Anschluß. In einem legendären Akt verzweifelten Heldentums unterbrach er einmal eine berühmte Swing-Band mitten in seinem *King Porter Stomp,* indem er auf die Bühne kam und zeigte, wie er gespielt werden müsse. Die von der Wirtschaftskrise geplagten Dreißiger überlebte er mit Jobs in Bühnenorchestern, und erst durch die nimmermüden Aktivitäten des Wissenschaftlers Alan Lomax, der sein Klavierspiel und seine geistreichen Kommentare zum Jazz für eine *Library of Congress*-Sammlung aufzeichnete, fand er wieder öffentliche Beachtung. Morton machte sogar wieder Schallplatten und spielte u. a. auf Sidney Bechets vielgerühmten »Bluebird«-Sessions. Er starb verachtet oder ignoriert von denen, die seine Ideen übernommen, aber zuviele seiner prahlerischen Sprüche gehört hatten. Heute gilt er als Jazz-Gründervater und Gigant der afroamerikanischen Musik.

Druckausgabe von Mortons *The Naked Dance*

Jelly Roll Mortons *Red Hot Peppers* im Jahr 1926, klassische Vertreter eines avancierten New-Orleans-Stils

Louis Armstrong

Fast 50 Jahre lang beherrschte Louis Armstrong als meistgeliebter und bekanntester aller Jazzmusiker erst die Jazzszene, dann das Showgeschäft im weiteren Sinn. Unbeirrbar mutig waren sein Stil, sein treibender Swing, seine musikalische Phantasie, seine brillante Technik, und seine Musik hatte die Geschlossenheit und Dramatik mitreißender Geschichten. Doch waren diese Vorzüge Armstrong selbst nicht bewußt. Lil Hardin, in den zwanziger Jahren seine Pianistin und Ehefrau, sagte, er »glaubte nicht an sich. Ich stand sozusagen am Fuß der Leiter und hielt sie, während er emporkletterte«.

Wie so viele New-Orleans-Musiker kam Louis Armstrong zum Jazz, indem er dessen frühe Formen an Straßenecken, durch offene Fenster und bei Begräbnissen und Umzügen hörte. Als Sohn einer Hausangestellten und Teilzeit-Prostituierten namens Mayann, von seiner Großmutter in Armut aufgezogen, als sein Vater Willie nach seiner Geburt das Weite suchte, hatte er keine musikalische Ausbildung. Doch obwohl der junge Louis sich in Lumpen kleidete und oft in Mülltonnen »einkaufen« ging, bedurfte es nur eines Funkens, um sein Genie zu entzünden.

Der Legende nach wurde der Teenager Louis Armstrong in das städtische *Colored Waifs' Home for Boys* eingewiesen, nachdem er zur Feier des Neujahrstages von 1913 eine Pistole abgefeuert hatte. Spätere Untersuchungen lassen vermuten, daß die Notwendigkeit, sich selbst um seinen Lebensunterhalt zu kümmern, zur Folge hatte, daß er öfter mit dem Gesetz in Konflikt kam. Das Waisenhaus gab ihm die Konzentration, die er brauchte. Durch das Singen in einem Barbershop-Quartett auf der Straße, um ein paar Groschen zu verdienen, hatte er bereits ein unfehlbares Gehör für improvisierte Harmonien erlangt. Jetzt erhielt er ein Kornett und ein wenig Musikunterricht und lernte, die populären Märsche, Rags und Balladen des Tages zu spielen. Als er entlassen wurde, konnte er sich nur noch ein Leben als Musiker vorstellen.

St. Louis Blues

In den Kneipen und Tanzsälen, Honky Tonks und Bordellen Storyvilles spielten die Musiker Tag und Nacht. Ein eifriger und talentierter Junge mußte nicht lange suchen, um eine Möglichkeit zum Mitspielen zu finden. Armstrong lernte rasch die berühmtesten Musiker der Stadt kennen, darunter den bluesorientierten Trompeter Joe »King« Oliver und den Posaunisten Kid Ory. Oliver wurde zum Mentor des jungen Armstrong – manche Berichte deuten an, daß sich der Junge durch die Unsicherheit seiner vaterlosen Kindheit gern an charismatische ältere Männer wandte –, und dessen Unterstützung öffnete ihm die Türen überall in der Stadt. Als Oliver 1918 nach Chicago ging, schloß sich Armstrong der Band Kid Orys an, ging eine kurzlebige erste Ehe ein und machte auf den Mississippi-Flußschiffen wertvolle musikalische Erfahrungen. 1922 tat er dann jenen Schritt, der seine eigene Laufbahn tiefgreifend wandelte und der Entwicklung des Jazz als spontaner Kunst einen Schub gab.

Zu jener Zeit spielte King Oliver in einem Tanzsaal in Chicago, dem »Lincoln Gardens«, und seine *Creole Band* erregte durch ihre Kombination disziplinierten Ensemblespiels und vokaler Instrumentaleffekte einiges Aufsehen. Oliver holte Armstrong nach Chicago in seine Band, und aus dem Aufsehen wurde eine Sensation. Der 22jährige Newcomer spielte lauter, einfallsreicher und weniger dem tuckernden Ragtime-Beat verhaftet als irgend jemand anders im noch jungen Jazz. 1923 gingen Oliver und Armstrong ins Studio, und der Anekdote nach war die Musik

LOUIS DANIEL ARMSTRONG
»Satchelmouth, Satchmo, Pops, Dippermouth«
New Orleans, 4. August 1901 – New York, 6. Juli 1971

*

Wichtige Aufnahmen
Hot Five- und *Hot Seven-*Aufnahmen 1925–28, vor allem *West End Blues, Potato Head Blues, Cornet Chop Suey, Weather Bird, Heebie Jeebies*

*

Wichtige Partner
Joe »King« Oliver, Lil Hardin Armstrong, Kid Ory, Earl Hines, Fletcher Henderson, Jack Teagarden

*

Wichtige Stilmerkmale
Wuchs mit dem New-Orleans-Ensemble-Jazz auf und schuf in diesem Idiom einen virtuos-solistischen Stil. Verwendete rhythmische Variationen und erreichte eine formale Geschlossenheit, wie sie zuvor in der Improvisation undenkbar war. Popularisierte einen instrumentalen Stil des textlosen Scat-Gesangs, dessen Nonsens-Silben die Attacke eines Blechblasinstruments widerspiegeln

King Oliver's Creole Jazz Band bei ihrem Aufnahmedebüt im Jahr 1923. Armstrong hält eine Alt-Posaune; der Bassist Bill Johnson spielte Banjo, da der Baß die Nadel des Aufnahmegerätes aus der Rille warf.

Das Signalhorn, das Louis Armstrong 1913 im *Colored Waifs' Home* von New Orleans spielte. Der Lehrer Peter Davis machte den jungen Louis zum Signalhornbläser des Heims und veränderte damit unfreiwillig die Musikgeschichte.

Diese Rillen wurden von Louis Armstrong in sein Kornett-Mundstück geritzt, um seinem individuellen Ansatz gerecht zu werden.

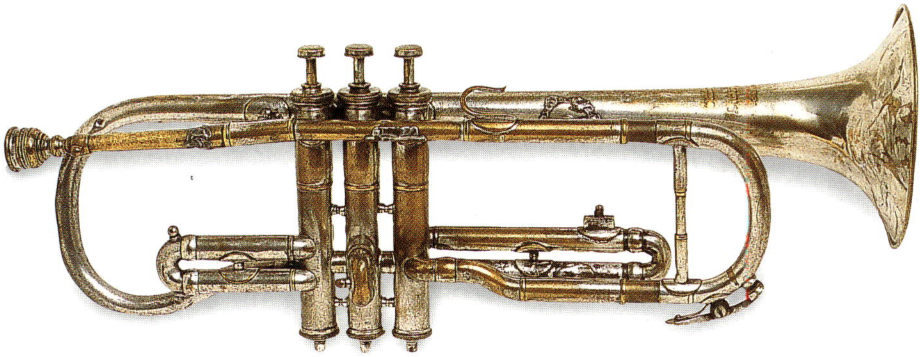

Das Kornett, auf dem Peter Davis Armstrong unterwies, wurde ihm geschenkt, als er das Heim verließ. Als er genug Geld verdient hatte, um sich ein anderes zu kaufen, gab er es zurück.

In den 30er Jahren war Armstrong ein Star. Dieses vergoldete Mundstück war eines der Geschenke, mit denen er in späteren Jahren überhäuft wurde.

des jungen Mannes so kraftvoll, daß er fünf Meter hinter den anderen stehen mußte, um die Klangbalance zu wahren. Doch es ging Armstrong nicht darum, die anderen in Grund und Boden zu spielen. Der frühe New-Orleans-Jazz war ein Ensemblestil, in dem die Musiker nur kurz, wenn überhaupt, solistisch spielten. Allein durch seine Kraft und Beseeltheit war Armstrong im Begriff, eine solistische Musik zu schaffen.

Die goldenen Jahre

Da sie glaubte, daß das Talent ihres Ehemannes in einem größeren Rahmen besser zur Geltung kommen würde, überredete Lil Hardin ihn, Oliver zu verlassen und sich dem glanzvollen, weltmännischen Orchester Fletcher Hendersons in New York anzuschließen. Armstrongs Mitwirkung verwandelte die Band von einer glatten Tanzkapelle in ein kreatives Jazz-Orchester, das eine wichtige Rolle bei der Entstehung des Swing spielen sollte.

1925 wurde Armstrong selbst zum Bandleader und machte bis zum Ende des Jahrzehnts Aufnahmen, die durch ihre Qualität und Vielfalt zu zeitlosen Klassikern wurden. Nicht allein, daß bei diesen Sessions Jazz einer ungekannten emotionalen Raffinesse und Ausdruckskraft entstand, mit einer rhythmischen Intensität, die den Zuhörer in ein ständiges Wechselbad von Spannung und Entspannung taucht – sie zeigten Armstrong auch als originellen Sänger. Im Laufe der dreißiger Jahre wuchs Armstrongs Ruhm. Sein Manager und Mentor Joe Glaser und die amerikanische Plattenindustrie ermunterten ihn, sich zum populären Entertainer zu entwickeln – was ihm nicht schwerfiel, da die Erinnerung an frühe Entbehrungen in ihm einen großen Durst nach öffentlicher Anerkennung geweckt hatte. 1931 trennte er sich von Lil Hardin und heiratete danach noch zweimal. Er trat auf dem Broadway auf, spielte als erster schwarzer Amerikaner Hauptrollen in Spielfilmen, bewies sporadisch immer wieder seine Originalität als Improvisator und wurde mit Hits wie *Hello Dolly* und *What a Wonderful World* weltweit zu einer der größten Showbusineß-Berühmtheiten. Wegen gesundheitlicher Probleme spielte er in seinem letzten Lebensjahrzehnt kaum noch Trompete, doch sein Tod im Jahr 1971 machte rund um den Globus Schlagzeilen.

Louis Armstrong, der bekannteste aller Jazz-Stars, wirkte in beinahe 50 Filmen mit und wurde durch seine weltumspannenden Tourneen »Ambassador Satch« genannt.

Bix Beiderbecke

Als der Trompeter Bix Beiderbecke, 28 Jahre alt und kurz vor seinem Tod durch Alkoholismus und Lungenentzündung, zu seiner Familie nach Davenport, Iowa, zurückkehrte, fand er die Schallplatten, die er seinen Eltern geschickt hatte, ungeöffnet in einem Schrank vor. Für sie war Leon Bismarck Beiderbecke ein Junge aus gutem Hause, der vom rechten Weg abgekommen, in zweifelhafte Gesellschaft geraten war und ihre Vorstellungen von Anstand mißachtete. Doch auch wenn die Errungenschaften seines kurzen Lebens seinen Eltern unsichtbar blieben, war er doch der erste große weiße Jazzmusiker geworden, und für viele Hörer bis heute der größte überhaupt.

Beiderbecke entwickelte einen frappierend warmen Ton, völlig anders als der erdige, bluesige Sound der meisten Blechbläser seiner Zeit. Er wird häufig als der erste »Cool«-Instrumentalist des Jazz angesehen: Vorläufer eines Stils, der erst in den fünfziger Jahren wirklich aufblühte. Doch sein Stil bestand nicht nur aus einem Sound, sondern auch aus einer einmaligen Gabe musikalischen Geschichtenerzählens. Beiderbecke hatte sich Louis Armstrongs Techniken der Gestaltung eines Solos aus unterschiedlich langen Phrasen und vielfältigen Akzentuierungen zu eigen gemacht, entfaltete sie aber in einer kammermusikalisch-intimen Atmosphäre.

Beiderbeckes Mutter war eine ausgebildete Pianistin, und der Junge war ein Naturtalent, der sich nach Gehör komplizierte Dinge beibringen konnte. Als der Jazzboom in seinen Teenagerjahren anhob, fesselte ihn Nick LaRoccas Kornettklang in der *Original Dixieland Jazz Band* (die von 1917 bis 1923 quasi die einzigen kommerziell erhältlichen Jazzplatten machte).

Irritiert durch die Unwilligkeit ihres eigensinnigen Sohnes, sich ihren Maßstäben zu fügen, schickten Beiderbeckes Eltern ihn auf die Militärakademie in Lake Forest, nahe bei Chicago. Er und andere Jazzfans verbrachten die Nächte in der Stadt, entdeckten dort die *New Orleans Rhythm Kings* und, in Bix' Fall, den illegalen Fusel der Prohibitionsjahre.

Im Jahr 1922 wurde er unehrenhaft entlassen, und 1924 leitete er eine eigene Band. Auf den Mississippi-Flußschiffen, die von New Orleans und St. Louis kamen, hörte er

LEON BISMARCK BEIDERBECKE
»Bix«
Iowa, 10. März 1903 –
New York, 7. August 1931

*

Wichtige Aufnahmen
Singing the Blues, I'm Coming Virginia, At the Jazz Band Ball (alle 1927), das impressionistische Klavierstück *In a Mist*

*

Wichtige Partner
Frankie Trumbauer, Jean Goldkette, Paul Whiteman

*

Wichtige Stilmerkmale
Eine coole Variante der New-Orleans-Musik. Ein melancholischer Sound für intim-lyrische Linien

So wie Beiderbeckes kurzes Leben der Stoff für Mythen ist, so hat sein reiner, glockengleicher Trompetenton Musiker in aller Welt inspiriert.

Bix' Kornett, *The Triumph*

Diese Manschettenknöpfe trug Bix Beiderbecke, als er versuchte, der Lungenentzündung zu trotzen und bei einem Konzert an der Princeton-Universität aufzutreten. Die Krankheit verlief tödlich.

Louis Armstrong, und der Hunger des Musikgeschäfts nach neuen Tanzbands führte dazu, daß seine Gruppe, die *Wolverines,* im New Yorker »Roseland Ballroom« spielte. Auch wenn die Band nicht die rhythmische Kraft der Oliver-Band mit Armstrong hatte, so war Bix doch eindeutig eine Attraktion.

Beiderbeckes berühmteste Partnerschaft war die mit Frankie Trumbauer, einem technisch hervorragenden Saxophonisten mit einem Ton, der fast ebenso individuell wie der des Trompeters war. Fruchtbar war auch die Zusammenarbeit mit dem Tanzkapellenunternehmer und Bandleader Jean Goldkette (dessen Gruppe oft sogar die führenden schwarzen Ensembles überraschte) und mit dem Orchesterleiter Paul Whiteman, der zwar nicht den Titel *King of Jazz* verdiente, wohl aber eine ideenreiche, hervorragend einstudierte, äußerst beliebte semiklassische Band führte.

Beiderbecke war bis zu seinem Lebensende bei Whiteman angestellt und ließ in einem im großen und ganzen nicht improvisierenden Orchester funkelnde Blitze seines Genies aufleuchten. Mit Lungenkrankheiten und Alkoholdelirium geschlagen, starb er im Alter von 28 Jahren in einer Pension im New Yorker Stadtteil Queens. In der Presse wurde Beiderbecke zu Lebzeiten nur zweimal erwähnt, doch hat sein Sound Musiker und Fans weltweit inspiriert.

Sidney Bechet

SIDNEY BECHET
New Orleans, 14. Mai 1897 –
Paris, 14. Mai 1959

*

Wichtige Aufnahmen
Sweetie Dear (1932); *Blues in the Air, Summertime* (1939); *Strange Fruit* (1941); *Shag, Petite Fleur*

*

Wichtige Partner
Louis Armstrong, Clarence Williams, Duke Ellington, Will Marion Cook, Tommy Ladnier

*

Wichtige Stilmerkmale
Geprägt von Blues und New-Orleans-Jazz. Entwickelte das Saxophon-Solo. Unvergleichlich in Ton und Timing

Was Armstrong für das Kornett, dann die Trompete war, war Bechet für die Klarinette, dann das Saxophon. Wie Armstrong fand Bechet eine Spielweise, für die es keine Vorbilder gab, und arbeitete deren Details mit einem Feuer und Elan aus, daß es schließlich fast unglaublich schien, daß er all dies alleine geschaffen hatte. Alle frühen Jazzmusiker standen vor dem Problem, einen improvisatorischen Stil von den steifen Rhythmen des Ragtime und seinen Morsezeichen starker und schwacher Taktzeiten zu befreien. Bechet entwuchs ihnen und fegte sie mit einer Souveränität beiseite, die bis heute nachklingt. Wie viele aufstrebende Klarinettisten von New Orleans, wurde Bechet zunächst von einem Mitglied der kreolischen Tio-Familie unterwiesen – Lorenzo Tio, einem der angesehensten Prä-Jazzmeister. Bechet kam aus einer vergleichsweise wohlhabenden kreolischen Familie, war aber ein Wandervogel, und schon als Teenager spielte er regelmäßig in lokalen Bands. 1917 schloß er sich dem vom schwarzen Komponisten Will Marion Cook geleiteten *Southern Syncopated Orchestra* an, einem Ensemble, das eine Musik zwischen straff orchestriertem Ragtime und leichter Klassik spielte. Bechet reiste mit der Band nach Europa, und der Schweizer Dirigent Ernest Ansermet erinnert sich an einen »außergewöhnlichen Klarinettenvirtuosen ... einen genialen Künstler«. Bechet war 22 Jahre alt.

Diese Europatournee wurde zum Katalysator des Jazz. In einem Musikgeschäft im Londoner Stadtteil Soho entdeckte Bechet das Sopransaxophon, mit dem die drängende Energie seiner Improvisationen erst richtig zum Ausdruck kam. Er wurde aus England abgeschoben und kehrte in die USA zurück, wo er Platten aufnahm und eine Jazz-Identität von ähnlicher Kraft wie die Armstrongs schuf. Er spielte mit führenden Jazzmusikern, darunter Duke Ellington und James P. Johnson, war aber kein geborener *sideman,* sondern entwickelte seine ausgedehnten Improvisationen lieber in kleinen Gruppen. Von 1923 an spielte er mit Clarence Williams' *Blue Five.* Williams, ein Pianist, Musikmanager und ehemaliger Minstrelmusiker, hatte beste Verbindungen, und die Band begleitete oft Bluessängerinnen bei Aufnahmen, denen Bechets Spiel unweigerlich das I-Tüpfelchen aufsetzte. In den frühen dreißiger Jahren gründete Bechet mit dem Trompeter Tommy Ladnier die *New Orleans Feetwarmers,* und trotz der Fähigkeiten seiner Mitspieler war es Bechet, der als dynamischer Solist glänzte. Doch die Wirtschaftskrise führte fast zum Ende seiner Karriere. Bechet und Ladnier machten ein Schneidergeschäft auf, bis ein Angebot der neuen Plattenfirma »Blue Note« zur sensationellen Aufnahme von *Summertime* führte, deren Erfolg ihn zurück auf die Szene brachte. 1949 trat Bechet, wie Charlie Parker, beim legendären Pariser Jazzfestival auf. Die Franzosen liebten Bechet und seine Musik so sehr, daß er im Lande blieb.

»Haben die alten Typen alle so geswingt?« fragte John Coltrane, als er Bechet hörte. Bechet spielte das Sopransaxophon mit der Kraft von Louis Armstrongs Trompete, schuf ein Solovokabular für sein Instrument und verblüffte Jazzer wie klassische Musiker gleichermaßen. Frankreich wurde schließlich seine Heimat.

Bechets erratische, stimmungsvolle Autobiographie war ein romantisches Selbstporträt.

Bis zu den 50er Jahren spielten nur wenige Saxophonisten das anspruchsvolle Sopran. Bechet hatte es bereits 1925 gemeistert.

Duke Ellington

Er erlernte seine Kunst nicht auf dem Konservatorium, nicht mit Förderung reicher Mäzene, sondern als Bandleader in Harlem, wo das, was Mäzenen am nächsten kam, die Gangster waren. Doch seine herrliche Musik weist Duke Ellington als einen der größten amerikanischen Komponisten des 20. Jahrhunderts aus. Ellington war es, der auf einmalig expressive Weise die Klangpalette des Jazzorchesters, die einzigartige Rhythmik und Melodik des Jazz, die Persönlichkeit seiner Solisten auslotete. Bei ihm wurde die Unterscheidung zwischen Kunst und Unterhaltung bedeutungslos. Obwohl er im Laufe eines produktiven halben Jahrhunderts Tausende von Kompositionen komponierte (oder mitkomponierte), arbeitete er nicht am Klavier in einer Studierstube, sondern kritzelte seine großen Werke in Flughafenwartesälen oder auf der Rückbank von Autos hin, ständig unterwegs. Zu Ellingtons Werken zählen einige der berühmtesten Songs dieses Jahrhunderts, aber sie allein erklären nicht sein Genie. Bandmitglieder wie Billy Strayhorn, Johnny Hodges und Juan Tizol waren in den Kompositionsprozeß einbezogen, und es läßt sich schwer mit Sicherheit sagen, wieviele Noten auf dem Papier tatsächlich von Ellington stammen. Ellington war ein Komponist des 20. Jahrhunderts und definierte den Begriff des Komponisten neu. Die Vitalität und Farbenpracht seines Œuvres künden eher von Jetset-Reisen, schnellem Denken und gnadenlosen Terminen als von ruhiger Kontemplation. Seine Arbeitsweise beruhte auf Improvisation und Kooperation, und er liebte es, in einer Probe ein Fragment eines Stückes anzuspielen und dann zu sehen, was die Musiker daraus machten. So entstand ein Gutteil des Ellingtonschen Werkes. Doch ohne den Alchimisten Ellington wäre es undenkbar.

Die New-Orleans-Pioniere entstammten häufig der Arbeiterklasse, doch viele der Schöpfer des orchestralen Jazz kamen aus dem heranwachsenden schwarzen Bürgertum. Ellingtons Kindheit stand unter dem Stern viktorianischer Prinzipien. Sein Vater war ein ehrgeiziger Kutscher, der sich zum Hausangestellten in einem reichen Haushalt emporgearbeitet hatte und dadurch eine Vision des guten Lebens gewonnen hatte, die er seinem Sohn vererbte. Daisy Kennedy, Ellingtons Mutter, war die Tochter eines Polizeiobersten und, Dukes Schwester Ruth zufolge, »eine echte viktorianische Dame«. Daisy himmelte ihren Sohn an, und seine gepflegte Ausdrucksweise, seine elegante Kleidung und sein ausgeprägtes Selbstbewußtsein führten zu seinem Spitznamen. Aber der Junge zeigte nicht von Anfang an große Begabung.

Jungle Nights in Harlem

1918 heiratete Duke Ellington Edna Thompson, und 1919 wurde sein Sohn Mercer geboren. Er war ein guter Graphiker, machte einen Schildermalerbetrieb auf, zog aber die Atmosphäre der Clubs und Tanzsäle vor. Obwohl er kein großartiger Pianist war, konnte er doch die gängigen Rags und Tanznummern spielen und gründete mit Freunden eine Band, die sich schließlich die *Washingtonians* nannte. Als Ellington erfuhr, daß einige Tanzmusiker in New York das große Geld machten, verlagerten die *Washingtonians* ihre Basis, und im Zuge der *Harlem Renaissance* afroamerikanischer Kultur reüssierten auch sie. Doch die Band blieb durchschnittlich und rhythmisch konservativ, bis zwei *hot jazz*-Spezialisten zu ihr stießen: der Trompeter »Bubber« Miley, ein King-Oliver-Bewunderer, und der impulsiv-leidenschaftliche Saxophonist Sidney Bechet. Zusammen mit dem Posaunisten »Tricky Sam« Nanton, einem Growl- und Dämpferexperten und Mittler der New-Orleans-Botschaft, verwandelten sie die Band. Ein fünf Jahre währendes Engagement im New Yorker »Cotton Club«, bei dem die Band die *jungle style*-Tanznummern begleitete,

Während eines langen Engagements im Harlemer »Cotton Club« wandelte sich die Ellington-Band von einem Tanzorchester mit New-Orleans-Elementen zu einer individuellen und einflußreichen Jazzband, die aus Komponenten von Blues und *hot*-Musik kleine Tondichtungen schuf.

Ellington war ein Arbeitstier. Ständig auf Tournee, schrieb er in Flugzeugen, Zügen, auf Flughäfen oder auf der Rückbank seines vom Saxophonisten/Chauffeur Harry Carney gelenkten Wagens Fragmente neuer Stücke.

Leute, die ihm nahestanden, berichten, daß Ellington an der Suite, die er für Königin Elizabeth II. nach einer Begegnung im Jahr 1959 schrieb, besonders konzentriert arbeitete. Nur ein Exemplar wurde zum persönlichen Gebrauch der Königin gepreßt, und die Bänder wurden bis zu Ellingtons Tod geheimgehalten. Die Suite war eine Huldigung, aber keine unterwürfige – Ellington war sich seines eigenen königlichen Ranges in der Musikwelt wohl bewußt.

Seit ihrer vielbejubelten ersten Tournee von 1933 war die Ellington-Band ein Liebling der Europäer.

stärkte Ellingtons Sinn für Form und Klangfarben ebenso wie seine Bekanntschaft mit den semiklassischen Komponisten Will Vodery und Will Marion Cook. Klassiker der frühen »Cotton-Club«-Jahre wie *The Mooch, Rockin' in Rhythm* und *Mood Indigo* verwandelten den Jazz. Aber auch bei den kommerziellen Swing-Tanzveranstaltungen der dreißiger Jahre erwies sich das Ellington-Orchester als dynamisches Ensemble, und unerreicht waren seine stimmungsvollen Jazzballaden – denn neben vielen anderen hervorragenden Solisten hatte Ellington einen der subtil ausdrucksstärksten aller Saxophonisten, Johnny Hodges.

Diminuendo and Crescendo

In den vierziger Jahren, einer Blütezeit der Band, bewies Ellington unerreichte Phantasie als Jazzkomponist und produzierte so farbenreiche Musik wie *Concerto for Cootie, Warm Valley, Harlem Air Shaft* und *Take the A Train.* Er wandte rhythmische Verfahren und Modulationen, wie man sie aus der Klassik kannte, auf ein Material an, das nur aus dem Jazz stammen konnte. Zudem wurde Ellingtons Rhythmusgruppe durch einen revolutionären Bassisten, den früh verstorbenen Jimmy Blanton, verstärkt.

In den frühen fünfziger Jahren ging es abwärts, nicht zuletzt durch den zeitweiligen Weggang von Johnny Hodges, aber 1956 erlebte die Band beim Newport-Jazzfestival ein furioses Comeback, als der Tenorist Paul Gonsalves siebenundzwanzig ununterbrochene Chorusse über ein rasend schnelles *Diminuendo and Crescendo in Blue* spielte. Dieser Auftrieb führte dazu, daß Ellington wieder komponierte und Platten aufnahm, und die Langspielplatte ermöglichte ausgedehnte Stücke. *Such Sweet Thunder,* eine Hommage an Shakespeare, verband Jazz und Klassik; andere lange Werke wurden von weiten Reisen inspiriert, und in seinen letzten Jahren schrieb Ellington religiöse Musik. Bis in sein achtes Lebensjahrzehnt war Ellington unterwegs, erhielt zahllose Auszeichnungen, trat im Weißen Haus auf und repräsentierte weltweit die kühnste, freigebigste und kreativste Facette amerikanischer Kultur. Nach seinem Tod im Jahr 1974 führte sein Sohn Mercer die Ellington-Band weiter.

EDWARD KENNEDY ELLINGTON »Duke«
Washington D.C., 29. April 1899 – New York, 24. Mai 1974

*

Wichtige Aufnahmen
Sophisticated Lady, In a Sentimental Mood, Take the A Train, Creole Love Call, Mood Indigo, Caravan, I Got It Bad and That Ain't Good, Ko-Ko

*

Wichtige Partner
Sonny Greer, Barney Bigard, »Bubber« Miley, Billy Strayhorn, Johnny Hodges, Harry Carney

*

Wichtige Stilmerkmale
Jazzmusiker vor Ellington schrieben Songs und arrangierten sie dann für Orchester. Ellington revolutionierte die Musik, indem er über Songformen hinausdachte und symphonische Ideen verwendete, jedoch immer mit der Expressivität und Intonation von Jazz und Blues. Seine Vision erweiterter Jazzformen war revolutionär, und er schrieb seinen Lieblingssolisten auf den Leib

Coleman Hawkins

Das Tenorsaxophon ist ein derart starkes Symbol der Kraft des Jazzimprovisators, daß sich sein naiver, unschöner Klang im Jazz der zwanziger Jahre – als Klarinette, Trompete und Posaunen schon ihre Stimmen gefunden hatten – kaum mit seiner Reife in den Händen von Lester Young, Ben Webster, Herschel Evans, Chu Berry und Don Byas nur zehn Jahre später in Einklang bringen läßt. Das Bindeglied zwischen dem häßlichen Entlein und dem mächtig-eleganten Vogel, der aus ihm wurde, war Coleman Hawkins.

Hawkins bekam zu seinem neunten Geburtstag ein Tenor. Er spielte bereits Klavier und Cello, und als er zwölf war, trat er bei Tanzveranstaltungen auf. In der *high school* und im College lernte er Harmonielehre und Komposition, und mit 16 spielte er in einem Theaterorchester in Kansas City. Als er sich den *Jazz Hounds,* der reisenden Band der populären Vaudeville-Sängerin Mamie Smith, anschloß, wurde er als »Saxophone Boy« angekündigt.

Hawkins' Stil von 1922 hatte nicht im entferntesten die Präsenz eines Armstrong oder Bechet, aber er hatte einen guten Ton, las hervorragend vom Blatt und machte Fortschritte als Improvisator.

1923 hörte Fletcher Henderson, der Musiker für Vorspieltermine eines Musikverlags suchte, Hawkins, und mochte sein Spiel, obwohl das Saxophon, dem der junge Mann so kraftvolle Töne entlockte, von Gummibändern zusammengehalten wurde. Mit Hendersons Band nahm Hawkins im *Dicty Blues* sein erstes gehaltvolles Solo auf, eine solide Leistung, wenn auch vom Aufbau her kaum bemerkenswert. Hendersons Band war bis zum Januar 1924 ein reines Studioorchester und entwickelte sich dann zu einer der beliebtesten aller schwarzen Bands. Hawkins machte rasche Fortschritte – gelegentlich auch durch Rückschläge. 1924 zog er bei einem die ganze Nacht währenden *cutting contest* den Kürzeren, als ihn ein manischer Sidney Bechet mit wilden Sopranfiguren bis auf die Straße verfolgte. Henderson ließ die *slap tongue*-Effekte des Vaudeville sausen; sein Spiel gewann die Durchschlagkraft von Armstrongs Trompete, und sein Ton war voll und warm.

Hawkins' Pionierarbeit schuf die Grundlage für Tenoristen wie Sonny Rollins, John Coltrane und die Spieler von heute.

Bean A Re-Bop

Armstrongs Verfahren beeinflußten Hawkins' Swing und Sologestaltung entscheidend (auch wenn er den Trompeter als Eindringling in der Henderson-Band empfand), doch der Tenorist begann, seine Improvisationen eher auf Akkorden als allein auf der Melodie zu grundieren. Damit trafen sich Hawkins' Bestrebungen mit denen des Pianisten Art Tatum und nahmen Entwicklungen des Bebop vorweg. Der rhythmische Unterbau der Musik zwischen New Orleans und Swing blieb ein gleichmäßiges Pulsieren. Durch Tatum wurde Hawkins klar, daß er darüber schweben könne, ohne den Rhythmus zu verlieren. Hawkins begann, schnelle Passagen in doppeltem Tempo zu spielen und flocht zwischen die Stützpfeiler seiner Soli komplexe ornamentale Akkordzerlegungen und Triolen ein, ohne daß dies effekthascherisch klang. Und er wandelte das Balladenspiel auf dem Tenor von Grund auf – besonders mit einer 1929 eingespielten Version von *One Hour* mit den *Mound City Blue Blowers.*

Gegen Mitte der dreißiger Jahre ging Hawkins, von jeher Einzelgänger, als Solist nach Europa. Die Reise, von der er Henderson sagte, sie würde einen Monat dauern, währte fast sechs Jahre, und er spielte in England, Holland, der Schweiz und Frankreich. In Paris jammte er mit dem Gitarristen Django Reinhardt. Hawkins' makellose Technik und sein ausdrucksstarkes Spiel faszinierte seine Kollegen.

Angestachelt von einem Artikel von Hawkins im »Melody Maker«, in dem er behauptete, das Improvisieren in allen Tonarten sei bloß eine Frage des Übens, transponierte die englische Ennis-Hylton-Tanzband das Stück *It's the Talk of the Town* bei einem Liveauftritt um einen Halbton, ohne Hawkins Bescheid zu sagen. Doch der Tenorist meisterte den Wechsel völlig unbeein-

Miles Davis (rechts) bewunderte von jeher, wie viele Musiker der jüngeren Bebop-Generation, die Autorität und Disziplin von Hawkins' Spiel.

COLEMAN RANDOLPH HAWKINS
»Bean«
Missouri, 21. November 1904 – New York, 19. Mai 1969

*

Wichtige Aufnahmen
Body and Soul (1939); mit Dizzy Gillespie und Thelonious Monk (1944); Soloimprovisation *Picasso* (um 1948); Aufnahmen mit Ben Webster um 1957

*

Wichtige Partner
Fletcher Henderson, Ben Webster, Thelonious Monk

*

Wichtige Stilmerkmale
Erfand quasi im Alleingang die Stimme des Tenorsaxophons im Jazz. Swingmusiker mit Sympathien für den Bebop. Inspirierte durch *Picasso* Solo-Saxophonstücke

Coleman Hawkins war ein auf Wettbewerb ausgerichteter Saxophonist. Die *Jazz at the Philharmonic*-Konzerte – hier eine Englandtournee mit u. a. Roy Eldridge, Benny Carter, Nat und Cannonball Adderley – waren Jam Sessions, die ihn oft elektrisierten.

druckt und erwähnte den Vorfall nicht einmal gegenüber seinen Herausforderern.

Im Juli 1939 kehre Hawkins in die USA zurück und nahm zwei herausragende Chorusse auf, die *Body and Soul* zum Jazzklassiker machten. Das Stück war nicht nur ein Hit, sondern auch ein improvisatorisches Meisterwerk mit unübertroffener Eleganz, Ausgewogenheit und Formsinn, mit Passagen in *double time* und im höchsten Register. In den Mittvierzigern schuf Hawkins mit Swingmusikern wie dem Pianisten Teddy Wilson und dem Trompeter Roy Eldridge köstliche Variationen über *Sweet Lorraine, Crazy Rhythm* und *The Man I Love.* Er arbeitete auch mit den Beboppern zusammen, deren Musik er durch sein harmonisches Wissen relativ leicht folgen konnte. Die Band, die er 1944 mit Dizzy Gillespie führte, machte die ersten reinrassigen Bebop-Aufnahmen.

In den späten vierziger und in den fünfziger Jahren reiste Hawkins mit den *Jazz at the Philharmonic*-Shows, spielte Platten mit Miles Davis, Fats Navarro und Milt Jackson ein und nahm die unbegleitete Improvisation *Picasso* auf, bemerkenswert selbst nach den technischen Maßstäben des Bop und wahrhaft avantgardistisch für die Zeit. In den frühen fünfziger Jahren ließ Hawkins' Ruhm nach. In den Polls rutschte er hinter Lester Young und dessen Nachahmer. In den Mittfünfzigern, als er mit jüngeren Musikern spielte, mit *J. A. T. P.* unterwegs war und durch die Möglichkeiten der LP inspiriert wurde, blühte er wieder auf, auch wenn er viel trank und vom Musikgeschäft desillusioniert war. Er nahm zahlreiche Platten auf und stellte sich jeder Herausforderung (darunter der Zusammenarbeit mit dem anspruchsvollen Thelonious Monk, mit Sonny Rollins und Max Roach). Er trat im Fernsehen und in Filmen auf und betrieb einen kleinen Club, in dem der Pianist Tommy Flanagan spielte. Immer mehr vernachlässigte er seine Gesundheit, doch selbst dann, wenn Veranstalter daran zweifelten, ob sie ihn überhaupt auf die Bühne bekommen würden, konnte er noch eindrucksvolle Auftritte bieten.

Billie Holiday

An ihrem 71. Geburtstag, 27 Jahre nach ihrem Tod, wurde Billie Holiday zu Ehren ein Stern in den *Walk of Fame* in Hollywood eingelassen. Holiday, vielleicht die einzige Jazzsängerin, die unbestritten als große Jazzmusikerin vom Format von Instrumentalisten wie Louis Armstrong, Miles Davis oder Sonny Rollins gilt, hatte endlich die Anerkennung des kulturellen Mainstream erlangt, Anerkennung für Errungenschaften, die zu Lebzeiten oft von Skandalgeschichten überdeckt wurden. Da der Mythos von Billie Holidays konfliktreichem Leben so trefflich dem Klischee des selbstzerstörerischen Jazzgenies entsprach, machte sie hauptsächlich durch Geschichten von Kinderprostitution, Drogenabhängigkeit, Gefängnisaufenthalten, Skandalen und einer Anklage wegen Heroinmißbrauchs auf ihrem Totenbett Schlagzeilen. Selbst in ihren besten Jahren bedeuteten Begegnungen mit der Presse immer, daß sie Fragen zu diesen Themen abwimmeln mußte, und sie boten selten Gelegenheit, über die Musik und die Musiker, die sie liebte, zu reden.

Über Billie Holidays Jugend läßt sich Genaues schwer sagen. Die Autobiographie, die sie in Zusammenarbeit mit William Dufty verfaßte, ist unzuverlässig. Doch selbst wenn man die Widersprüche ihrer Jugenderinnerungen in Rechnung stellt, so gibt es doch einige rote Fäden. Ihr Vater, Clarence Holiday, ein Musiker, der gelegentlich in der Fletcher-Henderson-Band spielte, verließ die Familie, als sie noch klein war. Als ihre Mutter nach New York ging, um nach Arbeit zu suchen, wurde das Mädchen oft von Verwandten betreut, die sie, ihrer Darstellung nach, ablehnten. Sie schildert diese Zeit als einen Katalog von Mißbrauch und Vernachlässigung, und selbst wenn sie die Details ein wenig ausgeschmückt haben mag, so waren es zweifellos doch harte Jahre.

Holidays Komposition *Fine and Mellow* war eine vollkommene Synthese ihrer frühen Verbindung von Verspieltheit und Realismus und, ungewöhnlich für sie, ein Blues.

Schon als Teenager (oben) beeindruckte Billie Holidays Subtilität und Timing Musiker wie Ben Webster. Die weißen Gardenien waren ein Markenzeichen späterer Jahre.

T'ain't Nobody's Business

Als Teenager zog sie mit ihrer Mutter nach New York, wo sie schnell in Prostitution verwickelt wurde und ihre erste Gefängnisstrafe abzusitzen hatte. Sie begann, sich in den Harlemer Clubs nach einem Job als Tänzerin umzusehen, doch sie entdeckte eines Abends das Singen, als sie dringend Geld auftreiben mußte, um zu verhindern, daß ihre Mutter die Wohnung verlor. Ganz gleich, ob sie tatsächlich an diesem Abend des Jahres 1930 ihr Publikum mit *Trav'lin All Alone* und *Body and Soul* zu Tränen der Bewegung und Dankbarkeit rührte, fest steht, daß sie sich bald einen Namen machte. 1933 war sie vom Impresario John Hammond entdeckt worden, wurde dann von Louis Armstrongs Manager Joe Glaser betreut und machte 1936 mit dem Pianisten Teddy Wilson eine Serie von Aufnahmen für den aufkommenden *juke box*-Markt, die zu Klassikern der populären Musik wurden. Songs wie *Why Was I Born, Mean to Me, Easy Living* und *The Man I Love,* viele in telepathischem Dialog mit Lester Youngs Tenorsaxophon, sind unübertroffene Beispiele dafür, wie eine Sängerin einen Song nach ihrer eigenen Persönlichkeit umformen kann. Zugleich sind es herrliche Skizzen des Combo-Jazz, mit Stimme und Instrument in gleich spontaner Linienführung.

Holiday behauptete, daß sie ihren Stil nach dem Vorbild von Jazzinstrumentalisten gebildet habe, doch bewunderte sie auch Bessie Smith. Autodidaktisch lernte sie, zu hören, wie Musiker wie Louis Armstrong und Lester Young die Zuhörer immer wieder damit überraschten, daß sie die erwarteten Akzente und Phrasierungen vermieden. Auch wurde ihr klar, daß die Texte vieler *Tin Pan Alley*-Songs wenig tiefgründig waren, und sie überarbeitete sie so, daß ihre Persönlichkeit, ihr Sinn für Ironie, ihr unsentimentaler Pragmatismus, verbunden mit sehnsüchtiger Zärtlichkeit und Mitgefühl für menschliche Schwächen, die Originale transformierten.

John Hammond sorgte dafür, daß sich Billie Holiday im folgenden Jahr der Count-Basie-Band anschloß, doch entstanden keine gemeinsamen Studioaufnahmen, und die Unpünktlichkeit der Sängerin führte zur baldigen Trennung. 1938 ging Holiday mit dem angesehenen Tanzorchester des Klarinettisten Artie Shaw, mit dem sie eine kurze Affäre hatte, auf Tournee. Das war keine leichte Aufgabe, denn Shaws Band war weiß, so daß sie in den Südstaaten allein im Bus essen mußte, während die anderen im Restaurant saßen. Dennoch war dies ein Meilenstein in den Beziehungen der Rassen im Musikgeschäft. Auch wenn dies ein wichtiger Durchbruch war, so arbeitete Billie Holiday doch meist in gleichberechtigten Partnerschaften mit Jazzmusikern zusammen, die nicht kommerziell genug waren, um sie reich zu machen. Ein Engagement im neu eröffneten,

BILLIE HOLIDAY
»Lady Day«
Baltimore, 7. April 1915 –
New York, 17. Juli 1959

*

Wichtige Aufnahmen
Mit Teddy Wilson und Lester Young (1935–39), insbesondere *Mean to Me; Strange Fruit* (1939); die »Decca«-Sessions von 1950 mit *Don't Explain, God Bless the Child*

*

Wichtige Partner
Teddy Wilson, Lester Young

*

Wichtige Stilmerkmale
Erfand einen intimen »Mikrophon«-Stil. Einmalig nuancenreicher, frei mit dem Beat hantierender Gesang. Saxophonartiger Klang ohne jegliche direkte Instrumenten-Nachahmung

Gegen Mitte der 40er Jahre war Billie Holiday ein Star. Sie verkörperte eine Mischung von Unschuld und Erfahrung, die Jazzhörer und das große Publikum gleichermaßen faszinierte.

rassisch integrierten »Café Society« in Greenwich Village brachte Holiday einem liberalen Publikum näher, das bereitwillig jene Mischung von Sinnlichkeit und Leiden aufnahm, die in jedem ihrer Töne mitschwang, und 1939 hatte sie mit Lewis Allens antirassistischem Poem *Strange Fruit,* einer erschütternden Schilderung der Lynchszenen in den Südstaaten, einen unerwarteten Hit. Kommerziellere Aufnahmen schlossen sich im folgenden Jahrzehnt an, oft mit hinzugefügten Streichern.

Eine Solokarriere reizte und ängstigte Billie Holiday gleichermaßen. Die Unsicherheit einer Jugend in Armut und Vernachlässigung wurde sie ebensowenig los wie die Sehnsucht nach einer Vaterfigur. Eine schnelle Abfolge von Männern bediente sich bei ihrem rasch wachsenden Einkommen und trieb sie in die Heroinabhängigkeit. Einer von ihnen, John Levy, soll sie sogar bei der Polizei denunziert haben, um selbst Strafverschonung zu bekommen –, und trotzdem kehrte die Sängerin zu ihm zurück. Ihre Versuche, ihr Leben in den Griff zu bekommen, waren allgemeiner Gesprächsstoff: Sie trug lange Handschuhe, um die Nadeleinstiche zu verbergen, die ihr Publikum, wie sie glaubte, unbedingt sehen wollte. Doch auch wenn die Musik dieser Zeit einen kommerzielleren Einschlag hat, ist sie doch überragend, besonders in Stücken wie *Don't Explain* und *God Bless the Child.*

Say It Isn't So

Gegen Mitte der fünfziger Jahre ging es mit Holiday gesundheitlich und karrieremäßig aufwärts. Mit der Unterstützung des Impresarios Norman Granz ging sie auf Tournee, machte neue Platten, und die Autobiographie *Lady Sings the Blues* wurde veröffentlicht. Doch auch wenn es ihr gelang, harte Drogen zu meiden, so wurden ihre Auftritte doch wechselhafter, und sie verfiel zunehmend in Depressionen. Als man ihr untersagte, ein Kind zu adoptieren, soll sie angeblich einen Chihuahua mit einem Babyfläschchen gefüttert haben. Im Mai 1959, wenige Monate nach dem Tod ihres musikalischen Seelengefährten Lester Young, erlitt sie einen Zusammenbruch und starb zehn Wochen später. Diana Ross verkörperte sie in dem aufwendigen biographischen Film *Lady Sings the Blues* aus den siebziger Jahren, der freilich über weite Strecken ebensowenig mit Holidays Leben zu tun hatte wie ihre frühere Autobiographie.

Lester Young

LESTER WILLIS YOUNG
»President, Pres, Prez«
Mississippi, 27. August 1909 –
New York, 15. März 1959

*

Wichtige Aufnahmen
Lady Be Good von den ersten Aufnahmen 1936; *Jumpin' at the Woodside* und *Lester Leaps In* mit Count Basie; *These Foolish Things* (1956)

*

Wichtige Partner
Billie Holiday, Count Basie

*

Wichtige Stilmerkmale
Machte einen leichten, »femininen« Ton zu seinem Markenzeichen. Wurde viel von späteren Cool-Saxophonisten imitiert

Die beiden Tenorgiganten der dreißiger Jahre hätten verschiedener kaum sein können. Coleman Hawkins spielte sein Instrument mit der harmonischen Konzeption eines Pianisten und riesigem, nebelhorngleichem Ton; Lester Young skizzierte ätherische Impressionen mit einem Klang, der an ein Altsaxophon oder sogar eine Klarinette erinnerte. Eine Zeitlang war Youngs Einfluß weitreichender: In den vierziger Jahren sagte der Saxophonist Brew Moore, jeder, der nicht wie Lester Young spiele, spiele falsch. Youngs Improvisationsweise trug wesentlich zur Herausbildung des modernen Jazz bei, und sein zarter Klang inspirierte die Cool-Schule der Nachkriegszeit. Young bekannte sich dazu, von den weißen Saxophonisten Trumbauer und Dorsey beeinflußt worden zu sein, doch seine entspannte Phrasierung wurde von Louis Armstrong geprägt. Young verwendete kaum Vibrato, spielte leise, sparsam und sperrte seine Phrasen nicht in das Gitter der Taktstriche ein. Mal füllte er einen ganzen Takt mit einer Note, mal ließ er eine kontinuierliche Phrase über mehrere Takte laufen, mal ließ er ausgedehnte Pausen offen. Oft nahm er einen Akkordwechsel vorweg, indem er die entsprechenden Töne »zu früh« spielte oder sie in den neuen Akkord hinein überband. Wäre dieser Stil in jedem Kontext bemerkenswert gewesen, so war es ein Indiz seines Charismas, daß er sogar im Tumult einer Big Band so spielte. Sein Sound entwickelte sich so, als habe er in seiner Jugend »Alt-Tenor« gespielt, dann »Tenor-Tenor« und, gegen Ende seines Lebens, »Bariton-Tenor«. Die hohe, luftige Phase war die fruchtbarste und meistimitierte: das berühmte »tonlose Gelächter«.

Lester Young, der *hipster* mit »Pork Pie«-Hut und elliptischer Sprache, nannte Harry Edison »Sweets« und Musiker »Ladies«; Holiday war für ihn »Lady Day«.

Lester Leaps In

Als ältestes von drei Kindern, die in der Vaudeville-Band ihres Vaters spielten, begann Young als Teenager mit dem Altsaxophon und schloß sich dann, nach einem schweren Zerwürfnis mit seinem Vater, den *Blue Devils* des Bassisten Walter Page an. Young ließ sich in Kansas City nieder – der Stadt kraftvoller Tenoristen und einer vitalen, bluesigen Ensemblemusik – und arbeitete mit Bennie Moten, King Oliver und, an einem Abend, als Coleman Hawkins nicht auftauchte, mit der durchreisenden Fletcher-Henderson-Band. Die Leichtigkeit, mit der der unbekannte Young für den berühmtesten Tenoristen des Landes einsprang, provozierte den kämpferischen Hawkins, eine Jam Session anzusetzen. Youngs mühelose Originalität forderte Hawkins so sehr heraus, daß der etablierte Star bis in den nächsten Morgen und Nachmittag hinein spielte, im vergeblichen Versuch, Young an die Wand zu spielen. Youngs Sieg trug ihm den Spitznamen »New President«, später verkürzt zu »Pres«, ein. Nach dieser Episode ersetzte Young den nach Europa übersiedelten Hawkins in der Henderson-Band, doch sein leichter Ton stieß auf Ablehnung, und Hendersons Gattin spielte ihm sogar Hawkins-Platten vor, um ihn zu kraftvollerem Spiel zu nötigen. 1936 machte Young mit Count Basie seine ersten Aufnahmen. Ihre Phrasierung und ihr Timing machten sie zum Vademekum anderer Musiker. Der junge Charlie Parker kaufte jede Neuerscheinung und spielte die *Lady Be Good*-Platte zu Tode. Spielt man seine Version des Stückes mit Jay McShann mit reduzierter Geschwindigkeit ab, um sie ins Tenor-Register zu transponieren, so klingt sie fast wie die Youngs. Vor dem Zweiten Weltkrieg verband Young zahlreiche bemerkenswerte Einspielungen mit Basie mit Combo-Sessions und Kooperationen mit Billie Holiday – einigen der herrlichsten Beispiele musikalischer Kommunikation im Jazz. Auch im Spiel vieler Bebop-Spieler spiegelten sich seine Phrasierung und sein Timing wider, doch mochte Young selbst die harmonieorientierte Bebop-Stilistik nicht. Sein Ruhm verbreitete sich, doch im September 1944 wurde er zur Armee eingezogen, und für eine introvertierte, oft naive Persönlichkeit wie die seine, war der abrupte Wechsel von der Künstlerboheme zum militärischen Drill unerträglich. Young wurde mit Drogen erwischt, vor ein Kriegsgericht gestellt und zu einigen verzweifelten Monaten Arrest verurteilt. Als er freigelassen wurde, wirkten seine ersten Aufnahmen so bemerkenswert wie eh und je, doch allmählich verschwand die leichte, tänzerische Qualität aus seinem Spiel. Young schloß sich den populären *Jazz at the Philharmonic*-Tourneen an, sein Stil wurde aggressiver und bluesiger. Doch Young trank, wurde ins Krankenhaus eingewiesen, und sein Vokabular (»eyes« für Verlangen, »bells« als Zustimmung) wurde vom Zeichen poetischer Einsicht zum Indiz geistiger Isolierung. Manche behaupten, sein letztes Jahrzehnt sei das eines unaufhaltsamen Niedergangs und ständiger Depression gewesen, doch die Berichte von Zeitgenossen und seine Aufnahmen sprechen eine andere Sprache. Nach einem glücklosen Engagement in Paris zu Beginn des Jahres 1959 kehrte Young als kranker Mann in die Staaten zurück und starb bald darauf. Sein Leben liegt Bernard Taverniers Film *Round Midnight* zugrunde, in dem er vom Saxophonisten Dexter Gordon verkörpert wurde, der von sich sagte, als er zum ersten Mal Young hörte, habe er zwei Jahre lang das Tenor nicht angerührt.

Young spielte mit dem Saxophon nach rechts angewinkelt – eine Gewohnheit, die er im engen »Reno Club« im Kansas City seiner Jugend angenommen hatte.

Count Basie

Basies Band revolutionierte den Jazzbläsersatz, war so eindringlich wie ein Prediger und hatte eine Rhythmusgruppe, um die sie jede andere Band der Dreißiger beneidete. Bei diesem Auftritt im »Famous Door« von 1938 soliert Herschel Evans, während Lester Young mit den Fingern schnippt.

Seinen einzigen großen Hit hatte der »Count« 1947 mit *Open the Door, Richard,* einem Stück, das weniger von der Basie-Magie enthielt als fast alles andere, was er aufnahm.

Der Einfluß William »Count« Basies klingt in buchstäblich jeder großen Jazzband bis heute nach. Das Problem, vor dem die frühen Jazzorchester standen, war, einem großen Ensemble den gleichen entspannten Schub zu verleihen, wie es Solisten wie Louis Armstrong und Sidney Bechet taten. Als sich der Pianist Bill Basie mit anderen Mitgliedern der *Blue Devils* des Bassisten Walter Page Bennie Motens Kansas-City-Band anschloß, entstand ein Big-Band-Stil, der einfacher als der Hendersons oder Ellingtons war. Er beruhte auf »Riffs«, kurzen Phrasen, die zwischen den Instrumentengruppen hin und her geworfen wurden, mit *call and response*-Techniken, viel Raum für die Solisten und einer Menge Blues.

William Basie hatte zu Hause in Red Bank, New Jersey, das Klavierspiel gelernt. In New York hörte er die führenden Stride-Pianisten und schloß sich der Vaudeville-Szene an. Als Pianist wurde er zunächst von Fats Waller, dann von Earl Hines und Teddy Wilson beeinflußt, und sein eigener sparsamer Stil wurde seinerseits zur Inspiration vieler moderner Jazzpianisten. Er glättete das synkopierte Stampfen des Stride und konzentrierte sich auf einen einfachen Solostil, der die Band federnd vorantrieb.

1927 bekam Basie einen Job als Stummfilmbegleiter. Im folgenden Jahr schloß er sich Walter Pages *Blue Devils* an und schließlich Bennie Motens Band. Moten starb 1935 nach einer Mandeloperation, und Basie formierte eine neunköpfige Gruppe, der Lester Young und der Schlagzeuger Jo Jones angehörten. Als *Barons of Rhythm* ließen sie durch Livesendungen aus dem »Reno Club« von sich hören. Ein kraftvoller Swing, der von Basies häufigen Proben allein mit der Rhythmusgruppe profitierte, verlieh der Band eine Identität, und Basies Format, das mit Ellingtons gemessen wurde, führte zum Titel »The Count«.

Die Tür zum Erfolg

Eine große Agentur vermittelte der Band ein Engagement im Chicagoer »Grand Terrace«, zunächst ohne große Resonanz. Doch als die Band ins New Yorker »Famous Door« auf der 52. Straße kam, vergrößerte Basie die Band auf 15 Spieler, und sie machte Furore. Auch wenn das Zusammenspiel etwas rauh war, strahlte die Gruppe einen Enthusiasmus aus, der aus der Neudefinition des Swing für eine größere Gruppe resultierte und die Zeugen der ersten Auftritte begeisterte.

Basie verdankte sein frühes Repertoire Fletcher Henderson und der *Mills Blue Rhythm Band* – simple bluesdurchwirkte Riffs, die nicht notiert waren (sogenannte *head arrangements*). Jones' leichteres, beckenbetontes Schlagzeugspiel machte den Beat flüssiger und Pages unerschütterlichen Baß zur wesentlichen Stütze, und Basies Klavier brillierte durch swingendes Understatement.

Während des Zweiten Weltkriegs und danach ging es den Big Bands finanziell schlecht. 1950 warf auch Basie das Handtuch und gründete statt dessen ein Oktett. 1952 kehrte er mit einem neuen Orchester zurück, dem die Saxophonisten Frank Foster und Eddie »Lockjaw« Davis, die Trompeter Thad Jones und Joe Newman und der robuste Bluessänger Joe Williams angehörten. Seitdem machte Basie zahlreiche Platten, von denen manche unter den Namen von Gesangsstars wie Frank Sinatra, Tony Bennett, Sammy Davis jr., Sarah Vaughan und Bing Crosby erschienen.

In den sechziger und siebziger Jahren wurde das Repertoire bunter, auch wenn die Band mit Poptiteln nicht gerade glücklich wirkte. In den achtziger Jahren wurde Basie durch Krankheit behindert, doch am Klavier war er immer noch voller Vitalität.

WILLIAM BASIE
»Count«
New Jersey, 21. August 1904 –
Florida, 26. April 1984

*

Wichtige Aufnahmen
One o'Clock Jump, Roseland Shuffle, Taxi War Dance (späte 30er Jahre, mit Lester Young); LP *The Atomic Mr. Basie* (1959)

*

Wichtige Partner
Lester Young, Herschel Evans, Jo Jones

*

Wichtige Stilmerkmale
Kansas-City-Sound, ein bluesgrundierter Ensemblestil mit weniger dichtem Orchestersatz, sondern mehr Riffs, *call and response* und ausgedehnten Soli

---

Charles Mingus

Basie und Ellington befreiten das Jazzorchester, indem sie begabten Solisten Freiraum gaben. Charles Mingus erlangte nicht vergleichbaren Ruhm, doch seine Gruppen konnten mit der Bravour Basies swingen und die Vielfalt, Subtilität und den Stimmungsreichtum der Ellington-Band an den Tag legen. Mingus war jedoch nicht in der Lage, sein streitlustiges und rebellisches Temperament zu zügeln und neigte eher dazu, seine Musiker (oder ein respektloses Publikum) anzubrüllen, als ein auf Hochglanz poliertes Musikstück zu spielen. Doch als Kontrabaßvirtuose mit mächtigem Ton und als prophetischer Bandleader war Mingus zweifelsohne einer der Großen des Jazz, und seine Lockerung der strikten Regeln der Swing-Band ist von beinahe allen größeren Jazzensembles aufgegriffen worden.

Mingus wuchs in Los Angeles auf. In der *high school* lernte er Kontrabaß, wurde vom Bassisten Red Callendar unterwiesen und nahm ein paar klassische Kompositionsstunden. In den vierziger Jahren mied er den Bebop, reiste mit den Bands von Louis Armstrong und Kid Ory und spielte kurz bei Lionel Hampton und Duke Ellington. Doch er vervollkommnete sein umfassendes Verständnis aller Jazzstile, als er beim legendären »Massey Hall«-Konzert von 1953 mit Charlie Parker, Dizzy Gillespie, Bud Powell und Max Roach auftrat. Komposition stand für ihn im Mittelpunkt. Zwischen 1953 und 1955 war Mingus Mitglied des *Jazz Composers' Workshop* und gründete dann eine eigene musikalische Werkstatt. Wie alle führenden Jazzkomponisten wollte Mingus, daß ausgeschriebene Partien ein improvisatorisches Flair erhielten. Er erreichte dies, indem er den Solisten mehr Freiheiten einräumte als irgend jemand vor ihm und griff damit dem Free Jazz vor. Mingus-Stücke konnten so rauh und bunt wie eine Straßenparade sein, so fanatisch seelenvoll wie der Gottesdienst einer *sanctified church*, aber dunkler, melancholischer, weniger an die Songform gefesselt als Basie und weniger optimistisch als Ellington. Mingus scharte Musiker vom Format Jackie McLeans, Booker Ervins, John Handys, Rahsaan Roland Kirks und schließlich Eric Dolphys um sich. Seine Musik umriß ein breiteres Panorama der Stile und Techniken als die irgend eines anderen Jazzkomponisten, wie so verschiedene Stücke wie *Fables of Faubus, Saturday Night Prayer Meeting, Better Git It in Your Soul* und *Goodbye Pork Pie Hat* beweisen.

Der rebellische Visionär Charles Mingus vollbrachte kompositorische Drahtseilakte, in denen er das gesamte afroamerikanische Erbe aktualisierte.

CHARLES MINGUS
Arizona, 22. April 1922 – Mexiko, 5. Januar 1979

*

Wichtige Aufnahmen
LPs *Pithecanthropus Erectus* (1956), *Blues and Roots* (1959), *The Black Saint and the Sinner Lady* (1963)

*

Wichtige Partner
Dannie Richmond, Eric Dolphy

*

Wichtige Stilmerkmale
Majestätischer Baßton; die Kompositionen beinhalten Improvisationen mit häufigen Tempowechseln

The Black Saint

Mingus mißtraute dem, was er als ausbeuterische Unterhaltungsindustrie ansah – doch seine eigenen unabhängigen Labels machten Verluste, und dies entmutigte ihn so sehr, daß er sich in den späten sechziger Jahren fast völlig zurückzog.

Ein Guggenheim-Stipendium und die Veröffentlichung seiner sprachgewaltigen Autobiographie *Beneath the Underdog* brachten ihn in den frühen Siebzigern auf die Szene zurück.

Er schuf nicht mehr die bewegenden Werke früherer Jahre, aber arbeitete an Filmmusiken mit und machte eine Platte mit der Folksängerin Joni Mitchell.

Nach seinem Tod im Jahr 1979 wurde in einem Stapel von Manuskripten sein gigantisches symphonisches Werk *Epitaph* entdeckt. In der Rekonstruktion des Musikwissenschaftlers und Komponisten Gunther Schuller veränderte es das Bild von Mingus' widerspenstigem Genius. Dieses Werk, das Mingus schon als Teenager begann, umfaßt Jelly Roll Mortons *Wolverine Blues*, Vernon Dukes *I Can't Get Started* und Elemente anderer Musiktraditionen, mit Andeutungen von Schönberg, Bartók und Strawinsky.

Charlie Parker

Charlie Parkers intensiver Alt-Sound war einer der meistimitierten des Jazz. Er galt als Messias der neuen Musik, als Virtuose und genialer Erfinder, und als Symbolfigur künstlerischer Dissidenz.

CHARLIE PARKER
»Yardbird, Bird«
Kansas City, 19. August 1920 – New York, 12. März 1955

*

Wichtige Aufnahmen
Insbesondere *Now's the Time, Ko-Ko, Billie's Bounce* (1945); *Ornithology, Yardbird Suite, A Night in Tunisia* (1946); *Au Privave* (1951)

*

Wichtige Partner
Dizzy Gillespie, Miles Davis, Max Roach

*

Wichtige Stilmerkmale
Wichtigster Begründer des Bebop. Bereicherte die Harmonik, um die Melodik zu befreien. Spontane rhythmische und melodische Imagination. Einfluß nur mit dem Louis Armstrongs vergleichbar

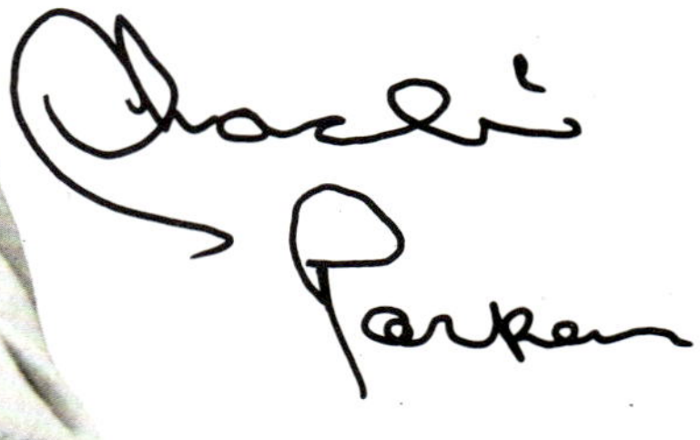

Der Jazz teilt sich in eine Ära vor Charlie Parker, und eine, die durch ihn verwandelt wurde – genauso, wie es die Zeit vor Louis Armstrong gab und eine neue musikalische Landschaft, nachdem seine Vision des Jazz die Zukunft der Musik erhellt hatte. Charlie Parker war der Messias des modernen Jazz, und als er starb, kritzelten Graffitikünstler in den U-Bahnen von New York und in Greenwich Village die Worte: »Bird Lives!«

Wie Armstrong veränderte Parker den Jazz durch eine einzigartige Auffassung von Rhythmus und Phrasierung: die tiefe Überzeugung, daß sich eine musikalische Geschichte anders erzählen ließ. Und auch darin glich er Armstrong: Er spielte mit einer inbrünstigen Leidenschaft, die technische Meisterschaft transzendierte. Doch anders als Armstrong musizierte Parker nicht in einem Idiom, das das Potential populärer Tanzmusik bereicherte und erweiterte. Er betrat zu einer Zeit die Szene, als zumindest ein Teil seiner Hörerschaft bereit war, Jazz als ernsthafte Kunstform anzusehen, und als Symbol jugendlicher Rebellion. Bebop wurde zur Begleitmusik der gesellschaftlichen Verweigerung der Bohemiens, das Altsaxophon Charlie Parkers zu einem Komet, der den intensiven und flüchtigen Moment feierte.

Parker's Mood

Charlie Parker war der Sohn eines Vaudeville-Künstlers aus Kansas City, der Frau und Kind um 1931 verließ. Addie Parker liebte ihren Sohn abgöttisch, ließ nicht zu, daß er, wie andere Kinder, sein Taschengeld mit kleinen Arbeiten aufbesserte und gab ihm alles, was sie konnte – darunter sein erstes Saxophon. Als sie eine Stelle als Nachtputzfrau antrat, erforschte Charlie, 14 Jahre alt, die Clubszene von Kansas City und hörte Saxophonisten wie Ben Webster und Lester Young. Young war Parkers Idol, ein Improvisator von großer klanglicher Raffinesse. Charlie Parker scherte sich wenig um die Schule, sondern konzentrierte seinen ganzen Lerneifer auf das Saxophonspiel, das er sich auf eine persönliche, exzentrische, aber auch befreiende Weise selbst beibrachte. Zu dieser Zeit wurde Jazz meist in einigen wenigen Tonarten gespielt, die für die gängigen Instrumente bequem waren. Der junge Parker war sich dessen nicht bewußt und lernte, in allen Tonarten zu spielen. Eines der Charakteristika des Bebop, zu dessen Entwicklung Parker so Entscheidendes beitrug, war die Leichtigkeit, mit der man mit den Tonarten jonglierte. Parker übte ständig, davon überzeugt, daß seine Methoden richtig waren – doch war dies eine Selbstsicherheit, die ihn manchmal teuer zu stehen kam. Als er eines Abends im »Reno« inmitten eines wilden *I Got Rhythm* eine jener Modulationen versuchte, die viel älteren Spielern Schwierigkeiten bereiteten, verhedderte er sich hoffnungslos. Count Basies Schlagzeugwirbelwind Jo Jones machte die Demütigung komplett, indem er ihm ein Becken vor die Füße warf, um ihn von der Bühne zu jagen. Parker sagte zu seiner Mutter: »Es muß einen Weg geben.« 1939 hatte er ihn gefunden.

Als Charlie Parker sich der Band Jay McShanns, dem letzten großen Kansas-City-Orchester der späten Dreißiger, anschloß, hatte er es geschafft. Im Alter von 19 Jahren verließ er seine Heimatstadt, bereits verheiratet, geschieden und Vater eines Sohnes. Parker blieb bis 1942 bei McShann und hatte gefunden, wonach er gesucht hatte. »Ich dachte ständig, daß es etwas anderes geben müsse«, erinnerte er sich später. »Ich konnte es hören, aber nicht spielen. Ich beschäftigte mich mit *Cherokee,* und während ich das tat, entdeckte ich, daß ich, wenn ich die höheren Intervalle eines Akkordes als Melodie verwendete und sie mit passenden Akkorden unterlegte, das spielen konnte, was ich hörte. Ich erwachte zum Leben.«

Now's the Time

Schon bald lernte Parker andere New Yorker Musiker kennen, die ähnliche Ziele verfolgten: den Schlagzeuger Kenny Clarke, den Pianisten Thelonious Monk, den Gitarristen Charlie Christian und den Trompeter Dizzy Gillespie. Die Anfänge des Bop wurden in *after hours*-Sessions im »Minton's Playhouse« und in Experimenten in den Bands wohlwollender Bandleader wie Earl Hines, Coleman Hawkins und Billy Eckstine erkundet. Zu dieser Zeit war Charlie Parkers Alkohol- und Drogengebrauch – Abhängigkeiten, die auf die langen Kansas-City-Nächte seiner Teenagerjahre zurückgingen – bereits zur Berufskrankheit geworden. Doch auch wenn er unzuverlässig war, so brillierte er doch durch seine musikalische Imagination.

1944 machte Parker erstmals Platten unter eigenem Namen, mit einer Mischung von Swing- und moderneren Musikern, und ein Jahr später entstanden die klassischen Aufnahmen, die seinen Ruhm begründeten. Auf Papierfetzen oder während des Aufwärmens vor einem Aufnahmetermin schrieb Parker Stücke, die für Jazzmusiker in aller Welt zu Meilensteinen wurden. Seine Improvisationen über Themen wie *Now's the Time, Billie's Bounce* und *Ko-Ko* waren hochvirtuos und energiegeladen, voll trickreicher Winkelzüge der Phrasierung und des Timing, die ständig die Erwartungen täuschten, und all dies mit einem Ton, der nur aus dem Blues kommen konnte. Was Feuer, Originalität und weitreichenden Einfluß angeht, so sind Parkers Aufnahmen der mittvierziger Jahre nur mit Louis Armstrongs *Hot Fives* und *Hot Sevens* vergleichbar. Die Zeitschrift »Down Beat« wußte diese Qualitäten damals nicht zu schätzen: Sie gab *Now's the Time* eine Null-Sterne-Wertung.

Im folgenden Jahr spielte Parker mit Dizzy Gillespie im »Billy Berg's«-Club an der Westküste, blieb dort, als die Gruppe abreiste, und unterzeichnete einen Vertrag bei Ross Russells »Dial«-Label. In sieben Sessions entstanden sechs LPs füllende, phänomenale Improvisationen, darunter *A Night in Tunisia, Ornithology* und *Yardbird Suite.* Doch mit Parkers körperlicher und geistiger Gesundheit ging es bergab. Bei der zweiten »Dial«-Session konnte er kaum stehen – doch er spielte. Seine schmerzerfüllte, hochgespannte Version von *Lover Man* ist eine der emotionsgeladensten und offenherzigsten aller Jazzaufnahmen.

Als Parker bekannter wurde, bezog ihn der Impresario Norman Granz in aufwendigere, aber weniger spontane Projekte ein, oft mit Streichern. Parker zog willig mit, da er glaubte, daß sich die Mühen des Jazzlebens lindern würden, wenn er den Status klassischer Komponisten wie Strawinsky oder Varèse erreichte. Doch auch wenn in manchen der »Verve«-Aufnahmen mit Streichern sein Altsaxophon noch immer zu solistischen Höhenflügen anhebt, mit einer Mischung aus Romantik und spröder Härte, so sind es doch die früheren Comboaufnahmen, die zu den unvergeßlichen Klassikern der Musik des 20. Jahrhunderts zählen.

Parker im Jahr 1949 mit Lennie Tristano, Eddie Safranski und Billy Bauer bei einer Session im »RCA Victor«-Studio in New York. Tristanos Musik war, obgleich wesentlich cooler, doch stark von Parkers melodischen Ideen geprägt.

Dizzy Gillespie

Die Backen bis kurz vors Zerplatzen aufgeblasen, die Halsmuskeln dick wie der Bizeps eines Ringers – die Erscheinung Dizzy Gillespies bei der Arbeit ist ein einprägsames Symbol der Energie, Imagination und Hingabe, die die Musik verlangt. Während der vierziger Jahre und bis zu Miles Davis' Reife war Gillespie der meistimitierte Trompeter des Jazz, wie sein Partner Charlie Parker der meistimitierte Saxophonist war. Gemeinsam mit Parker, Charlie Christian, Thelonious Monk und Kenny Clarke begründete Gillespie die Bebop-Bewegung und entwickelte aus den Materialien und Methoden des Swing eine mehrdeutigere, harmonisch komplexere Musik. Ursprünglich ein Bewunderer des Trompeters Roy Eldridge, des dramatischsten, technisch brillantesten Blechbläsers zwischen New Orleans und Modern Jazz, entwickelte sich Gillespie zu einem Improvisator von bestechender Präzision und Phantasie. Bei scheinbar mörderischen Tempi setzte er neue Maßstäbe dafür, was auf einem Blechblasinstrument möglich ist.

Dizzy Atmosphere

Dizzy war ein geborener Clown und ein unermüdlicher Showman. Während viele Bebopper gegenüber allen, außer einigen Eingeweihten, ein Image cooler Zurückhaltung kultivierten, war Gillespie bereit, aus der Clique auszubrechen und neue Freunde für seine Musik zu gewinnen. Gillespie, dessen Vorname eigentlich John Birks ist, bekam seinen Spitznamen für seine Possenreißerei auf der Bühne: Urkomische Ankündigungen der Stücke und Musiker und ein Strom von inspiriertem Nonsens als Scat-Sänger. Gillespie steuerte auch eindrucksvolle Kompositionen bei, leistete Wesentliches für die Synthese von Jazz und lateinamerikanischer Musik, die sich seit den späten Vierzigern vollzog, und war in seinen späteren Jahren Sinnbild des weltreisenden Jazzbotschafters. Er war für den Nachkriegsjazz, was Louis Armstrong für frühere Zeiten gewesen war, und wurde von mehreren amerikanischen Präsidenten empfangen.

Gillespie wurde in South Carolina als jüngstes von neun Kindern eines Bauarbeiters und Amateurbandleaders geboren, der die Begeisterung für Musik und eine gewisse musikalische Bildung förderte. John Birks gewann ein Stipendium des »Laurinburg

Gillespie, ein fesselnder Bluesspieler, verband vokalisierte Klänge mit Kaskaden rascher Läufe und unvorhersehbaren Wechseln von Tempo, Dynamik und Intensität.

Institute« und übte sowohl Trompete als auch Klavier, was ihm half, jenes Bewußtsein für harmonische Zusammenhänge zu schärfen, das für den Bebop, eine durch Erweiterungen der Harmonik befreite Musik, wichtig wurde. Zunächst eiferte Dizzy Roy Eldridge nach, und dies so erfolgreich, daß er 1937 sein Idol in Teddy Hills Swingband ersetzte. Eine Liaison mit dem kommerziell erfolgreichen Sänger und Bandleader Cab Calloway schloß sich an, bis Calloway den Trompeter wegen allgemeiner Aufsässigkeit und einer körperlichen Auseinandersetzung feuerte, von der Calloway später zugab, daß er sie selbst verschuldet hatte.

Bebop wurde zunächst als Antijazz kritisiert, fand aber bald viele Anhänger.

JOHN BIRKS GILLESPIE
»Dizzy«
South Carolina, 21. Oktober 1917 – Englewood, 6. Januar 1993

*

Wichtige Aufnahmen
Mit Coleman Hawkins 1944; weitere klassische Bebop-Einspielungen mit Charlie Parker 1944–45; *Cubana-Be, Cubana Bop* und *Manteca* mit der Big Band von 1947

*

Wichtige Partner
Charlie Parker, Billy Eckstine, Chano Pozo

*

Wichtige Stilmerkmale
Mitbegründer der Bebop-Bewegung der 40er Jahre. Verband Jazz mit lateinamerikanischer Musik. Einer der meistimitierten Trompeter des Jazz

1953 fiel jemand auf Gillespies Trompete und verbog die Stürze. Das Resultat gefiel Gillespie: »Ich höre den Ton schneller.« Er ließ daraufhin ein Instrument anfertigen, das zu seinem Markenzeichen wurde.

Groovin' High

Gillespie fühlte sich zu den jungen Swingmusikern hingezogen, die ähnlich wie er dachten. Wie Charlie Parker und Charlie Christian hatte er zu neuen Phrasen gefunden, indem er Akkorde durch Zusatztöne erweitert und Methoden entwickelt hatte, mitten im Solo in entfernte Tonarten auszuweichen und mühelos wieder zurückzufinden. Gegen Mitte der vierziger Jahre schufen Parker und Gillespie gemeinsam einige der bedeutendsten aller Bebop-Aufnahmen. In ihrem atemberaubenden Zusammenspiel klang all jene Intensität, Musikalität und Begeisterung mit, von der der frühe Bebop lebte.

Parkers Unzuverlässigkeit führte zur Trennung, und in Parkers Band wurde Gillespie durch Miles Davis – seinen Antipoden als Spieler und Persönlichkeit – ersetzt. Unterdessen erkundete Gillespie die Möglichkeiten, mit einer Big Band boporientierte Musik zu spielen. Er fand Mitspieler wie den äußerst einflußreichen, früh verstorbenen kubanischen Perkussionisten Chano Pozo, die ihm halfen, einen Jazz mit lateinamerikanischer Note zu schaffen, voller Drive und Überraschungen. In seiner Autobiographie *To Be or Not To Bop* schrieb Gillespie: »Die Musiker des Calypso, der Rumba, des Samba und der Rhythmen Haitis haben von der Mutter ihrer Musik alle etwas Gemeinsames mitbekommen: Rhythmus. Den Grundrhythmus, denn die Mutter Rhythmus ist Afrika.«

Von den fünfziger Jahren an war Dizzy Gillespie nicht nur unentwegt auf Tournee, sondern förderte auch jüngere Trompeter: Fats Navarro, Clifford Brown, Lee Morgan und zwei jüngere Männer, die er als seine musikalischen Söhne ansah – Jon Faddis und Arturo Sandoval. Auch wenn ein dichtgedrängter Terminplan und das Verlangen des Publikums nach technischem Feuerwerk (wie bei seinem häufigen Mitwirken bei Norman Granz' *Jazz at the Philharmonic*-Tourneen) mitunter seine Kreativität einzuengen und die Klarheit seiner Phrasierung zu trüben schienen, so war er doch noch in seinem siebten Lebensjahrzehnt für mitreißende Auftritte gut.

Botschafter des Jazz

Gillespie, zeitlebens ein Kämpfer für Bürgerrechte, für eine angemessene Behandlung von Künstlern ohne Ansehen ihrer Rasse und für den Status afroamerikanischer Musik als wesentliche (und dementsprechend zu fördernde) Kunstform, überraschte häufig durch scheinbar humoristische politische Aussagen, hinter denen jedoch ein ernstes Anliegen steckte. In den sechziger Jahren drohte er, er würde als Präsident kandidieren, nach seiner Wahl das Weiße Haus in »Blues House« umbenennen und Miles Davis zum Chef der CIA machen. In seinen letzten Jahren leitete er die multinationale, weit reisende *United Nations*-Band, in der sowohl jüngere Stars des Latin Jazz wie der Saxophonist Paquito D'Rivera und der Trompeter Arturo Sandoval als auch alte Partner wie der Saxophonist und Komponist James Moody spielten.

Gillespies absurder Humor und seine unkonventionelle Kleidung wurden zu Modellen des *hipster*-Stils. Baskenmütze, Sonnenbrille und Ziegenbärtchen wurden zeitweise zur Uniform des modernen Jazz.

Miles Davis

Kein Jazzmusiker hat je auf seinem Instrument intimere, flüchtigere Emotionen ausgedrückt als Miles Davis. Seine Töne verfärben sich wie Juwelen, die man im Licht dreht – sein Sound ist melancholisch und individuell, und sein Swing-Gefühl beruht auf einem im so häufig hyperaktiven Jazz unerreichten Gespür für die Pause. Wenn Miles Davis in einem Solo eine Geschichte erzählte, nahm diese eine so greifbare Gestalt an, daß man die ihr zugrunde liegende Struktur vergaß. Dennoch fehlte es seiner Musik nie an Drive. Ein Solotrompeter von solcher Qualität zu sein, wäre schon genug gewesen, aber Miles Davis war darüber hinaus ein großer Neuerer, der immer wieder an etablierten Formen rüttelte. Davis, ein wahrhaftiger Gigant der Musik des 20. Jahrhunderts, beeinflußte mehr als einmal in seiner langen Karriere tiefgreifend den zukünftigen Kurs des Jazz. Als er 1991 starb, arbeitete er mit Prince zusammen und mit dem New Yorker Dancefloor-Produzenten Easy Mo Bee an einer Rap-Platte.

Miles Dewey Davis, der Sohn eines Zahnarztes aus St. Louis, fing mit 13 Jahren an, Trompete zu spielen. Zunächst deutete alles auf eine klassische Ausbildung hin, doch dann fiel er unter den Bann der Musik Charlie Parkers. Nach dem Umzug nach New York vernachlässigte Davis seine klassischen Studien, um dem Saxophonisten von Club zu Club zu folgen. Schließlich teilte er eine Wohnung mit ihm und vertrat Dizzy Gillespie in seinem Quintett. Anfangs klang Davis nicht gerade wie der geborene Bebop-Trompeter. Er verpatzte häufig Töne, hatte Schwierigkeiten mit der Intonation und fühlte sich in raschen Tempi unwohl. Aber nicht weil er Mühe hatte, den Bebop technisch zu meistern, entwickelte er aus ihm eine neue Musik. Davis hatte einfach ein anderes musikalisches Temperament und hörte eine noch nicht existierende Musik, in der es in der Improvisation auf Feinheiten von Ton und Timing ankam, die dem Jazz eine neue emotionale Qualität geben sollten.

MILES DEWEY DAVIS
Illinois, 26. Mai 1926 –
Kalifornien, 28. September 1991

*

Wichtige Aufnahmen
Birth of the Cool-Sessions und »Blue Note«-Platten der Jahre 1952–54;
LPs *Workin'* und *Steamin'* (1956);
Kind of Blue (1959); *Miles Ahead* (1957);
Bitches Brew (1970);
You're Under Arrest, Aura (1985)

*

Wichtige Partner
Charlie Parker, Gil Evans, John Coltrane, Herbie Hancock, Tony Williams, Marcus Miller

*

Wichtige Stilmerkmale
Davis' Version des Bebop war sanft und weitläufig. Wichtiger Vertreter modaler Improvisation in den späten 50er Jahren; um 1960 konzertanter orchestraler Jazz; kollektives Spiel mit Elementen von Hard Bop und modalem Jazz (um 1965); Fusion (ab den späten Sechzigern)

So What

1949, im Alter von 23 Jahren, gründete Davis eine Band, die wie eine orchestrierte Version seines Trompetensounds klang – ein Nonett mit Waldhorn und den Saxophonisten Gerry Mulligan und Lee Konitz, die zurückhaltender als die meisten Bebopper spielten. Entscheidend für die Band waren die ätherischen, dicht gewebten Arrangements des jungen Kanadiers Gil Evans. Die Band trat nur selten auf, und Davis verbrachte die frühen fünfziger Jahre mit Drogenquerelen.

Nachdem er sich von ihnen gelöst hatte, hatte er 1955 beim Newport-Jazzfestival ein vielbeachtetes Comeback. Es verschaffte ihm genug Publizität und Ermutigung, um eine neue feste Band ins Leben zu rufen. Sein wichtigster Partner war ein junger Saxophonist, der so schnell dicht und hitzig spielte, wie Davis introvertiert war: John Coltrane. Mit dem Pianisten Red Garland, dem Bassisten Paul Chambers und dem Schlagzeuger Philly Joe Jones wurde die Band zu einem der ausdrucksstärksten und dynamischsten Ensembles der Hard-Bop-Bewegung, nicht zuletzt durch den Kontrast zwischen Davis' Trompete und der vorwärtsdrängenden Vitalität seiner Mitspieler. Davis verwendete immer häufiger den Harmon-Dämpfer, um seinen Balladensound noch zerbrechlicher und distanzierter zu machen.

In den 50er Jahren machte Miles Davis Schlagzeilen, weil er seinem Publikum den Rücken zuwandte. In den 80er Jahren war sein Charisma unvermindert. Er wollte, daß seine Musik für sich selbst spricht und haßte Interviews.

Die Band spielte mit einer Freiheit, die ihre Platten der mittfünfziger Jahre zu Klassikern machte, aber der Hard Bop war noch immer eine akkordische Musik, und Davis wurde dessen überdrüssig. Mit Platten wie *Milestones* und *Kind of Blue* wandte er sich dem an Skalen orientierten modalen Jazz zu, der den Solisten größeren Freiraum gab. Die Musik nahm statt der linearen Bewegung des Bop ein wellenförmiges Kräuseln an, wie das Muster, das ein ins Wasser geworfener Stein erzeugt. Doch Davis suchte seine Form von Freiheit (den sich zur gleichen Zeit herausbildenden Free Jazz lehnte er ab) nicht nur in kleinen Formationen. In den von Gil Evans geschaffenen orchestralen Texturen von *Porgy and Bess* und *Sketches of Spain* war er, mit Trompete und dem weicher klingenden Flügelhorn, der einzige Solist und schuf intime Monologe wie ein Sänger.

In den sechziger Jahren bewegte sich Miles Davis so nahe an den Free Jazz hin, wie sein Sinn für Lyrismus und Swing es zuließen, und engagierte junge Musiker wie den 16jährigen Schlagzeuger Tony Williams, den Pianisten Herbie Hancock, den Saxophonisten Wayne Shorter aus Art Blakeys Band und den Bassisten Ron Carter. Die Band spielte noch immer modal, löste sich aber von den Standards und entwickelte ein telepathisches Zusammenspiel von ähnlicher Qualität wie die frühere Band mit Coltrane. Zudem näherte sie sich der freien Kollektivimprovisation. Der freie Umgang der Hancock-Carter-Williams-Rhythmusgruppe mit dem Metrum veränderte Davis' Stil, inspirierte ihn zu längeren Linien, ließ ihn häufiger aus dem Mittelregister ausbrechen und mitunter packend intensiv spielen.

Doch ungeachtet der zarten Poesie seiner Musik blieb Miles Davis doch ein willensstarker, weltzugewandter Künstler. Als ihm in den sechziger Jahren klar wurde, daß eine neue, differenziertere und spontanere Rockmusik den Jazz verdrängte und daß Musiker wie Jimi Hendrix und Sly Stone ein großes Publikum anzogen und ein Vermögen verdienten, versuchte Davis, das junge schwarze Publikum zurückzugewinnen, das sich vom Jazz abwandte. Er begann, Jazzimprovisation mit Rockmustern und -instrumenten zu verbinden. In frühen Stimmungsbildern wie *In a Silent Way* und *Bitches Brew* schuf er elektronische Texturen – moderne Versionen der Klangteppiche, die Gil Evans zehn Jahre zuvor hinter ihm aufgespannt hatte. Nicht alle Produkte dieses Wandels waren gehaltvoll. Eine wahre Prozession aufsehenerregender junger Spieler – Keith Jarrett, Chick Corea, Jack DeJohnette, Dave Holland, John Scofield – wirkte in seinen Fusion-Bands mit, doch der Musik fehlte zuweilen die Eleganz und die Frische seiner früheren Platten und der besten jener Popmusik, die er so genau studierte. Krankheit und Selbstzweifel führten in den späten siebziger Jahren zu einer langen Pause. Er kehrte mit einer populäreren Verbindung von Jazz und Pop zurück, in der er seinen sprechenden Trompetenton auf Pophits anwandte. Die Magie funktionierte noch immer. Die Poesie von Davis' Klang und Konzeption überbrückte noch immer die Kluft zwischen Stilen und Generationen. Seine Musik hat unschätzbaren Einfluß auf fast jedes Idiom der heutigen Musik.

Die Trompete von Miles Davis ist einer der meistimitierten und prägnantesten aller Jazzklänge. Davis, ein distanzierter Mensch, der an seine Mitspieler hohe Ansprüche stellte, vermittelte in seiner Musik eine verletzliche Zartheit, gekoppelt mit einem unübertroffenen Rhythmusgefühl.

Thelonious Monk

Die Schwierigkeit der Stücke von Thelonious Monk wird oft in plastischen Begriffen umschrieben. John Coltrane, der in einer der kreativsten aller Monk-Gruppen der fünfziger Jahre spielte, sagte, wenn man einen Akkordwechsel verpaßte, sei das so, »als falle man in einen Aufzugschacht«. Whitney Balliett, Jazzkritiker des »New Yorker«, schrieb, daß der Hörer sich bei Monks langen Pausen manchmal frage, ob der Musiker das Studio verlassen habe, und daß die unerwarteten Winkelzüge seiner Melodien so wirkten, »als verpasse man im Dunkeln eine Treppenstufe«.

Von den Baptisten zum Bebop

Monk selbst fand seine eigene Musik überhaupt nicht merkwürdig, und er ging seinen eigenen Weg, möglicherweise verblüfft, aber jedenfalls unbeeindruckt von der in den Fünfzigern vorherrschenden Meinung, seine Musik sei ungewöhnlich. 30 Jahre später verschleiern die klirrenden Dissonanzen seiner unnachahmlichen Melodien nicht mehr ihre melodische Kühnheit und elegante Konstruktion, und klassische Pianisten nehmen sie jetzt in Programme zur Würdigung des Reichtums moderner amerikanischer Musik auf.

Monk wird allgemein als Teilnehmer der Bebop-Revolution der vierziger Jahre gesehen – und nicht allein seiner Musik wegen. Seine ungewöhnliche Erscheinung und seine Vorliebe für Sonnenbrillen und exzentrische Hüte trugen einiges dazu bei, das Image des Nachkriegs-*hipsters* zu definieren. Doch im Kern war er ein Stride-Spieler mit einem raffinierten und avancierten Verständnis von Harmonik und einem völlig individuellen Sinn für Timing und Pause. Er bekam als Kind Klavierstunden, begleitete in der Kirche den Gesang seiner Mutter, und Gospelmusik blieb zeitlebens ein wichtiger Einfluß in seiner Musik.

Monk spielte mit verschiedensten Musikern, ehe er anfing, im »Minton's Playhouse« in New York, der Brutstätte des Bop, ein und aus zu gehen, und 1943 schloß er sich Coleman Hawkins an – einem Swing-Musiker, dessen Sinn für Harmonik dem der Bebopper nahekam.

Eine Verhaftung aufgrund einer unbegründeten Anklage wegen Drogenmißbrauchs und ein darauffolgender Ausschluß aus den New Yorker Clubs zogen Monk bis in die Mittfünfziger aus dem Verkehr, doch nicht, ehe er eine Serie von Klavierimprovisationen über Kompositionen aufgenommen hatte, die zu Jazzklassikern werden sollten. Monks *52nd Street Theme* wurde von Dizzy Gillespie und Cootie Williams aufgenommen, und *Epistrophy* wurde Williams' Erkennungsmelodie im Rundfunk. In den fünfziger Jahren trug Miles Davis mit subtilen Interpretationen seiner Stücke viel zum Ansehen Monks als Komponist bei. Auch Monks Mitwirkung im Film *Jazz on a Summer's Day* half ihm, seinen rechtmäßigen Status wiederzuerlangen.

Weil Monks Musik so voll harscher Dissonanzen und bizarrer Pausen steckte, fanden es viele Jazzmusiker schwierig, mit ihm zu arbeiten. Doch der junge John Coltrane und der Sopransaxophonist Steve Lacy waren ideale Partner.

Als die verborgene Schlichtheit und Schönheit von Monks Ideen klarer erkennbar wurde, wurden Themen wie *Well You Needn't* und *Straight No Chaser* zu Bestandteilen des Repertoires vieler Musiker, vom Swing bis zur Avantgarde, und das untypisch zarte *Round Midnight* ist heute eines der meistgespielten aller Jazzstücke. Monks schroffe Dissonanzen und sein eigenartiger Sinn für musikalische Zeit, der lange Pausen mit überraschenden Läufen kombinierte, machten ihn zu einem erfrischend unkonventionellen Spieler, dem technische Bravourstückchen nichts bedeuteten.

Monks rauher, holpriger Klaviersound ist sofort zu erkennen; seine Kompositionen werden heute überall gespielt. In den 50er Jahren fand man seine Harmonien und seine Rhythmik bizarr, und Auftrittsmöglichkeiten waren rar.

THELONIOUS SPHERE MONK
North Carolina, 10. Oktober 1917 – New Jersey, 17. Februar 1982

*

Wichtige Aufnahmen
1941 im »Minton's«; *Evidence, Criss Cross, Carolina Moon* (1947–52); *Bag's Groove* mit Miles Davis (1954); LP *Brilliant Corners* (1956); mit John Coltrane (1957)

*

Wichtige Partner
Art Blakey, John Coltrane, Johnny Griffin, Charlie Rouse

*

Wichtige Stilmerkmale
Kombinierte den Harlem-Stride-Piano-Stil mit rhythmischen und harmonischen Überraschungen. In den 40er Jahren Mitglied der Bebop-Clique. Seine Kompositionen und Improvisationen sind unverwechselbar in Sound und Konstruktion

Art Blakey

Art Blakeys Trommelstöcke. Bei Spielen verschwammen sie zu einem Nebel. Blakey entwickelte Schlagzeugtechniken, die heute weit verbreitet sind.

»**Vom Schöpfer zum Künstler,** direkt zum Publikum, das alles in Sekundenbruchteilen – das gibt es in keiner anderen Musik« – dies war Art Blakeys Credo. Als leidenschaftlicher Jazzprediger und Förderer junger Musiker war Blakey einmalig.

Art Blakey war einer der faszinierendsten Schlagzeuger des Jazz. Doch das ist nur ein Teil der Geschichte. Bis zu seinem Tod kämpfte er für die allgemeine Anerkennung des Jazz und förderte junge Talente. »Erzählt euren Spießerfreunden von uns«, rief Blakey seinem Publikum in den Clubs zu. »Ich fände es schrecklich, wenn ein menschliches Wesen durchs Leben ginge und diese Musik verpassen würde.«

Art Blakey betrat in den vierziger Jahren die Szene, als die mondäne Welt des Big-Band-Swing von jungen Bebop-Stars wie Charlie Parker, Dizzy Gillespie und Thelonious Monk erschüttert wurde – Musiker, deren Transformationen der *Tin Pan Alley*-Songformen den Jazz ein für allemal veränderten. Kenny Clarke, der führende Schlagzeuger der Bewegung, glaubte, daß das Schlagzeug in einer Band ebensosehr Soloinstrument sein könne wie swingende Unterstützung. Blakey entwickelte ein Repertoire explosiver Snare-Drum-Wirbel und vorantreibender Akzente sowie einen dynamischen Becken-Beat, der so viele Farben in sich barg wie ein ganzes Ensemble von Melodieinstrumenten in anderen Bands.

Straight Ahead

Im Jahr 1954 formierte er mit dem Pianisten Horace Silver die erste Ausgabe der *Jazz Messengers.* Sie wurde zur lebenden Definition des Hard Bop, eines Combostils mit ausgedehnten Soli, starkem Blues- und Gospeleinschlag und einer hitzigen Emotionalität, die eine Gegenreaktion auf die sachliche Cool-Schule war.

Blakey war zunächst Pianist gewesen, aber die Präsenz des jungen Erroll Garner in einer Band, die Blakey mit 15 leitete, führte zu Schwierigkeiten. Blakey erzählte häufig, wie ihn der Clubeigentümer mit vorgehaltener Pistole vom Klavier zum Schlagzeug verwies, und er hat es nie bereut. Nach Zusammenarbeit mit Mary Lou Williams, Billy Eckstine, Thelonious Monk, Miles Davis und vielen anderen wurden in den fünfziger Jahren die *Messengers* seine Heimat, und er erwies sich als begabter Talentsucher. Die Trompeter Lee Morgan, Clifford Brown und Freddie Hubbard sowie die Saxophonisten Johnny Griffin und Wayne Shorter machten in der Band Station, und Blakey zögerte nie, seinen Juniorpartnern auch Verantwortung als Komponisten und Arrangeure zu übertragen. In den achtziger Jahren hielten junge Stars wie Wynton und Branford Marsalis, Bobby Watson und der Trompeter Terence Blanchard diese Formel lebendig. Gegen Ende seines Lebens wurde Blakey zudem zum Guru der Jazz-Renaissance, ein unermüdlicher Exponent eines vitalen und tanzbaren, bebopgrundierten Jazz, der in den achtziger und neunziger Jahren zum festen Repertoire junger DJs zählte.

Art Blakey war ein Musiker, der unfähig war, weniger als sein Bestes zu geben. Dies und die Jugend der meisten seiner Partner machten die *Jazz Messengers* zu einem immer wieder überzeugenden Ensemble. Doch trotz all seiner Wildheit und Dynamik war Blakey auch ein guter Zuhörer.

ART BLAKEY
Abdullah Ibn Buhaina, »Bu«
Pittsburgh, 11. Oktober 1919 –
New York, 16. Oktober 1990

*

Wichtige Aufnahmen
LPs *Horace Silver and the Jazz Messengers* (1954); *Art Blakey and the Jazz Messengers* (1958, mit *Moanin'* und *Blues March*); *A Night in Tunisia* (1960); *Free for All* (1964)

*

Wichtige Partner
Horace Silver, Lee Morgan, Wayne Shorter, Freddie Hubbard, Wynton Marsalis

*

Wichtige Stilmerkmale
Pionier des Hard Bop – Bebop mit einer kräftigen Prise Blues und Gospel. Afrikanisches Trommeln war ein wichtiger Einfluß auf sein Spiel. Seine explosiven High-Hat- und Becken-Klänge feuerten von den 50er bis in die 90er Jahre Solisten an

Sonny Rollins

Im Jazz von heute ist ein Musiker, dessen Stil Bop, Blues, Calypso und Funk umfaßt, keine Seltenheit mehr. Doch Sonny Rollins wendet seine improvisatorische Intuition, die das Klischee regelrecht verbannt, bereits seit 40 Jahren auf eine Mixtur populärer und schrullig-persönlicher Materialien an. Rollins' Mutter stammte von den Jungferninseln, und die karibische Tanzmusik ist ihm immer nahe gewesen. Mit dem Saxophonspiel begann er in der Ära der *jump bands,* die dem Rock and Roll vorausgingen, und auch dies hat Spuren hinterlassen. Aber es gibt so viel mehr in Rollins' Musik: Eine einzige seiner langen Improvisationen (und manche sind sehr lang!) kann wie ein komprimiertes Kompendium der westlichen populären Musik klingen, so individuell zusammengesetzt, daß es an Abstraktion grenzt.

Rollins' Geschwister lernten alle klassische Musik, doch ein saxophonspielender Onkel, der den Blues mochte, lenkte ihn auf eine andere Bahn. Er nahm die Stile der Saxophonidole der vierziger Jahre in sich auf: Coleman Hawkins' mächtigen Ton und seine Meisterschaft als eher akkordischer denn melodischer Improvisator, Lester Youngs melancholisches Geschichtenerzählen und Charlie Parkers dynamische Synthese von beidem. Dies, kombiniert mit seiner Vorliebe für Louis Jordans *jump*-Saxophonspiel, führte Rollins zu einer einmaligen Verquickung von Kraft, Geschwindigkeit, Swing und überbordender spontaner Erfindung. Auch der Bop-Pianist Thelonious Monk beeinflußte Rollins sehr, ließ seine Soli fragmentarischer und unberechenbarer in ihrer Linienführung werden und bestärkte seine Neigung, populäre Themen aufzugreifen und sie subversiv, oft mit sardonischem Humor, zu verfremden.

In den frühen fünfziger Jahren spielte Rollins eine Zeitlang mit Miles Davis. 1956 schloß er sich Max Roachs und Clifford Browns großartiger Hard-Bop-Gruppe an.

THEODORE WALTER ROLLINS
»Sonny, Newk«
New York, 9. September 1930

*

Wichtige Aufnahmen
LPs *Saxophone Colossus* (1956); *Way Out West* (1957); *The Freedom Suite* (1958); *The Bridge* (1962); *Sunny Days, Starry Nights* (1984)

*

Wichtige Partner
Thelonious Monk, Max Roach, Miles Davis, Don Cherry

*

Wichtige Stilmerkmale
Unkategorisierbarer, individueller Spieler, der das Gewicht des Swing-Saxophons mit thematischer Orientierung und Bebop-Geschwindigkeit verbindet. Vorliebe für karibische Musik

Bis zum Ende des Jahrzehnts spielte er, oft mit Roach, einige seiner bedeutendsten Platten ein, darunter *Saxophone Colossus, Way Out West* und *Newk's Time.* Auf *Saxophone Colossus* gab es neben *St. Thomas,* einem von Rollins' dynamischsten Calypsos, und einer majestätischen Version von *Mack the Knife (Moritat)* eine ausgedehnte Improvisation über einen melancholischen mittelschnellen Blues *(Blue Seven),* voll verschliffener, eingetrübter Töne, wirbelnder Schübe von Bebop-Läufen und mit einer stetig gesteigerten Intensität, die ihr zu Recht den Ruf eines der größten aller je aufgenommenen Jazz-Soli eintrugen. Ähnliches leistet Rollins auf *Come, Gone* von der *Way Out West*-LP, einer Mischung hartnäckiger Wiederholung einiger Phrasen und virtuoser *double time*-Passagen – und seine typische Vorliebe für merkwürdiges Material wird durch die Einbeziehung von Melodien wie *Wagon Wheels* und *I'm an Old Cowhand* unterstrichen. Der Ruhm, den Rollins in jener Periode erlangte, trübte aber nie sein natürliches Streben, sich lernend weiterzuentwickeln, einen Impuls, den er auf den musikalischen Wettbewerb mit seinen älteren Brüdern und Schwestern zu Hause zurückführt.

Rollins war einst ebenso berühmt für seine Exzentrik wie für sein famoses Saxophonspiel: Mohikanerfrisuren, kahlrasierter Schädel, exotische Hüte. Manchmal kam er in Clubs an und spielte bereits im Taxi die erste Nummer.

Von 1959 bis 1961, zu einer Zeit, als die Avantgarde aufblühte, zog sich Rollins zurück, um den Problemen der Beziehung von Improvisation und Struktur nachzugehen, die ihn beschäftigten. Ornette Coleman, den Architekten des Free Jazz, kannte Rollins schon aus den fünfziger Jahren, und nach seinem Comeback spielte er mit Don Cherry und Billy Higgins, zwei der wichtigsten Partner Colemans.

Die so entstehende Musik war rauher und offener, aber noch immer voll jener unbändigen Energie, mit der Rollins in jedem Solo Ideen über Ideen schichtete. In den drei Jahren nach seinem Comeback nahm Rollins sechs LPs auf. *The Bridge* ist eine der bekanntesten davon – sie verdankt ihren Namen Rollins' Angewohnheit, in den Jahren seines Rückzugs auf dem Fußgängerweg der »Williamsburg Bridge« zu üben. Doch der ruhelose Rollins war noch immer nicht von der Richtigkeit seiner Methoden überzeugt, und 1966 zog er sich ein zweites Mal zurück, diesmal für fünf Jahre.

Eine neue Perspektive

In den letzten Jahren läßt Rollins häufiger wieder den musikalischen Vorlieben seiner frühen Jahre freien Lauf, und viele seiner Platten des letzten Jahrzehnts enthalten relaxten Funk, romantische Balladen und ansteckende Soul Music. Doch Rollins ist auch als unbegleiteter Improvisator unerreicht. Irgendwann im Laufe eines Konzerts tritt er allein ins Rampenlicht und läßt seine noch immer quecksilbrige und eigensinnige musikalische Intelligenz auf den unglaublichen Melodienfundus in seinem Kopf los und erlaubt ihr, ihn auf faszinierende Weise neu zusammenzusetzen.

Im Londoner »Ronnie Scott's«-Club erinnert man sich noch immer an das Finale eines Rollins-Auftritts in den sechziger Jahren. Der Akt des Abschiednehmens vom Publikum löste bei Rollins plötzlich eine Kette von Erinnerungen an jeden *Tin Pan Alley*-Song aus, in dessen Titel das Wort *goodnight* vorkommt. Rollins spielte fast eine ganze Stunde weiter und nahm sich dabei kaum die Zeit zum Luftholen. Der Trieb, ständig alte Musik in neue zu verwandeln, ist ein Bestandteil der Essenz des Jazz, und Sonny Rollins ist nach wie vor einer seiner brillantesten Vertreter.

Sonny Rollins, einer der wenigen Musiker der Hard-Bop-Gründergeneration, der heute noch beeindruckende Musik macht, spielt heute mehr leichte Fusion Music als früher, doch seine Soloeinlagen sind nach wie vor Sternstunden spontaner Kreativität.

John Coltrane

Als Jazzmusiker in den sechziger Jahren Stile entwickelten, die mit gängigen Vorstellungen von Songform und Swing brachen, waren weder die Plattenindustrie noch das Publikum begeistert. John Coltrane war die Ausnahme. Sein Saxophon konnte schrill und dramatisch oder beseelt und lyrisch klingen – in jedem Fall erreichte es Hörer weit außerhalb des engen Kreises der Jazzfans. *A Love Supreme,* Coltranes berühmteste Platte, verkaufte sich gut genug, um eine ganze Generation von Rockfans auf eine musikalische Führerfigur aufmerksam zu machen, die nicht Gitarre spielte.

Coltrane war das ideale Symbol für eine Generation, die dem Konsumdenken kritisch gegenüberstand. Er, der tief Religiöse, schien ein Mann mit einer Mission zu sein, der mit dem Saxophon Musik aus einer anderen Welt vermittelte. Er war schüchtern und von seiner Arbeit besessen und, ungeachtet seiner Weltentrücktheit, doch in das politische Geschehen seiner Zeit eingebunden. Explizite Bürgerrechts-Statements (*Alabama* war von einer Rede Martin Luther Kings abgeleitet) kündeten davon und schufen ein Gegenbild zum Cool Jazz der fünfziger Jahre.

Coltranes windungsreicher Weg begann mit Althorn und Klarinette. Mit 15 fing er an, Saxophon zu spielen. Seine ersten Sporen verdiente er sich, wie viele junge schwarze Saxophonisten, im Rhythm and Blues, in den Bands von Eddie »Cleanhead« Vinson und Earl Bostic. Coltrane vertiefte sich auch in den Bebop und spielte in den späten vierziger Jahren in der Dizzy-Gillespie-Big-Band, dann bei Johnny Hodges. Vorbildhaft waren für ihn zu dieser Zeit die Attacke und der große bluesige Ton Dexter Gordons. Auch Charlie Parker, Sonny Rollins und der Sun-Ra-Tenorist John Gilmore beeindruckten ihn.

Workin' and Steamin'

Als Miles Davis 1955 triumphal auf die Szene zurückkehrte, wurde Coltrane zum vulkanischen Gegenpol seiner vielgepriesenen Zurückhaltung. Aber so, wie sich Miles Davis immer mehr von den Akkordwechseln des Bebop wegbewegte, vertiefte sich Coltrane immer besessener in sie. In einem berühmten Wortwechsel sagte Coltrane seinem Arbeitgeber, daß er, wenn er einmal mitten im Solo sei, nicht mehr wisse, wie er aufhören solle. »Versuch doch einmal, das Saxophon aus dem Mund zu nehmen«,

Auch wenn Sidney Bechet seit 1919 Sopransaxophon spielte, so blieb es doch eine Rarität, bis John Coltrane es populär machte. Das durchdringende und leidenschaftliche *My Favorite Things* inspirierte eine Generation von Saxophonisten, es zu verwenden.

antwortete Davis. Aber ihm war klar, daß Coltranes Stil einmalig war, und er behauptete, es wäre so, als habe er gleich drei Saxophonisten engagiert.

Wenn Parker ein Vogel im Flug war, so war Coltrane ein Strom, der über die Ufer tritt. Um seinem Klangstrom noch mächtiger zu machen, experimentierte er damit, noch mehr Substitutionsakkorde zu verwenden, als es der Bebop tat, so daß die Akkorde zuweilen auf jedem Viertel wechselten. Zu Wayne Shorter sagte er, sein Ziel sei es, in der Mitte eines Satzes anzufangen und dann gleichzeitig zum Anfang und zum Ende fortzuschreiten.

Einen Großteil der fünfziger Jahre über war Coltrane heroin- und alkoholabhängig. Als religiöse Überzeugung ihm half, damit zu brechen, hatte er einen neuen Brennpunkt seines Lebens und seiner Arbeit gefunden. 1957 schloß er sich Thelonious Monks Quartett an, und diese kurzlebige Gruppe wurde zu einer klassischen Band. Das harmonische Wissen des Saxophonisten machte ihn zu einem der wenigen, die über die verwinkelten Themen des Pianisten improvisieren konnten. Auf dem prophetischen *Kind of Blue* war Coltrane wieder mit Miles Davis zu hören, sein Ton nun voll und majestätisch wie ein Gospelsänger, sein Balladenstil von schroffer Zartheit.

Als Coltranes Phrasierung immer dichter wurde, prägte der Kritiker Ira Gitler den Begriff *sheets of sound* (Klangflächen), ein Etikett, das haftenblieb.

Giant Steps

Um 1960 wiesen zwei Platten in die Zukunft: *Giant Steps* und *Coltrane Jazz.* Auf ersterer wurden die Harmonien des Bebop bis zum letzten Tropfen ausgewrungen. *Harmonique* auf *Coltrane Jazz* dokumentiert einen zaghaften Versuch, mit Saxophon-Mehrklängen zu arbeiten und ein zuvor unbekanntes hohes Register auszuloten. Miles Davis modale Erkundungen befreiten auch Coltrane davon, jeden Akkord mit Tönen zu überladen. Er begann statt dessen über Skalen zu improvisieren – der Ausweg des modalen Spiels.

Im Pianisten McCoy Tyner, dem Bassisten Jimmy Garrison und dem Schlagzeuger Elvin Jones fand Coltrane die idealen Partner für seine eigene Gruppe. Jones' Einfluß auf das Schlagzeugspiel war so weitreichend wie der Max Roachs und Kenny Clarkes 20 Jahre zuvor. Statt eines klaren Pulses auf dem Ride-Becken spielte er auf dem gesamten Schlagzeugset eine Welle von Klang. Tyners Klavier war so perkussiv, daß es oft den Beat trug und Jones ermöglichte, sich auf Texturen zu konzentrieren. Coltrane fing an, das wenig verwendete Sopransaxophon zu spielen, auf dem er leichter das grelle, jubilierende hohe Register erreichen konnte, dem er auf dem Tenor nachjagte. Nach der radi-

Coltranes Platten wurden von Nachwuchssaxophonisten genau studiert.

kalen *Ascension*-LP von 1965 (einer wilden Feier kollektiver Dynamik und Klangfarben) machte Coltrane in seinen beiden letzten Lebensjahren eine Folge immer intensiverer, inbrünstigerer Platten, zuletzt mit einer neuen Gruppe mit dem Saxophonisten Pharoah Sanders und seiner zweiten Ehefrau Alice am Klavier.

John Coltrane starb 1967 an einem Leberleiden. Seine Musik war oft voll unaufgelöster Spannung und wirkte wie eine Suche nach dem Unsagbaren, doch Energie und Bescheidenheit waren seine beiden Tugenden und die Quelle seines Charismas.

»Man kann den Leuten nicht Weltanschauungen aufzwingen«, sagte er dem Autor Frank Kofsky. »Das Beste was ich, glaube ich, tun kann, ist, mit mir selbst ins Reine zu kommen und mich selbst zu erkennen.« Dieses Credo deutete so klar in die Zukunft, daß selbst Musiker, die nach Coltranes Tod geboren wurden, ihn als eine Mischung aus Lehrer und Heiligen verehren, wie einst seine Zeitgenossen.

JOHN COLTRANE
»Trane«
North Carolina, 23. September 1926 –
New York, 17. Juli 1967

*

Wichtige Aufnahmen
LPs *Blue Train* (1957); *Kind of Blue* mit Miles Davis (1959);
My Favorite Things (1960);
A Love Supreme (1964); *Ascension* (1965)

*

Wichtige Partner
Miles Davis, Thelonious Monk, McCoy Tyner, Elvin Jones, Alice Coltrane, Pharoah Sanders

*

Wichtige Stilmerkmale
Lernte Tenor in R&B-Bands. Konzentrierte sich in den 50er Jahren auf Erweiterung der Bebop-Harmonik. Beschäftigte sich ausgiebig mit Skalen und Modi. Entwickelte ungekannte Geläufigkeit, mehrstimmiges Spiel und ein stark erweitertes oberes Register

John Coltranes kompromißlos persönlicher Jazz wird immer noch weltweit von Musikern verehrt und imitiert. Er revolutionierte die Saxophontechnik und gab dem Sound der Jazzcombo neue Intensität.

Ornette Coleman

Die jungen Swing-Rebellen der vierziger Jahre brachen aus der Tretmühle der Tanzmusikakkorde und der *Tin Pan Alley*-Songs aus. Doch der Bebop wurde selbst zur Tretmühle. Wenn Jazzimprovisation nur bedeute, so argumentierte der texanische Saxophonist Ornette Coleman, mit den zu den Broadwaysongs passenden Skalen zu jonglieren, warum nicht gleich die Improvisation vergessen und Soli Ton für Ton auswendig lernen? Colemans mutiges Verwerfen eines bis dahin als essentiell betrachteten Materials war einer der aufsehenerregendsten Akte der Jazzgeschichte, und Coleman wurde in den frühen Sechzigern zum wichtigsten und dynamischsten Katalysator des Free Jazz, des *New Thing*.

Coleman wurde schon als Teenager Berufsmusiker, in den populären Bluesbands seiner Heimatstadt Fort Worth. Auch wenn sein frühes Spiel die Phrasierung Charlie Parkers widerspiegelte, so war Coleman doch insbesondere von der Klangfarbe besessen. Beim Üben wiederholte er wieder und wieder den gleichen Ton und erkundete verschiedene Schattierungen. Sein vom Südstaaten-Blues geprägtes Saxophonspiel erinnerte an die Stimme eines Bluessängers, hatte einen starken Beat und war bebopartig phrasiert, aber losgelöst von den Bebop-Akkorden. Coleman machte deutlich, daß er an der Melodie interessiert war, nicht an der Struktur. Als er in den fünfziger Jahren nach Los Angeles ging, fand er im Bassisten Charlie Haden, dem Trompeter Don Cherry und den Schlagzeugern Billy Higgins und Ed Blackwell geistesverwandte Partner. In einer Garage in Los Angeles entwickelten sie eine kollektive Musik, in der sich Variationen der Melodie, des Rhythmus und der Stimmung organisch entwickelten, indem die Musiker aufeinander reagierten. Die LPs *Something Else* und *Tomorrow Is the Question* kündigten diese Neuorientierung fast aus dem Nichts an und spalteten sofort die Jazzszene. Einige klassische Komponisten (Gunther Schuller und Leonard Bernstein) und John Lewis vom *Modern Jazz Quartet* äußerten sich anerkennend über Colemans Wagemut. Andere taten ihn als Dilettanten ab, der das Kunstestablishment auf den Arm nehme.

Allmählich wurde aufgeschlossenen Hörern klar, daß Colemans Improvisationen alles andere als zufällig waren. Auch wenn er eine zarte Ballade mit plötzlichen heftigen Klangsalven kolorieren oder den Blues in komprimierten oder erweiterten Formen spielen mochte, so spiegelte seine Musik doch die Leidenschaften und Wechselfälle des Lebens ebenso plastisch wider wie der frühe Blues.

Viele seiner Kompositionen, darunter Streichquartette, Bläserquintette und mächtige symphonische Werke, verbinden Jazz und Klassik. 1967 wurde Coleman als erstem Jazzmusiker ein Guggenheim-Stipendium zugesprochen. In den frühen Siebzigern wandte er sich elektronischen Klängen und Funk zu und erprobte auf diesem Terrain in seinem *Prime Time*-Ensemble seine »harmolodische« Theorie spontanen Kollektivspiels (siehe S. 136). Damit inspirierte er eine ganze Gruppe von Free Funk- oder *No Wave*-Musikern. Viele betrachten Ornette Coleman als eines der großen Genies des Blues – Amerikas Beitrag zur »Weltmusik«.

ORNETTE COLEMAN
Fort Worth, 9. März 1930

*

Wichtige Aufnahmen
LPs *Something Else – The Music of Ornette Coleman* (1958); *The Shape of Jazz to Come* (1959); *Free Jazz* (1960); *Dancing in Your Head* (1975); *Song X* (1985)

*

Wichtige Partner
Ed Blackwell, Billy Higgins, Don Cherry, Charlie Haden, Denardo Coleman

*

Wichtige Stilmerkmale
Coleman, im Herzen ein Bluesspieler, entwickelte eine kollektive Improvisation mit intuitiv wechselnden tonalen Zentren. Er leitete daraus seine »harmolodische« Theorie ab

Ornette Coleman wurde zum Guru der Free-Jazz-Bewegung der 60er Jahre. Obwohl er anfangs umstritten war, erkannte man später, wie sehr seine Musik mit dem frühen Jazz und Blues verbunden war.

Colemans Auftritte wurden seltener, als er sich für angemessene Gagen für Jazzmusiker einsetzte.

Keith Jarrett

Keith Jarrett, kurzfristig in der Fusion Music involviert, ist heute ein vehementer Gegner elektronischer Klänge.

Der Pianist Keith Jarrett ist einer der größten Publikumsmagnete der Jazzszene. Er nimmt ständig Platten auf, unternimmt ausgedehnte Tourneen und improvisiert in den nobelsten Konzertsälen der Welt unter den härtesten Bedingungen: allein oder nur von Baß und Schlagzeug unterstützt.

Jarrett sprengt stilistische Grenzen. Er, ein virtuoser Pianist in gleich welchem Genre, hat symphonische Werke geschrieben und Bach auf Orgel und Cembalo aufgenommen. Manche glauben, daß Liszt, wäre er 1945 in den USA geboren, so wie Jarrett spielen würde. Jarretts *The Köln Concert* aus dem Jahr 1975 ist die meistverkaufte Klavierplatte aller Zeiten.

In Jarretts Musik verbinden sich auf einzigartige Weise die Romantik des 19. Jahrhunderts, Country Music, Gospel und Blues. Jarrett, ein Wunderkind, das im Alter von drei Jahren mit dem Klavierspiel begann, trat schon als Siebenjähriger mit klassischen und eigenen Werken auf. Nach einem Flirt mit den klassischen akademischen Institutionen machte sich Jarrett durch Mitwirkung bei Blakeys *Jazz Messengers*, der Miles-Davis-Band und der Gruppe des Kultsaxophonisten Charles Lloyd einen Namen. Mit Lloyds Quartett, einer der ersten Jazz-Rock-Bands, trat er in den großen Rock-Hallen und 1967 in der UdSSR auf.

Jarrett ist akustisch und visuell charismatisch. Er springt beim Spiel auf und gibt ekstatische Laute von sich.

Doch vom Temperament her war Jarrett nie ein *sideman*. Während der Zeit bei Davis begann er, mit Partnern wie dem Bassisten Charlie Haden, dem Schlagzeuger Paul Motian und dem Saxophonisten Dewey Redman seine eigene Musik zu entwickeln, die Einflüsse von Ornette Coleman, Paul Bley und Bill Evans reflektierte. Jarrett fand Davis' Musik zu einengend und entwickelte einen heftigen Widerwillen gegen elektrische Instrumente. Neben seinen Ausflügen in das klassische Repertoire arbeitet er seitdem vorwiegend als Komponist, Leiter kleiner Gruppen oder als Solopianist. Obwohl er eine der stärksten Persönlichkeiten des heutigen Jazz und der improvisierten Musik ist, schätzen viele Jarrett jedoch besonders wegen seiner Interpretationen von *Tin Pan Alley*-Standards im Trio mit dem Bassisten Gary Peacock und dem Schlagzeuger Jack DeJohnette. Der Name von Jarretts *Standards Trio,* das an die Trios des verstorbenen Bill Evans denken läßt, spielt sowohl auf das Repertoire wie auf die Betonung traditioneller »Standards« des musikalischen Handwerks an.

Jarrett, ein nachdenklicher Mann und ein streitlustiger Denker, tritt dafür ein, daß Musiker ihr persönliches Potential unbeeinflußt von kommerziellen Erwägungen ausloten und erweitern sollten. Er ist davon überzeugt, daß diese Entdeckung, »anstatt einfach all diese Töne zu spielen«, das Leben eines jeden Musikers tiefgreifend verändert.

KEITH JARRETT
Pennsylvania, 8. Mai 1945

*

Wichtige Aufnahmen
LPs *Dream Weaver* (1966, mit Charles Lloyd); *Belonging* (1974); *The Köln Concert* (1975); *Standards* (1983)

*

Wichtige Partner
Charlie Haden, Paul Motian, Gary Peacock, Jack DeJohnette

*

Wichtige Stilmerkmale
Hat sich mit zahlreichen Genres von Klassik und Jazz befaßt. In seinen Platten der 70er Jahre klang Ornette Coleman an, in seinem Trio der Achtziger das klassische Bill-Evans-Trio

4

DIE TECHNIKEN DES JAZZ

Der Jazz, jahrzehntelang marginalisiert oder romantisch verklärt, ist von falschen Vorstellungen umgeben, die offenbar zu schön sind, um der Wahrheit Raum zu lassen. Eine der hartnäckigsten ist, daß Jazzmusiker einfach alles beim Spielen erfinden, ohne jegliches strukturelle oder theoretische Gerüst. Wenn auch die improvisatorische Phantasie eines Charlie Parker oder Miles Davis nicht jedem gegeben ist, so hat der Jazz doch seine formalen Prinzipien – und auch wenn diese sich ständig weiterentwickeln, so haben sie doch Jazzmusikern von einem Genie vom Range Coltranes bis zu mediokren Barmusikern in Tausenden schummriger Lokale rund um den Globus Orientierung gegeben.

Was die harmonischen und melodischen Prinzipien angeht, sind Jazz und westliche klassische Musik oft ähnlich, im Rhythmischen jedoch sind sie weit voneinander entfernt. Auf den folgenden Seiten werden die formalen Elemente erklärt, die im Feuer der Improvisation verschmolzen werden. Auch das Vokabular des Jazztanzes, der die Musik von Anbeginn begleitet hat, wird erläutert.

Musikalische Wurzeln

Jazz ist weder afrikanische Musik noch allein die Musik der Neuen Welt. In den zwanziger Jahren würde ein westafrikanischer Dorfmusiker King Olivers *Creole Jazz Band* nicht als Zweig desselben Baumes erkannt haben. Als westliche Hörer erstmals die überlagerten Rhythmen afrikanischer Trommelensembles vernahmen, hörten sie nur Lärm. Die Verschmelzung zweier alter Kulturen in einem neuen Land gab dem 20. Jahrhundert einen wahren »Rhythmus der Welt«.

Nordamerika

Afrikanische Ritual-, Fest- und Arbeitsmusik und Polyrhythmik traf im Nordamerika des 18. und 19. Jahrhunderts auf europäische Militär-, Kirchen- und Konzertmusik. Es entstanden ausdrucksstarke Mischformen.

Der Blues, die zentrale Liedform des Jazz, später des Rock and Roll, entwickelte sich im späten 19. Jahrhundert aus einer Mixtur afrikanischer Feldrufe und christlicher Hymnenharmonien.

Das Psalmensingen, wie es in den Kirchen Neuenglands vom 17. Jahrhundert an praktiziert wurde, hatte eine antiphonische Struktur: Die Gemeinde antwortete auf die Worte des Predigers.

Der Ragtime war ein europäischer Klavierstil mit einem unverkennbar afrikanischen rhythmischen Unterton.

In New Orleans wurden Voodoo-Rituale aus Dahomey in den Katholizismus eingeschmuggelt. Die befreiten Sklaven der Stadt adaptierten französische Blaskapellen-Traditionen, und um 1900 war das fröhliche Stampfen der *street bands* der perfekte Ausgangspunkt einer neuen Musikform. Die erste Jazzwelle kam auf, als *marching bands* anfingen, zu swingen und Blues zu spielen.

Mittel- und Südamerika

Von den zwölf Millionen Afrikanern, die als Sklaven nach Amerika gebracht wurden, kamen zwei Drittel nach Mittel- oder Südamerika oder in die Karibik. Die musikalischen Traditionen, die sie mitbrachten, waren so unterschiedlich wie die Stämme, die auf den schwimmenden Gefängnissen für ihre Häscher singen, tanzen und trommeln mußten.
In den katholisch beherrschten Kolonien wurden, anders als im protestantischen Norden, Tanz und Trommeln nicht als moralisch anstößig und politisch aufwiegelnd verbannt, so daß die rhythmischen Feinheiten afrikanischer Rituale besser überliefert wurden. Das rituelle, zelebratorische Element des Katholizismus mit seinen häufigen Festen bot Möglichkeiten, sie zu nähren. Der vorherrschende Beat Lateinamerikas ist in Paaren von Grundpulsen organisiert, mit variierten Akzenten, die völlig anders sind als die hüpfenden Triolen des konventionellen Jazzrhythmus. Er fand fast von Anbeginn seinen Weg in den Jazz, wobei kubanische und brasilianische Varianten am gängigsten wurden.

Auf Kuba kam die afrikanische Musik hauptsächlich von den Yoruba und wurde in den Geheimgesellschaften und den religiösen Kulten der *Shango* und der *Santeria* gepflegt. Afrikanische Trommeln verbanden sich mit Melodien spanischer Lieder, und Tänze wie Rumba, Conga und Cha-Cha entstanden. Der Tango (dessen Name von einem afrikanischen Wort abgeleitet ist) entwickelte sich aus der Habanera (deren Name auf Havanna verweist). Kubanische Rhythmen wurden von Anbeginn in den Jazz eingespeist, doch erst seit den dreißiger Jahren wirklich prominent.

Jamaika, eine frühere britische Kolonie, hat mit Rastafari-Trommeln, Dub, Ska, Reggae und Ragga ein Musikleben, das sich auf die Aschanti zurückverfolgen läßt, die die Felder der Insel vor über 200 Jahren zu bearbeiten begannen.

Auf Trinidad ergaben starke westafrikanische Traditionen zusammen mit spanischen und französischen Einflüssen den Calypso. *Steel bands* entstanden, nachdem die Briten die Trommeln verboten hatten. Beide sind die Essenz der *Mas*-Karneval-Prozessionen.

Auf Haiti zeigen die Voodoo-Traditionen deutliche Spuren afrikanischer Rituale, weil die schwarze Bevölkerung 1804 ihre französischen Herren verjagte und daher weniger von Europa geprägt wurde.

Brasiliens Plantagen wurden von Sudanesen, Bantu und muslimischen Guinea-Sudanesen bearbeitet, auf die sich portugiesische Sklavenhändler »spezialisiert« hatten. Kolonien geflüchteter Sklaven hielten das kulturelle Erbe lebendig. Heute spielen brasilianische Musiker eine größere Fülle afrikanischer, europäischer und einheimischer Perkussionsinstrumente als irgendwer sonst in Amerika. Die Samba wurde von Trommlerschulen auf brasilianischen Straßenfesten gespielt, ehe sie zum Liebling internationaler Tanzsäle wurde.

Europa

Traditionelle Lieder aus Frankreich, Spanien, England, Schottland, Irland, Italien, Deutschland und slawischen Ländern gingen in den kulturellen Schmelztiegel des New Orleans des 19. Jahrhunderts ein. Jigs, Hornpipes und Square Dances aus Nordeuropa wurden von Sklaven in afrikanische Tänze integriert, in der Hoffnung, ihren Herren die musikalische Unterhaltung gefälliger zu machen. In den Shantys, die schwarze Hafenarbeiter in den Baumwollhäfen des Südens sangen, vermischten sich afrikanische Arbeitslieder mit Elementen, die manchmal sogar aus der englischen *music hall* stammten.

Die in der englischen Kirche des 17. Jahrhunderts gängige Praxis des *lining out* – in dem die analphabetische Gemeinde die Sätze des Predigers wiederholen mußte – verband sich aufs beste mit afrikanischen Ruf-und-Antwort-Mustern.

Französische Quadrillen lagen vielen Rags zugrunde. Die französische Erziehung vieler Kreolen aus New Orleans trug wesentlich zur instrumentalen Virtuosität der Region bei, wie bei Musikern wie Jelly Roll Morton und Sidney Bechet zu hören.

Die spanische Flamenco-Tradition, die sich in lateinamerikanischer Musik spiegelt, die immer wieder den Pfad des Jazz gekreuzt hat, ist rhythmisch komplex und improvisatorisch. Sie entstammt der maurischen Verbindung mit Afrika.

Die Blaskapelle, die es in jeder französischen Stadt seit der Zeit Napoleons gab, hatte großen Einfluß auf den frühen Jazz, der ihre Instrumentierung adaptierte.

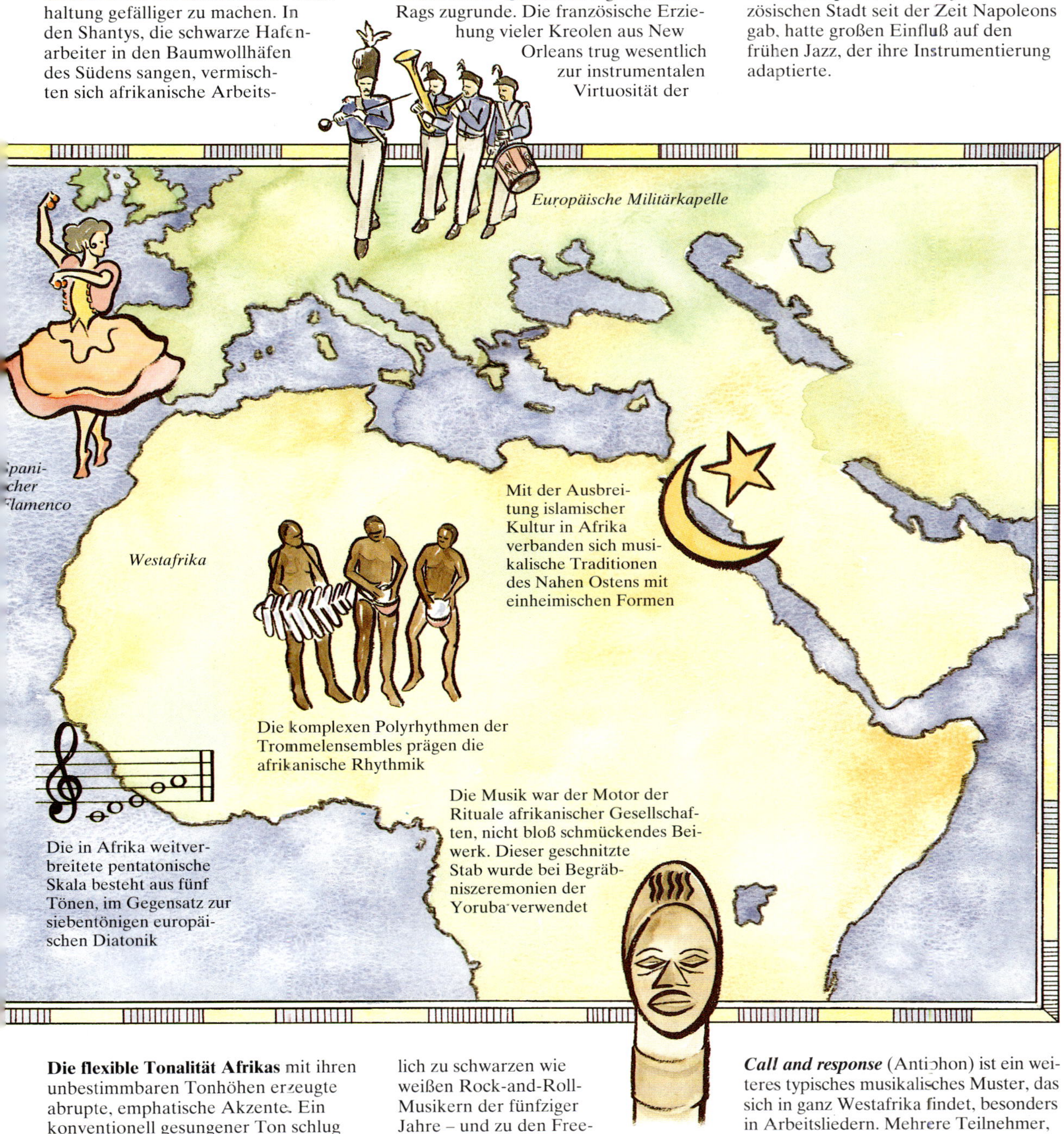

Mit der Ausbreitung islamischer Kultur in Afrika verbanden sich musikalische Traditionen des Nahen Ostens mit einheimischen Formen

Die komplexen Polyrhythmen der Trommelensembles prägen die afrikanische Rhythmik

Die Musik war der Motor der Rituale afrikanischer Gesellschaften, nicht bloß schmückendes Beiwerk. Dieser geschnitzte Stab wurde bei Begräbniszeremonien der Yoruba verwendet

Die in Afrika weitverbreitete pentatonische Skala besteht aus fünf Tönen, im Gegensatz zur siebentönigen europäischen Diatonik

Der Nahe und Ferne Osten

Die Kulturen des Nahen und Fernen Ostens haben den Jazz eher philosophisch als musikalisch beeinflußt, auch wenn man den muslimischen Einfluß nahöstlicher Musik auf Afrika berücksichtigen muß. Besonders seit den vierziger Jahren wandten sich viele afroamerikanische Musiker dem Islam zu, und in den sechziger Jahren beeindruckte indische Spiritualität Jazz- wie Rockmusiker gleichermaßen. Jazzmusiker haben oft Instrumente aus diesen Kulturen verwendet, um neue Texturen und Klangfarben zu gewinnen. Da sowohl arabische wie indische Musikformen auf Modi basieren, hat es mit dem Aufkommen modaler Improvisation im Jazz einen stetigen Dialog zwischen den Kulturen gegeben.

Afrika

Die Sklavenhändler sahen in Westafrika nur eine Fülle von Arbeitskraft, aber nicht von Kultur. Doch unfreiwillig verschifften sie auch einen Reichtum ganz anderer Art – den Schatz musikalischer Traditionen und Ideen in den Herzen und Köpfen der Gefangenen.

Die übereinandergeschichteten Rhythmen westafrikanischer Ritualmusik – die Patterns mehrerer Perkussionsinstrumente, von Klatschen, Rufen und Fußstampfen – waren so komplex, daß sie für ungeschulte Ohren unentwirrbar waren. Marshall Stearns beobachtete, daß eine simultane Kombination von 3/4-, 6/8- und 4/4-Takt – eine viel kompliziertere Polymetrik, als man sie in der westlichen Klassik kannte – für ein Trommelensemble nichts Ungewöhnliches war.

Auch die Melodielinien sind anders. Als die afrikanische Pentatonik (Fünfton-Skala) in Amerika auf die siebentönige (diatonische) Tonleiter traf, kam es dort, wo die europäische Skala zusätzliche Töne hatte, zu eigenartigen neuen Tonstufen. Das Resultat war eine völlig andere Art, die Stufen der temperierten europäischen Skala zu intonieren, als die traditionelle, auf »Reinheit« bedachte.

Religiöse Musik, zumal solche, die mit dem Ahnenkult verknüpft ist, ist eine vielen afrikanischen Völkern gemeinsame Tradition, die in die Neue Welt überliefert wurde, ebenso wie Kreistänze, bei denen Leute durch Tanz und Rhythmus in Trance gerieten.

Die flexible Tonalität Afrikas mit ihren unbestimmbaren Tonhöhen erzeugte abrupte, emphatische Akzente. Ein konventionell gesungener Ton schlug ins dramatisch nach oben ausbrechende Falsett um – Klänge, die von den Feldrufen des afrikanischen Buschs auf die Baumwollfelder Amerikas kamen, von dort mit Eisenbahn-Güterwagen in die Straßen des Nordens, und schließlich zu schwarzen wie weißen Rock-and-Roll-Musikern der fünfziger Jahre – und zu den Free-Jazz-Sängern der Sechziger und Siebziger, die nach ihren musikalischen Wurzeln suchten.

Call and response (Antiphon) ist ein weiteres typisches musikalisches Muster, das sich in ganz Westafrika findet, besonders in Arbeitsliedern. Mehrere Teilnehmer, oder nur ein einzelner oder ein Instrument, stimmen eine Phrase an und wiederholen sie dann mit Ausschmückungen. Das Muster tauchte in den Kirchen amerikanischer Erweckungsbewegungen wieder auf – und in Swing-Bands.

Melodik

Die Melodie ist viel älter als die Harmonie, auch wenn beide in der europäischen Klassik oft als untrennbar betrachtet werden. Die Melodik des Jazz erwuchs aus dieser europäischen Verknüpfung, als »Oberstimme« der Harmonien von Märschen, Hymnen, Polkas und Walzern und deren Schlager-Nachfahren. Doch die Melodien des Jazz waren oft von den verzogenen, gleitenden Tonhöhen der afrikanischen Musik durchsetzt. Als sich die rhythmischen Mehrdeutigkeiten des Swing entwickelten, veränderte die revolutionäre improvisierte Phrasierung eines Louis Armstrong althergebrachte Vorstellungen von Akzent und Betonung, und dies blieb nicht ohne Folgen für die Melodik des Jazz. Mit der Free-Jazz-Ära kamen die erdigsten, bluesigsten Melodien des frühen Jazz zurück, und auf rhythmischen Mustern und Riffs grundierte Melodien erlebten mit der Fusion Music eine Renaissance. Der modale, auf Skalen gegründete Jazz ermöglichte es der afroamerikanischen Musik, Konzepte der großen Musikkulturen des Nahen und des Fernen Ostens zu übernehmen.

Miles Davis trug immer wieder zu einer Wandlung der Jazz-Melodik bei – insbesondere durch die modalen Verfahren der späten fünfziger Jahre.

Die Tonleiter

Wenn sie von Tonhöhen sprachen, bedienten sich die Musiker des Blues und des frühen Jazz (von denen viele ihre Musik freilich nicht aufschrieben) des Vokabulars der europäischen Klassik. Die Auf- und Abwärtsbewegungen der Melodie wurden also als Stufen von Tonleitern auf einem »Notensystem« festgehalten. Die Tonhöhen werden vertikal, die Tondauern horizontal notiert.

𝄞 **Der Violinschlüssel**, ein ornamentiertes G, das auf der G-Linie des Notensystems beginnt, symbolisiert die mittlere und die hohe Tonhöhenlage. Hohe und tiefe Instrumente werden oft in zwei verschiedenen Notensystemen notiert.

𝄢 **Der Baß- oder F-Schlüssel**, eine kommaähnliche Figur, repräsentiert die Töne unterhalb des eingestrichenen C auf dem Klavier. Er wird zur Notation tieferer Jazzinstrumente wie Posaune oder Kontrabaß verwendet und für die linke Hand des Klaviers.

Zusätzliche »Hilfslinien« über oder unter den Systemen werden benutzt, um besonders hohe oder tiefe Töne außerhalb der Grenzen der Notensysteme zu notieren.

Das eingestrichene C – die Mitte der Klaviertastatur – ist ein wichtiger Orientierungspunkt der Notation

Vorzeichen Die Dur-Tonleiter – C-D-E-F-G-A-H-C – enthält die einfachen musikalischen Intervalle. Aber es gibt auch Zwischenstufen – Halbtöne in europäischer Musik, noch kleinere Intervalle in anderen Kulturen. Sie werden durch Vorzeichen angezeigt. Ein Halbton nach oben wird mit

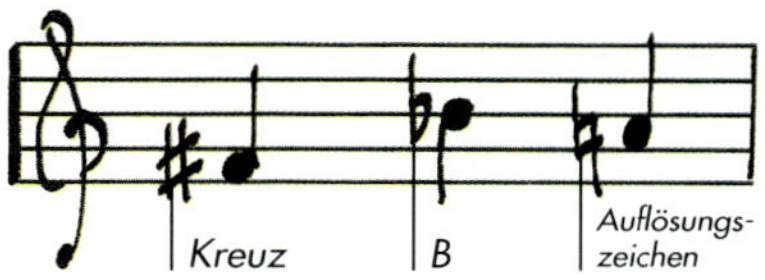

dem Kreuz # notiert, ein Halbton nach unten mit dem B ♭. Um diese Veränderungen wieder rückgängig zu machen, wird das Auflösungszeichen ♮ verwendet.

Auf der Klaviertastatur sind die Töne linear angeordnet. Durch diese übersichtliche und klare Anordnung und die einfache Möglichkeit, Akkorde (»vertikale« Kombinationen von Tönen) zu spielen, fällt es vielen Jazzmusikern leichter, am Klavier zu komponieren oder zu arrangieren, auch wenn es nicht ihr eigentliches Instrument ist.

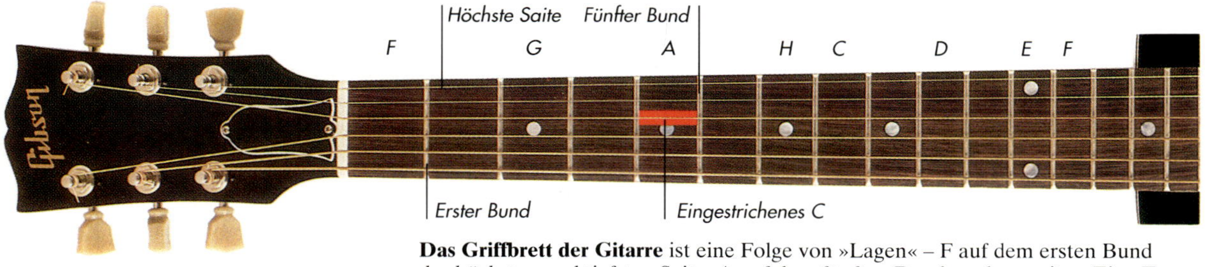

Das Griffbrett der Gitarre ist eine Folge von »Lagen« – F auf dem ersten Bund der höchsten und tiefsten Saite, A auf dem fünften Bund, und so weiter. Eine Tonleiter wird gespielt, indem man sich auf der Saite zum Steg hin bewegt oder indem man die entsprechenden Töne auf benachbarten Saiten spielt.

Tonleitern in Aktion

Die C-Dur-Tonleiter ist die einfachste und häufigste Tonleiter der europäischen Musik und hat einen klaren und entschlossenen Charakter. Sie besteht aus einer Folge von acht Tönen, die sich von einem Grundton (hier C) bis zum gleichen Ton eine Oktave (acht Töne) höher bewegt. Viele Hymnen, Kinder- und Soldatenlieder beruhen auf dieser Tonleiter, wie auch ein guter Teil des konventionellen Jazz.

C-Dur-Tonleiter

Moll-Tonleitern werden oft subjektiv als trauriger oder nachdenklicher bezeichnet. Die Töne sind an manchen Stellen um einen Halbton erniedrigt, und so scheint es, als sei der entschlossene Aufstieg der Dur-Tonleiter zögerlicher gemacht worden. Viele Pop- und Jazz-Balladen sind in Moll komponiert.

C-Moll-Tonleiter

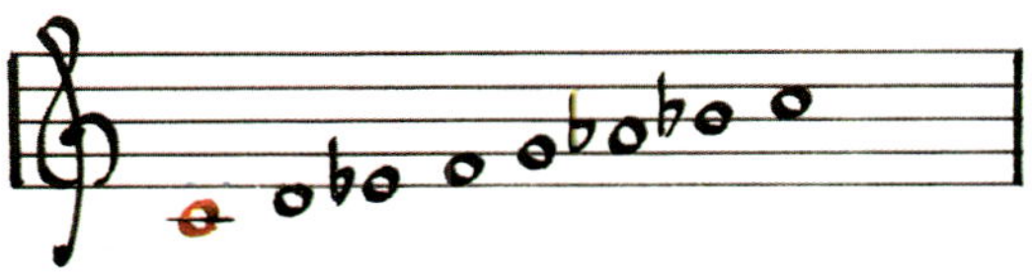

Die ***blue notes*** verleihen dem Jazz einen guten Teil seines Charakters. Die dritte und die siebte Stufe einer normalen Tonleiter werden etwas zu tief, »zwischen« den Tonhöhen, intoniert. Die Ursprünge der *blue notes* liegen womöglich im Versuch von Afrikanern, die Tonhöhen europäischer Hymnen zu singen, aber auch in afrikanischen Sprachen sind subtile Tonhöhenveränderungen bedeutungstragend.

Tonleiter mit blue notes

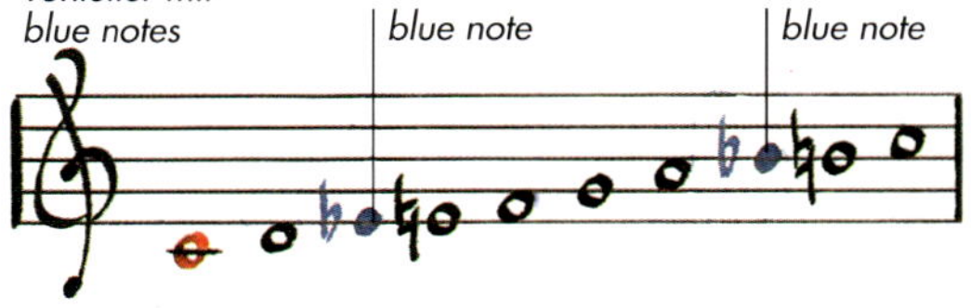

Die modalen Leitern Griechenlands und der mittelalterlichen Kirche verwenden Sequenzen von Skalen. Es gibt sieben Abfolgen von Tönen, von denen jede mit einem anderen Ton einer Dur-Tonleiter beginnt und zum gleichen Ton eine Oktave höher aufsteigt. Weil die Ganz- und Halbtonschritte in jedem Modus an einer anderen Stelle liegen, hat jeder seinen eigenen Charakter und individuellen griechischen Namen.

Dorische Skala

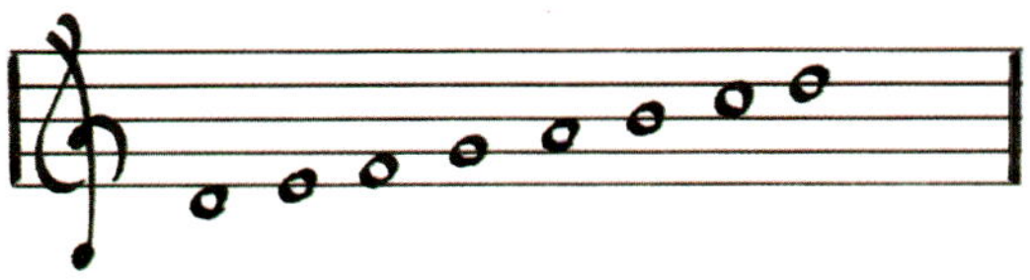

Sweet Georgia Brown, ein klassischer, 32taktiger Schlager, verwendet fast alle Töne der Dur-Tonleiter, nur in etwas anderer Reihenfolge. Ein Hauptmerkmal der Leiter – ihre »große Terz« (E) – kommt in jedem Takt vor und gibt der Melodie ihre fröhliche, positive Qualität.

Round Midnight, das klassische Thema Thelonious Monks, wandert durch mehrere Tonarten, was zu seiner mysteriösen Qualität beiträgt – aber die »Mollterz« (Es) kündigt seine grüblerische Stimmung an.

Solche unbestimmten Tonhöhen entziehen sich der klassischen Notation, weil der Grad der Variation nur von der Technik und den Vorlieben des Musikers abhängt. Sie geben der in Nordamerika entstandenen afroamerikanischen Musik ihren einzigartigen Charakter. Im traditionellen Blues werden die dritte, die siebte und gelegentlich die fünfte Stufe der Tonleiter als *blue notes* behandelt, aber im modernen Jazz kann, wie die Musik Ornette Colemans zeigt, jeder Ton derart flexibel angegangen werden.

So What, von Miles Davis auf *Kind of Blue* eingespielt, beruht auf der dorischen Skala, mit den Tönen der C-Dur-Tonleiter, aber einen Ton höher auf D beginnend. Dieser Modus schafft eine schwebende, offene Atmosphäre. Mit *Kind of Blue* wurde die Verwendung modaler Leitern im Jazz populär.

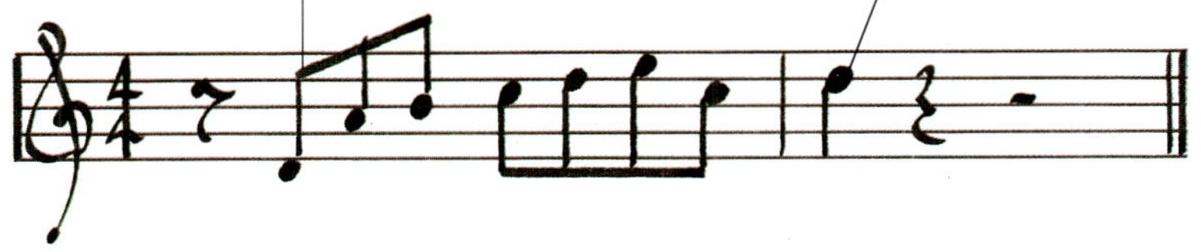

Rhythmus

Rhythmus ist das Muster der Musik in der Zeit. Sowohl die Figur des Herzschlags als auch die Anordnung der Schläge in der Musik sind rhythmische Materialien, und während ein Rhythmus für sich allein stehen kann (z. B. in Trommelmusik oder einigen Formen von Hip Hop und Rap), gibt es keine Melodie ohne Rhythmus. Da die Frühgeschichte des Jazz so eng mit dem Tanz verbunden ist und wegen seiner afrikanischen Vorläufer, kommt dem Rhythmus in der Entwicklung des Jazz eine größere Bedeutung zu als der Melodie. Dennoch gab es »Swing«, jene flüchtige, spezifische rhythmische Qualität des Jazz, weder in der traditionellen Musik Afrikas noch in Europa: Er entstand erst in der Neuen Welt. Swing ist jene kreative Spannung zwischen metronomischer und empfundener, zwischen objektiver und subjektiver Zeit, die dem Jazz seinen besonderen Sound gibt.

Im Spiel des Schlagzeugers Elvin Jones wurden aus dem stetigen Marschrhythmus des Jazz komplexe Polyrhythmen, die an sein afrikanisches Erbe erinnern.

Notenwerte

Die vertikale Anordnung einer Note zeigt ihre Tonhöhe an, und kleine Modifikationen des Symbols geben an, wie lang oder wie kurz sie ist. Aber genau wie die Unterteilungen eines Zifferblattes sinnlos sind, wenn man nicht auch die Länge des Tages weiß, so sind die Unterteilungen der musikalischen Zeit auf die Gruppierung der Taktschläge zwischen den Taktstrichen eines bestimmten Stücks bezogen. Rechts sind die Längen der Noten und der entsprechenden Pausen abgebildet.

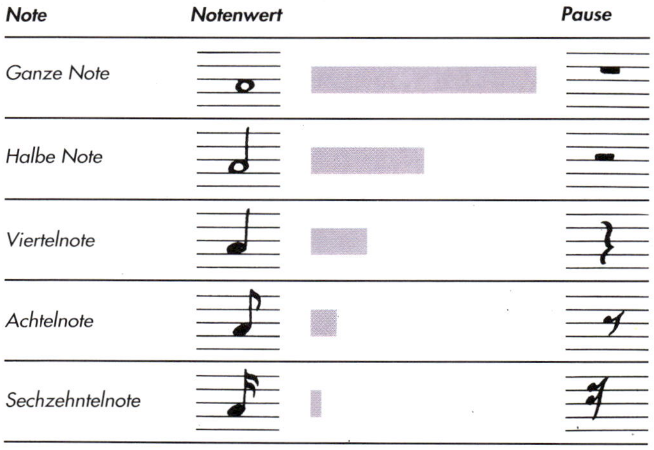

Ein Punkt hinter einer Note verlängert sie um die Hälfte ihrer ursprünglichen Dauer, ein doppelter Punkt um eine weitere Hälfte dieser Hälfte. Nach dem gleichen Verfahren können auch Pausen mit Punkten versehen werden. Punkte über oder unter Noten bedeuten Staccato(kurzes, abgesetztes)-Spiel.

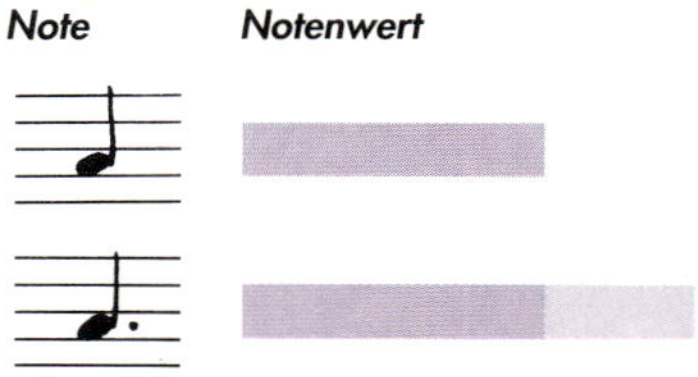

Die Gruppierung der Noten

Zu Beginn eines Musikstücks deutet eine bruchähnliche Zahlenkombination das Grundmetrum an. Die obere Zahl zeigt an, wie viele Schläge in einem Takt sind, die untere drückt die Dauer eines Taktschlags aus (eine 4 steht z. B. für eine Viertelnote).

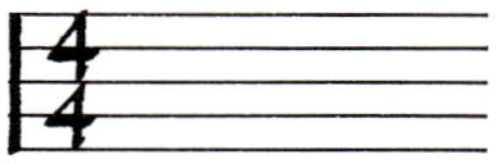

Ein binärer Takt bedeutet die Gruppierung von Schlägen in Zweier- oder Vierergruppen. Der Vierviertelt akt (4/4 oder C geschrieben) ist im Jazz am häufigsten. Der 2/4-Takt entspricht dem stetigen Marschschritt; zwei Halbe im Takt (2/2 oder ₵) sind der Takt einer Samba.

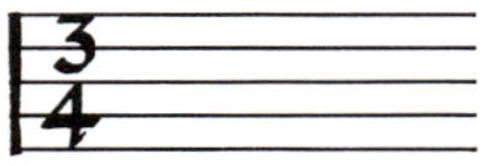

Ein ternärer Takt steht für Notengruppen, die sich in Dreiergruppen gliedern. Das 1-2-3/1-2-3-Gefühl des Walzers ist die häufigste Variante, 3/4 notiert. Eine Triole ist eine Gruppe von drei Noten, über die eine 3 notiert wird und die in der gleichen Zeit wie zwei Noten zu spielen sind.

Schlagzeugnotation

Auch Schlagzeuger verwenden Noten, aber es handelt sich um eine Notation, die nur den Rhythmus, die Akzentuierung (starke und schwache Klänge) und den Bestandteil des Schlagzeugsets bezeichnet, auf dem der Klang erzeugt werden soll. Eine Note mit einem Kreuz als Notenkopf wird allgemein zur Bezeichnung von Beckenschlägen verwendet, auf dem High-Hat- oder dem Ride-Becken. Keilförmige Symbole über oder unter den Noten, sogenannte Akzente, zeigen an, wo die rhythmische Betonung liegen soll.

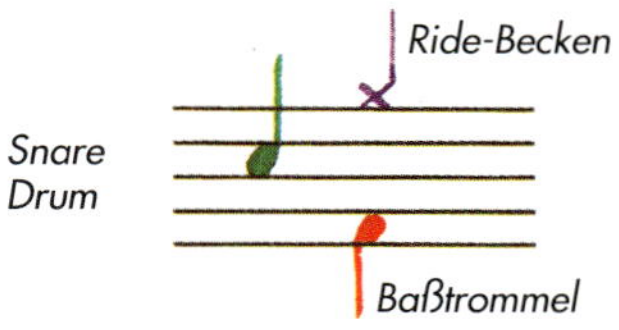

Eine Chronologie des Jazz-Schlagzeugspiels

Im Schlagzeugspiel des frühen New-Orleans-Jazz wurden Instrumente und Techniken des Militärs verwendet: *two beat*-Marschtempi auf Baßtrommel und Snare Drum, das Becken nur selten für Betonungen und Schlüsse. Im Zuge der Entwicklung der Ensemblemusik von New Orleans wurde das Schlagzeugspiel vielfältiger; Triolen-Figuren wurden gebräuchlicher, und perkussive Strukturen, die von der Phrasierung der Solisten übernommen wurden, gaben den Bands einen kompakteren Gesamtklang.

Der Swing bildete sich zu allmählich heraus, als daß man ihm einen »Erfinder« oder ein Geburtsdatum zuordnen könnte. Es ist auch schwierig, seine Wirkung allein durch die Betonung der *offbeats* statt der starken Taktschläge zu erklären – das ganze rhythmische Feeling veränderte sich. Auch wenn er kaum präzise definiert oder notiert werden kann, so ist der Rhythmus doch lockerer, flüssiger, sinnlich und entspannt, eine Überlagerung afrikanischen und europäischen Rhythmusempfindens.

Im Bebop läßt die Betonung der Zählzeiten 2 und 4 – der Träger des sogenannten *backbeat* – nach, und Akzente werden freier plaziert. Die entscheidende rhythmische Markierung wird auf das Becken verlagert, und der Kontrabaß (nicht notiert) übernimmt die Markierung der gleichmäßigen Viertel des Pulses, während die Schläge auf verschiedenen Teilen des Schlagzeugsets kompliziertere Muster bilden.

In der Fusion Music wird die triolische Unterteilung von der althergebrachten binären verdrängt, die sich in neuer Form in Gestalt multipler Muster gleich langer Achtel- oder Sechzehntelnoten artikuliert. Beim frühen Jazz-Rock-Schlagzeug wurde der *backbeat* (2 und 4) vor dem Hintergrund eines stetigen Flusses von Achtelnoten (zwei Schläge pro Zählzeit) akzentuiert. Neuere Varianten sind fließender, und einige Schlagzeuger experimentieren sogar mit gegen den Taktstrich verschobenen Mustern.

Die lateinamerikanische Musik hat den Jazz immer wieder beeinflußt. Wie beim Jazz-Rock ist die Unterteilung des Schlags binär, nicht die jazzige Triole, doch die akzentuierten Schläge bilden ein irreguläres Muster. Bis zu den fünfziger Jahren tauchten immer wieder Figuren kubanischer Musik im Jazz auf, wie es die brasilianischen Tanzrhythmen der Samba und der Bossa Nova dann in den Sechzigern taten. Brasilianische Perkussionisten verliehen der komplexen Synthese von Bebop und Rock neue Subtilität.

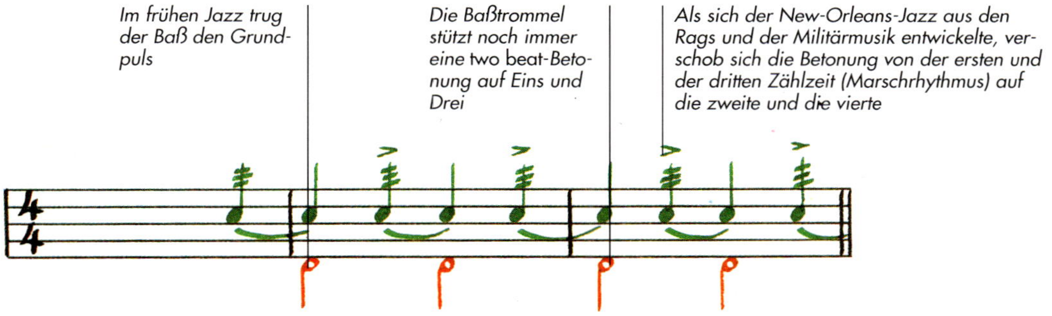

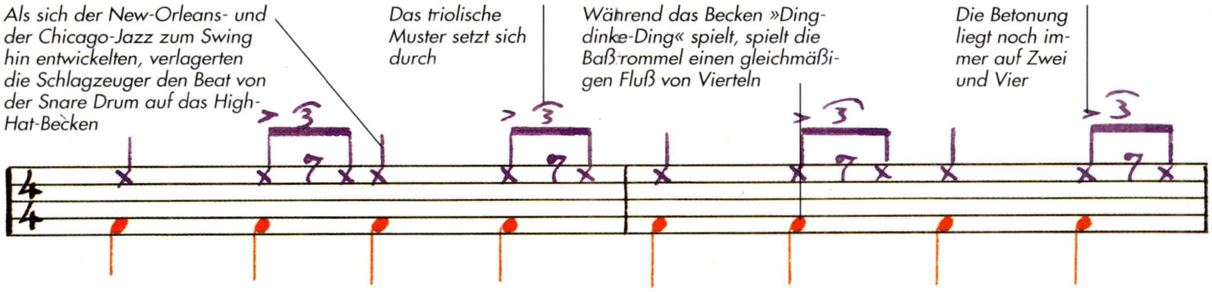

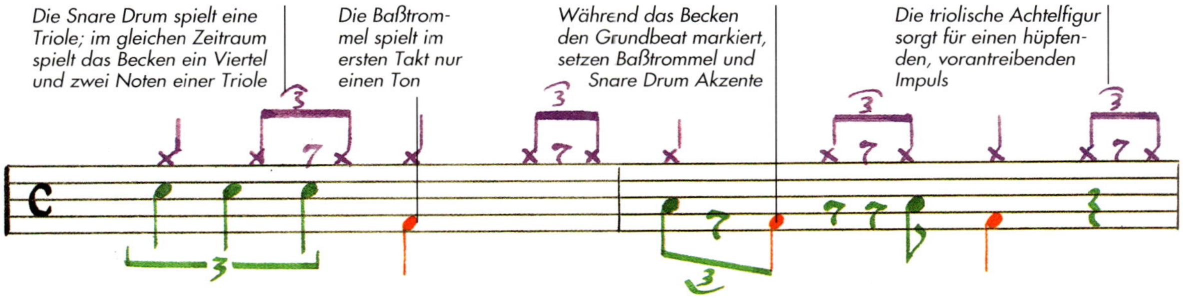

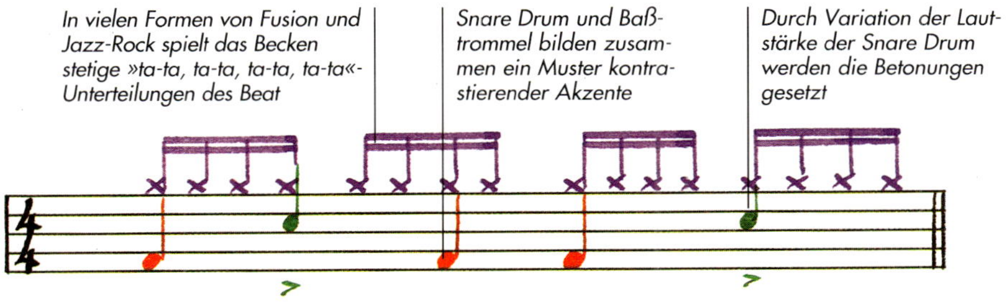

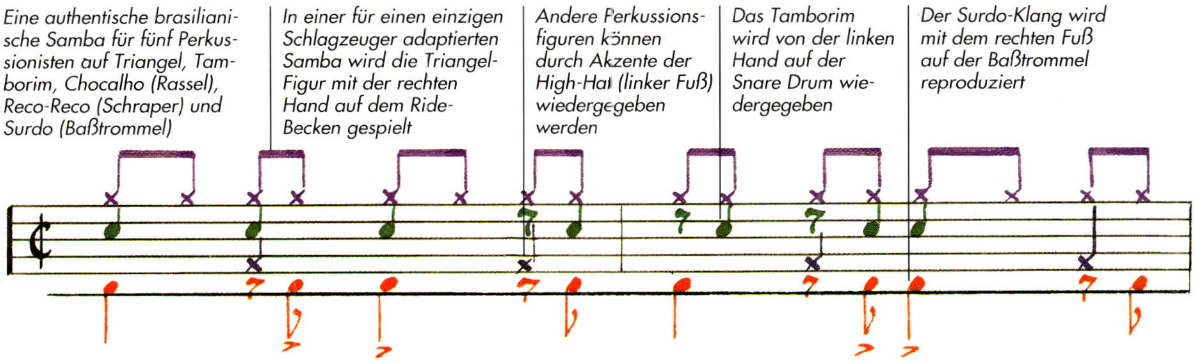

Harmonik

Jeder, der einen Pop-Song hört, der Harmonien hat (zwei oder mehr gleichzeitig erklingende Töne), weiß, wann das Ende kommt oder wann es hinausgezögert wird, ganz gleich, ob musikalischer Laie oder Experte. Komponisten beschreiben den »Sog« der Harmonik als die Schwerkraft der Musik. Und doch ist sie eine jüngere Entwicklung. Schon immer haben Musiker verschiedene Klänge kombiniert, doch war dies mit Problemen behaftet, bis sie sich auf ein System der Stimmung der Instrumente verständigten. Als die Europäer das im 18. Jahrhundert taten, ermöglichte dies eine neue Musik reichhaltiger Zusammenklänge und überraschender Tonartenwechsel, die schlüssig wirkten. Die Harmonik wurde zur expressiven Kraft der europäischen Musik, wie der Rhythmus die Afrikas war. Ihre Rolle wuchs im Zuge der Geschichte des Jazz, der ein Bezugssystem für die Improvisation brauchte. Jazz ist eine neue Kunstform, die Ideen zweier alter Zivilisationen adaptiert hat, eine Quelle der Vitalität, die europäische Harmonik mit einer rhythmischen Raffinesse kombiniert, die aus Afrika stammt.

Louis Armstrong erlernte die Harmonik durchs Singen in einer New-Orleans-Straßengruppe. Seine improvisierten Trompetenlinien harmonierten mit den Songs anderer.

Akkorde bilden

Harmonik bedeutet den Zusammenklang mehrerer Töne. Eine Kombination von Tönen (ein »Akkord«) kann dem Grundton der Tonart, in der die Musik steht, nahe verwandt oder weiter von ihm entfernt sein. Wenn Musik Ordnung, Bewegung, Drängen, Kontemplation, Freude, Trauer und unendlich viele andere emotionale Eindrücke vermittelt, so liegt das nicht allein an den Qualitäten der Klänge an sich, sondern auch an den Nuancen von Spannung und Entspannung, die durch ihre Bewegung in Relation zum tonalen Zentrum entstehen oder dadurch, wie sich die Töne eines Akkordes zu dem des nächsten verhalten. Akkorde vertiefen die Bezüge, die durch die Bewegung einer einstimmigen melodischen Linie geschaffen werden. In vielen Jazzstilen sind sie auch das Fundament zunehmend komplexer Spannungs- und Entspannungsprozesse zwischen der improvisierten Linie des Solisten und der Harmonik, über der diese sich entfaltet.

Intervalle, die Abstände zwischen Tönen, werden durch römische Ziffern angezeigt, die ausdrücken, wie weit jeder Ton vom Grundton der Tonleiter entfernt ist.

Dreiklänge sind die Grundlage der westlichen Harmonik. Der Tonika-Dreiklang (I) wird vom ersten, dritten und fünften Ton einer Skala gebildet. In der C-Dur-Tonleiter lautet dieser Dreiklang C-E-G, wie oben.

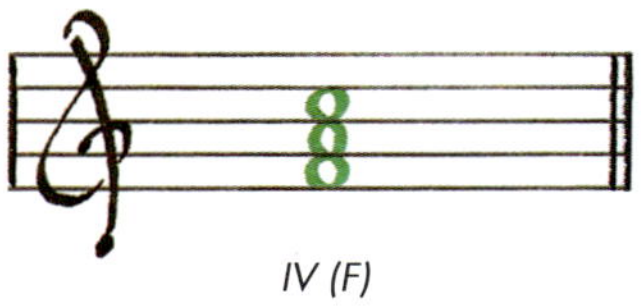

Der Subdominant-Akkord (IV) ist ein Dreiklang, der auf dem vierten Ton der Skala (in C-Dur das F) beginnt. Bei gleichen Abständen zwischen den Tönen wie beim Tonika-Dreiklang ergibt sich F-A-C.

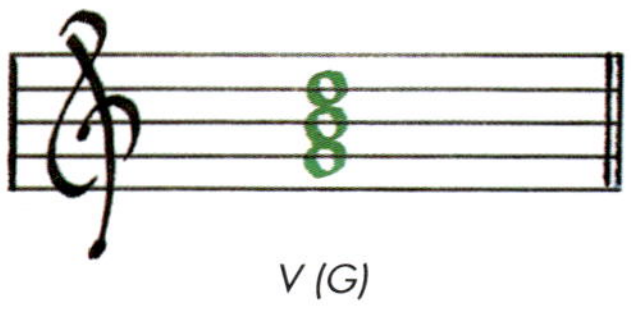

Der Dominant-Akkord (V), der letzte Akkord dieser Folge, beginnt noch eine Stufe höher, auf dem fünften Ton der Skala (dem G in C-Dur). Bei wiederum gleichem Intervallabstand ergibt sich der Dreiklang G-H-D.

Akkorde erweitern

Vor dem Bebop war die Jazzharmonik sehr einfach. Selbst in den vierziger Jahren, als man Bebop-Musikern ob ihrer Abkehr von den *Tin Pan Alley*-Sequenzen nachsagte, sie gebrauchten »schräge Akkorde«, waren dies doch Kombinationen, wie sie in der europäischen Musik gängig waren. Swing-Musiker hatten dem Dur-Dreiklang oft eine Sexte, gelegentlich auch eine None oder Undezime, hinzugefügt. Die Bebop-Spieler trieben die Intervallschichtung noch weiter. Charlie Parker beschrieb die Verwendung zusätzlicher Akkordtöne als Basis für einen neuen Improvisationsstil als persönlichen Durchbruch. Bop-Spieler fügten zudem oft »Durchgangsakkorde« zwischen zwei Akkorde der ursprünglichen Harmoniefolge ein, die zu beiden Akkorden in Beziehung standen, neue Dimensionen von Spannung und Entspannung ermöglichten und dem Solisten eine erweiterte Palette verwandter Skalen an die Hand gaben.

Indem man über den regulären ersten, dritten und fünften Ton der Skala weitere Intervalle schichtet, ergeben sich erweiterte Durakkorde. Auch wenn viele glauben, erst durch den Bebop sei die Tredezime (13) in den Jazz eingeführt worden, so hatten Big-Band-Arrangeure und -Komponisten wie Don Redman und Duke Ellington sie doch bereits in den späten zwanziger Jahren verwendet.

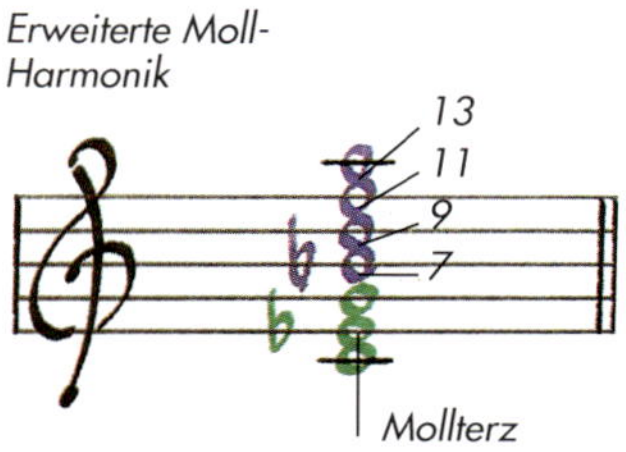

Molltonleitern sind Tonfolgen, bei denen die Intervalle an manchen Stellen verkleinert sind, was das Gefühl einer zögerlicheren Bewegung vermittelt. Durch das Übereinanderschichten der Töne einer Mollskala ergeben sich Mollakkorde, die ähnlich wie Durakkorde erweitert werden können. Die erniedrigten Töne dieser Skalen geben den Solisten weitere Möglichkeiten.

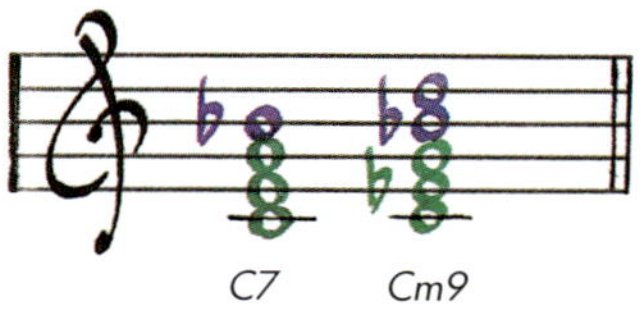

Akkordsymbole sind eine Kurzschrift für Akkorde. Mit dem Bebop und seinen Beziehungen zur westlichen Klassik erlebte auch die akademische Jazz-Ausbildung einen Auftrieb. Akkordsymbole sind nur für Musiker von Nutzen, die in der westlichen Musiktheorie geschult sind. C7 steht z. B für einen C-Dur-Akkord mit hinzugefügter Septe; »m« zeigt einen Mollakkord an.

Akkorde in Aktion

Der 12taktige Blues ist die grundlegendste Akkordfolge des Jazz. In seiner einfachsten Version besteht seine Harmonik aus den drei fundamentalen Akkorden I, IV und V. Seine Struktur besteht aus drei Segmenten. Sie korrespondieren mit dem Eröffnungsstatement des frühen Blues, in dem die Tonart und die Stimmung des Songs festgelegt werden (z. B. die Anfangszeile »Born Under A Bad Sign«), gefolgt von vier Takten, die den harmonischen Akzent auf die IV. Stufe verschieben (»Been Down Since I Could Crawl«).

Die letzten vier Takte beginnen mit einem noch emphatischeren Wechsel zur Dominante V (G bei einem Blues in C) und einer anschließenden Zurückbewegung zur Tonika über die Subdominante IV (F) (»If It Wasn't for Bad Luck/I Wouldn't Have No Luck/At All«). Die Akkorde sind einfach, ihre Richtung klar.

Erweiterte Akkorde können die gleiche Melodie wie die des konventionellen Blues tragen – oder eine aufregende neue mit einer größeren Vielfalt von Noten. Die eindeutige Beziehung der Melodie zur Grundtonart und die »Botschaft« von Herkunft und Ziel eines Akkordes werden verwischt, die Richtung der Musik wird verunklart. Dem einfachen C-Dur-Dreiklang können z. B. Septen, Nonen, sogar Tredezimen hinzugefügt werden – was zur Folge hat, daß die klare Emphase des ursprünglichen Akkords geschwächt wird und eine schwebende, vielleicht auch grüblerische Stimmung entsteht. Auch können zwischen die ursprünglichen Akkorde »Durchgangsakkorde« eingefügt werden, so daß, obwohl die erwarteten »Stufen« noch immer da sind, diese durch zusätzliche Klänge miteinander verbunden sind, was den harmonischen Fluß komplizierter macht und der melodischen Improvisation weitere Möglichkeiten eröffnet.

Die modale Harmonik entstand als Gegenreaktion auf die Verdichtung der Akkorde, wie sie etwa in John Coltranes *Giant Steps* mit seinen etwa 100 Akkordwechseln pro Minute und ständiger Verlagerung des tonalen Zentrums gipfelte. Der modale Jazz, der ein einfacheres Gerüst suchte, basierte auf einzelnen Skalen oder einer Folge von Skalen. Er steht darin der indischen Musik nahe, daß er den Akzent eher auf horizontale denn auf vertikale Muster (wie Akkorde) setzt. Noch immer begleiten Akkorde die Melodielinien, doch beruhen sie nicht zwangsläufig auf den bekannten Dreiklängen, und der »harmonische Rhythmus« der Akkordfolgen ist verschwunden und läßt der Melodie freie Bahn. Der Komponist George Russell, einer der großen Theoretiker des Jazz, aber auch ein hervorragender Bandleader, gab diesem Prozeß in den fünfziger Jahren mit seinem Traktat *The Lydian Chromatic Concept of Tonal Organisation* einen immensen Schub. John Coltrane beschäftigte sich ausgiebig mit modalen Strukturen früher europäischer wie östlicher Musik. Und Miles Davis spielte einige der berühmtesten aller modalen Improvisationen, u. a. in folgendem Stück aus seiner bahnbrechenden LP *Kind of Blue* aus dem Jahr 1959.

Der Zwei-Akkord-»Vamp« besteht überwiegend aus den offenen, mehrdeutiger klingenden Quarten anstelle von Terzen

»So What« von Miles Davis

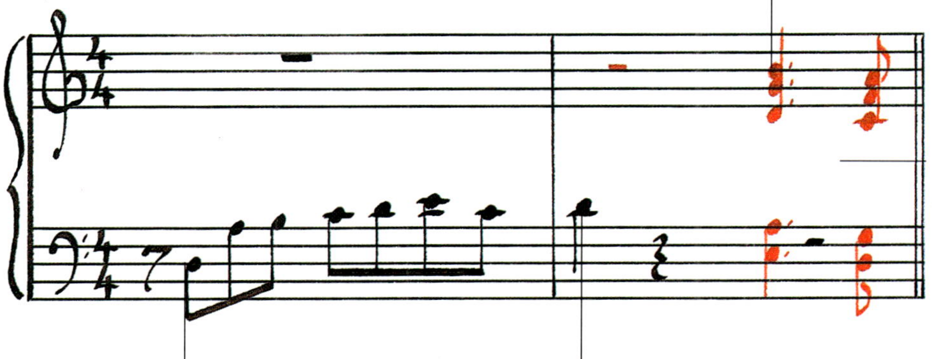

Quarten – drei Schritte in der dorischen Skala voneinander entfernt

Das berühmte Eröffnungsmotiv stellt die dorische Skala vor

Die dorische Skala beginnt auf D und bewegt sich auf den weißen Tasten des Klaviers bis zum D eine Oktave darüber

Improvisation

Improvisation wird in westlichen Kulturen oft als merkwürdige, ja minderwertige Art des Musikmachens abgetan – dabei ist sie die weltweit am häufigsten praktizierte Methode. Die Normen der westlichen klassischen Musik mit ihrer Betonung des Komponisten, der temperierten Stimmung und der notierten Partitur haben die Improvisation an den Rand gedrängt. Doch die klassische indische Musik, der spanische Flamenco und viele Formen afrikanischer, nahöstlicher und keltischer Musik beruhen auf ihr. Improvisation ist natürlich das Herz des Jazz. Doch auch wenn die Essenz einer lebendigen Improvisationstradition die Freiheit ihrer Spieler ist, so müssen der Musik, will sie Zusammenhang und Bedeutung haben, auch einige gemeinsame Überzeugungen zugrunde liegen. In einem guten Teil des Jazz haben die Musiker Song-Strukturen als Bezugssystem bevorzugt: Wegen ihrer zyklischen Form wissen die Improvisatoren in jedem Moment, wo sie sind. Selbst im freiesten Jazz dienen oft ein rhythmischer Puls und ein tonales Zentrum als stete Orientierung. Die Improvisation bricht etablierte musikalische Regeln oder definiert sie neu und verändert dabei auch Konzepte von Virtuosität.

Zwei große Saxophon-Improvisatoren: Charlie Parker (rechts) und Lester Young (links). Beide improvisierten über Akkorde, aber ihre rhythmischen Konzepte schieden den Swing vom Bebop.

Improvisation im frühen Jazz

Hört man flüchtig den frühen New-Orleans-Ensembles zu, so könnte man glauben, daß die Musik zwar rauh und lebendig, aber nicht improvisiert ist. Kein Musiker scheint sich solistisch zu profilieren, und das Originalthema ist ständig irgendwo präsent. Doch dieser Eindruck täuscht. Die ersten New-Orleans-Bands arbeiteten wie viele *marching bands*. Alle spielten gleichzeitig und verwoben ihre Linien auf eine Weise, die man kontrapunktisch nennt. Doch diese Linien werden ständig verziert und variiert; es entsteht ein »freier Kontrapunkt«. In der traditionellen New-Orleans-*frontline* vollzieht sich das Zusammenspiel hauptsächlich zwischen der durchdringenden Kraft der Trompete (oder des Kornetts), den volltönenden, gleitenden Linien der Posaune und den quecksilbrigen Sprüngen der Klarinette. Im Zuge der Jazzentwicklung veränderte sich die Besetzung, doch lebte dieser Gruppenklang bis in die dreißiger Jahre fort. Die Improvisation im traditionellen Jazz gewinnt ihre besondere Farbe durch die persönlichen Eigenarten von Ton und Timing der Spieler. Der Trompeter Tommy Ladnier (unten) z. B. war ein langjähriger Partner Sidney Bechets und steigerte sich, angetrieben von dessen unablässiger Energie, in hitzige Soli hinein.

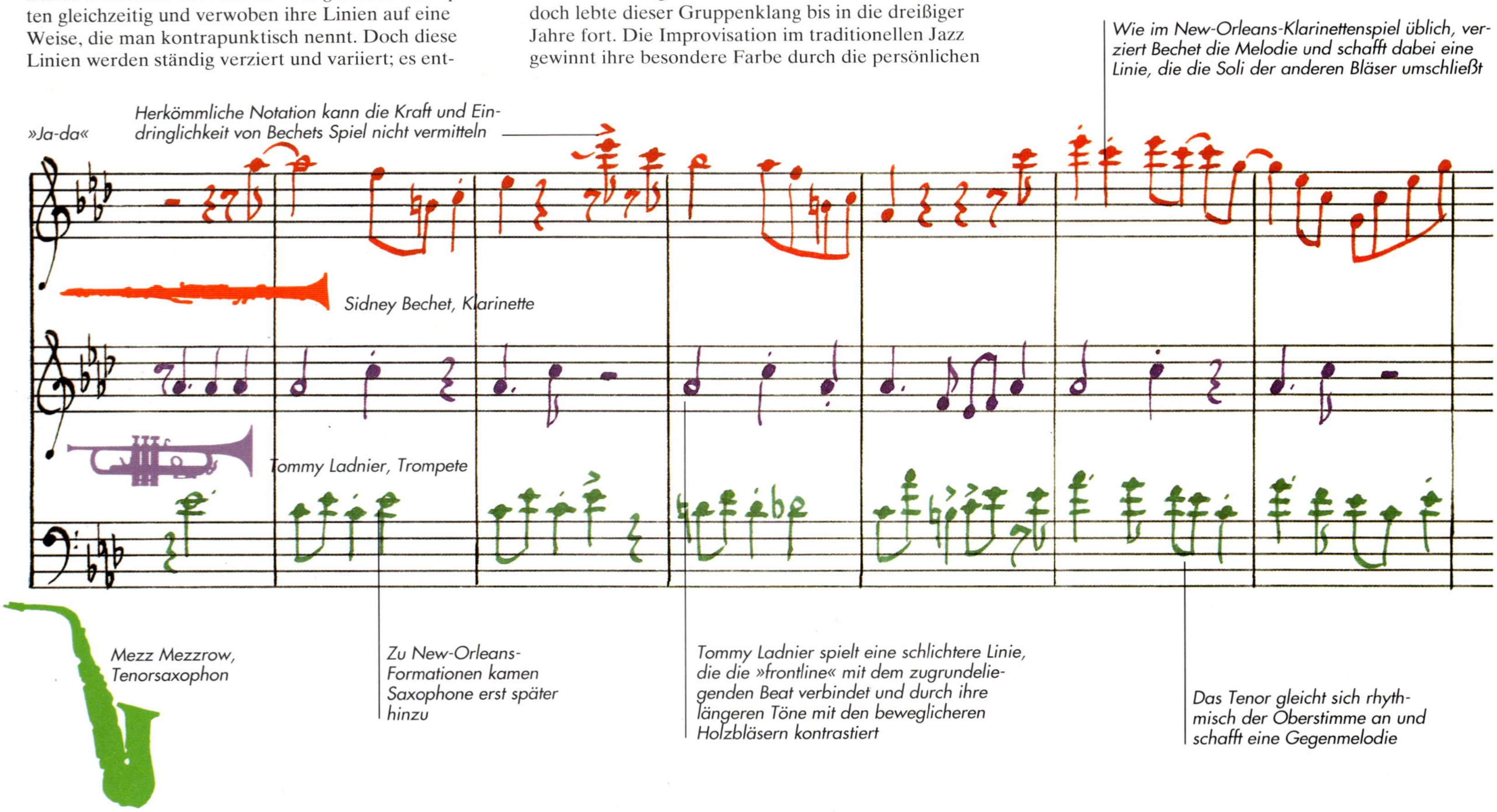

Akkordische Improvisation

In klassischen akkordbasierten Soli beruht die Melodie auf der Harmoniefolge des Stücks. Die Solisten wählen ihre Töne eher nach der harmonischen Struktur aus als durch Bezugnahme auf die Originalmelodie. Alle hier gezeigten Beispiele beruhen auf einer ähnlichen Harmoniefolge.

Eines von Louis Armstrongs schönsten Soli – es basiert lose auf *I'm a Ding Dong Daddy from Dumas,* stammt vom Beginn seiner Arbeit mit Studiobands, in diesem Fall dem *Luis Russell Orchestra.* Als sein solistisches Selbstvertrauen wuchs, spielte Armstrong immer kühner gegen den Begleitrhythmus an und vereinfachte seine Linien zu knapp formulierten Phrasen.

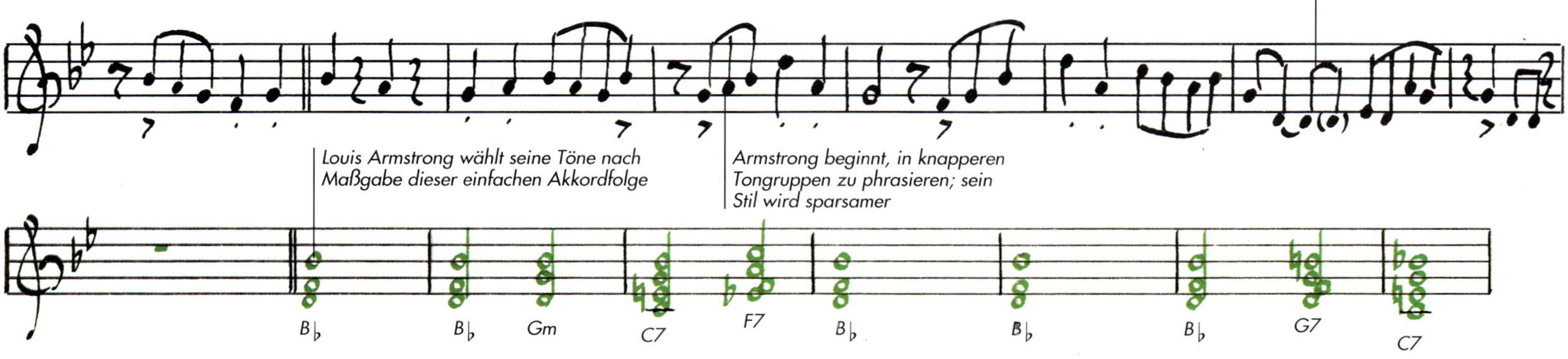

Coleman Hawkins befreite das Tenorsaxophon aus der Obskurität der Vaudeville-Shows. Unter dem Einfluß von Armstrongs Linien und Phrasierung und der akkordisch geprägten Improvisationsweise des Pianisten Art Tatum entwickelte er einen charakteristisch opulenten Stil.

Selbst ein musikalischer Laie kann beim Blick auf dieses Solo – es basiert auf *How Come You Do Me Like You Do* – Hawkins' kreativen Gebrauch des tiefen Registers, rascher Notenschwärme, des Glissandos und ausdrucksstarker Pausen erkennen.

Mit dem Aufkommen des Bebop improvisierten die Musiker noch ausgiebiger über die harmonischen Möglichkeiten der zugrundeliegenden Akkorde als in den dreißiger Jahren – teils, um die Improvisation zu erweitern, teils, um zu vermeiden, Tantiemen für veröffentlichte Songs bezahlen zu müssen.

In einem typischen Charlie-Parker-Solo wie diesem, das lose auf *What a Wonderful World* beruht, löst sich das Bop-Genie vom Swing, indem es das Vibrato reduziert, schneller spielt, die zugrundeliegenden Harmonien verläßt, um die Rückkehr zu ihnen um so dramatischer zu machen, und gegen den Grundbeat anspielt.

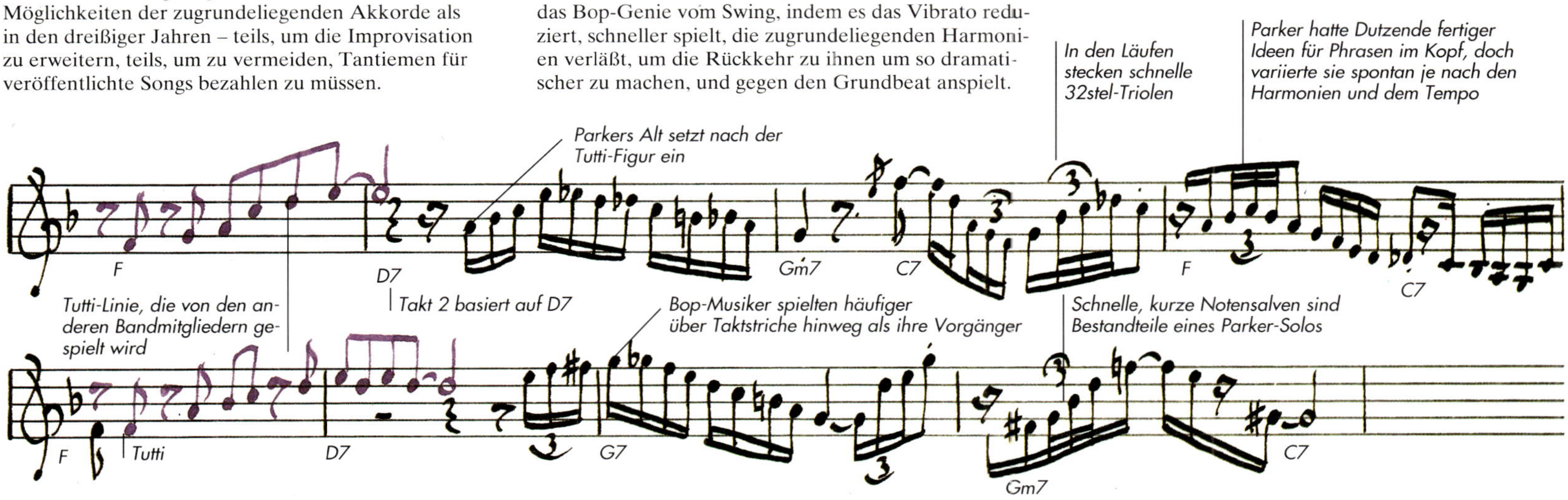

Modale Improvisation

Die logische Entwicklung der akkordischen Bop-Improvisation ließ die Akkordwechsel schließlich so schnell werden, daß die dazugehörigen Tonfiguren in beängstigendem Tempo wechselten. Der Komponist George Russell eröffnete einen »Krieg gegen die Akkorde« und kehrte zu Tonfolgen zurück, sogenannten Modi, wie sie in der Kirchenmusik und der Folklore vorherrschten, ehe die westliche Harmonik an die Macht kam. Als sich das modale Spiel in den fünfziger Jahren verbreitete, begannen Musiker, Materialien zu verwenden, die denen der indischen Musik verwandt sind, in der Ragas – festgelegte Tonfolgen, die über kontinuierlichen Borduntönen gespielt werden – das Tonmaterial des Improvisators bestimmen. Die Begleiter wechselten zwischen Akkorden, die aus den Tönen des Modus abgeleitet waren, und schufen damit einen bordunartigen Effekt.

John Coltranes *A Love Supreme* war eine der einflußreichsten und populärsten Jazzplatten der sechziger Jahre. Ihre sakrale Intensität und ihr Gefühl von Weite machten auch auf Hörer außerhalb des Jazz Eindruck. Es ist modale Musik.

»A Love Supreme«, 1. Teil

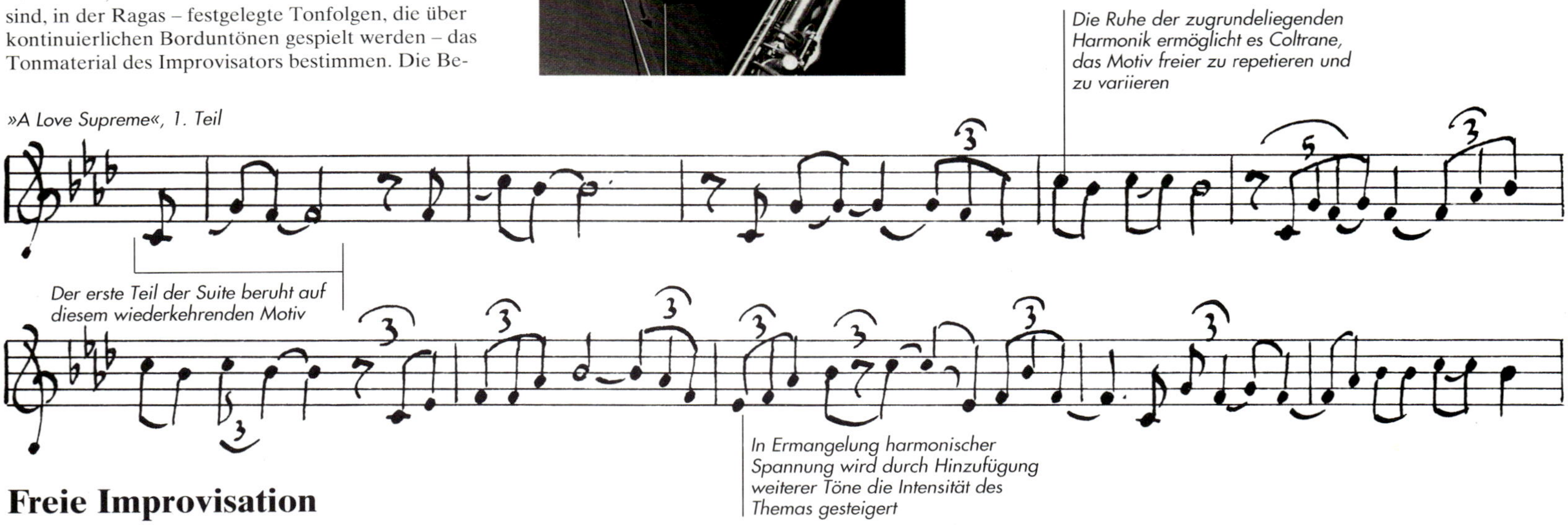

Freie Improvisation

Selbst im spontanen Spiel über Formen, die aus der westlichen Musik stammen, wirft der Jazz die überlieferten Regeln über den Haufen – er macht es selbst möglich, daß Fehler, die in der Hitze des Augenblicks unterlaufen, die Musik verändern und dadurch »richtig« werden. Die freie Improvisation (die sich seit den späten Fünfzigern ausbreitete) führt scheinbar zu interaktiven Prozessen, in denen Form allein aus den Reaktionen der Spieler aufeinander entsteht. Doch je größer eine Gruppe wird, um so dringlicher wird die Notwendigkeit lockerer Grundregeln. Frei improvisierende Bands legen oft fest, wer wann spielt, halten sich an ein tonales Zentrum, oder lassen die rhythmische Gestalt eines Solos von einem festen Beat bestimmen. Ornette Colemans »harmolodische« Musik wird von der Bewegung der Melodie gesteuert, die die Harmonik bestimmt.

Der Saxophonist Albert Ayler war einer der ausdrucksstärksten Free-Jazz-Musiker. Sein Saxophonton war voller Gospel- und Blues-Inflexionen und beschwor die Anfänge des Jazz herauf. Er glaubte, daß eine zu starke Konzentration auf formale Raffinesse die emotionale Kraft des spontanen Spiels einengen würde.

»Ghosts« (Kopenhagen-Version)

Komposition und Arrangement

Jazz wird immer komponiert, aber manchmal ad hoc – und wenn die spontane Komposition nicht aufgezeichnet wird, ist sie womöglich unwiederbringlich verloren. Die Beziehung zwischen Improvisation und vorgeplanter Komposition ist nicht ohne Spannungen. In den zwanziger Jahren erwarb Paul Whiteman den Titel »King of Jazz« für jazzkolorierte Stücke, die die Improvisation an den Rand drängten, die Expressivität der New-Orleans-Musiker glattbügelten und Anleihen bei der Klassik machten. In den achtziger Jahren meinten die meisten orthodoxen freien Improvisatoren, Komposition sei unvereinbar mit dem Geist des Jazz. Zwischen beiden Extremen liegt ein ganzer musikalischer Kosmos, in dem Improvisation und Komposition so gewichtet sind, daß beide voneinander profitieren. Jazzmusiker haben immer der Musik anderer ihren persönlichen Stempel aufgedrückt – von den frühen Rags und Märschen über Broadway-Songs bis zu europäischer Kunstmusik –, und manche einzigartigen Komponisten, wie Thelonious Monk, haben ausschließlich mit Jazz-Materialien gearbeitet.

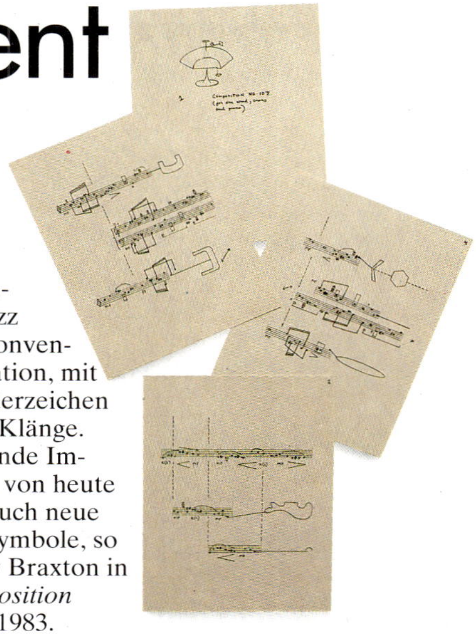

Ein großer Teil des komponierten Jazz verwendet konventionelle Notation, mit einigen Sonderzeichen für spezielle Klänge. Komponierende Improvisatoren von heute verwenden auch neue graphische Symbole, so wie Anthony Braxton in seiner *Composition No. 107* von 1983.

Zu Beginn unseres Jahrhunderts, als der Jazz noch nicht einmal einen Namen hatte, ging einer seiner Gründerväter ganz selbstverständlich davon aus, daß Komposition und Improvisation nebeneinander existieren könnten. Jelly Roll Morton hatte eine musikalische Ausbildung erhalten, aber für einen Klavierspieler mit dem unberechenbaren Publikum von Bars, *honky tonks* und Bordellen waren improvisatorische Fertigkeiten nicht nur nützlich, sondern lebensnotwendig. Morton nahm die einzigartigen, flüchtigen Elemente der Musik von New Orleans – Solo-Improvisation, Ensemble-Polyphonie, expressive Tongebung, impulsive Breaks – und verknüpfte sie zu frühen Meisterwerken.

Ungeachtet seines Rufs als Dilettant war Morton ein kultivierter und gebildeter Musiker und einer der ersten, der sich gleichermaßen von der Sinnlichkeit und Unmittelbarkeit von Jazz und Blues wie von den formalen Prinzipien der europäischen Klassik inspirieren ließ. Er bewies, daß Erdigkeit und Spontaneität des Jazz nicht zwangsläufig durch sorgfältige Planung korrumpiert werden mußten, wenn diese Planung eher in wohlkalkulierten Impulsen für Improvisatoren als in den subjektiven Ergüssen eines allmächtigen Tonsetzers bestand.

Die heiße, leidenschaftliche Musik, die in den ersten Jahren des 20. Jahrhunderts aus New Orleans in den Norden kam, beeinflußte unweigerlich alle, die im Musikgeschäft arbeiteten, insbesondere die Tanzbands. Mochten sie zunächst die *hot music* als primitiv und krude abgelehnt haben, so gingen die führenden kommerziellen Arrangeure und Bandleader doch rasch dazu über, Improvisatoren einzustellen, um ihren Sound zu würzen. Der Einfluß solch phänomenaler Instrumentalisten wie Louis Armstrong und Sidney Bechet war weitreichend. Die Tanzband-Leiter Duke Ellington und Fletcher Henderson kamen erst durch Heißsporne wie Bechet, Armstrong, Trompeter Bubber Miley und Posaunist Tricky Sam Nanton mit der glühenden Expressivität der New-Orleans-Musik in Berührung und begannen dann, auf der Grundlage der Phrasierung und Rhythmik dieser Spieler einen völlig neuen Ansatz des Komponierens für große Ensembles zu entwickeln.

»Head Arrangements«

Vor allem Count Basie verfolgte im Rhythmischen diesen Kurs weiter, indem er wiederholte kollektive Bläser-Riffs zum Status einer zweiten Rhythmusgruppe erhob, die den Solisten Flügel verlieh. Diese rudimentären Methoden musikalischer Organisation entsprangen nicht einfach der Inspiration des Bandleaders, sondern waren Produkt einer kollektiven Leistung der Musiker bei den Proben (oder sogar im Konzert), und die so entstandenen Bläsersätze wurden oft nicht einmal notiert, sondern auswendig gelernt: sogenannte *head arrangements*, wobei das Thema als *head* bezeichnet wird. Duke Ellington verfolgte eine eher impressionistische, klangmalerische Route, indem er die herrlichen – und originär afroamerikanischen – Timbres des Jazzinstrumentariums benutzte, um Strukturen zu schaffen, die wesentlich anspruchsvoller als schlichte Variationen über Songs waren.

Nach dem Zweiten Weltkrieg entwickelte Gil Evans Ellingtons Verfahren durch eine subtile, dezente Verwendung des Riffs, Hinzunahme jazzuntypischer Instrumente und Vermeidung dynamischer Extreme weiter. Als Arrangeur der ambitionierten Tanzband Claude Thornhills war Evans daran gewöhnt, die Besetzung mit exotischen Farben wie dem Waldhorn zu bereichern, und die bemerkenswerten Texturen und subtilen harmonischen Strukturen des Thornhill-Ensembles wurden als *clouds of sound* bezeichnet.

In Zusammenarbeit mit Gerry Mulligan und John Lewis wandte Evans diese Ideen bei den *Birth of the Cool*-Sessions mit überragendem Erfolg an und inspirierte damit einen zarteren, vieldeutigeren Stil des Schreibens für große Ensembles, der von großem Einfluß auf die Jazzkomposition der fünfziger Jahre war und bis heute die Musik prägt.

Komposition und Arrangement nahmen extreme Formen an. Der *progressive jazz* der Orchester Stan Kentons unternahm den Versuch, moderne E-Musik und Jazz zu verbinden. Am anderen Ende des sonoren Spektrums gab es Synthesen europäischer und afroamerikanischer Musik in John Lewis' Arbeiten für das kammermusikalisch agierende *Modern Jazz Quartet.* Doch sind es Gil Evans und Charles Mingus, die heute größere Jazz-Ensembles am stärksten beeinflussen. Ebenso bedeutsam ist der Komponist George Russell, einstmals Partner Charlie Parkers und Dizzy Gillespies. Heute eröffnet er ein Konzert mitunter mit einem Madrigal aus dem 15. Jahrhundert und verwandelt es in einen Vulkan rhythmischer Dichte und verwobener Bläsertexturen. In ihrer Verwendung von Dissonanzen, sprunghafter Melodik, Rockrhythmen und strahlender Trompetensätze umspannt seine Musik ein halbes Jahrhundert Big-Band-Geschichte.

Arrangeure bei der Arbeit

Count Basies schnörkellose Kompositions- und Arrangiertechniken sind zwar nicht so komplex wie die Ellingtons mit ihrer Erweiterung der Jazzformen über die Song-Form hinaus und ihrer Bereicherung der Harmonik – und verkörpern doch die Essenz des Swing-Stils. Wie Ellington setzte auch Basie die musikalischen Persönlichkeiten seiner Mitspieler als Klangfarben ein, wenn auch in weniger formellen Kontexten. Die Musik, die in den dreißiger Jahren aus Kansas City kam, war bluesig, tanzbar und rückte die Rhythmusgruppe in den Mittelpunkt. Die Holz- und Blechbläser spielten oft einfache *head* (ungeschriebene) *arrangements* von perkussiver Wucht und Riffs, ständig wiederholte akkordische Figuren, hinter den Solisten.

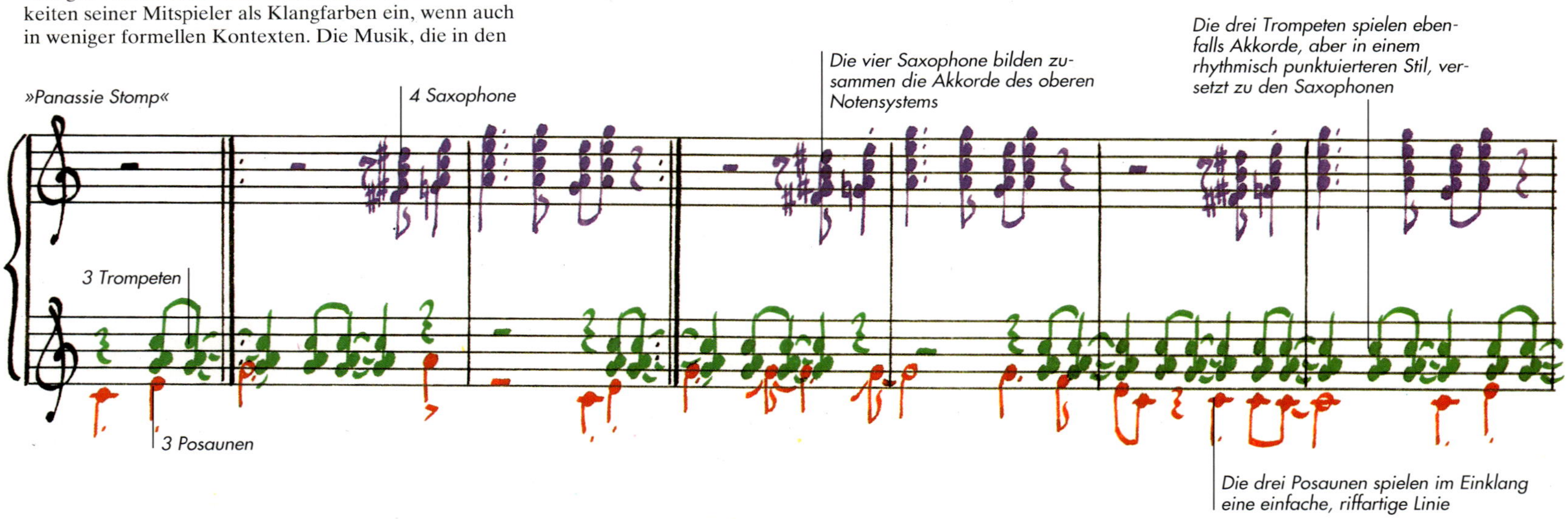

Gil Evans war ein Jazzkomponist, der die einfachsten und fragmentarischsten Jazzmaterialien zu neuem Leben und neuem Glanz erwecken konnte. Sein Stil war in der Musik Duke Ellingtons und einer persönlichen Adaption der europäischen Klassik verwurzelt. Dementsprechend war Evans durch und durch Jazzmusiker, aber er verwendete jazzuntypische Instrumente und schuf mit ihnen einmalig transparente, ätherische Texturen. *Blues for Pablo,* ein Feature für Miles Davis, ist eines seiner berühmtesten Stücke. Es verwendet neben üblichen Jazzinstrumenten Flöten, Hörner, Baßklarinette und Tuba. Davis spielt hier das weichere, wärmere Flügelhorn, das dieser Passage, zusammen mit dem gehaltenen Mollakkord, eine indirekte Qualität gibt, die durch eine im Jazz zuvor unbekannte instrumentale Mixtur Tiefe und Textur erhält.

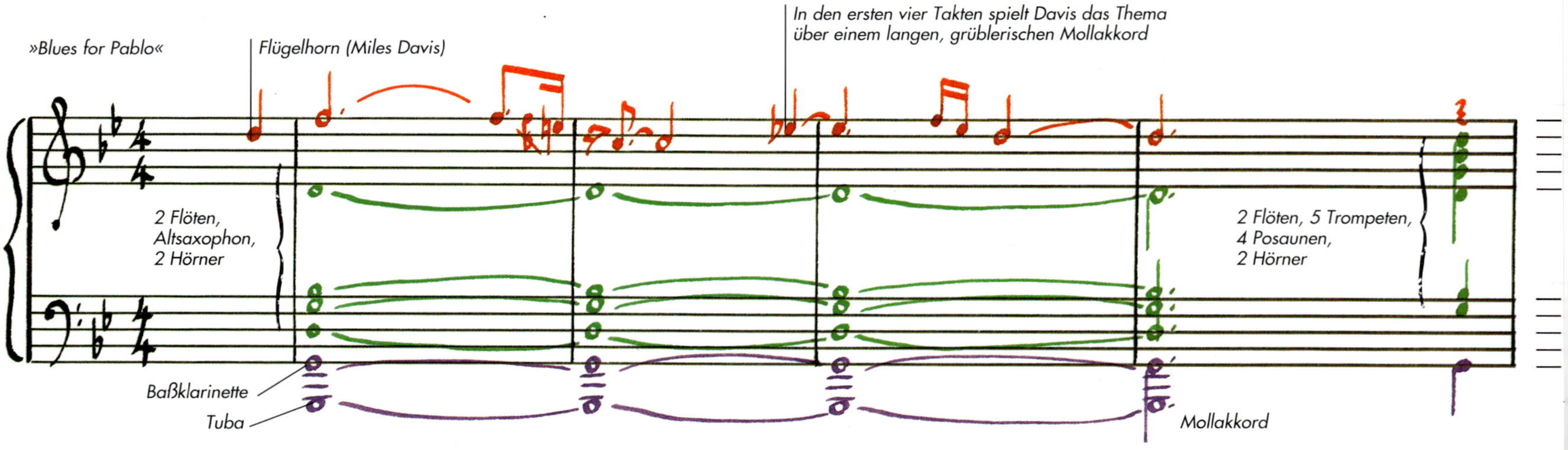

Duke Ellingtons Einfluß

beherrscht die gesamte Jazz-Komposition. In einem gnadenlosen Arbeitsrhythmus soll er etwa 2000 Musikstücke geschrieben haben, manche nur Fragmente, andere großorchestrale Werke. Seine Musik wird noch immer ständig gespielt und neu interpretiert, und seine Songs wie *Don't Get Around Much Anymore* oder *Sophisticated Lady* sind Klassiker. Ellingtons visionäre Kraft verlieh selbst Allerweltsmaterialien neuen Glanz. Durch unkonventionelle Instrumentation konnte er einem einzigen Akkord ungeahnte Fülle geben. Er weigerte sich, sich von den simplen Materialien der Songs und des Blues einengen zu lassen, die der Grundstock der meisten Improvisationen des frühen Jazz waren, und erweiterte diese Formen durch Hinzufügung von Takten und unorthodoxe harmonische Wendungen. Ellington war ein ungemein kreativer Melodiker, eine Tatsache, die durch die Häufigkeit belegt wird, mit der Musiker – und nicht allein Jazzmusiker – sich von seinen Melodien inspirieren lassen.

Und vielleicht am bemerkenswertesten überhaupt: Er spielte seine Band, als sei sie ein Instrument, und verwendete die einmaligen, persönlichen Klänge seiner Musiker als Material seiner Kompositionen.

Duke Ellington, der größte aller Jazzkomponisten und Arrangeure, verwendete die Klänge seiner Musiker als Material und experimentierte pausenlos mit orchestralen Texturen, erweiterten Formen und neuen kompositorischen Umgebungen für die Improvisation.

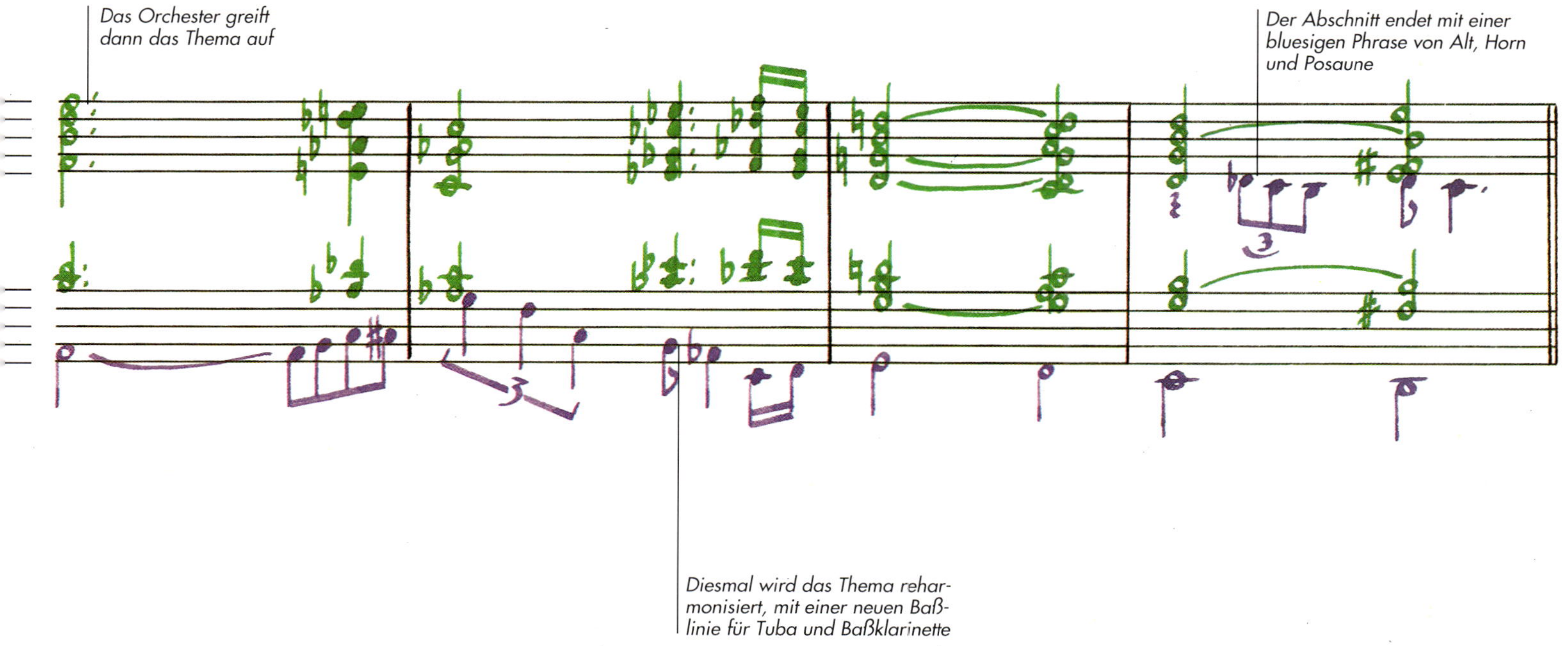

Aufnahmetechnik

Das erste *Jazz Age* begann, als die ersten Jazzplatten entstanden. Da der extrovertierte Sound der *Original Dixieland Jazz Band* auf einer »Victor«-Platte jedem zugänglich war, der Zugang zu einem Grammophon hatte, wurden die Band und das neue Idiom, das sie vorstellte, binnen weniger Monate zu Kultobjekten. Doch die Aufnahmetechnik ermöglichte es auch, die einzigartigen, flüchtigen Qualitäten des Jazz einzufangen.

Da der rhythmische Fluß ebenso schwer zu notieren war wie die ungewöhnliche Jazztongebung, konnte eine Transkription in Notenschrift nur wenig von der Vitalität einer Jazzaufführung vermitteln. So wurde die Schallplatte zum Medium der Jazzdokumentation und, da zwei Aufführungen des gleichen Stücks nie völlig identisch sind, zum Schlüssel zu den Besonderheiten der Improvisation.

Edison betrachtete den Phonographen ursprünglich als Mittel der Geschäftskommunikation, doch machte er um die Jahrhundertwende in den USA wie in Europa als Medium der Unterhaltungsindustrie Karriere.

Als die *Original Dixieland Jazz Band* ihr New-York-Gastspiel begann, war die Schallplatte bereits drei Jahrzehnte alt. Doch für den Jazz war sie noch nicht genutzt worden. Die Technik war begrenzt, und die Tatsache, daß Musik aufgezeichnet und nach Belieben reproduziert werden konnte, war noch immer eine neue Entwicklung, an die sich das Publikum im Jahr 1917 gerade erst gewöhnte.

Die Musiker spielten in einen riesigen Trichter hinein, der wie ein umgekehrter Lautsprecher funktionierte. Seine Vibrationen übertrugen sich auf einen Schneidestift, der an einer am verjüngten Ende des Trichters befestigten Membran angebracht war und eine Rille in eine wachsbeschichtete Metallplatte schnitt, wobei die Auslenkungen der Rille dem Frequenzgang folgten. Nach drei Stufen von Matrizen entstand eine Metall-Mater, von der die Platten gepreßt wurden.

Für die Klänge der *honky tonks,* der frühen Bluesspieler, der ersten Boogie-Pianisten und *marching bands* kam diese Entwicklung zu spät, war doch der Jazz lange Zeit ein subkulturelles Phänomen (auch wenn sich Gerüchte über eine seit langem verschollene Buddy-Bolden-Walze von 1894 hielten). Ragtime-Pianisten und die frühen Stride-Spieler wurden aufgenommen, aber auf Klavierwalzen – perforierten Papierrollen, mit denen mechanische Klaviere in Gang gesetzt wurden.

Selbst nach dem Millionenerfolg der *Original Dixieland Jazz Band*-Debütplatte betrachteten die Manager der Plattenindustrie Jazz und Blues noch immer als Musik, die nur einen von Schwarzen dominierten Markt ansprechen würde – mit anderen Worten, ein Marktsegment, das zu arm war, um Grammophone zu kaufen. Doch als sich die ersten Bluesplatten von Mamie Smith (und später Bessie Smith) in unerwarteten Mengen verkauften, kam die *race records*-Industrie, die sich speziell an Nichtweiße wandte, in

Eine »Okeh«-Session der zwanziger Jahre. Die Musiker spielen in den Trichter hinein; eine daran befestigte Nadel schneidet das Schwingungsmuster in eine Wachsmatrize. Bei dieser anfälligen Technik waren Klavier, Baß und Schlagzeug kaum zu hören.

Beim ursprünglichen Phonographen, den Thomas Edison 1877 patentieren ließ, war das Aufnahmemedium eine Walze, keine Scheibe. Die Aufnahmezeit betrug etwa drei Minuten.

Fats Waller with his Rhythm und die *Deep River Boys* bei einer »Victor«-Session von 1942. Die Firma, 1901 als »Victor Talking Machine Co.« gegründet und in den Vierzigern in »RCA Victor« umbenannt, veröffentlichte 1949 die erste 45-U/min-Single.

Schwung und florierte bis zum wirtschaftlichen Niedergang von 1929. Die Labels »Gennett«, »Paramount« und »Okeh« waren die Pioniere auf diesem Gebiet, auch wenn die technischen Schwierigkeiten so groß waren, daß alles – von kaltem Wetter bis zum Zugverkehr vor dem Studio – die Resultate der Aufnahmen ruinieren konnte und daß Schlagzeug und Klavier auf den Platten so gut wie unhörbar waren.

Die elektrische Aufnahmetechnik, bei der ein Mikrophon die Schallwellen in elektrische Impulse verwandelte, die einen motorgetriebenen Schneidestift steuerten, sorgte gegen Mitte der zwanziger Jahre für neue Klangqualität, machte es möglich, daß Bands naturgetreuer klangen, und vereinfachte Außenaufnahmen mit mobilen Geräten. Doch mit der Wirtschaftskrise der frühen Dreißiger ging die Plattenindustrie beinahe unter, und die *race*-Labels erholten sich nie mehr. Eine Folge von Fusionen kleinerer Firmen und energische Anstrengungen, sich den blitzartigen Erfolg des Rundfunks zunutze zu machen (der anfangs als Konkurrent der Plattenindustrie empfunden wurde, auch wenn er später zum gefräßigsten Kunden ihrer Produkte wurde), stabilisierten die Industrie, und die Popularität des Swing tat das Ihrige.

Neue Technologien

Während die Interessen von Rundfunk, Film- und Plattenindustrie allmählich konvergierten, kamen die technischen Neuerungen auch unabhängigen Labels und enthusiastischen Amateuren zugute. Die berühmten Live-Mitschnitte, mit denen Dean Benedetti das Spiel Charlie Parkers dokumentierte, wurden auf einer tragbaren Plattenschneidemaschine gemacht, und Drahtspulen-Aufnahmegeräte, Vorläufer der Tonbandmaschinen, wurden von den Bebop-Jahren an häufig benutzt. Ironischerweise wurde gerade dieses Amateurmaterial zu einer entscheidenden Dokumentation des frühen Bebop, hatte doch die amerikanische Musikergewerkschaft, die negative Auswirkungen des Radios auf die Auftrittsmöglichkeiten von Musikern befürchtete und Tantiemen von Rundfunkübertragungen forderte, einen Aufnahmestopp ausgerufen, der von 1942 bis 1944 währte.

In den Jahren des Aufnahmeverbots entstanden jedoch großformatige *transcription discs* und sogenannte *V-discs*, Platten mit langer Laufzeit für die Truppenbetreuung, auf denen freilich meist das zu hören war, was die Oberen für populär hielten – Swing. Nach dem Krieg tauchten wieder unabhängige Plattenfirmen auf, die sowohl den aktuellen Bebop als auch den soeben wiederbelebten Dixieland dokumentierten – Labels wie »Commodore«, »Dial«, »Clef«, »Savoy« und »Blue Note«. Weil sie von Enthusiasten betrieben wurden, die ein offenes Ohr für die Wünsche der Musiker hatten, gab es im Katalog dieser Firmen oft Platten mit ungewöhnlichen Kombinationen von Musikern, anspruchsvollem Repertoire und Aufnahmen von großer Sensibilität.

In den fünfziger Jahren schossen neue Labels wie »Prestige«, »Riverside« und »Pacific« aus dem Boden, zu einer Zeit, als neue Kunststoffe es ermöglichten, die Rillen enger und schmaler zu pressen: Die *long playing microgroove*-Platte (LP) war geboren, und endlich konnten komplexere, ausgiebige Improvisationen und ambitionierte längere Werke angemessen aufgezeichnet werden.

Techniken der Bandmontage wurden damals im Jazz seltener verwendet als in anderen Musikstilen. Als die Studios in den frühen sechziger Jahren begannen, Mehrspurgeräte zu verwenden, kam dem Produzenten und der Studiotechnik ein größerer Stellenwert im Aufnahmeprozeß zu, und das Machen einer Schallplatte wurde zur künstlerischen Disziplin für sich. Das Aufkommen der Compact Disc mit ihrer Laser-Technologie in den achtziger Jahren sowie die Entwicklung effektiver Rauschunterdrückungs-Verfahren führten zu großangelegten Wiederveröffentlichungs-Programmen der Plattenfirmen. Heute kann selbst der früheste Jazz so gehört werden, daß die Mängel der damaligen Studios in den Hintergrund treten.

Mit den fünfziger Jahren kam der Durchbruch der 33-U/min-LP. Jam-Session-Atmosphäre und anspruchsvolle Werke von Komponisten wie Ellington konnten jetzt angemessen wiedergegeben werden.

Jazztanz heute

Mitglieder der britischen Tanzkompanie »Jazz Exchange«

Jazz und Tanz waren bis zum Ende der Swing-Ära unzertrennlich. Doch in den fünfziger Jahren wurde der Jazz kühler, und eine Mischung aus schwarzem Rhythm and Blues und weißer Country Music namens Rock and Roll wurde so »heiß«, daß sie weltweit Tanz, Kleidung, Sprache und Selbstverständnis der Jugend veränderte. Der Tanz wurde lockerer, entspannter, weniger technisch und wettbewerbsorientiert. Im Zuge der kubanischen, später brasilianischen Einflüsse auf den Jazz von den Vierzigern bis zu den siebziger Jahren gewann auch der lateinamerikanische Tanz an Bedeutung. Aber eine rauhere Zeit, in der die Jugend wieder nach Idolen sucht, brachte ein Comeback auffälligerer und spektakulärerer Tanzformen, und manche jungen Tänzer sind zu den *flash acts* der Swing-Jahre zurückgekehrt. Auch klassische Tänzer haben im Jazztanz eine neue, reiche Quelle der Inspiration entdeckt.

In den fünfziger Jahren trennten sich viele der alten Steptanz-Paare und *flash acts* der Vorkriegszeit. Autodidaktische Tänzer, die kräftezehrende Nummern vorführten, um den Konkurrenten voraus zu sein, und sich oft ohne Aufwärmen in waghalsigste Kunststücke stürzten, waren oft schon vor ihrem 30. Lebensjahr durch Verletzungen aus dem Rennen. Und auch jene Tänzer, die durchhielten, mußten zu Beginn der fünfziger Jahre, ungeachtet der neuen Beschäftigungsmöglichkeiten im Film, erleben, wie ihre hart erworbenen Künste von neuen Tanzformen überholt wurden.

Zuerst kamen in den vierziger Jahren die plötzliche Popularität kubanischer Musik, durch Dizzy Gillespies Einbeziehung der polyrhythmischen Ideen Chano Pozos in seine Band, und die Entstehung kubanischer Ensembles, die Latin-Rhythmen mit Jazz fusionierten. Dieser Jazz-Latin-Mix wurde von neuen Tanzmoden begleitet, so wie dem Mambo der fünfziger Jahre, der Rumba und Jitterbug verband, und dem späteren Boogaloo, der seinerseits eine Mischung von Mambo und Rock and Roll war. Mit dem Rock and Roll kam ein entspannterer, weniger kompetitiver Tanzstil auf, im Zuge einer kunstlosen, antiprofessionellen Rückkehr zu den Grundelementen von Blues und Boogie. *Class acts* wirkten nun zu glatt und elitär, genau wie Big Bands nun zu mechanisch, schwülstig und technikfixiert schienen.

Der Jive, eine vereinfachte Form der Paarbewegungen des Lindy Hop, war der wichtigste Tanz der frühen Rockmusik. Aber in den sechziger Jahren kehrten freiere Tanzstile zurück, auch wenn sie nicht so demonstrativ kunstvoll wie jene Bewegungen waren, die die Stammgäste des »Savoy« so mühevoll erarbeitet hatten. Mit dem Twist angefangen, zog eine Welle flüchtiger Disco-Tänze vorüber: z. B. der (aus dem Charleston abgeleitete) Mashed Potato, der Frug, der Hullygully und viele weitere. Durch die Ausbreitung der Hispano-Kultur in Amerika und ein neuerwachtes Interesse an traditionellem afrikanischem Tanz im Rahmen der Suche nach schwarzer Identität in der Zeit der Bürgerrechtskämpfe wurde der Tanz um weitere Aspekte bereichert. Die lateinamerikanische Salsa, von kubanischen und puertoricanischen Musikern gespielt, und der dazugehörige Tanz machten in den siebziger Jahren in New York Furore. Andere lateinamerikanische Rhythmen waren die Merengue und die brasilianische Samba (und später der Lambada).

Neue alte Virtuosität

In den Jahrzehnten nach den Siebzigern, als die Jugendarbeitslosigkeit im Westen anstieg, wandelte sich die Disco, die laute, anonyme, von Stroboskop-Scheinwerfern erleuchtete Tanzhalle der Sechziger und Siebziger. Wieder einmal wurde der *club dance* zur Demonstration von Status und zum Ausdruck einer Suche nach Respekt anstelle bloßer Entspannung.

In den Clubs der USA beherrschten die Varianten des *breakdance* – eine Wiedergeburt des *flash act* mit seinen Drehungen, Saltos und akrobatischen Bewegungen – einen Trend hin zu neuen, eklektischen musikalischen Ausdrucksformen. Auf den Straßen Harlems und der South Bronx tauchte die Hip-Hop-Kultur auf mit ihren direkten Ausdrucksmitteln wie Rap-Gesang, Graffitikunst und perkussivem Tanz, und eine neue Generation von DJs schuf aus existierenden Schallplatten mittels kreativer und virtuoser Plattenspieler-Techniken wie dem Mischen und dem *scratching* (Hin- und Herdrehen des Plattentellers, um einen perkussiven Effekt zu erzeugen) eine neue, eigenständige Musik.

In Großbritannien entwickelten junge Tänzer Schritte für Bebop und Fusion Music, die stark an den Steptanz, den Shuffle und die akrobatischen Nummern der dreißiger Jahre erinnerten. Im Laufe der achtziger Jahre wurde die Jazztanz-Bewegung so populär, daß Tänzer weit reisten, um neue Clubs aufzusuchen und sich mit Rivalen zu messen, von denen sie gehört hatten, und sie verblüfften des öfteren Bebop-Veteranen durch die Virtuosität ihrer Techniken.

Schwarzer Klassizismus

Bis zu den sechziger Jahren sah man selten schwarzes klassisches Ballett, und bis zur Attacke auf die Rassentrennung in jener Zeit ging man stillschweigend davon aus, daß Ballettkompanien keine schwarzen Tänzer zuließen. Der Wunsch nach Selbstbestimmung führte zur Gründung schwarzer Ensembles wie dem Alvin Aileys. Einflußreiche und immens populäre Stile entstanden, die die impressionistische Anmut des orthodoxen Balletts mit modernen Techniken und den Klängen und Bewegungen des Jazz verbanden.

Schwung und florierte bis zum wirtschaftlichen Niedergang von 1929. Die Labels »Gennett«, »Paramount« und »Okeh« waren die Pioniere auf diesem Gebiet, auch wenn die technischen Schwierigkeiten so groß waren, daß alles – von kaltem Wetter bis zum Zugverkehr vor dem Studio – die Resultate der Aufnahmen ruinieren konnte und daß Schlagzeug und Klavier auf den Platten so gut wie unhörbar waren.

Die elektrische Aufnahmetechnik, bei der ein Mikrophon die Schallwellen in elektrische Impulse verwandelte, die einen motorgetriebenen Schneidestift steuerten, sorgte gegen Mitte der zwanziger Jahre für neue Klangqualität, machte es möglich, daß Bands naturgetreuer klangen, und vereinfachte Außenaufnahmen mit mobilen Geräten. Doch mit der Wirtschaftskrise der frühen Dreißiger ging die Plattenindustrie beinahe unter, und die *race*-Labels erholten sich nie mehr. Eine Folge von Fusionen kleinerer Firmen und energische Anstrengungen, sich den blitzartigen Erfolg des Rundfunks zunutze zu machen (der anfangs als Konkurrent der Plattenindustrie empfunden wurde, auch wenn er später zum gefräßigsten Kunden ihrer Produkte wurde), stabilisierten die Industrie, und die Popularität des Swing tat das Ihrige.

Fats Waller with his Rhythm und die *Deep River Boys* bei einer »Victor«-Session von 1942. Die Firma, 1901 als »Victor Talking Machine Co.« gegründet und in den Vierzigern in »RCA Victor« umbenannt, veröffentlichte 1949 die erste 45-U/min-Single.

Neue Technologien

Während die Interessen von Rundfunk, Film- und Plattenindustrie allmählich konvergierten, kamen die technischen Neuerungen auch unabhängigen Labels und enthusiastischen Amateuren zugute. Die berühmten Live-Mitschnitte, mit denen Dean Benedetti das Spiel Charlie Parkers dokumentierte, wurden auf einer tragbaren Plattenschneidemaschine gemacht, und Drahtspulen-Aufnahmegeräte, Vorläufer der Tonbandmaschinen, wurden von den Bebop-Jahren an häufig benutzt. Ironischerweise wurde gerade dieses Amateurmaterial zu einer entscheidenden Dokumentation des frühen Bebop, hatte doch die amerikanische Musikergewerkschaft, die negative Auswirkungen des Radios auf die Auftrittsmöglichkeiten von Musikern befürchtete und Tantiemen von Rundfunkübertragungen forderte, einen Aufnahmestopp ausgerufen, der von 1942 bis 1944 währte.

In den Jahren des Aufnahmeverbots entstanden jedoch auch großformatige *transcription discs* und sogenannte *V-discs*, Platten mit langer Laufzeit für die Truppenbetreuung, auf denen freilich meist das zu hören war, was die Oberen für populär hielten – Swing. Nach dem Krieg tauchten wieder unabhängige Plattenfirmen auf, die sowohl den aktuellen Bebop als auch den soeben wiederbelebten Dixieland dokumentierten – Labels wie »Commodore«, »Dial«, »Clef«, »Savoy« und »Blue Note«. Weil sie von Enthusiasten betrieben wurden, die ein offenes Ohr für die Wünsche der Musiker hatten, gab es im Katalog dieser Firmen oft Platten mit ungewöhnlichen Kombinationen von Musikern, anspruchsvollem Repertoire und Aufnahmen von großer Sensibilität.

In den fünfziger Jahren schossen neue Labels wie »Prestige«, »Riverside« und »Pacific« aus dem Boden, zu einer Zeit, als neue Kunststoffe es ermöglichten, die Rillen enger und schmaler zu pressen: Die *long playing microgroove*-Platte (LP) war geboren, und endlich konnten komplexere, ausgiebige Improvisationen und ambitionierte längere Werke angemessen aufgezeichnet werden.

Mit den fünfziger Jahren kam der Durchbruch der 33-U/min-LP. Jam-Session-Atmosphäre und anspruchsvolle Werke von Komponisten wie Ellington konnten jetzt angemessen wiedergegeben werden.

Techniken der Bandmontage wurden damals im Jazz seltener verwendet als in anderen Musikstilen. Als die Studios in den frühen sechziger Jahren begannen, Mehrspurgeräte zu verwenden, kam dem Produzenten und der Studiotechnik ein größerer Stellenwert im Aufnahmeprozeß zu, und das Machen einer Schallplatte wurde zur künstlerischen Disziplin für sich. Das Aufkommen der Compact Disc mit ihrer Laser-Technologie in den achtziger Jahren sowie die Entwicklung effektiver Rauschunterdrückungs-Verfahren führten zu großangelegten Wiederveröffentlichungs-Programmen der Plattenfirmen. Heute kann selbst der früheste Jazz so gehört werden, daß die Mängel der damaligen Studios in den Hintergrund treten.

Jazztanz heute

Mitglieder der britischen Tanzkompanie »Jazz Exchange«

Jazz und Tanz waren bis zum Ende der Swing-Ära unzertrennlich. Doch in den fünfziger Jahren wurde der Jazz kühler, und eine Mischung aus schwarzem Rhythm and Blues und weißer Country Music namens Rock and Roll wurde so »heiß«, daß sie weltweit Tanz, Kleidung, Sprache und Selbstverständnis der Jugend veränderte. Der Tanz wurde lockerer, entspannter, weniger technisch und wettbewerbsorientiert. Im Zuge der kubanischen, später brasilianischen Einflüsse auf den Jazz von den Vierzigern bis zu den siebziger Jahren gewann auch der lateinamerikanische Tanz an Bedeutung. Aber eine rauhere Zeit, in der die Jugend wieder nach Idolen sucht, brachte ein Comeback auffälligerer und spektakulärerer Tanzformen, und manche jungen Tänzer sind zu den *flash acts* der Swing-Jahre zurückgekehrt. Auch klassische Tänzer haben im Jazztanz eine neue, reiche Quelle der Inspiration entdeckt.

In den fünfziger Jahren trennten sich viele der alten Steptanz-Paare und *flash acts* der Vorkriegszeit. Autodidaktische Tänzer, die kräftezehrende Nummern vorführten, um den Konkurrenten voraus zu sein, und sich oft ohne Aufwärmen in waghalsigste Kunststücke stürzten, waren oft schon vor ihrem 30. Lebensjahr durch Verletzungen aus dem Rennen. Und auch jene Tänzer, die durchhielten, mußten zu Beginn der fünfziger Jahre, ungeachtet der neuen Beschäftigungsmöglichkeiten im Film, erleben, wie ihre hart erworbenen Künste von neuen Tanzformen überholt wurden.

Zuerst kamen in den vierziger Jahren die plötzliche Popularität kubanischer Musik, durch Dizzy Gillespies Einbeziehung der polyrhythmischen Ideen Chano Pozos in seine Band, und die Entstehung kubanischer Ensembles, die Latin-Rhythmen mit Jazz fusionierten. Dieser Jazz-Latin-Mix wurde von neuen Tanzmoden begleitet, so wie dem Mambo der fünfziger Jahre, der Rumba und Jitterbug verband, und dem späteren Boogaloo, der seinerseits eine Mischung von Mambo und Rock and Roll war. Mit dem Rock and Roll kam ein entspannterer, weniger kompetitiver Tanzstil auf, im Zuge einer kunstlosen, antiprofessionellen Rückkehr zu den Grundelementen von Blues und Boogie. *Class acts* wirkten nun zu glatt und elitär, genau wie Big Bands nun zu mechanisch, schwülstig und technikfixiert schienen.

Der Jive, eine vereinfachte Form der Paarbewegungen des Lindy Hop, war der wichtigste Tanz der frühen Rockmusik. Aber in den sechziger Jahren kehrten freiere Tanzstile zurück, auch wenn sie nicht so demonstrativ kunstvoll wie jene Bewegungen waren, die die Stammgäste des »Savoy« so mühevoll erarbeitet hatten. Mit dem Twist angefangen, zog eine Welle flüchtiger Disco-Tänze vorüber: z. B. der (aus dem Charleston abgeleitete) Mashed Potato, der Frug, der Hullygully und viele weitere. Durch die Ausbreitung der Hispano-Kultur in Amerika und ein neuerwachtes Interesse an traditionellem afrikanischem Tanz im Rahmen der Suche nach schwarzer Identität in der Zeit der Bürgerrechtskämpfe wurde der Tanz um weitere Aspekte bereichert. Die lateinamerikanische Salsa, von kubanischen und puertoricanischen Musikern gespielt, und der dazugehörige Tanz machten in den siebziger Jahren in New York Furore. Andere lateinamerikanische Rhythmen waren die Merengue und die brasilianische Samba (und später der Lambada).

Neue alte Virtuosität

In den Jahrzehnten nach den Siebzigern, als die Jugendarbeitslosigkeit im Westen anstieg, wandelte sich die Disco, die laute, anonyme, von Stroboskop-Scheinwerfern erleuchtete Tanzhalle der Sechziger und Siebziger. Wieder einmal wurde der *club dance* zur Demonstration von Status und zum Ausdruck einer Suche nach Respekt anstelle bloßer Entspannung.

In den Clubs der USA beherrschten die Varianten des *breakdance* – eine Wiedergeburt des *flash act* mit seinen Drehungen, Saltos und akrobatischen Bewegungen – einen Trend hin zu neuen, eklektischen musikalischen Ausdrucksformen. Auf den Straßen Harlems und der South Bronx tauchte die Hip-Hop-Kultur auf mit ihren direkten Ausdrucksmitteln wie Rap-Gesang, Graffitikunst und perkussivem Tanz, und eine neue Generation von DJs schuf aus existierenden Schallplatten mittels kreativer und virtuoser Plattenspieler-Techniken wie dem Mischen und dem *scratching* (Hin- und Herdrehen des Plattentellers, um einen perkussiven Effekt zu erzeugen) eine neue, eigenständige Musik.

In Großbritannien entwickelten junge Tänzer Schritte für Bebop und Fusion Music, die stark an den Steptanz, den Shuffle und die akrobatischen Nummern der dreißiger Jahre erinnerten. Im Laufe der achtziger Jahre wurde die Jazztanz-Bewegung so populär, daß Tänzer weit reisten, um neue Clubs aufzusuchen und sich mit Rivalen zu messen, von denen sie gehört hatten, und sie verblüfften des öfteren Bebop-Veteranen durch die Virtuosität ihrer Techniken.

Schwarzer Klassizismus

Bis zu den sechziger Jahren sah man selten schwarzes klassisches Ballett, und bis zur Attacke auf die Rassentrennung in jener Zeit ging man stillschweigend davon aus, daß Ballettkompanien keine schwarzen Tänzer zuließen. Der Wunsch nach Selbstbestimmung führte zur Gründung schwarzer Ensembles wie dem Alvin Aileys. Einflußreiche und immens populäre Stile entstanden, die die impressionistische Anmut des orthodoxen Balletts mit modernen Techniken und den Klängen und Bewegungen des Jazz verbanden.

Fats Waller with his Rhythm und die *Deep River Boys* bei einer »Victor«-Session von 1942. Die Firma, 1901 als »Victor Talking Machine Co.« gegründet und in den Vierzigern in »RCA Victor« umbenannt, veröffentlichte 1949 die erste 45-U/min-Single.

Schwung und florierte bis zum wirtschaftlichen Niedergang von 1929. Die Labels »Gennett«, »Paramount« und »Okeh« waren die Pioniere auf diesem Gebiet, auch wenn die technischen Schwierigkeiten so groß waren, daß alles – von kaltem Wetter bis zum Zugverkehr vor dem Studio – die Resultate der Aufnahmen ruinieren konnte und daß Schlagzeug und Klavier auf den Platten so gut wie unhörbar waren.

Die elektrische Aufnahmetechnik, bei der ein Mikrophon die Schallwellen in elektrische Impulse verwandelte, die einen motorgetriebenen Schneidestift steuerten, sorgte gegen Mitte der zwanziger Jahre für neue Klangqualität, machte es möglich, daß Bands naturgetreuer klangen, und vereinfachte Außenaufnahmen mit mobilen Geräten. Doch mit der Wirtschaftskrise der frühen Dreißiger ging die Plattenindustrie beinahe unter, und die *race*-Labels erholten sich nie mehr. Eine Folge von Fusionen kleinerer Firmen und energische Anstrengungen, sich den blitzartigen Erfolg des Rundfunks zunutze zu machen (der anfangs als Konkurrent der Plattenindustrie empfunden wurde, auch wenn er später zum gefräßigsten Kunden ihrer Produkte wurde), stabilisierten die Industrie, und die Popularität des Swing tat das Ihrige.

Neue Technologien

Während die Interessen von Rundfunk, Film- und Plattenindustrie allmählich konvergierten, kamen die technischen Neuerungen auch unabhängigen Labels und enthusiastischen Amateuren zugute. Die berühmten Live-Mitschnitte, mit denen Dean Benedetti das Spiel Charlie Parkers dokumentierte, wurden auf einer tragbaren Plattenschneidemaschine gemacht, und Drahtspulen-Aufnahmegeräte, Vorläufer der Tonbandmaschinen, wurden von den Bebop-Jahren an häufig benutzt. Ironischerweise wurde gerade dieses Amateurmaterial zu einer entscheidenden Dokumentation des frühen Bebop, hatte doch die amerikanische Musikergewerkschaft, die negative Auswirkungen des Radios auf die Auftrittsmöglichkeiten von Musikern befürchtete und Tantiemen von Rundfunkübertragungen forderte, einen Aufnahmestopp ausgerufen, der von 1942 bis 1944 währte.

Mit den fünfziger Jahren kam der Durchbruch der 33-U/min-LP. Jam-Session-Atmosphäre und anspruchsvolle Werke von Komponisten wie Ellington konnten jetzt angemessen wiedergegeben werden.

In den Jahren des Aufnahmeverbots entstanden jedoch auch großformatige *transcription discs* und sogenannte *V-discs*, Platten mit langer Laufzeit für die Truppenbetreuung, auf denen freilich meist das zu hören war, was die Oberen für populär hielten – Swing. Nach dem Krieg tauchten wieder unabhängige Plattenfirmen auf, die sowohl den aktuellen Bebop als auch den soeben wiederbelebten Dixieland dokumentierten – Labels wie »Commodore«, »Dial«, »Clef«, »Savoy« und »Blue Note«. Weil sie von Enthusiasten betrieben wurden, die ein offenes Ohr für die Wünsche der Musiker hatten, gab es im Katalog dieser Firmen oft Platten mit ungewöhnlichen Kombinationen von Musikern, anspruchsvollem Repertoire und Aufnahmen von großer Sensibilität.

In den fünfziger Jahren schossen neue Labels wie »Prestige«, »Riverside« und »Pacific« aus dem Boden, zu einer Zeit, als neue Kunststoffe es ermöglichten, die Rillen enger und schmaler zu pressen: Die *long playing microgroove*-Platte (LP) war geboren, und endlich konnten komplexere, ausgiebige Improvisationen und ambitionierte längere Werke angemessen aufgezeichnet werden.

Techniken der Bandmontage wurden damals im Jazz seltener verwendet als in anderen Musikstilen. Als die Studios in den frühen sechziger Jahren begannen, Mehrspurgeräte zu verwenden, kam dem Produzenten und der Studiotechnik ein größerer Stellenwert im Aufnahmeprozeß zu, und das Machen einer Schallplatte wurde zur künstlerischen Disziplin für sich. Das Aufkommen der Compact Disc mit ihrer Laser-Technologie in den achtziger Jahren sowie die Entwicklung effektiver Rauschunterdrückungs-Verfahren führten zu großangelegten Wiederveröffentlichungs-Programmen der Plattenfirmen. Heute kann selbst der früheste Jazz so gehört werden, daß die Mängel der damaligen Studios in den Hintergrund treten.

Wurzeln des Jazztanzes

Jazz und Tanz wurden gemeinsam groß – vom hüpfenden Ragtime-Rhythmus des frühen New-Orleans-Jazz und den Bluespianisten, die in den Bordellen von Storyville den Slow Drag begleiteten, über die Swing-Bands mit den Lindy-Hop-Tänzern bis zu den Bebop- und Soul-Jazz-Bands mit ihrem Jive- und den Jazz-Funk-Bands mit ihrem Boogie tanzenden Publikum. Diese Verbindung währt bis heute, mit dem Hip-Hop-beeinflußten Jazz der Neunziger. In Afrika war Tanz die Essenz dörflicher und religiöser Aktivität. Der europäische Tanz war in Technik und Bedeutung völlig verschieden. Die Dynamik des schwarzen Tanzes wandelte erst das soziale Verhalten der Amerikaner und schließlich aller jungen (oder sich jung fühlenden) Menschen rund um den Globus.

Cholly Atkins und Honi Coles – ihr berühmter *class act* begann in der Band Cab Calloways, und sie verkörperten den eleganten Jazztanz.

Vor der Ankunft der Sklavenschiffe störte nichts die uralte afrikanische Tradition, daß Religion im Mittelpunkt des Lebens stand und der Tanz im Mittelpunkt religiöser Aktivität. Die Bewegungen und ihre Bedeutungen variierten von Stamm zu Stamm, aber in jedem Fall war Tanz der Ausdruck starker Emotionen und der Kommunikation mit den Geistern der Ahnen. Seine zahlreichen Rituale haben im haitianischen Voodoo, in den kubanischen Shango-Kulten und den afrobrasilianischen Religionen wie der Candomblé bis in die Moderne überlebt. Der Sklavenhandel riß Familien auseinander, vernichtete Leben und trat Jahrhunderte afrikanischer Kultur mit Füßen, doch die Stammestänze konnte er nicht zerstören. Da diese Tänze so lange Träger emotionaler und spiritueller Botschaften waren, und da sie zu einem Weg geworden waren, in der amerikanischen Diaspora eine Erinnerung an afrikanische Kultur zu bewahren, war ihr Funke unauslöschlich.

Der Gesellschaftstanz erlebte zu Beginn des 20. Jahrhunderts einen enormen Auftrieb. Europäische Formen wurden von schwarzen Tanzstilen verdrängt.

Lasterhafter Tanz

Afrikanische und europäische Tänze verbanden sich ebenso zwangsläufig wie afrikanische und europäische Musik. Aus Afrika kamen Schulter- und Beckenbewegungen und elegante Fußarbeit, aus Europa aufrecht und mit großen Schritten getanzte Formen wie der englische Holzschuhtanz und die irischen Jigs. Tänze, die sich aus der Minstrelsy entwickelt hatten, wurden – ungeachtet des inhärenten karikierenden Rassismus des Genres – zum Ausdruck einer afroamerikanischen Sensibilität, die das Tanzverhalten der ganzen Welt verändern sollte. Der Cakewalk (bei dem der Kuchen der Preis für den besten Tänzer war) war ein Schreittanz mit elaborierten Posen, vielleicht ein sarkastischer Seitenhieb auf das Menuett, der Virginia Essence ein Tanz mit schlurfenden Fußbewegungen, aus denen sich die berühmten Shuffle-Bewegungen des modernen Vaudeville und der Broadway-Shows entwickelten. Die meisten Minstrel-Stars waren weiße Entertainer mit *blackface*-Schminke, aber noch vor dem Bürgerkrieg war der schwarze Künstler William Henry »Master Juba« Lane ein Star (»Juba« spielte auf einen afrikanischen Brautwerbungstanz an, dessen Handbewegungen an den späteren Charleston denken lassen). Der Klang seiner Fußarbeit, einer Proto-Steptanz-Mischung europäischer Jigs und Reels und perkussiver afrikanischer Akzente, wurde oft mit Trommeln verglichen. Der Schriftsteller Charles Dickens sah einen Auftritt Lanes und verfaßte eine begeisterte Schilderung.

Nach dem Bürgerkrieg wandten sich die Kirchen in den Südstaaten gegen afrikanisch inspirierte Tänze, in denen sie einen Aufruf zu unmoralischem Tun sahen. Als das Tanzen dennoch nicht eingedämmt werden konnte, wurden separate *jook houses* (nach *dzugu,* einem afrikanischen Wort, das »lasterhaft« heißt) in den schwarzen Ghettos der Südstaaten-Städte zur Brutstätte neuer Tanzbewegungen. Der berühmte Black Bottom begann in einem *jook* in Nashville.

Die Minstrelsy wandelte sich zum weniger rassistischen, eklektischeren Vaudeville, und die Cakewalk-Tänzer fanden sich an der Seite von irischen Tänzern, russischen Tänzern, komischen Tänzern und Zirkusakrobaten wieder. Unter dem Einfluß der Ragtime-Begeisterung fand schwarzer Tanz in die populären Shows der im Zuge der schwarzen Migration rapide expandierenden Vergnügungsviertel Harlems in New York und der *South Side* Chicagos Eingang. Spektakuläre Tanzsäle wurden eröffnet – wie das »Savoy«, dessen Tanzboden einen ganzen Block zwischen der 140. und 141. Straße in Anspruch nahm.

Die Weißen tanzten noch immer im aufrechten, wirbelnden Ballsaal-Stil Vernon und Irene Castles, die ihre Schüler warnten, daß afroamerikanische Tanzstile häßlich seien. Doch Tänze wie der Black Bottom, der Charleston, der Ballin' the Jack (nach einem Eisenbahner-Slang-Ausdruck, der für ausschweifendes Leben stand), der Shimmy und der Mooch kamen aus dem Süden empor und mutierten in den Tanzsälen zu neuen Formen: dem Lindy Hop, dem Shag und dem Suzi-Q. Der Lindy Hop hatte sich aus afrikanischen Shimmy- und Shuffle-Bewegungen zu einem schnellen, dynamischen Tanz mit improvisierten Breaks entwickelt, dessen flüssige Bewegungen von der Musik einen gleichmäßigen Vier-Viertel-Swing-Beat verlangten. Eine ruckartiger und aufrechter getanzte, mehr auf Fußbewegungen setzende Version davon wandelte sich später zum Jitterbug, der vorwiegend von weißen Jugendlichen zur Musik von Bands wie der Benny Goodmans getanzt wurde.

Das weiße Interesse am schwarzen Tanz wurde durch die *Harlem Renaissance* afroamerikanischer Kultur in den zwanziger Jahren noch bestärkt. Schwarze Musicals wie *Shuffle Along* und *Runnin' Wild* von 1923 enthielten spektakuläre Tanzeinlagen, wobei letzteres, gemeinsam mit James P. Johnsons gleichnamigem Hit, dem Charleston zum Durchbruch verhalf. Die Begleitmusik zu diesen neuen Tänzen war der Jazz mit seinen perkussiven Rhythmen, seinem Swing. Auch Europa verfiel der neuen Tanzbegeisterung. Josephine Baker erntete Begeisterungsstürme, als sie den Charleston und den Black Bottom nach Paris exportierte. Und mit der amerikanischen Revue *Blackbirds* von 1928 betrat Bojangles die Szene.

Steppin' Out

Der Dichter Langston Hughes beschrieb den Klang von Bill »Bojangles« Robinsons Füßen als »menschliche Perkussion ... kleine laufende Triller in weichen Wellen oder mächtige synkopierte Klangwirbel«. Bojangles tanzte auf Zehenspitzen, improvisierte und blickte beim Tanzen einladend auf seine eigenen Füße, als würde er mit dem Publikum sein Erstaunen über ihre Beweglichkeit teilen. In der gleichen Show führte der gummigliedrige Earl »Snakehips« Tucker den Tanz auf, der ihm seinen Spitznamen gab, und ein Vierteljahrhundert später erlebten seine Bewegungen in der Bühnenshow von Elvis Presley eine Wiedergeburt.

Zwischen den dreißiger und den frühen fünfziger Jahren tauchten im Vaudeville und auf dem Broadway ungemein talentierte Tänzer auf, darunter die Whitman Sisters, die raffinierten Williams and Walker, Buck and Bubbles und die faszinierenden *class act*-Steptanznummern von Bubbles' Protegé Charles »Honi« Coles und Charles »Cholly« Atkins. *Class act* stand im Sprachgebrauch des Vaudeville für Eleganz. Die spektakulären Berry Brothers – die ihren Auftritt mit einer dramatischen Klimax beendeten, bei der sie in der Grätsche über die Band sprangen und im Spagat landeten – und die Nicholas Brothers waren dagegen *flash acts,* ein Etikett, das die akrobatische Verbindung von Vaudeville- und Zirkuselementen bezeichnete. Die Nicholas Brothers, die im Harlemer »Cotton Club« berühmt wurden, waren bis in die sechziger Jahre aktiv, doch hatte sich die Welt des Tanzes in der Zwischenzeit gewandelt.

Lindy-Hopping im »Savoy«. Der Lindy Hop war der flüssigste, schnellste, akrobatischste Tanz, den die Ballsäle je gesehen hatten. Seine Entwicklung verlief parallel mit der Veränderung des Jazzrhythmus.

Jazztanz heute

Mitglieder der britischen Tanzkompanie »Jazz Exchange«

Jazz und Tanz waren bis zum Ende der Swing-Ära unzertrennlich. Doch in den fünfziger Jahren wurde der Jazz kühler, und eine Mischung aus schwarzem Rhythm and Blues und weißer Country Music namens Rock and Roll wurde so »heiß«, daß sie weltweit Tanz, Kleidung, Sprache und Selbstverständnis der Jugend veränderte. Der Tanz wurde lockerer, entspannter, weniger technisch und wettbewerbsorientiert. Im Zuge der kubanischen, später brasilianischen Einflüsse auf den Jazz von den Vierzigern bis zu den siebziger Jahren gewann auch der lateinamerikanische Tanz an Bedeutung. Aber eine rauhere Zeit, in der die Jugend wieder nach Idolen sucht, brachte ein Comeback auffälligerer und spektakulärerer Tanzformen, und manche jungen Tänzer sind zu den *flash acts* der Swing-Jahre zurückgekehrt. Auch klassische Tänzer haben im Jazztanz eine neue, reiche Quelle der Inspiration entdeckt.

In den fünfziger Jahren trennten sich viele der alten Steptanz-Paare und *flash acts* der Vorkriegszeit. Autodidaktische Tänzer, die kräftezehrende Nummern vorführten, um den Konkurrenten voraus zu sein, und sich oft ohne Aufwärmen in waghalsigste Kunststücke stürzten, waren oft schon vor ihrem 30. Lebensjahr durch Verletzungen aus dem Rennen. Und auch jene Tänzer, die durchhielten, mußten zu Beginn der fünfziger Jahre, ungeachtet der neuen Beschäftigungsmöglichkeiten im Film, erleben, wie ihre hart erworbenen Künste von neuen Tanzformen überholt wurden.

Zuerst kamen in den vierziger Jahren die plötzliche Popularität kubanischer Musik, durch Dizzy Gillespies Einbeziehung der polyrhythmischen Ideen Chano Pozos in seine Band, und die Entstehung kubanischer Ensembles, die Latin-Rhythmen mit Jazz fusionierten. Dieser Jazz-Latin-Mix wurde von neuen Tanzmoden begleitet, so wie dem Mambo der fünfziger Jahre, der Rumba und Jitterbug verband, und dem späteren Boogaloo, der seinerseits eine Mischung von Mambo und Rock and Roll war. Mit dem Rock and Roll kam ein entspannterer, weniger kompetitiver Tanzstil auf, im Zuge einer kunstlosen, antiprofessionellen Rückkehr zu den Grundelementen von Blues und Boogie. *Class acts* wirkten nun zu glatt und elitär, genau wie Big Bands nun zu mechanisch, schwülstig und technikfixiert schienen.

Der Jive, eine vereinfachte Form der Paarbewegungen des Lindy Hop, war der wichtigste Tanz der frühen Rockmusik. Aber in den sechziger Jahren kehrten freiere Tanzstile zurück, auch wenn sie nicht so demonstrativ kunstvoll wie jene Bewegungen waren, die die Stammgäste des »Savoy« so mühevoll erarbeitet hatten. Mit dem Twist angefangen, zog eine Welle flüchtiger Disco-Tänze vorüber: z. B. der (aus dem Charleston abgeleitete) Mashed Potato, der Frug, der Hully-gully und viele weitere. Durch die Ausbreitung der Hispano-Kultur in Amerika und ein neuerwachtes Interesse an traditionellem afrikanischem Tanz im Rahmen der Suche nach schwarzer Identität in der Zeit der Bürgerrechtskämpfe wurde der Tanz um weitere Aspekte bereichert. Die lateinamerikanische Salsa, von kubanischen und puertoricanischen Musikern gespielt, und der dazugehörige Tanz machten in den siebziger Jahren in New York Furore. Andere lateinamerikanische Rhythmen waren die Merengue und die brasilianische Samba (und später der Lambada).

Neue alte Virtuosität

In den Jahrzehnten nach den Siebzigern, als die Jugendarbeitslosigkeit im Westen anstieg, wandelte sich die Disco, die laute, anonyme, von Stroboskop-Scheinwerfern erleuchtete Tanzhalle der Sechziger und Siebziger. Wieder einmal wurde der *club dance* zur Demonstration von Status und zum Ausdruck einer Suche nach Respekt anstelle bloßer Entspannung.

In den Clubs der USA beherrschten die Varianten des *breakdance* – eine Wiedergeburt des *flash act* mit seinen Drehungen, Saltos und akrobatischen Bewegungen – einen Trend hin zu neuen, eklektischen musikalischen Ausdrucksformen. Auf den Straßen Harlems und der South Bronx tauchte die Hip-Hop-Kultur auf mit ihren direkten Ausdrucksmitteln wie Rap-Gesang, Graffitikunst und perkussivem Tanz, und eine neue Generation von DJs schuf aus existierenden Schallplatten mittels kreativer und virtuoser Plattenspieler-Techniken wie dem Mischen und dem *scratching* (Hin- und Herdrehen des Plattentellers, um einen perkussiven Effekt zu erzeugen) eine neue, eigenständige Musik.

In Großbritannien entwickelten junge Tänzer Schritte für Bebop und Fusion Music, die stark an den Steptanz, den Shuffle und die akrobatischen Nummern der dreißiger Jahre erinnerten. Im Laufe der achtziger Jahre wurde die Jazztanz-Bewegung so populär, daß Tänzer weit reisten, um neue Clubs aufzusuchen und sich mit Rivalen zu messen, von denen sie gehört hatten, und sie verblüfften des öfteren Bebop-Veteranen durch die Virtuosität ihrer Techniken.

Schwarzer Klassizismus

Bis zu den sechziger Jahren sah man selten schwarzes klassisches Ballett, und bis zur Attacke auf die Rassentrennung in jener Zeit ging man stillschweigend davon aus, daß Ballettkompanien keine schwarzen Tänzer zuließen. Der Wunsch nach Selbstbestimmung führte zur Gründung schwarzer Ensembles wie dem Alvin Aileys. Einflußreiche und immens populäre Stile entstanden, die die impressionistische Anmut des orthodoxen Balletts mit modernen Techniken und den Klängen und Bewegungen des Jazz verbanden.

Diese Choreographie wird zu My Feet Can't Fail Me Now von der Dirty Dozen Brass Band getanzt

Choreographierter Sprung

Show-Tanz

Show-Tanz und Ballettbewegungen zu Jazz- und Funk-Rhythmen verbinden sich in der Arbeit mancher junger Tanzgruppen. »Luftschritte«, Steptanz, stilisierte Gesten und ballettgleiche Choreographie sind die Elemente komplexer Nummern, die zeitgenössisch sind und zugleich die Geschichte von Vaudeville und Broadway anklingen lassen. Die Augen sind auf das Publikum gerichtet, um es zur Reaktion zu animieren. Es gibt verhältnismäßig wenig Improvisation, aber die Akzente und Rhythmen kommen vom Jazz. Jeder Tanz verlangt die »richtige« Kleidung, doch spielen traditionelle Geschlechterrollen dabei ebensowenig eine Rolle wie bei den Whitman Sisters der zwanziger Jahre mit ihren Herrenanzügen und -hüten. Die Tradition stammt aus dem Vaudeville, wo der subjektive Ausdruck immer dahinter zurückstand, eine Nummer zu entwickeln, die das Publikum verblüfft.

Fließende, statuarische Posen (anders als die des »club dance«) stammen aus einer Ausbildung in klassischem und modernem Ballett

Die Kleidung und die mit den Beinen erzeugten Formen sind Teile des bewegten Bildes

Die Tänzerin Sheron Wray versucht, das Vokabular des Jazztanzes zu erweitern

Schwarzer klassischer Tanz

Balletttänzer, die sich den spezifischen Freiheiten und Bewegungen des Jazz angenähert haben, haben Tanzformen gefunden, die die statuarische, anmutige visuelle Poesie des klassischen Tanzes bewahren, doch mit anderen Rhythmen arbeiten. Diese Nummer, die zu einer Musik getanzt wird, die irgendwo zwischen dem elegischen Romantizismus Jan Garbareks und angedeutetem Funk steht, ist so elegant wie irgendein orthodoxes Ballett, voll graziöser Biegungen und Drehungen und kurz gehaltener Posen, in denen Körper und Kleidung der Tänzerin bunt leuchtende Formen in den Raum zu malen scheinen. Doch die Bewegungsrhythmen verbinden scharfe, impulsive Jazzakzente mit den eckigen Roboterbewegungen des Techno-Funk der Achtziger und den fließenden Formen des klassischen Balletts.

Club Dance

Dynamische Tänze wie der Black Bottom entstanden zu Beginn des Jahrhunderts in den *jooks* der Ghettos. Ist der Tanz oft ein sozialer Kodex gewesen, um den Zutritt zur herrschenden Klasse zu erlangen, so war er doch ebenso oft Ausdruck von Unabhängigkeit, Widerstand, Jubel und Solidarität – in den *jooks* des 19. Jahrhunderts wie auf den Straßen und den Tanzflächen der Clubs des späten 20. Jahrhunderts. Unabhängig von Status und Herkunft hat die Jugend in kreativen Variationen der Tanzstile der Vergangenheit ein reizvolles Betätigungsfeld und einen Ausdruck ihres Selbstwertgefühls gefunden. Viele der Varianten des letzten Jahrzehnts entstanden im Zuge des Jazz-Revivals.

In der Welt des »club dance« haben Worte wie »Jazz«, »Fusion« und »Swing« neue Bedeutungen angenommen. Alle stehen für einen bestimmten Kodex von Bewegungen und Kleidung, der ständig von jungen Anhängern überarbeitet wird, für die der Tanz eine Religion ist

Der »Mambo«, aus der lateinamerikanischen Tradition abgeleitet, zeichnet sich durch fixierte, gestische Posen, die den ganzen Körper einbeziehen, und eine Kleidung im Boheme-Look aus, z. B. mit schwarzem *turtle neck*-Hemd und Barett oder dem Lester-Young-inspirierten *pork pie hat.*

Langsame, »gefrorene« Bewegungen

Der »Jazz«-Stil entwickelte sich in den Achtzigern. Weite 501-Jeans, Stiefel, Ohrring und schnelle Bewegungen, gekoppelt mit Konkurrenzverhalten auf dem Tanzboden, charakterisierten seine frühen Formen.

Die Pose ist kühn, bestimmt und von aggressiver Beweglichkeit

Hohe Sprünge gehören zu diesem Stil. Die miteinander konkurrierenden Tänzer feuern einander mit Rufen an, höher zu springen

»Fusion« ist voller Gesten und kommuniziert offen mit dem Publikum

Die Bewegungen entstammen dem früheren Funk und dem Boogie

Schnelle, ruckartige Bewegungen werden in Bodennähe ausgeführt

»Fusion«-Tänzer Legs

Im »Fusion« verwendet der Tänzer Effekte, um die Zuschauer zum Lachen zu bringen und die anderen Tänzer auszustechen. Tänzer bezeichnen seine charakteristischen Bewegungen als »klobig« – stampfende Füße und ein »rauherer«, straßenorientierter Stil wie stilisiertes Gehen. In diesem Stil gibt es auch erstaunlich rasche Fußbewegungen und virtuose Einlagen wie die *drops*, bei denen man auf den Knien landet.

»Swing« ist elegant und wird oft zu Bebop-Titeln getanzt. Die Fußarbeit ist raffiniert und schnell, doch die auffälligsten Züge sind große, ausschweifende Bewegungen, *flash dance*-Tritte nach oben und die elegante Swing-Uniform aus weitem Jackett, Krawatte, Hose, Oxford-Schuhen und gelegentlich auch Smoking.

Posen wie diese (und alle anderen auf diesen Seiten) kommen von der Straße, nicht aus der Tanzschule. Doch nehmen manche Tänzer Stunden, um ihr Spektrum zu erweitern und das Verletzungsrisiko zu vermindern

Irven von der britischen Jazztanz-Gruppe »Brothers in Jazz«

Die Bewegungen sind rasch, aggressiv und auffällig

dizzy gillespie
and his orchestra
"HIS MASTER'S VOICE"
LONG PLAY 33⅓ R.P.M. RECORD
PHOTO: MELODY MAKER

SONS OF RENEWAL

Billie Holiday
SKIPPY ADELMAN

5

EIN PANORAMA KLASSISCHER AUFNAHMEN

Jazz ist fast genauso alt wie die Plattenindustrie. Als 1917 die ersten Jazzplatten gemacht wurden, war der Jazz außerhalb einer Handvoll von Städten in den USA, insbesondere New Orleans, so gut wie unbekannt. Nur wenige Jahre später kannte ihn die ganze Welt – dank des Grammophons. Jazz auf Schallplatte ist nicht nur eine Quelle der Freude für seine Fans, sondern ein unverzichtbares klingendes Lexikon für Musiker. Da so viel dessen, was den Jazz ausmacht, nur schwer oder überhaupt nicht notiert werden kann, ist es unerläßlich, die Musiker selbst zu hören, will man etwas über Jazz lernen. Das folgende Kapitel enthält eine Auswahldiskographie wichtiger und einflußreicher Einspielungen. Viele der frühen Platten sind heute Raritäten, aber der Großteil der Musik dieser Aufnahmen ist später in anderen Formaten wiederveröffentlicht worden. Spezialisierte Jazz-Plattenhandlungen werden wissen, wonach Sie suchen.

Blues & Roots

Dreihundert Jahre lang haben westafrikanische und europäische Musik in Amerika aufeinander eingewirkt. Aus dieser Beziehung entstand zu Beginn des 20. Jahrhunderts der Jazz. Als seine ersten Aufnahmen gemacht wurden, waren die Wurzeln dieser feurigen Musik bereits im Wandel begriffen. Die Field Hollers, Work Songs, Blues und Boogie Woogies, die kaum je notiert, sondern mündlich tradiert und dabei variiert wurden, wurden jetzt endlich von den Erben dieser Traditionen auf Platte eingespielt. Doch die Musik war so lebendig und ihre Wirkung auf kommende Generationen so elementar, daß noch Aufnahmen aus den sechziger Jahren etwas von der Kraft und Unmittelbarkeit einer Musik vermitteln, die wohl ein Jahrhundert zuvor entstanden war.

Verschiedene

BOOGIE WOOGIE RARITIES

Aufnahmedatum: 1927–32
Label: Milestone
Musiker: Meade Lux Lewis, Wesley Wallace, Blind Leroy Garnett, Cripple Clarence Lofton, Will Ezell, Charlie Spand, Jabo Williams, Cow Cow Davenport, Henry Brown, Charles Avery *Klavier, Gesang*, B.T. Wingfield *Kornett*, Blind Blake *Gitarre, Gesang*, George Hannah, Louis Johnson *Gesang*
Titel: Honky Tonk Train Blues • Molasses Sopper Blues • Number 29 • Chain Em Down • On the Wall • Playing the Dozens • Just Can't Stay Here • Hastings Street • Levee Camp Man • Jab Blues • Chimes Blues • New Cow Cow Blues • Deep Morgan • Dearborn Street Breakdown
Kommentar: Zusammenstellung diverser Boogie-Klassiker. Meade Lux Lewis' *Honky Tonk Train Blues* inspirierte zahllose pianistische Eisenbahn-Imitationen, aber Wesley Wallaces polyrhythmische *Number 29* steht ihm kaum nach.

Verschiedene

CHICAGO / THE BLUES / TODAY! VOL. 1

Aufnahmedatum: 1966
Label: Fontana
Musiker: The Junior Wells Chicago Blues Band: Junior Wells *Mundharmonika, Gesang*, Buddy Guy *Gitarre*, Jack Myers *Baß*, Fred Below *Schlagzeug*; J. B. Hutto and his Hawks: J. B. Hutto *Gesang, Gitarre*, Herman Hassell *Baß*, Frank Kirkland *Schlagzeug*; Otis Spann's South Side Piano: Otis Spann *Klavier, Gesang*, S. P. Leary, *Schlagzeug*
Titel: A Tribute to Sonny Boy Williamson • It Hurts Me Too • Messin' With the Kid • Vietcong Blues vAll Night Long • Going Ahead • Please Help • Too Much Alcohol • Married Woman Blues • That's the Truth • Marine • Burning Fire • S. P. Blues • Sometime I Wonder • Spann's Stomp
Kommentar: Viel spätere Beispiele des Chicago-Blues, die an den geradlinigen, kräftigen Gesangsstil früherer Tage anknüpfen. Herausragend Wells' langsame Mundharmonika und das kompromißlose J. B. Hutto Trio mit *Too Much Alcohol*.

Leadbelly

LEADBELLY'S LAST SESSIONS

Aufnahmedatum: 1953
Label: Folkways
Musiker: Leadbelly *Gesang, Gitarre*
Titel: I Was Standing in the Bottom • Yes I'm Goin' Down in Louisiana (2 Takes) • I Ain't Goin' Down to the Well No More (2 Takes) • Dick Ligger's Holler • Miss Liza Jane • Dog-Latin Song • Leaving Blues • Go Down Ol' Hannah • Blue Tail Fly • Nobody in This World Is Better Than Us • We're in the Same Boat, Brother (2 Takes) • Look-y, Look-y Yonder • Jolly O the Ranson • Ship of Zion • Bring Me a Little Water • Mistreatin' Mama vBlack Betty • I Don't Know You, What I Done • Rock Island Line (2 Takes) • Old Man Will Your Dog Catch a Rabbit • Shorty George • Stewball • Bottle Up and Go • You Know I Got to Do It • Ain't It a Shame to Go Fishin' on a Sunday • I Ain't Goin' to Drink No More • My Lindy Lou • I'm Thinking of a Friend • He Never Said a Mumblin' Word • I Don't Want No More Army Life • »In the World« • I Want to Go Home • Springtime in the Rockies • Chinatown • Backwater Blues • Sweet Mary • Irene • Easy, Mr. Tom • In the Evening When the Sun Go Down • I'm Alone Because I Love You • House of the Rising Sun • Mary Don't You Weep and Don't You Moan • Talk About Fannin' Street • Sugar'd Beer • Didn't Ol' John Cross the Water • Nobody Knows You When You're Down and Out • Bully of the Town • Sweet Jenny Lee • Yellow Gal • He Was the Man • Leaving Blues
Kommentar: Leadbelly, ein Ein-Mann-Archiv schwarzer Folklore und des Blues, machte diese informellen Aufnahmen kurz vor seinem Tod und unternahm dabei einen eindrucksvollen Streifzug durch die afroamerikanische Musikgeschichte. Er soll 500 Songs im Kopf gehabt haben, viele davon aus dem Repertoire wandernder Musiker aus der Zeit noch vor dem Blues. Leadbellys Begleitung auf der zwölfsaitigen Gitarre war von elementarer Kraft, seine Stimme warm, rauh und ausdrucksvoll, und er machte keine Anstalten, seine Musik den Gepflogenheiten des modernen Blues-Marktes anzupassen. Diese berühmte Sammlung umfaßt Work Songs, Gefängnislieder, Blues, Spirituals und Balladen.

Ma Rainey/Verschiedene

THE CLASSIC BLUES SINGERS

Aufnahmedatum: 1920–39
Label: CBS
Musiker: Ma Rainey, Mamie Smith, Clara Smith, Martha Copeland, Eliza Brown, Sippie Wallace, Edith Wilson, Lillian Glinn, Bessie Smith, Mary Dixon, Liza Brown, Ann Johnson, Sara Martin, Victoria Spivey, Ida Cox *Gesang*, Kid Henderson, Johnny Dunn, Shirley Clay, Joe Smith, Ed Allen, Louis Metcalfe *Kornett*, Hot Lips Page *Trompete*, Dope Andrews, Al Wynn, Herb Fleming, Charlie Green, J. C. Higginbotham *Posaune*, Lucien Brown *Altsaxophon*, Arville Harris *Tenorsaxophon*, Garvin Bushell *Klarinette, Altsaxophon*, Ernest Elliot, Artie Starks, Ed Hall *Klarinette*, Lil Henderson, Willie »The Lion« Smith, Porter Grainger, Wesley Wilson, J. C. Johnson, Dan Wilson, Leroy Tibbs, John Erby, Fletcher Henderson, Clarence Williams *Klavier*, George Williams, Buddy Christian, John Mitchell *Banjo*, Jim Jackson, Lonnie Johnson, Sylvester Weaver, Charlie Christian *Gitarre*, Art Bernstein, Cyrus St. Clair *Baß*, Leroy Parker *Violine*, Happy Bolton, Lionel Hampton *Schlagzeug*
Titel: Rough and Tumble Blues * Crazy Blues * Jelly, Jelly, Look What You Done Done * Nobody Rocks Me Like My Baby Do * Peddlin' Man * Ma Rainey's Black Bottom * I'm a Mighty Tight Woman * Rules and Regulations (Signed Razor Jim) * Cravin' a Man Blues * Hot Springs Blues * I've Got What It Takes (But It Breaks My Heart to Give It Away) * Fire and Thunder Blues * Let's Get It Straight * Black Hearse Blues * T. B. Blues * Hard Times Blues
Kommentar: Gertrude »Ma« Rainey, die man die »Mutter des Blues« nannte, war das Vorbild Bessie Smiths, und auch wenn sie der ländlichen Tradition und Vaudeville und Minstrelsy näherstand, war ihre Stimme doch so majestätisch und so nuancenreich, daß sie die schalsten Songs verwandeln konnte. Obgleich ihre meisten Aufnahmen gegen Mitte der zwanziger Jahre entstanden, fingen diese Platten wohl ihre Kraft, aber nicht ihre Individualität ein. So ist *Ma Rainey's Black Bottom* aus dieser Sammlung eine seltene Demonstration ihrer Entertainer-Qualitäten bei einem Vaudeville-Song. Der warme, sanfte Klang von Sippie Wallace (auf *I'm a Mighty Tight Woman*), der härtere, rauhere Gesang Victoria Spiveys (*T. B. Blues* mit Red Allen und J. C. Higginbotham) und natürlich die lodernde Kraft von Bessie Smith zählen zu den Höhepunkten dieser Kollektion.

Verschiedene

NOTHIN' BUT THE BLUES

Aufnahmedatum: 1922–38
Label: Fontana
Musiker: u. a. Snitcher Roberts, Bessie Smith, Clara Smith, Helen Humes, Bessie Jackson, Ruby Smith *Gesang*, »Barbecue Bob« (Robert Hicks) *Gitarre*, Jack Kelly and his South Memphis Jug Band, Johnny Dunn's Original Jazz Hounds, Dixie Stompers, Troy Floyd and his Shadowland Orchestra, Clarence Williams' Washboard Band, Trombone Red and his Blue Six, Sonny Greer and his Memphis Men, J. C. Higginbotham and his Six Hicks
Titel: Heart Is Right Blues * Motherless Child Blues * Dyin' by the Hour * Empty House Blues * Cross-Eyed Blues * Highway No. 61 Blues * T. N.& O. Blues * Back Water Blues * Four o'Clock Blues * Jackass Blues * Dreamland Blues No. 1 * Log Cabin Blues * Red River Blues * B Flat Blues * Beggar's Blues * Higginbotham Blues
Kommentar: Diese Sammlung umfaßt verschiedene Idiome, vom kernigen, eigenwillig betonten Georgia-Blues Robert Hicks' (»Barbecue Bob«) über den erdig-schlichten Südstaaten-Tanzsaal-Stil von Jack Kelly's Jug Band, Bessie Smiths großartige Beschwörung der Mississippi-Fluten (*Back Water Blues*) bis zum swing-beeinflußten Blues J. C. Higginbothams und des Ellington-Schlagzeugers Sonny Greer.

Verschiedene

WASHBOARD RHYTHM

Aufnahmedatum: 1926–32
Label: Ace of Hearts
Musiker: Jimmy Bertrand's Washboard Wizards: Jimmy Bertrand *Waschbrett*, Louis Armstrong *Kornett*, Johnny Dodds *Klarinette*, Jimmy Blythe *Klavier*; Clarence Williams' Washboard Band: Clarence Williams *Klavier*, Ed Allen *Kornett*, Buster Bailey *Klarinette, Altsaxophon*, Ben Whittet *Klarinette, Tenorsaxophon*, Floyd Casey *Waschbrett*; Beale Street Washboard Band: Herb Morand *Kornett*, Johnny Dodds *Klarinette*, Frank Melrose *Klavier*, Baby Dodds *Waschbrett*; Alabama Washboard Stompers; Chicago Stompers: Alfred Bell *Kazoo*, Jimmy Blythe *Klavier*, Jasper Taylor *Waschbrett*
Titel: Little Bits * Idle Hour Special * 47th Street Stomp * Cushion Foot Stomp * P. D. Q Blues * I'm Goin' Huntin' * Forty and Tight * Piggly Wiggly * Pigmeat Stomp * Wild Man Stomp * Stomp Your Stuff * Pepper Steak
Kommentar: Viele Volksmusiker der ländlichen USA übernahmen Elemente von Jazz, Blues und Vaudeville, aber interpretierten sie mit ansteckendem Enthusiasmus auf behelfsmäßigen Instrumenten wie Waschbrettern, Tonkrügen und Waschzuber-Bässen.

Verschiedene

FOLK MUSIC OF THE UNITED STATES

Aufnahmedatum: 1934–39
Label: Library of Congress
Musiker: Ländliche Sänger und Insassen von Strafanstalten
Titel: diverse afroamerikanische Spirituals, Shouts und Work Songs
Kommentar: In den dreißiger und vierziger Jahren beauftragte die Washingtoner »Library of Congress« Musikforscher damit, das größtmögliche Spektrum amerikanischer Folk Songs aufzuzeichnen. Diese von Alan, John und Ruby Lomax gemachten Aufnahmen sind unersetzliche Dokumente afroamerikanischer Musik und enthalten faszinierende Spirituals, Work Songs, Balladen und Blues.

Ragtime & Stride

Ein guter Teil der Fähigkeit des Jazz, die Hörer zu bewegen, kam vom Blues. Ein guter Teil seines Vermögens, sie zu unterhalten, zum Lachen und Tanzen zu bringen, kam vom Ragtime. Der Ragtime war von europäischerem Charakter als andere Elemente des Jazz. In seiner ursprünglichen Form war er keine improvisierte Musik, doch seine lebendigen Synkopen und munteren Themen tauchten im Spiel vieler früher Jazzensembles auf. Die frühen Jazzplatten wurden vom New-Orleans-Jazz King Olivers und Louis Armstrongs beherrscht, doch die gemütlich dahintuckernde ragartige Musik, die ihm vorausging, wurde später von den Veteranen des Oldtime-Revivals auf Platte festgehalten. Das Ragtime-Klavierspiel ist lückenhaft durch Klavierwalzen dokumentiert und verwandelte sich in den Händen von Virtuosen wie James P. Johnson, Fats Waller und Art Tatum, die die *um-pa*-Rhythmen der linken und die stereotypen synkopierten Figuren der rechten Hand auflockerten, in Jazz. Das Erbe des Ragtime lebte auch in der Musik Jelly Roll Mortons weiter, dessen Experimente mit Rag-Rhythmen Grundsteine des Jazz waren.

Jelly Roll Morton

THE SAGA OF MR. JELLY LORD

Aufnahmedatum: 1938
Label: Circle
Musiker: Jelly Roll Morton *Klavier, Gesang*
Titel: Mr. Jelly Lord • Boyhood Memories • Original Jelly Roll Blues • Alabama Bound • King Porter Stomp • You Can Have It • Tiger Rag • Panama
Kommentar: Mortons Musik enthält viele Elemente des frühen Jazz. Seine Lockerung der steifen Ragtime-Rhythmen hatte weitreichende Wirkung. Seine Methoden werden auf dieser Platte aus seinen späten Jahren deutlich, die auch gesprochene Erinnerungen enthält.

Bunk Johnson and his Band

THE LAST TESTAMENT

Aufnahmedatum: Dezember 1947
Label: Philips
Musiker: Bunk Johnson *Trompete*, Ed Cuffee *Posaune*, Garvin Bushell *Klarinette*, Don Kirkpatrick *Klavier*, Danny Barker *Gitarre*, Wellman Braud *Baß*, Alphonso Steele *Schlagzeug*
Titel: The Entertainer • Someday • Chloe • The Minstrel Man • Till We Meet Again • You're Driving Me Crazy • Kinklets • Maria Eleria • Some of These Days • Hilarity Rag • Out of Nowhere • That Teasin' Rag
Kommentar: Johnson war der einzige Musiker aus Buddy Boldens Generation, der zahlreiche Platten einspielte, bis in die Zeit des New-Orleans-Revivals. Diese Variationen über Rags und populäre Songs sind einfach, thematisch schlüssig und diszipliniert – eine faszinierende Andeutung, wie der Jazz vor dem Aufkommen der Schallplatte geklungen haben mag.

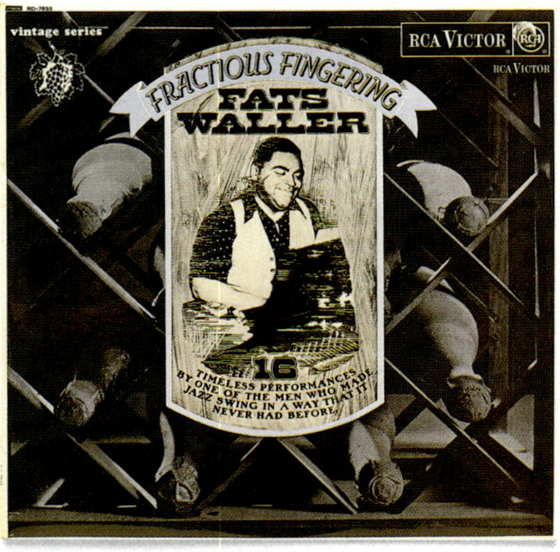

Fats Waller

FRACTIOUS FINGERING

Aufnahmedatum: 1929–36
Label: RCA Victor
Musiker: Fats Waller *Klavier, Gesang*, Herman Autrey *Trompete*, Gene Sedric *Klarinette, Tenorsaxophon*, Al Casey *Gitarre*, Charles Tucker *Baß*, Slick Jones, Yank Porter *Schlagzeug*
Titel: The Curse of an Aching Heart • S'posin' • 'Taint Good • Gladyse • Nero • I'm Sorry I Made You Cry • My Feelin's Are Hurt • Floatin' Down to Cotton Town • Fractious Fingering • La-De-De-La-De-Da • Sweet Savannah Sue • Bye Bye, Baby • I'm at the Mercy of Love • Please Keep Me in Your Dreams • Who's Afraid of Love? • Swingin' Them Jingle Bells
Kommentar: Fats Waller war ein brillanter Musiker, auch wenn seine Showbusineß-Karriere dies gelegentlich verdeckte. Dies kommt auch hier vor, aber es gibt einige Stride-Juwelen.

Verschiedene

CLASSIC JAZZ PIANO STYLES

Aufnahmedatum: 1929–41
Label: RCA Victor
Musiker: Fats Waller, Albert Ammons, Pete Johnson, Earl Hines, Jelly Roll Morton, Jimmy Yancey *Klavier*
Titel: Freakish • Fat Frances • Pep • Handful of Keys • E-Flat Blues • Tea for Two • Russian Fantasy • Rosetta • Body and Soul • On the Sunny Side of the Street • My Melancholy Baby • Yancey Stomp • State Street Special • Boogie Woogie Man • Cuttin' the Boogie
Kommentar: Die Nachkommen des Ragtime: Jelly Rolls schöne Klaviersoli aus dem Jahr 1929, vier Fats-Waller-Solo-Stride-Klassiker, die nur noch sporadischen Stride-Bässe in Earl Hines' *trumpet style*-Klavierspiel und Zeugnisse des hämmernden Schwungs des Boogie Woogie.

Verschiedene
PIANOLA JAZZ

Aufnahmedatum: um 1895–1925
Label: Saydisc
Musiker: u. a. Pete Wendling, Billy Mayerl, Victor Ardey *Klavier*
Titel: Skip Along • Maple Leaf • Blame It on the Blues • For Me and My Gal • Aunt Hagar's Blues • I'll Dance till de Sun Breaks Through • Rose of Washington Square • Georgia Camp Meeting • Stumbling • French Trot • Alabama Dream • Creole Bells • Old Fashioned Girl
Kommentar: Perforationen des Papiers steuern die mechanischen Klaviere, auf denen diese häufig raggrundierte Musik erklingt.

Scott Joplin
SCOTT JOPLIN – 1916

Aufnahmedatum: Januar–Februar 1916
Label: Biograph
Musiker: Scott Joplin *Klavier*
Titel: Maple Leaf Rag (2 Takes) • Something Doing • Weeping Willow Rag • Ole Miss Rag • Magnetic Rag • Ragtime Oriole • Quality Rag • Agitation Rag • Tickled to Death • Grace and Beauty • 12th Street Rag • Anoma • Cannon Ball
Kommentar: Joplins Rags waren große Hits, doch er machte keine Aufnahmen bis kurz vor seinem Tode. Unter diesen Raritäten sind einige Klassiker, auch wenn seine schwindenden Kräfte unüberhörbar sind.

James P. Johnson
SNOWY MORNING BLUES

Aufnahmedatum: 1930–44
Label: Decca/MCA
Musiker: James P. Johnson *Klavier*, Eddie Dougherty *Schlagzeug*
Titel: What Is This Thing Called Love? • Crying for the Carolines • You've Got to be Modernistic • Jingles • I've Got a Feeling I'm Falling • Honeysuckle Rose • Keepin' Out of Mischief Now • My Fate Is in Your Hands • Blue Turning Gray Over You • Squeeze Me • I'm Gonna Sit Right Down and Write Myself a Letter • Ain't Misbehavin' • Snowy Morning Blues • Carolina Shout • Keep Off the Grass • Old Fashioned Love • If I Could Be with You (One Hour Tonight) • A Porter's Love Song • Over the Bars • Riffs
Kommentar: Der Beat von Johnsons linker Hand läßt an einen entspannteren Ragtime denken, und seine rechte ist freier geführt, nicht in eckigen Synkopen, mit Phrasen, die den Blues und die Musik der schwarzen Kirche heraufbeschwören. Das Titelstück ist eine stimmungsvolle Eigenkomposition.

Art Tatum
SOLO MASTERPIECES

Aufnahmedatum: 1953–54
Label: Pablo
Musiker: Art Tatum *Klavier*
Titel: u. a. Blues in My Heart • Aunt Hagar's Blues • Jitterbug Waltz • Stardust • Ain't Misbehavin' • Tea for Two • Tenderly • Yesterdays • Willow Weep for Me • Embraceable You • This Can't Be Love • Makin' Whoopee • Taboo • I Don't Stand a Ghost of a Chance with You • Louise • I'll See You in My Dreams • Heat Wave • September Song
Kommentar: Tatum, ein pianistisches und improvisatorisches Genie, bewies in diesem gigantischen 13-LP-Projekt eindrucksvoll, wieviel Musik er in kurze Stücke packen konnte. Er führt die Transformation des Stride zum Swing, seine Gabe für rhythmische Variation und seine ideenreiche Verwendung von Substitutionsakkorden vor.

New-Orleans-Jazz

Um 1910 wuchs die Popularität des Grammophons ebenso rapide an wie die der Tanzbands. Die ersten wirklichen Jazzplatten machte die *Original Dixieland Jazz Band*, die 1917 einen Vertrag mit der legendären Firma »Victor« unterzeichnete. Wichtige schwarze Musiker der zwanziger Jahre nahmen für »Gennett«, ein Label in Indiana, das Jelly Roll Morton und King Oliver im Programm hatte, und »Okeh«, das erfolgreichste *race record*-Label, auf. »Okeh« dokumentierte die besten Musiker, die in den Norden gekommen waren – so wie King Oliver und Louis Armstrong –, aber auch jene, die in ihrer Heimat geblieben waren, wie Bennie Moten in Kansas. Die Bands spielten in große Trichter hinein, an deren anderem Ende eine Nadel in Schwingung versetzt wurde, die ein wenig naturgetreues Klangbild in Wachs kratzte. Nach 1925 ermöglichte die elektrische Aufnahmetechnik eine bessere Klangqualität.

The Original Dixieland Jazz Band

THE ORIGINAL DIXIELAND JAZZ BAND

Aufnahmedatum: 1917–36
Label: RCA Victor
Musiker: Nick LaRocca *Kornett, Trompete*, Eddie Edwards *Posaune*, Benny Krueger *Altsaxophon*, Larry Shields *Klarinette*, Henry Ragas, J. Russel Robinson *Klavier*, Tony Sbarbaro *Schlagzeug*
Titel: Livery Stable Blues • Dixie Jazz Band One-Step • Tiger Rag • Sensation Rag • Clarinet Marmalade Blues • Lazy Daddy • Home Again Blues • Margie • Palesteena • Broadway Rose • Barnyard Blues • Original Dixieland One-Step • Tiger Rag • Skeleton Jangle • Clarinet Marmalade • Bluin' the Blues
Kommentar: Die Musik der *Original Dixieland Jazz Band*, in Storyville aufgeschnappt, wird durch steife ragartige Rhythmen, Vaudeville-Gags und beschränktes Material behindert, doch sie war frisch und aufregend und hatte in Shields, Sbarbaro und LaRocca (letzterer ein Vorbild Bix Beiderbeckes) drei forsch drauflosspielende Musiker.

King Oliver's Jazz Band

THE COMPLETE 1923 OKEHS

Aufnahmedatum: Juni–Oktober 1923
Label: EMI
Musiker: Joe »King« Oliver, Louis Armstrong *Kornett*, Honoré Dutrey *Posaune*, Charlie Jackson *Baßsaxophon*, Johnny Dodds *Klarinette*, Lillian Hardin *Klavier*, Arthur »Bud« Scott *Banjo, Gesang*, Johnny St. Cyr *Banjo*, Warren »Baby« Dodds *Schlagzeug, Lotosflöte*
Titel: Snake Rag • Sweet Lovin' Man • High Society Rag • Sobbin' Blues • Where Did You Stay Last Night • Dipper Mouth Blues • Jazzin' Babies' Blues • Buddy's Habits • Tears • Ain't Gonna Tell Nobody • Room Rent Blues • Riverside Blues • Sweet Baby Doll • Workin' Man Blues • Mabel's Dream
Kommentar: Dies waren die entspannten und gemessenen ersten Aufnahmen von King Olivers Ensemble mit dem jungen Louis Armstrong. *Dipper Mouth Blues* und *Snake Rag* zählen zu den Höhepunkten dieser britischen Edition, betonen sie doch sowohl den disziplinierten Ensemblesound als auch Armstrongs beeindruckende Individualität.

Freddie Keppard / Doc Cooke

THE LEGENDARY FREDDIE KEPPARD

Aufnahmedatum: 1924–27
Label: Smithsonian
Musiker: Freddie Keppard *Kornett*, Doc Cooke *Bandleader*, Fred Garland, Eddie Vincent, Eddie Ellis *Posaune*, Elwood Graham *Kornett*, Jerome Pasquall *Tenorsaxophon*, Clifford King *Klarinette, Altsaxophon*, Jimmie Noone *Klarinette, Altsaxophon, Gesang*, Joe Poston *Klarinette, Altsaxophon, Tenorsaxophon, Gesang*, Johnny Dodds *Klarinette*, Jimmy Bell *Violine*, Tony Spaulding, Kenneth Anderson, Arthur Campbell, Tiny Parham *Klavier*, Stan Wilson, Johnny St. Cyr, Robert Shelly *Banjo*, Bill Newton, Rudolph »Sudie« Reynauld *Tuba*, Bert Greene, Andrew Hilaire *Schlagzeug*, Jasper Taylor *Waschbrett*, Papa Charlie Jackson *Gesang*
Titel: Scissor Grinder Joe • So This Is Venice • Moanful Man • The Memphis Maybe Man • The One I Love Belongs to Somebody Else • Messin' Around • High Fever (2 Takes) • Here Comes the Hot Tamale Man (2 Takes) • Stock Yards Strut • Salty Dog (2 Takes) • Stomp Time Blues • It Must Be the Blues
Kommentar: Buddy Bolden bleibt der dunkle Engel von New Orleans, sind doch seine legendären Leistungen durch keine Aufnahmen überprüfbar. Freddie Keppard war der New-Orleans-Kornettstar, der Bolden nachfolgte und widerwillig Aufnahmen machte (da er fürchtete, Rivalen würden seine Ideen stehlen). Doch auf diesen Aufnahmen wird sein Ruhm der frühen Jahre von großen Ensembles und überladenen Arrangements erstickt. *Salty Dog* und *Stock Yards Strut* von Keppards *Jazz Cardinals* mit dem Blues-Sänger Papa Charlie Jackson sind die herausragenden Titel, eine rauhe, elementare schwarze Musik, in der Keppards durchdringendes Kornett eine Prä-Jazz-Straßenmusik deklamiert. Die Klangqualität ist schlecht, wurde jedoch in einigen Neuausgaben verbessert.

Jelly Roll Morton

THE KING OF NEW ORLEANS JAZZ

Aufnahmedatum: 1926–28
Label: RCA
Musiker: Jelly Roll Morton and his Red Hot Peppers, u.a. Jelly Roll Morton *Klavier*, Ward Pinkett *Trompete*, George Mitchell *Trompete, Kornett*, Lee Collins *Kornett*, Kid Ory, George Bryant, Geechy Fields *Posaune*, Quinn Wilson, Bill Benford *Tuba*, »Stomp« Evans *Altsaxophon*, Omer Simeon, Darnell Howard, Barney Bigard, Johnny Dodds *Klarinette*, Johnny St. Cyr, Lee Blair *Banjo*, John Lindsay *Baß*, Andrew Hilaire, Warren »Baby« Dodds, Tommy Benford *Schlagzeug*
Titel: Black Bottom Stomp • The Chant • Smoke House Blues • Steamboat Stomp • Sidewalk Blues • Dead Man Blues • Cannon Ball Blues • Grandpa's Spells • Doctor Jazz • Original Jelly Roll Blues • Jungle Blues • The Pearls • Beale Street Blues • Kansas City Stomp • Shoe Shiner's Drag • Georgia Swing
Kommentar: Jelly Roll Morton war der erste große Jazzkomponist, der die reguläre New-Orleans-Besetzung kühn umfunktionierte und noch vor den Tagen der Big-Band-*sections* Instrumente zu Gruppen ordnete. Mortons *Red Hot Peppers* waren eine der originellsten aller Jazzbands. In Klassikern wie *The Chant, Grandpa's Spells* und *Doctor Jazz* und mit dem erweiterten Klarinettensatz von *Steamboat Stomp* und *Sidewalk Blues* variiert Morton fortwährend Klangfarbe, Textur und Dynamik.

Louis Armstrong / Sidney Bechet

WITH THE CLARENCE WILLIAMS BLUE FIVE

Aufnahmedatum: 1923–25
Label: CBS
Musiker: Clarence Williams *Klavier*, Louis Armstrong, Thomas Morris *Kornett*, Sidney Bechet *Sopransaxophon, Klarinette, Sarrusophon*, Charlie Irvis, Charlie Green *Posaune*, Buster Bailey *Sopransaxophon, Klarinette*, Narcisse »Buddy« Christian *Banjo*
Titel: Kansas City Man Blues • Wild Cat Blues • New Orleans Hop Scop Blues • O Daddy Blues • Pickin' on Your Baby • You've Got the Right Key but the Wrong Keyhole • Texas Moaner Blues • Cake Walking Babies from Home • Everybody Loves My Baby • Of All the Wrongs You've Done to Me • Mandy Make Up Your Mind • I'm a Little Blackbird • Papa de Dada • Just Wait Till You See • Livin' High • Coal Cart Blues
Kommentar: Clarence Williams war Produzent von »Okeh Records«, ein durchschnittlicher Pianist, aber ein ehrgeiziger Bandleader. Williams organisierte Bechets erste Aufnahmen, und auch wenn die Klangqualität mäßig ist, so läßt doch die Partnerschaft zweier der vitalsten und einfallsreichsten Solisten des frühen Jazz – Sidney Bechet und Louis Armstrong – in *Cake Walking Babies from Home* und *Mandy•Make Up Your Mind* alle Widrigkeiten vergessen.

New Orleans Rhythm Kings

VOLUME TWO

Aufnahmedatum: 1923–25
Label: Village
Musiker: George Brunies, Santo Pecora *Posaune*, Paul Mares *Kornett*, Glenn Scoville *Alt- und Tenorsaxophon*, Don Murray, Charlie Cordella *Tenorsaxophon, Klarinette*, Jack Pettis *C-melody-Saxophon*, Leon Roppolo *Klarinette*, Jelly Roll Morton, Kyle Pierce, Glyn Lea »Red« Long *Klavier*, Bob Gillette, Bill Eastwood *Banjo*, Chink Martin *Tuba*, Ben Pollack, Leo Adde *Schlagzeug*
Titel: Sobbin' Blues • Marguerite • Angry (2 Takes) • Clarinet Marmalade (2 Takes) • Mr. Jelly Lord (2 Takes) • London Blues • Milenberg Joys (2 Takes) • Mad (Cause You Treat Me This Way) • Baby • I Never Knew What a Gal Could Do • She's Crying for Me Blues • Golden Leaf Strut • She's Cryin' for Me (2 Takes) • Everybody Loves Somebody Blues (But Nobody Loves Me) (2 Takes)
Kommentar: Die *Original Dixieland Jazz Band* mag die erste weiße Band des frühen Jazz gewesen sein, doch die *New Orleans Rhythm Kings* waren *die* weiße Band schlechthin. Die *N.O.R.K.* bevorzugten die flüssigere, weniger hektische Phrasierung der King-Oliver-Band und hatten profilierte und einflußreiche Musiker wie Leon Roppolo und George Brunies. Bei den späteren Sessions ist Jelly Roll Morton dabei, gibt dem Ensembleklang einen beträchtlichen Schub und läßt erstmals den Morton-Klassiker *Mr. Jelly Lord* hören.

Louis Armstrong

LOUIS ARMSTRONG AND EARL HINES

Aufnahmedatum: Juni–Dezember 1928
Label: Philips
Musiker: Louis Armstrong *Kornett, Gesang*, Earl Hines *Klavier, Celesta, Gesang*, Fred Robinson *Posaune*, Don Redman *Altsaxophon, Arrangement*, Jimmy Strong *Tenorsaxophon, Klarinette*, Mancy Cara *Banjo, Gesang*, Arthur James »Zutty« Singleton *Schlagzeug*
Titel: Basin Street Blues • Weather Bird • No, Papa, No • Muggles • St. James Infirmary • Tight Like This • West End Blues • Skip the Gutter • Two Deuces • Sugar Foot Stomp • Squeeze Me • Don't Jive Me
Kommentar: Louis Armstrong schuf die revolutionärste und eindringlichste Musik der ersten New-Orleans-geprägten Phase des Jazz, als er zwischen 1925 und 1929 diese und andere Aufnahmen mit hervorragenden Studio-Ensembles machte. Alle Durchbrüche, die der Trompeter erzielte, sind hier zu hören: die Loslösung der Sololinie vom Grundbeat, die Lockerung der klobigen ragbeeinflußten Rhythmen und die Emanzipation des Solisten vom Kollektiv. Auf dieser Platte finden sich die Klassiker *Weather Bird, Basin Street Blues* und *Muggles.*

Bennie Moten

THE COMPLETE BENNIE MOTEN

Aufnahmedatum: 1926–28
Label: RCA
Musiker: Bennie Moten's Kansas City Orchestra: Bennie Moten *Klavier, Leader*, Paul Webster *Trompete*, Thamon Hayes *Posaune, Gesang*, Booker Washington *Kornett*, Vernon Page *Tuba*, Laforest Dent *Alt- und Baritonsaxophon, Gesang*, Woody Walder *Klarinette, Tenorsaxophon*, Harlan Leonard *Klarinette, Altsaxophon*, Jack Washington *Klarinette, Alt- und Baritonsaxophon*, Lammar Wright, Ed Lewis, Sam Tall, Leroy Berry *Banjo*, Willie McWashington *Schlagzeug*, James Taylor *Gesang*
Titel: Thick Lip Stomp (2 Takes) • Harmony Blues (2 Takes) • Kansas City Shuffle • Yazoo Blues • White Lightnin' Blues • Muscle Shoals Blues • Midnight Blues • Missouri Wobble • Sugar • Dear Heart • The New Tulsa Blues • Baby Dear • Twelfth Street Rag • Pass Out Lightly • Ding Dong Blues (2 Takes) • Moten Stomp • Justrite • Slow Motion • Tough Breaks • It's Hard to Laugh or Smile • Sad Man Blues • Kansas City Breakdown • Trouble in Mind • Hot Waters Blues • Get Low Down Blues
Kommentar: Motens Orchester war der lebende Beweis, daß sich außerhalb von New Orleans ein solistischerer, bluesgrundierter Jazzstil entwickelt hatte. Das *Kansas City Orchestra* war eine der bedeutendsten Bands im Südwesten der zwanziger Jahre. Diese frühen Aufnahmen, die gemacht wurden, ehe sich William »Count« Basie 1929 der Band anschloß, sind von wechselhafter Qualität und zeigen noch nicht die solistischen Stärken, die die Band in den Dreißigern gewann. Die Band legt jedoch über einem insistierend stampfenden Beat eine ungehemmte Vitalität an den Tag, und *New Tulsa Blues* und *Kansas City Breakdown* zählen zu den frühen Erfolgen des Orchesters.

Luis Russell

THE LUIS RUSSELL STORY

Aufnahmedatum: 1929–30
Label: Parlophone (EMI)
Musiker: Luis Russell *Klavier*, Louis Metcalf, Henry »Red« Allen, Bill Coleman, Otis Johnson *Trompete*, J. C. Higginbotham *Posaune, Gesang*, Teddy Hill, Greely Walton *Tenorsaxophon*, Albert Nicholas *Klarinette, Altsaxophon*, Charlie Holmes *Klarinette, Sopran- und Altsaxophon*, Will Johnson *Banjo, Gitarre*, William »Bass« Moore *Tuba*, George »Pops« Foster *Kontrabaß*, Paul Barbarin *Schlagzeug*, Walter »Fats« Pichon *Gesang*
Titel: Savoy Shout • Call of the Freaks • It's Tight Like That • The New Call of the Freaks • Feeling the Spirit • Jersey Lightning • Doctor Blues • Saratoga Shout • Song of Swanee • Louisiana Swing (2 Takes) • Poor Li'l Me • On Revival Day • Muggin' Lightly • Panama • High Tension
Kommentar: Eine der großen Bands der zwanziger Jahre, deren Arrangements unspektakulär sind, aber geschickt die Talente ihrer herausragenden Solisten beleuchten: Henry »Red« Allen – ein faszinierender Musiker, der unter den Trompeten-Improvisatoren seiner Zeit nur von Louis Armstrong übertroffen wurde –, Albert Nicholas, J. C. Higginbotham, Charlie Holmes und der Kontrabaß-Pionier »Pops« Foster.

Fletcher Henderson

FIRST IMPRESSIONS

Aufnahmedatum: 1924–31
Label: MCA
Musiker: Fletcher Henderson *Klavier*, Louis Armstrong, Russell Smith, Joe Smith, Tommy Ladnier, Bobby Stark, Howard Scott, Elmer Chambers, Rex Stewart *Trompete*, Charlie Green, Jimmy Harrison, Benny Morton, Claude Jones *Posaune*, Edgar Sampson *Altsaxophon, Violine*, Buster Bailey *Klarinette, Alt- und Sopransaxophon*, Don Pasquall *Klarinette, Alt- und Baritonsaxophon*, Don Redman, Russell Procope, Harvey Boone *Klarinette, Altsaxophon*, Coleman Hawkins *Klarinette, Tenorsaxophon*, Charlie Dixon *Banjo*, June Coles, Bob Escudero, John Kirby *Tuba*, Kaiser Marshall, Walter Johnson *Schlagzeug*
Titel: Copenhagen • Shanghai Shuffle • Clarinet Marmalade • Hot Mustard • Stockholm Stomp • Have It Ready • Fidgety Feet • Sensation • Hop Off • I'm Crazy 'bout My Baby • Sugar Foot Stomp • Just Blues • Singing the Blues • Low Down on the Bayou
Kommentar: Eine Gruppe, die eine entscheidende Rolle bei der Entwicklung des Big-Band-Swing spielte. In *Copenhagen* und *Shanghai Shuffle* verwandelt die rhythmische Kühnheit des jungen Louis Armstrong die Band von einem eleganten Tanzorchester in eine swingende Jazzband. Mit von der Partie ist auch der junge Coleman Hawkins.

Sidney Bechet

THE BLUEBIRD SESSIONS

Aufnahmedatum: 1932–43
Label: Bluebird
Musiker: u. a. Sidney Bechet *Sopransaxophon, Klarinette*, Tommy Ladnier *Trompete*, Victor »Vic« Dickenson *Posaune*, Rex Stewart *Kornett*, Albert Nicholas *Klarinette*, Milton »Mezz« Mezzrow *Klarinette, Tenorsaxophon*, Jelly Roll Morton *Klavier, Gesang*, Earl Hines, Willie »The Lion« Smith *Klavier*, Kenny Clarke, Sidney Catlett *Schlagzeug*
Titel: u. a. Maple Leaf Rag • Shag • Oh, Didn't He Ramble? • Winin' Boy Blues • Blues in Thirds • The Sheik of Araby • Blues of Bechet • Strange Fruit • You're the Limit • Blues in the Air
Kommentar: Bechets »Bluebird«-Aufnahmen entstanden, als die New-Orleans-Musik schon aus der Mode war, aber Bechets Saxophon ist so leidenschaftlich wie eh und je. *Maple Leaf Rag* und *Shag* sind blendende improvisatorische Eruptionen eines der Großen des Jazz.

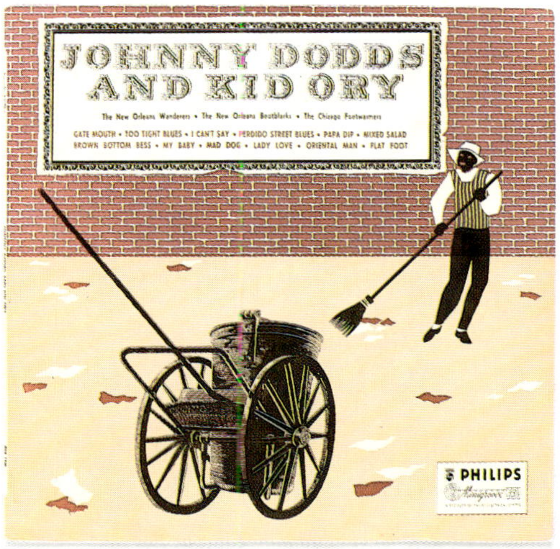

Johnny Dodds / Kid Ory

JOHNNY DODDS AND KID ORY

Aufnahmedatum: 1926–28
Label: Philips
Musiker: Johnny Dodds *Klarinette*, Kid Ory *Posaune*; The New Orleans Wanderers and Bootblacks mit u. a. Joe Walker *Altsaxophon*, George Mitchell *Kornett*, Lil Armstrong *Klavier*, Johnny St. Cyr *Banjo*; The Chicago Footwarmers mit u. a. Honoré Dutrey *Posaune*, Natty Dominique *Kornett*, Jimmy Blythe *Klavier*, Bill Johnson *Baß*, »Baby« Dodds *Waschbrett*
Titel: Gate Mouth • Too Tight Blues • I Can't Say • Perdido Street Blues • Papa Dip • Mixed Salad • Brown Bottom Bess • My Baby • Mad Dog • Lady Love • Oriental Man • Flat Foot
Kommentar: Dodds war ein großer Blues-Klarinettist und Ory einer der profiliertesten Ensemble-Posaunisten. Mitchell und Dominique erwecken bei diesen berühmten Sessions die Straßentraditionen des frühen Jazz zu neuem Leben.

Jelly Roll Morton

MR. JELLY LORD

Aufnahmedatum: 1926–30
Label: RCA Victor
Musiker: Jelly Roll Morton *Klavier*, Barclay S. Draper, »Red« Rossiter, Walter Briscoe, Ward Pinkett, Edwin Swayzee, Eddie Anderson, Bubber Miley, George Mitchell *Trompete*, Charles Irvis, Julius »Geechy« Fields, Bill Cato, Wilbur de Paris, Kid Ory *Posaune*, Paul Barnes *Sopran- und Altsaxophon*, Joe Thomas *Altsaxophon*, Joe Garland *Tenorsaxophon*, George Baquet, Johnny Dodds, Russell Procope *Klarinette*, Omer Simeon *Klarinette und Baßklarinette*, Albert Nicholas *Klarinette, Altsaxophon*, Walter Thomas *Klarinette, Alt- und Baritonsaxophon*, Billy Taylor, Bill Benford *Tuba*, Barney Alexander *Banjo*, Lee Blair *Banjo, Gitarre*, Bernard Addison, Johnny St. Cyr *Gitarre*, Ernest »Bass« Hill, Harry Prather *Sousaphon*, »Bass« Moore, John Lindsay *Baß*, William Laws, Warren »Baby« Dodds, Cozy Cole, Manzie Johnson, Tommy Benford, Andrew Hilaire *Schlagzeug*, Clarence Black, Wright Smith *Violine*, Billie Young *Gesang*; Wilton Crawley and his Orchestra mit u. a. Freddy Jenkins, Arthur Whetsol *Trompete*, Joe Nanton *Posaune*, Johnny Hodges *Altsaxophon*, Wilton Crawley *Klarinette*, Wellman Braud *Baß*, Paul Barbarin *Schlagzeug*
Titel: Burnin' the Iceberg • Mr. Jelly Lord • Down My Way • When They Get Lovin' They's Gone • You Oughta See My Gal • New Orleans Bump • Load of Coal • Red Hot Pepper Stomp • Wolverine Blues (2 Takes) • Courthouse Bump • Keep Your Business to Yourself • Deep Creek Blues • Fussy Mabel • Someday Sweetheart Blues • Crazy Chords
Kommentar: In den späten zwanziger Jahren schrieb Morton für größere Ensembles. Mit ihren verschachtelten Themen, ihrer texturellen Vielfalt und ihrem dichten Zusammenspiel deuten diese Titel zugleich in die Vergangenheit – rhythmisch sind sie New Orleans verhaftet – und in die Zukunft eines neuen Ensembleklangs.

Jelly Roll Mortons Wurzeln waren in New Orleans, doch zu Beginn des Jahrhunderts bereiste er die gesamten USA und nahm Minstrelsy, spanische Musik, Country Blues, Work Songs und Hymnen in sich auf. In der überaus fruchtbaren kompositorischen Phantasie dieses ebenso strukturbegabten wie improvisationsfreudigen Künstlers wurden diese Elemente verschmolzen und zu Neuem geformt.

Chicago & New York

Auch wenn der größte Teil des »New-Orleans-Jazz« nach der schwarzen Wanderung gen Norden in Chicago aufgenommen wurde, so entwickelte sich in der Stadt doch eine eigene Spielart von Jazz und Blues, die die Anti-Mafia-Razzien in den Clubs gegen Ende der zwanziger Jahre überlebte. Junge weiße Musiker hörten die schwarzen Bands der *South Side* und adaptierten ihre Klänge zu einer schnellen, solobetonten Musik, die später »Chicago Jazz« getauft wurde. Der New Yorker Jazz hingegen wurde anfangs vom weichen, symphonischen Tanzorchesterstil Paul Whitemans bestimmt, doch kam es bald zu jener Synthese von Tanzband und New-Orleans-Musik, die die Swing-Ära ins Rollen brachte. Der Jazz veränderte sich zu schnell und breitete sich zu rasch aus, als daß noch eine Stadt mit einem Sound identifiziert werden konnte, wie es in New Orleans gewesen war. Auch wenn Chicago für seine vitale Combo-Musik berühmt wurde, so entstanden in dieser Stadt doch auch Fusionen von Jazz und ländlichem Blues, die die *Jump Music* der vierziger Jahre, den Rock and Roll, den Rhythm and Blues und sogar einige der ausdrucksstärksten Elemente des Free Jazz ankündigten.

Eddie Condon

THE DEFINITIVE VOL. 1

Aufnahmedatum: 1944
Label: Stash
Musiker: u. a. Eddie Condon *Gitarre*, Billy Butterfield, Muggsy Spanier, Hot Lips Page *Trompete*, Benny Morton *Posaune*, Pee Wee Russell *Klarinette*
Titel: u. a. Ballin' the Jack • Sweet Georgia Brown • At the Jazz Band Ball • Royal Garden Blues • Muskrat Ramble • The Man I Love • S'Wonderful • Old Folks
Kommentar: Condon war ein vitaler Rhythmiker. Die Aufnahmen enthalten die Essenz des Chicago-Stils.

Harlem Hamfats

THE HARLEM HAMFATS

Aufnahmedatum: 1936–37
Label: Ace of Hearts
Musiker: Herb Morand *Trompete*, Odell Rand *Klarinette*, Horace Malcolm *Klavier*, Joe McCoy *Gitarre, Gesang*, Charlie McCoy *Mandoline*, John Lindsay *Baß*, Fred Flynn, Pearlis Williams *Schlagzeug*
Titel: Tempo di Bucket • The Garbage Man • Southern Blues • My Daddy Was a Lovin' Man • What You Gonna Do? • Growling Dog • Oh! Red • We Gonna Pitch a Boogie Woogie • Black Gal, You Better Use Your Head • Root Hog or Die • Hallelujah Joe Ain't Preachin' No More • Jam Jamboree • Let's Get Drunk and Truck • Hamfat Swing
Kommentar: Die *Hamfats* aus Chicago kombinierten rauhen New-Orleans-Jazz und frühen Rhythm and Blues. Louis Jordans spätere Musik knüpft daran an.

Eddie Lang / Joe Venuti

STRINGING THE BLUES

Aufnahmedatum: 1926–29
Label: CBS
Musiker: u. a. Eddie Lang *Gitarre*, Joe Venuti *Violine*, King Oliver *Kornett*, Don Murray *Baritonsaxophon, Klarinette*, Adrian Rollini *Baßsaxophon, Goofus*, Clarence Williams *Klavier*, Lonnie Johnson *Gitarre, Gesang*
Titel: Goin' Places • Doin' Things • Perfect • Cheese and Crackers • Stringing the Blues • I'm Somebody's Somebody Now • Two Tone Stomp • Beatin' the Dog • The Wild Dog • Dinah • In the Bottle Blues • Wild Cat • Guitar Blues • Bull Frog Moan • Jet Black Blues • Penn Beach Blues
Kommentar: Brillantes New Yorker Gitarren-Geigen-Duo, das Django Reinhardt und Stéphane Grappelli inspirierte. Venutis rauher, treibender Stil war eine vitale Antithese zu klassischer Anmut.

Earl Hines and his Orchestra

SWINGING IN CHICAGO

Aufnahmedatum: 1934–35
Label: Coral
Musiker: u. a. Earl Hines *Klavier*, Trummy Young *Posaune*, Darnell Howard *Altsaxophon, Klarinette, Violine*, Omer Simeon *Altsaxophon, Klarinette*, Cecil Irwin, Jimmy Mundy *Tenorsaxophon*, Wallace Bishop *Schlagzeug*, Walter Fuller, Palmer Brothers Trio *Gesang*
Titel: That's A-Plenty • Fat Babes • Maple Leaf Rag • Sweet Georgia Brown • Rosetta • Copenhagen • Angry • Wolverine Blues • Rock and Rye • Cavernism • Rhythm Lullaby • Japanese Sandman • Bubbling Over • Blue
Kommentar: Hines leitete zehn Jahre lang eine Band im Chicagoer »Grand Terrace«. Ihre beste Zeit waren, wie diese Platte bezeugt, die Mittdreißiger, als Hines' virtuose Klavierfiguren vor einem Hintergrund farbenreicher Arrangements aufleuchteten.

Bix Beiderbecke

THE BIX BEIDERBECKE LEGEND

Aufnahmedatum: 1924–28
Label: RCA Victor
Musiker: Bix Beiderbecke *Kornett*; Jean Goldkette and his Orchestra: Fred »Fuzzy« Farrar, Tex Brusstar, Ray Lodwig *Trompete*, Bill Rank, Tommy Dorsey, Speigan Wilcox, Lloyd Turner *Posaune*, Irish Henry *Tuba*, Don Murray, Doc Ryker, George Williams, Frankie Trumbauer, Danny Polo *Saxophon*, Paul Mertz, Itzy Riskin *Klavier*, Howdy Quicksell *Banjo*, Eddie Lang *Gitarre*, Ray Muerer *Gitarre, Gesang*, Joe Venuti *Violine*, Steve Brown *Baß*, Charlie Horvath, Chauncey Morehouse *Schlagzeug*, Al Lynch, The Keller Sisters, Lewis James *Gesang*; Paul Whiteman and his Orchestra
Titel: I Didn't Know • Sunday • My Pretty Girl (2 Takes) • Slow River • Clementine • Changes • Mary • Lonely Melody • San • Back in Your Own Backyard • There Ain't No Sweet Man That's Worth the Salt of My Tears • Dardanella • Love Nest • From Monday On • Mississippi Mud
Kommentar: Nach seinem Debüt mit seiner eigenen Band, den *Wolverines*, spielte Beiderbecke – dessen Ton Hoagy Carmichael mit einem Glockenschlag verglich – in Ensembles, die jazzbeeinflußte Tanzmusik machten, und seine Soli waren kurz. Dennoch gelangen ihm, von Frankie Trumbauers ätherischem Saxophonton unterstützt, klassische Titel, wie diese Platte zeigt.

Bix Beiderbecke

THE BIX BEIDERBECKE STORY

Aufnahmedatum: 1927–29
Label: Philips
Musiker: Bix Beiderbecke *Kornett, Klavier*, Harry Goldfield *Trompete*, Bill Rank *Posaune*, Doc Ryker *Altsaxophon*, Harold Strickfadden *Alt- und Baritonsaxophon*, Adrian Rollini, Min Leibrook *Baßsaxophon*, Frankie Trumbauer *C-melody-Saxophon*, Don Murray, Izzy Friedman *Klarinette*, Frank Signorelli, Lennie Hayton, Itzy Riskin *Klavier*, Eddie Lang *Gitarre*, Howdy Quicksell *Banjo*, Matty Malneck *Violine*, Chauncey Morehouse, Harry Gale, George Marsh *Schlagzeug*, Scrappy Lambert, Bing Crosby *Gesang*; Paul Whiteman Orchestra
Titel: Sorry • Ol' Man River • Somebody Stole My Gal • Since My Best Gal Turned Me Down • Way Down Yonder in New Orleans • I'm Comin' Virginia • In a Mist • Ostrich Walk • Riverboat Shuffle • Borneo • China Boy • Oh, Miss Hannah
Kommentar: Bix Beiderbeckes meistkopiertes Solo ist das in *Singin' the Blues*, aber *I'm Comin' Virginia* ist nicht weniger herrlich in der inspirierten Vermeidung jener Töne, die seine Zeitgenossen offenbar als strukturelle Wegmarken zwingend benötigten. Bix' Spiel schwebt daher über einer Musik, die sonst fest den Konventionen ihrer Zeit verhaftet ist.

Henry Allen Jr. and his New York Orchestra

TREASURY OF JAZZ, VOL. 29

Aufnahmedatum: 1929–30
Label: RCA Victor
Musiker: Henry Allen Jr. *Trompete, Gesang*, Otis Johnson *Trompete*, J. C. Higginbotham, James Archey *Posaune*, Charlie Holmes *Altsaxophon*, Teddy Hill, Greely Walton *Tenorsaxophon*, William Blue *Klarinette, Altsaxophon*, Albert Nicholas *Klarinette*, Ernest Hill *Fagott*, Luis Russell *Klavier*, Will Johnson *Gitarre, Gesang*, George »Pops« Foster, Ernest Hill *Baß*, Paul Barbarin *Schlagzeug*, Victoria Spivey, The Wanderers *Gesang*
Titel: Swing Out • Feeling Drowsy • How Do They Do It That Way? • It Should Be You • Biff'ly Blues • Make a Country Bird Fly Wild • You Might Get Better, But You'll Never Get Well • Dancing Dave • Singing Pretty Songs • Roamin' • I Fell in Love With You • Patrol Wagon Blues
Kommentar: Gemeinsam mit Louis Armstrong und Roy Eldridge beherrschte »Red« Allen das Trompetenspiel in der Übergangszeit zwischen New-Orleans-Jazz und Swing. Seine Palette von Klangeffekten war selbst noch für die Avantgardisten der sechziger Jahre lehrreich. Diese kräftige, rauhe Mischung aus New-Orleans-Ensemblespiel und Blues fängt die Kühnheit seines frühen Spiels ein.

Verschiedene

CHICAGO JAZZ

Aufnahmedatum: 1939–40
Label: Coral
Musiker: Eddie Condon and his Chicagoans: Eddie Condon *Gitarre*, Max Kaminsky *Kornett*, Brad Gowans *Posaune*, Pee Wee Russell *Klarinette*, Bud Freeman *Tenorsaxophon*, Joe Sullivan *Klavier*, Clyde Newcomb *Baß*, Dave Tough *Schlagzeug*; Jimmy McPartland and his Orchestra: Jimmy McPartland *Kornett*, Bud Jacobson *Klarinette*, Boyce Brown *Altsaxophon*, Floyd Bean *Klavier*, Dick McPartland *Gitarre*, Jim Lannigan *Baß*, Hank Isaacs *Schlagzeug*; George Wettling's Rhythm Kings: George Wettling *Schlagzeug*, Charlie Teagarden *Trompete*, Floyd O'Brien *Posaune*, Danny Polo *Klarinette*, Joe Marsala *Tenorsaxophon*, Jess Stacy *Klavier*, Jack Bland *Gitarre*, Artie Shapiro *Baß*
Titel: Nobody's Sweetheart • Friar's Point Shuffle • There'll Be Some Changes Made • Someday, Sweetheart • China Boy • Jazz Me Blues • Sugar • The World Is Waiting for the Sunrise • Bugle Call Rag • I Wish I Could Shimmy Like My Sister Kate • The Darktown Strutters' Ball • I've Found a New Baby
Kommentar: Virtuosität und Spielfreude sind die bleibenden Merkmale der Chicago-Schule, die bei der von Schlagzeuger George Wettling organisierten Session gut zum Tragen kommen. Jimmy McPartland nähert sich hier respektvoll dem Beiderbecke-Sound an, und Wettlings rauh dröhnendes Schlagzeug treibt eine frisch aufspielende Band voran.

Früher Jazzgesang

Zu Beginn der Jazzgeschichte wurden die markanten Klangfarben, vertrackten Rhythmen und dialogisierenden Ensemblesounds der neuen Musik von Instrumentalstimmen intoniert. Vokalisten sangen den stärker ritualisierten Blues oder die *novelty songs* und die satirischen oder zweideutigen Lieder des Vaudeville. In den zwanziger Jahren kam es zu einer Begegnung dieser beiden Stränge, und in den Dreißigern waren sie untrennbar. Mit dem *race records*-Markt, der in den zwanziger Jahren expandierte, wurde der Blues kommerziell interessant, und seine ausdrucksstärksten Sänger(innen) machten erfolgreiche Platten mit Studiobands, die aus führenden Jazzmusikern bestanden. Immer stärker beeinflußte die afroamerikanische Musik den weißen Schlager, und die Verbindung zwischen Jazz und der *Tin Pan Alley* wurde inniger. In den dreißiger Jahren hatte jede Swing-Band eine Sängerin oder einen Sänger, und der *juke box*-Markt schuf eine Nachfrage nach Gesangsaufnahmen mit jazziger Begleitung – das Medium von Billie Holidays ersten Erfolgen.

Ida Cox
SINGS THE BLUES

Aufnahmedatum: 1924–28
Label: London
Musiker: u. a. Ida Cox *Gesang*, Tommy Ladnier *Kornett*, Jessie Crump *Orgel*, Charlie Green *Posaune*, Buster Bailey *Klarinette*, Fletcher Henderson *Klavier*, Charlie Dixon *Banjo*
Titel: Coffin Blues • Rambling Blues • Mean Papa, Turn Your Key • Ida Cox's Lawdy Lawdy Blues • Worn Down Daddy • You Stole My Man • Misery Blues • Blue Kentucky Blues
Kommentar: Star des klassischen Blues-Gesangs der zwanziger Jahre, der Folkloretradition *(Coffin Blues)* mit Vaudeville verbindet *(Mean Papa, Turn Your Key)*.

Bessie Smith
THE BESSIE SMITH STORY VOL. 3

Aufnahmedatum: 1925–27
Label: CBS
Musiker: Joe Smith *Trompete*, Jimmy Harrison, Charlie Green *Posaune*, Coleman Hawkins *Tenorsaxophon, Klarinette*, Buster Bailey *Klarinette*, Fletcher Henderson *Klavier*, Charlie Dixon *Banjo*, Kaiser Marshall *Schlagzeug*
Titel: Alexander's Ragtime Band • Baby Doll • The Yellow Dog Blues • One and Two Blues • Money Blues • After You've Gone • Cake Walking Babies (from Home) • Young Woman's Blues • At the Christmas Ball • There'll Be a Hot Time in the Old Town Tonight • Lost Your Head Blues • Muddy Water
Kommentar: Profundeste Verbindung von New-Orleans-Jazz, populärem Song und Blues-Intensität, mit der größten aller Blues-Sängerinnen und einer ausgezeichneten Fletcher-Henderson-Combo.

Billy Eckstine and his Orchestra
BILLY ECKSTINE

Aufnahmedatum: 1944–46
Label: Ember
Musiker: u. a. Billy Eckstine *Gesang*, Dizzy Gillespie *Trompete*, Trummy Young, *Posaune*, Dexter Gordon, Gene Ammons, Wardell Gray *Tenorsaxophon*, Leo Parker *Baritonsaxophon*, Clyde Hart *Klavier*, Tommy Potter, Oscar Pettiford *Baß*, Rossiere »Shadow« Wilson, Art Blakey *Schlagzeug*, Sarah Vaughan *Gesang*
Titel: Blowing the Blues Away • If That's the Way You Feel • I Want to Talk about You • The Real Thing Happened to Me • I'll Wait and Pray • I Got a Date with Rhythm • Good Jelly Blues • Opus X • I Stay in the Mood for You • I'm the Caring Kind
Kommentar: Eckstine, der Mann mit der leuchtenden Stimme und dem pulsierenden Vibrato, war das erste schwarze Pop-Idol. Sein herrlicher Bariton wurde von den Stars des aufkommenden Bebop begleitet, hier u. a. Dizzy Gillespie, Sarah Vaughan und Art Blakey.

Billie Holiday
THE GOLDEN YEARS VOL. 2

Aufnahmedatum: 1937–38
Label: CBS
Musiker: u. a. Billie Holiday *Gesang*, Buck Clayton, Harry James *Trompete*, Benny Morton, Dickie Wells *Posaune*, Benny Carter *Altsaxophon*, Lester Young, Herschel Evans *Tenorsaxophon*, Buster Bailey *Klarinette*, Teddy Wilson, Claude Thornhill *Klavier*, Freddie Green *Gitarre*, Walter Page *Baß*, Cozy Cole, Jo Jones *Schlagzeug*
Titel: u. a. Mean to Me • I'll Get By • Sun Showers • He's Funny That Way • My Man • Nice Work if You Can Get It • Can't Help Lovin Dat Man
Kommentar: Einige der unvergeßlichen Aufnahmen Holidays, mit dem Pianisten Teddy Wilson und mit Lester Young. Indem sie hinter dem Beat herhinkte, mittelmäßige Texte vergessen ließ und mit feinsten Nuancen improvisierte, führte Billie Holiday ein neues Zeitalter des Jazzgesangs herbei.

Billie Holiday

BILLIE HOLIDAY ON COMMODORE

Aufnahmedatum: 1939, 1944
Label: Commodore
Musiker: Billie Holiday *Gesang*, Frankie Newton, Doc Cheatham *Trompete*, Vic Dickenson *Posaune*, Tab Smith, Lem Davis *Altsaxophon*, Stan Payne, Kenneth Hollon *Tenorsaxophon* Sonny White, Eddie Heywood *Klavier*, Teddy Walters Jim McLin *Gitarre*, John Williams, John Simmons *Baß*, Eddie Dougherty, Big Sid Catlett *Schlagzeug*
Titel: Yesterdays • Fine and Mellow • I Gotta Right to Sing the Blues • How Am I to Know • My Old Flame • I'll Get By • I Cover the Waterfront • I'll Be Seeing You • I'm Yours • Embraceable You • As Time Goes By • She's (He's) Funny That Way • Lover Come Back to Me • Billie's Blues • On the Sunny Side of the Street
Kommentar: *My Old Flame, Embraceable You* und *Lover Come Back to Me* zählen zu ihren herrlichsten Aufnahmen vor Beginn einer kommerzielleren Periode.

Ella Fitzgerald

ELLA FITZGERALD VOL. 1

Aufnahmedatum: 1935–41
Label: Classics
Musiker: u. a. Ella Fitzgerald, The Mills Brothers *Gesang,* Chick Webb, Bill Beason *Schlagzeug,* Taft Jordan *Trompete,* Benny Goodman *Klarinette,* Louis Jordan, Ted McRae, Eddie Barefield *Saxophon,* Teddy Wilson *Klavier*
Titel: 138 Titel, darunter My Melancholy Baby • Goodnight My Love • Dedicated to You • Mr. Paganini • Darktown Strutters' Ball • Organ Grinder's Swing • I Want to Be Happy • Gotta Pebble in My Shoe • Undecided • A-Tisket A-Tasket • Please Tell Me the Truth • Lindy Hoppers' Delight • Take It from the Top • Taking a Chance on Love • I Got It Bad • The Lonesomest Gal in Town • Three Little Words
Kommentar: Ella Fitzgerald wurde beinahe über Nacht zum Star – und zur Bandleaderin. Ihre frischen, entspannten Einspielungen der Frühzeit sind hier versammelt, chronologisch angeordnet von den ersten Aufnahmen mit 16, bis sie 1941 im Alter von 23 Jahren eine Solokarriere begann. Ihre Musik dieser Jahre ist wechselhaft – eine Mischung kreativer Jazznummern und eher veraltet wirkender Schlagerliedchen.

Ethel Waters

JAZZIN' BABIES' BLUES VOL. 2

Aufnahmedatum: 1921–27
Label: Biograph
Musiker: Ethel Waters *Gesang*, Joe Smith *Kornett*, Fletcher Henderson, Pearl Wright *Klavier*; Albury's Blue and Jazz Seven mit u. a. Wesley Johnson *Trompete*, Jim Reevy *Posaune,* Clarence Harris *Altsaxophon*, Wilson Kyer *Klavier*, Ralph Escudero *Tuba*, Kaiser Marshall *Schlagzeug*; Waters's Jazz Masters mit u. a. Garvin Bushell *Klarinette, Altsaxophon*, Chink Johnson *Tuba*; The Jazz Masters mit u. a. Henry Brashear *Posaune*, June Clark, Howard Scott *Kornett*, Clarence Robinson *Klarinette*, Chink Johnson *Tuba*, Johnny Mitchell *Banjo*; Lovie Austin's Blues Serenaders mit u. a. Lovie Austin *Klavier*, Tommy Ladnier *Kornett*
Titel: The New York Glide • At the New Jump Steady Ball • Dying with the Blues • Kiss Your Pretty Baby Nice • Jazzin' Babies' Blues • Kind Lovin' Blues • Brown Baby • Ain't Goin' Marry • You'll Need Me When I'm Long Gone • I Want Somebody All My Own • Black Spatch Blues • One Sweet Letter from You
Kommentar: Der Einfluß Ethel Waters' auf den populären Gesang des 20. Jahrhunderts war immens, auch wenn dies manchmal übersehen wird. Sie lehnte traditionellen Blues-Gesang als unelegant ab (obwohl sie viel von seinem Timbre hatte), und ihre große Leistung bestand darin, den Schliff der Musik der weißen *Music Hall* mit der Sinnlichkeit und Aufmüpfigkeit des Blues zu verbinden und damit die *Tin Pan Alley* für schwarze Künstler zu öffnen. Waters, leichter im Klang als die Blues-Sängerinnen, weniger unberechenbar als ein Jazz-Solist, aber eine Perfektionistin der Phrasierung, kann selbst als ein indirekter Einfluß auf Billie Holiday gesehen werden.

Swing

Der erste Erfolg von Jazz und Blues wurde durch den Aufstieg des Radios und die Wirtschaftskrise zunichte gemacht, und 1933 waren die Plattenverkaufszahlen in den USA in den Keller gerutscht. Dennoch entwickelte sich die Musik weiter. Duke Ellington hatte Paul Whiteman an Beliebtheit übertroffen; Fletcher Henderson und Don Redman hatten in einer neuen, frischen Ensemblemusik jubilierende Blech- und Holzbläser-Dialoge kreiert. Jazzorchester hatten Mühe, Engagements zu erhalten, doch die Zeit sollte bald reif für ihre Ideen sein. Als John Hammond einige Aufnahmen des Klarinettisten Benny Goodman an die britische »Columbia« verkaufte, kam die Swing-Ära ins Rollen. Durch diese Platten konnte Goodman auch in den USA einen Vertrag bekommen, und neue Rundfunkmoderatoren sorgten für den Rest.

Fats Waller

'34/'35

Aufnahmedatum: 1927–35
Label: RCA Victor
Musiker: Fats Waller *Klavier, Gesang*, Herman Autrey, Bill Coleman *Trompete*, Floyd O'Brien *Posaune*, Gene Sedric *Tenorsaxophon, Klarinette*, Rudy Powell, Milton »Mezz« Mezzrow *Klarinette*, Al Casey, James Smith *Gitarre*, Bill Taylor, Charles Turner *Baß*, Harry Dial, Arnold Bolden *Schlagzeug*
Titel: Don't Let It Bother You • If It Isn't Love • Serenade for a Wealthy Widow • Blue Black Bottom • Mandy • You've Been Taking Lessons in Love • Numb Fumblin' • Dust Off That Old Pianna • Somebody Stole My Gal • Breakin' the Ice • I Ain't Got Nobody • Goin' About • Dinah • Whose Honey Are You? • Blue Because of You • 12th Street Rag
Kommentar: Fats Wallers brillantes Stride-Klavier kommt am besten solistisch zur Geltung, trieb aber auch seine *Rhythm*-Band an, eine kommerzielle, muntere Swing-Combo, die Wallers Talente ins rechte Licht rücken sollte.

Artie Shaw

THE EARLY ARTIE SHAW

Aufnahmedatum: August–Oktober 1937
Label: Ajaz
Musiker: Artie Shaw *Klarinette*, John Best, Tom DiCarlo, Malcolm Crain *Trompete*, George Arus, Harry Rodgers *Posaune*, Les Robinson, Hank Freeman *Altsaxophon*, Tony Pastor, Jules Rubin *Tenorsaxophon*, Les Burness *Klavier*, Al Avola *Gitarre*, Ben Ginsberg *Baß*, Cliff Leeman *Schlagzeug*, Leo Watson, Peg LaCentra, Bea Wain, Dolores O'Neil *Gesang*
Titel: Am I in Love? • Fee Fi Fo Fum • Please Pardon Us We're in Love • The Chant • The Blues (2 Takes) • It's a Long, Long Way to Tipperary • If It's the Last Thing I Do • Nightmare • Shoot the Likker to Me, John Boy • Free Wheeling • I've a Strange New Rhythm in My Heart • Let'er Go • A Strange Loneliness
Kommentar: Shaw war in den dreißiger Jahren Benny Goodmans engster Rivale, mit etwas zurückgenommener Attacke, doch ebenso makelloser Technik. Diese Band von 1937 spielte mit swingender Eleganz, und die Soli des Leaders sind kleine Juwelen.

McKinney's Cotton Pickers

McKINNEY'S COTTON PICKERS

Aufnahmedatum: 1930–31
Label: RCA Victor
Musiker: McKinney's Cotton Pickers: Rex Stewart, Buddy Lee, Langston Curl, Clarence Ross *Trompete*, Ed Cuffee, Quentin Jackson *Posaune, Gesang*, Don Redman *Klarinette, Sopran- und Altsaxophon, Violoncello, Gesang, Arrangement*, Prince Robinson *Klarinette, Tenorsaxophon*, Todd Rhodes *Klavier, Violoncello*, Dave Wilborn *Banjo, Gesang*, Ralph Escudero *Tuba*, Cuba Austin *Schlagzeug*, George Bias, Lois Deppe, Dave Wilborn, Donald King *Gesang*; McKinney's Cotton Pickers: dazu u. a. Joe Smith, Adolphus »Doc« Cheatham *Trompete*, Billy Taylor *Baß und Tuba*; The Carolina Dandies: John Nesbitt, Tom Howell *Trompete*, Lee Howell *Posaune*, Benny Carter, Don Redman, Sunny Clapp *Klarinette, Altsaxophon*, George Marks *Klavier, Gesang*, Roy Smeck *Gitarre*, Francis Palmer *Tuba*, Joe Hudson *Schlagzeug*
Titel: Hello! • After All, You're All I'm After • I Miss a Little Miss • To Whom It May Concern • You're Driving Me Crazy • Come a Little Closer • It's a Lonesome Old Town (2 Takes) • She's My Secret Passion (2 Takes) • Come Easy, Go Easy Love • When I Can't Be With You • Do You Believe in Love at Sight? (2 Takes) • Wrap Your Troubles in Dreams (2 Takes)
Kommentar: Eine faszinierende und populäre schwarze Band, die von Jean Goldkette aus frustrierten Fletcher-Henderson-Mitspielern formiert wurde, als er Musiker für den »Graystone Ballroom« suchte. Sie verwendete die altertümliche Tuba und ein Banjo anstatt eines Klaviers, doch in den Arrangements (aus der Feder des Henderson-Arrangeurs Don Redman, des Altisten Benny Carter und des Trompeters John Nesbitt) kündet sich der Schwung der Swing-Bands an, und das nahtlose Ensemblespiel gibt der Musik eine immense Verve.

Coleman Hawkins All Stars

COLEMAN HAWKINS ALL STARS

Aufnahmedatum: 1935–46
Label: His Master's Voice
Musiker: Coleman Hawkins *Tenorsaxophon*, Stéphane Grappelli *Klavier*, Django Reinhardt *Gitarre*, Eugene d'Hellemes *Baß*; Coleman Hawkins All Star Jam Band mit u. a. Benny Carter *Altsaxophon, Trompete*, Andre Ekyan *Altsaxophon*, Alix Combelle *Tenorsaxophon, Klarinette*, Tommy Benford *Schlagzeug*; Coleman Hawkins Orchestra mit u. a. Joe Guy *Trompete*, Earl Hardy *Posaune*, Jackie Fields, Eustis Moore *Altsaxophon*, Tommy Lindsay, Gene Rodgers *Klavier*, William Oscar Smith *Baß*, Arthur Herbert *Schlagzeug*; Coleman Hawkins All Star Octet mit u. a. J. C. Higginbotham *Posaune*, Danny Polo *Klarinette*, Lawrence Lucie *Gitarre*, Johnny Williams *Baß*, Walter Johnson, *Schlagzeug;* Coleman Hawkins 52nd Street All Stars mit u. a. Charlie Shavers *Trompete*, Pete Brown *Altsaxophon*, Allen Eager *Tenorsaxophon*, Jimmy Jones *Klavier*, Mary Osborne *Gitarre*, Al McKibbon *Baß*, Shelly Manne *Schlagzeug*
Titel: Crazy Rhythm • Stardust • Sheik of Araby • Out of Nowhere • Honeysuckle Rose • Bouncing with Bean • Body and Soul • Sweet Georgia Brown • When Day is Done • Spotlite
Kommentar: Im Zuge einer langen, spektakulären Karriere trug Coleman Hawkins dazu bei, daß die Fletcher-Henderson-Band eines der besten frühen Swing-Ensembles wurde, entwickelte als Solist einen stetigen, unerbittlichen rhythmischen Drive, der ein Gegenstück zum Big-Band-Beat der Dreißiger war, und spielte in einer immensen Vielzahl von Bands verschiedene Varianten dieses Idioms. Diese britische Zusammenstellung dokumentiert die historischen Begegnungen mit dem belgischen Gitarristen Django Reinhardt sowie, in der vitalen *Jam Band*, mit Benny Carter und einigen ausgezeichneten Europäern (beide im Laufe von Hawkins' fünfjährigem Europaaufenthalt in den Jahren 1934–39) Sie enthält zudem eines der größten aller Jazz-Soli: *Body and Soul* von 1939. Fast ohne Pausen und ohne auch nur einen Moment von einem sanften, insistierenden Swing abzuweichen, kreiert Hawkins, der das Thema nur einmal kurz anspielt, ein Meisterstück harmonischer Imagination.

Duke Ellington and his Orchestra

AT HIS VERY BEST

Aufnahmedatum: 1927–46
Label: RCA
Musiker: Duke Ellington *Klavier*, Wallace Jones, Cootie Williams, Rex Stewart, Shelton Hemphill, Ray Nance, Harold Baker, Taft Jordan, Cat Anderson, Francis Williams, Louis Metcalf, Bubber Miley *Trompete*, Lawrence Brown, Juan Tizol, Joe Nanton, Claude Jones, Wilbur De Paris *Posaune*, Otto Hardwick, Johnny Hodges, Russell Procope *Altsaxophon*, Ben Webster, Al Sears *Tenorsaxophon*, Harry Carney *Baritonsaxophon*, Barney Bigard, Jimmy Hamilton *Klarinette*, Rudy Jackson *Klarinette, Tenorsaxophon*, Fred Guy *Gitarre, Banjo*, Jimmy Blanton, Oscar Pettiford, Alvin Raglin, Wellman Braud *Baß*, Sonny Greer *Schlagzeug*, Adelaide Hall, Kay Davis *Gesang*
Titel: Jack the Bear • Concerto for Cootie • Harlem Air Shaft • Across the Track Blues • Chloe • Royal Garden Blues • Warm Valley • Ko-Ko • Black, Brown, and Beige • Creole Love Call • Transblucency
Kommentar: Duke Ellingtons Band, individueller, impressionistischer und vom Repertoire her weniger schlagerorientiert als andere, wurde nie so beliebt wie die Goodmans oder Artie Shaws. 1939 engagierte Ellington den großen Saxophonisten Ben Webster und das junge Baßwunder Jimmy Blanton. Mit dieser Besetzung schuf er einige seiner schönsten Stücke, darunter *Jack the Bear*, ein eindrucksvolles Feature für Blanton, *Ko-Ko*, einen bemerkenswerten Moll-Blues mit Harmonien, die den modalen Jazz vorwegnehmen, und *Transblucency* für die Sängerin Kay Davis.

Duke Ellington and his Orchestra

SATURDAY NIGHT FUNCTION

Aufnahmedatum: 1927–29
Label: His Master's Voice
Musiker: u. a. Duke Ellington *Klavier, Arrangement*, Bubber Miley, Arthur Whetsol *Trompete*, Johnny Hodges *Saxophon*, Barney Bigard *Klarinette*
Titel: Creole Love Call • Got Everything but You • Black and Tan Fantasy • East St. Louis Toodle-Oo • Black Beauty • Jubilee Stomp • The Mooche • Flaming Youth • Saturday Night Function • High Life
Kommentar: Obwohl Ellington im Laufe einer ertragreichen Laufbahn viele ausgedehnte Werke schuf, bewies er doch immer wieder, daß er nicht mehr als kleiner Formen bedurfte, um so eloquent wie irgendein anderer Komponist des 20. Jahrhunderts zu sein. Diese früheren Stücke aus der »Cotton Club«-Zeit zeigen, daß die erste große Ellington-Band einen rhythmischen Schub hatte, der ebensosehr vom narrativen Impuls der Strukturen wie von der Rhythmusgruppe herrührte. Die Platte enthält auch die *Black and Tan Fantasy*, die als Blues beginnt und als Chopins Trauermarsch endet. Auch wenn sie ein alles andere als reifes Stück ist, so bezeugt sie doch, daß hier ein Künstler war, der das Jazzorchester auf noch ungekannte Weise einsetzen wollte.

Count Basie and his Orchestra

JUMPIN' AT THE WOODSIDE

Aufnahmedatum: 1937–39
Label: Ace of Hearts
Musiker: Count Basie *Klavier*, Harry Edison, Buck Clayton, Ed Lewis, Shad Collins *Trompete*, Eddie Durham, George Hunt, Dan Minor, Benny Morton, Dickie Wells *Posaune*, Earl Warren, Herschel Evans, Lester Young, Jack Washington *Saxophon*, Freddie Green, Eddie Durham *Gitarre*, Walter Page *Baß*, Jo Jones *Schlagzeug*
Titel: Jumpin' at the Woodside • Every Tub • Out the Window • Shorty George • Time Out • Doggin' Around • Texas Shuffle • Blue and Sentimental • Cherokee • Topsy • John's Idea
Kommentar: Was Energie und Swing pur angeht, war Basies Vorkriegsband unerreicht. Die Rhythmusgruppe perfektionierte den Puls, die Solisten Young (klassische Soli im Titelstück und in *Every Tub*), Evans und Edison besorgten das übrige.

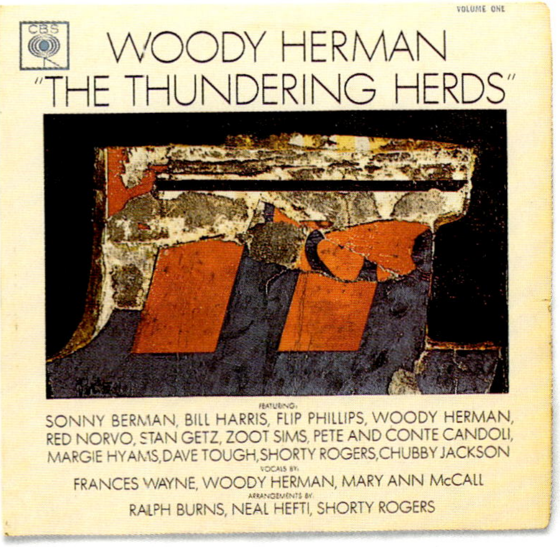

Woody Herman

THE THUNDERING HERDS

Aufnahmedatum: Februar–November 1945
Label: CBS
Musiker: Woody Herman *Klarinette, Altsaxophon, Gesang,* Sonny Berman, Pete Candoli, Chuck Frankhauser, Carl Warwick, Ray Wetzel, Irv Lewis, Conte Candoli, Shorty Rogers, Ray Linn *Trompete*, Neal Hefti *Trompete, Arrangement*, Bill Harris, Ed Kiefer, Ralph Pfeffner *Posaune*, Sam Marowitz, John LaPorta *Altsaxophon*, Flip Phillips, Pete Mondello, Mickey Folks *Tenorsaxophon*, Skippy deSair *Baritonsaxophon*, Ralph Burns *Klavier, Arrangement*, Tony Aless *Klavier*, Red Norvo, Margie Hyams *Vibraphon*, Billy Bauer *Gitarre*, Chubby Jackson *Baß*, Dave Tough, Don Lamond *Schlagzeug*, Frances Wayne *Gesang*
Titel: Apple Honey • Laura • Caldonia • Happiness Is a Thing Called Joe • Goosey Gander • I Wonder • A Kiss Goodnight • Northwest Passage • The Good Earth • I've Got the World on a String • Bijou • Gee, It's Good to Hold You • Put that Ring on My Finger • Blowin' Up a Storm • Your Father's Moustache • Wild Root
Kommentar: Hermans Band war eine der beliebtesten der vierziger Jahre. Obwohl ihre Anfänge näher bei Dixieland und Vaudeville lagen als die der meisten anderen Gruppen – *Woodchoppers Ball* hieß ihr Millionen-Hit von 1939 –, entwickelte sie sich schnell dank Ralph Burns' Arrangements, dem großen Schlagzeuger Dave Tough und Solisten wie Bill Harris und Flip Phillips. Die Trompeten-Unisoni in *Caldonia* und Bill Harris' Solo in *Bijou* sind Klassiker des späten Swing.

Chick Webb

MIDNITE IN HARLEM

Aufnahmedatum: 1934–39
Label: Ace of Hearts
Musiker: Chick Webb *Schlagzeug*, Mario Bauza, Bobby Stark, Taft Jordan, Dick Vance *Trompete*, Nat Story, Sandy Williams, George Matthews, Claude Jones *Posaune*, Garvin Bushell, Hilton Jefferson, Teddy McRae, Wayman Carver, Pete Clark, Edgar Sampson, Chauncey Haughton, Louis Jordan *Saxophon*, Tommy Fulford, Joe Steele *Klavier*, Bobby Johnson *Gitarre*, John Trueheart *Gitarre, Banjo*, Beverly Peer, John Kirby, Bill Thomas *Baß*
Titel: Liza • Blue Lou • Azure • Clap Hands! Here Comes Charlie • Go Harlem • What a Shuffle • In the Groove at the Grove • Strictly Jive • Squeeze Me • Don't Be That Way • Blue Minor • Midnite in Harlem
Kommentar: Die großartige Band des Schlagzeugers Chick Webb war eine der populärsten, die je im berühmten »Savoy Ballroom« spielte, und bei Titeln wie *Go Harlem* und *Clap Hands!* versteht man warum. Auch wenn Gene Krupa der bekannteste Schlagzeuger der dreißiger Jahre war, so war Webbs furiose Intensität doch damals unerreicht, und die Band spielte stets so, als ginge es um Leben und Tod. Auf diesen Aufnahmen ist Ella Fitzgerald noch nicht dabei.

Lester Young / Count Basie

LESTER YOUNG MEMORIAL ALBUM

Aufnahmedatum: 1936–40
Label: Fontana
Musiker: Lester Young *Tenorsaxophon*, Count Basie *Klavier*; The Count Basie Orchestra mit u. a. Ed Lewis, Harry Edison, Shad Collins, Buck Clayton, Al Killian, Carl Smith *Trompete*, Dickie Wells, Dan Minor, Benny Morton, Vic Dickenson *Posaune*, Earl Warren, Jack Washington, Buddy Tate *Saxophon*, Tab Smith *Altsaxophon*, Freddie Green *Gitarre*, Walter Page *Baß*, Jo Jones *Schlagzeug*
Titel: Pound Cake • Rock-a-Bye Basie • Riff Interlude • Shoe Shine Boy • Clap Hands, Here Comes Charlie • Taxi War Dance • Ham'n'Eggs • Lester Leaps In • Dickie's Dream • Blow Top • Broadway • Boogie-Woogie
Kommentar: Von allen Starsolisten des Swing war Lester Young derjenige, der am lässigsten seine eigenen Regeln zu schaffen schien. Er zeigte, daß es nicht notwendig war, laut zu spielen, um zu swingen, entwickelte *false fingering*-Techniken, die heute Gemeingut unter Saxophonisten sind, und überraschte immer wieder mit klug gesetzten Pausen. Klassische Soli auf dieser Platte sind *Taxi War Dance* und *Lester Leaps In.*

Django Reinhardt

DJANGO AND HIS AMERICAN FRIENDS

Aufnahmedatum: 1937–39
Label: EMI
Musiker: Django Reinhardt *Gitarre*, Eddie South *Violine,* Wilson Myers *Baß*; Bill Coleman and his Orchestra: Bill Coleman *Trompete*, Frank »Big Boy« Goodie *Klarinette, Tenorsaxophon*, Christian Wagner *Klarinette, Altsaxophon*, Emil Stern *Klavier*, Lucien Simoens, Paul Cordonnier *Baß*, Jerry Mengo *Schlagzeug*; Benny Carter and his Orchestra: Benny Carter *Trompete, Altsaxophon*, Fletcher Allen *Altsaxophon*, Alix Combelle *Tenorsaxophon*, Bertie King *Tenorsaxophon, Klarinette*, York de Souza *Klavier*, Len Harrison *Baß*, Robert Montmarché *Schlagzeug*; Rex Stewart and his Feetwarmers: Rex Stewart *Kornett*, Barney Bigard *Klarinette, Schlagzeug*, Billy Taylor, *Baß*
Titel: Eddie's Blues • Sweet Georgia Brown • I Ain't Got Nobody • Baby Won't You Please Come Home • Big Boy Blues • Bill Coleman Blues • Somebody Loves Me • I Can't Believe That You're in Love with Me • I'm Coming, Virginia • Farewell Blues • Blue Light Blues • Montmartre • Low Cotton • Finesse • I Know That You Know • Solid Old Man
Kommentar: In den Vorkriegsjahren galt der belgische Zigeunergitarrist Django Reinhardt als der bei weitem bedeutendste europäische Jazzmusiker. Er war ein Spieler von furioser Virtuosität, der aber auch Balladen mit zarter Eleganz zu spielen verstand. Mittels Aufnahmen, die er mit in Europa tourenden Amerikanern machte, verbreitete sich sein Ruf auch in den USA, und auch wenn die Bands auf dieser Platte mitunter etwas schleppend klingen, so gibt es doch fast durchweg hervorragende Soli.

Benny Goodman

CARNEGIE HALL JAZZ CONCERT

Aufnahmedatum: 16. Januar 1938
Label: Philips
Musiker: Benny Goodman *Klarinette*, Harry James, Ziggy Elman, Gordon Griffin, Cootie Williams, Buck Clayton *Trompete*, Vernon Brown, Red Ballard *Posaune*, Bobby Hackett *Kornett*, Hymie Schertzer *Altsaxophon*, Johnny Hodges *Sopran- und Altsaxophon*, George Koenig, Babe Russin, Artur Rollini, Lester Young *Tenorsaxophon*, Harry Carney *Baritonsaxophon*, Count Basie, Teddy Wilson, Jess Stacy *Klavier*, Allan Reuss, Freddie Green *Gitarre*, Walter Page *Baß*, Gene Krupa *Schlagzeug*, Lionel Hampton *Vibraphon*, Harry Goodman, Martha Tilton *Gesang*
Titel: u. a. Don't Be That Way • One o'Clock Jump • Dixieland One Step • I'm Coming Virginia • When My Baby Smiles at Me • Shine • Blue Reverie • Life Goes to a Party • Stompin' at the Savoy • Dizzy Spells • Sing Sing Sing • Big John's Special
Kommentar: Goodmans Meisterstück und ein Meilenstein der Jazzgeschichte. Nachdem er einen Kult initiiert hatte, ließ Goodman ihn vom Kunst-Establishment sanktionieren und brachte den Jazz in die »Carnegie Hall«. Zugleich war dies einer von Goodmans besten Auftritten, wärmer und profunder als zuvor, faszinierend in *Sing Sing Sing* und mit einigen Einlagen von Stargästen wie Count Basie.

Goodman, der tatkräftige Swing-Unternehmer, war ein ausgezeichneter Improvisator. Seine Soli stecken voller klangfarblicher und rhythmischer Raffinessen.

Lionel Hampton

ALL AMERICAN AWARD CONCERT

Aufnahmedatum: 15. April 1945
Label: Brunswick
Musiker: Lionel Hampton *Vibraphon, Klavier, Schlagzeug*, Dizzy Gillespie, Al Killian, Joe Morris, Wendell Culley, Lammar Wright Jr., Dave Page *Trompete*, John Morris, Andrew Penn, Abdul Hamid, Al Hayse *Posaune*, Herbie Fields, Gus Evans *Altsaxophon*, Arnett Cobb, Jay Peters *Tenorsaxophon*, Charlie Fowlkes *Baritonsaxophon*, Milt Buckner *Klavier*, William Mackel *Gitarre*, Charlie Harris, Teddy Sinclair *Baß*, Fred Radcliffe *Schlagzeug*, Dinah Washington *Gesang*
Titel: Hamp's Blues • I Know That You Know • Loose Wig • Hamp's Boogie • Oh, Lady Be Good • Evil Gal Blues • Red Cross • Flying Home
Kommentar: Hamptons Band schien mit Vollgas zu beginnen und dann zu beschleunigen, wie dieser Live-Mitschnitt von 1945 beweist.

Jay McShann

KANSAS CITY MEMORIES

Aufnahmedatum: 1941–43
Label: Brunswick
Musiker: Jay McShann Orchestra mit u. a. Jay McShann *Klavier*, Bernard Anderson, Orville Minor, Harold Bruce, »Geepy« *Trompete*, Lawrence Anderson *Posaune*, Charlie Parker, John Jackson *Altsaxophon*, Bob Mabane, Paul Quinichette, »Stoogy« Gelz *Tenorsaxophon*, Gene Ramey *Baß*, Gus Johnson, Harold West *Schlagzeug*, Walter Brown, Al Hibbler *Gesang*
Titel: The Jumpin' Blues • Hootie Blues • Dexter Blues • Confessin' the Blues • Sepian Bounce • Swingmatism • Say Forward, I'll March • Get Me on Your Mind
Kommentar: Eine ausgezeichnete Kansas-City-Band im Basie-Stil, auch wenn Walter Browns Bluesgesang enttäuscht. Altsaxophon spielt der junge Charlie Parker, damals noch im Lester-Young-Idiom.

Bebop

Wahrhaft innovative Bewegungen werden meist erst dann kommerziell interessant, wenn sich die ersten Wogen geglättet haben. Der Bebop, eine Musik, die die Strukturen des Swing in Komplexität und Dynamik potenzierte, war zunächst eine Subkultur, die von vielen älteren Musikern und Zuhörern abgelehnt wurde. Seine Ideen wären schon früher auf Schallplatte verbreitet worden, wäre nicht in den Jahren 1942 bis 1944 das Aufnahmeverbot der amerikanischen Musikergewerkschaft gewesen. So war der Bebop schon beinahe vier Jahre alt, als ein größeres Publikum von ihm erfuhr. Als es soweit war, verbreitete sich die dringliche Botschaft Charlie Parkers, Dizzy Gillespies, Thelonious Monks, Kenny Clarkes und anderer wie ein Lauffeuer. Kleine, unabhängige Plattenfirmen, die die neue Musik dokumentierten, schossen wie Pilze aus dem Boden. Doch manche behaupteten noch immer, der Bebop sei das Ende des Jazz.

J. J. Johnson

THE EMINENT JAY JAY JOHNSON

Aufnahmedatum: 1952–54
Label: Blue Note (britische Ausgabe auf Vogue)
Musiker: J. J. Johnson *Posaune*, Wynton Kelly *Klavier*, Charles Mingus *Baß*, Kenny Clarke *Schlagzeug*, »Sabu« *Congas*
Titel: Jay • Time after Time • Old Devil Moon • Too Marvelous for Words • It's You or No One • Coffee Pot
Kommentar: J. J. Johnson war *der* Bebop-Posaunist, ein Musiker von großer melodischer Erfindungsgabe und Klarheit bei jedem Tempo. Auf dieser Platte gibt es einige lebhafte Dialoge mit Wynton Kelly, einem vorzüglichen Pianisten.

Al Haig

JAZZ WILL-O-THE-WISP

Aufnahmedatum: 13. März 1954
Label: Esoteric
Musiker: Al Haig *Klavier*, Bill Crow *Baß*, Lee Abrams *Schlagzeug*
Titel: Autumn in New York • Isn't It Romantic • They Can't Take That Away from Me • Royal Garden Blues • Don't Blame Me • Moonlight in Vermont • If I Should Lose You • April in Paris • All God's Chillun Got Rhythm • Body and Soul • Gone with the Wind • My Old Flame • On the Alamo
Kommentar: Stan Getz und Charlie Parker bezeichneten beide Al Haig als ihren Lieblingspianisten, und man versteht das, wenn man diese Platte mit teils solo, teils im Trio gespielten Standards hört. Haigs zurückhaltender Perfektionismus und seine harmonische Phantasie schaffen eine Serie kleiner Juwelen. Um so unbegreiflicher, daß dieser Pianist von den fünfziger bis zu den siebziger Jahren im Abseits stand.

Sonny Stitt

STITT'S BITS

Aufnahmedatum: 1950
Label: Prestige (britische Ausgabe auf Esquire)
Musiker: Sonny Stitt *Tenorsaxophon*, Bill Massey *Trompete*, Matthew Gee *Posaune*, Gene Ammons *Baritonsaxophon*, Kenny Drew, Duke Jordan, Junior Mance *Klavier*, Tommy Potter, Gene Wright *Baß*, Art Blakey, Wesley Landers *Schlagzeug*
Titel: Nevertheless • Count Every Star • Nice Work If You Can Get It • There Will Never Be Another You • Blazin' • Mean to Me • Avalon • After You've Gone • Stairway to the Stars • 's Wonderful • Jeepers Creepers • Our Very Own
Kommentar: Stitt, der zu Unrecht immer im Schatten Parkers stand, war ein unermüdlich kraftvoller, hart swingender Improvisator, dessen Eigenständigkeit auf dem Tenor besser zur Geltung kommt. Art Blakey brilliert am Schlagzeug.

Charlie Parker

THE COMPLETE DEAN BENEDETTI RECORDINGS

Aufnahmedatum: 1947–48
Label: Mosaic
Musiker: u. a. Charlie Parker *Altsaxophon*, Miles Davis, Howard McGhee *Trompete*, Thelonious Monk, Duke Jordan *Klavier*, Max Roach *Schlagzeug*
Titel: über 250 Live-Aufnahmen auf 10 LPs/7 CDs
Kommentar: Diese Sammlung, eher ein Archiv als eine Zusammenstellung, besteht aus zahllosen Live-Aufnahmen – einige nur wenige Sekunden lang –, die der Amateurmusiker und Fan Benedetti mit einem primitiven Azetat-Aufnahmegerät machte. Für ernsthafte Parker-Forscher sind sie unverzichtbar, enthalten sie doch eine ungewöhnliche Begegnung mit Thelonious Monk und zeigen sie auf faszinierende Weise, wie Bird ein und dasselbe Stück an aufeinanderfolgenden Abenden spielte. Die Klangqualität ist, wie nicht anders zu erwarten, schlecht.

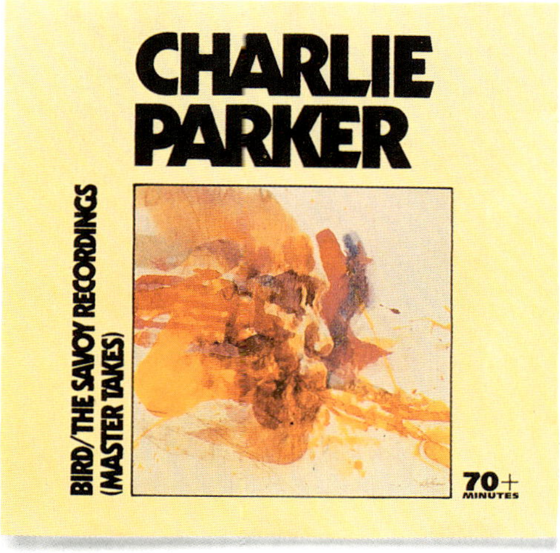

Charlie Parker

BIRD / THE SAVOY RECORDINGS (MASTER TAKES)

Aufnahmedatum: 1944–48
Label: Savoy
Musiker: Charlie Parker *Alt- und Tenorsaxophon*, Miles Davis, Dizzy Gillespie *Trompete, Klavier*, Clyde Hart, Sadik Hakim, Bud Powell, John Lewis, Duke Jordan *Klavier*, Tiny Grimes *Gitarre, Gesang*, Curly Russell, Tommy Potter, Nelson Boyd *Baß*, Jimmy Butts, *Baß, Gesang*, Max Roach, Harold »Doc« West *Schlagzeug*
Titel: Tiny's Tempo • Red Cross • Warming Up a Riff • Billie's Bounce • Now's the Time • Thriving on a Riff • Ko-Ko • Donna Lee • Chasin' the Bird • Cheryl • Milestones • Little Willie Leaps • Half Nelson • Another Hair-Do • Bluebird • Klaunstance • Bird Gets the Worm • Barbados • Ah-Leu-Cha • Constellation • Parker's Mood • Perhaps • Marmaduke • Steeple Chase • Merry-Go-Round
Kommentar: Parkers eindringlichste Aufnahmen entstanden gegen Mitte der vierziger Jahre für die Firmen »Savoy« und »Dial«. Seine makellose Technik, sein kraftvoller Ton und die Vielfalt seiner Linien lassen hier Bop-Klassiker wie *Billie's Bounce* und *Now's the Time* entstehen. Ein unsicherer, aber charakteristischer Miles Davis sowie exzellentes Spiel von Bud Powell, Duke Jordan und Max Roach runden ein faszinierendes Bild ab.

Bud Powell

THE AMAZING BUD POWELL

Aufnahmedatum: 1949–53
Label: Blue Note
Musiker: Bud Powell *Klavier*, Fats Navarro *Trompete*, Sonny Rollins *Tenorsaxophon*, Tommy Potter, Curly Russell, George Duvivier *Baß*, Max Roach, Roy Haynes, Arthur Taylor *Schlagzeug*
Titel: Un Poco Loco (3 Takes) • Dance of the Infidels • 52nd Street Theme • It Could Happen to You • A Night in Tunisia (2 Takes) • Wail • Ornithology (2 Takes) • Bouncing with Bud • Parisian Thoroughfare • Reets and I • Autumn in New York • I Want to Be Happy • It Could Happen to You • Sure Thing • Polka Dots and Moonbeams • Glass Enclosure • Collard Greens and Black-Eyed Peas • Over the Rainbow • Audrey • You Go to My Head
Kommentar: Der Bebop-Pianist par excellence in bester Gesellschaft, mit einem jungen Fats Navarro und Sonny Rollins. Ungeachtet ihrer technischen Bravour unternimmt Powells Musik immer einen Drahtseilakt zwischen Stärke und Verletzlichkeit, und die anderen Musiker, zumal Fats Navarro, passen sich diesen Extremen an. Diese 2-LP-Edition enthält einige von Powells beeindruckendsten Aufnahmen, vor allem *Un Poco Loco* – das in drei Fassungen seinen improvisatorischen Forscherdrang offenbart –, die Bop-Hymne *Ornithology* und ein stimmungsvolles *Parisian Thoroughfare*.

Thelonious Monk

GENIUS OF MODERN MUSIC

Aufnahmedatum: Oktober–November 1947
Label: Blue Note
Musiker: Thelonious Monk *Klavier*, George Taitt, Idrees Sulieman, Kenny Dorham *Trompete*, Sahib Shihab, Danny Quebec West, Lou Donaldson *Altsaxophon*, Billy Smith, Lucky Thompson *Tenorsaxophon*, Robert Paige, Gene Ramey, John Simmons, Nelson Boyd, Al McKibbon *Baß*, Art Blakey, Shadow Wilson, Max Roach *Schlagzeug*, Milt Jackson *Vibraphon*
Titel: 'Round About Midnight • Off Minor • Ruby My Dear • I Mean You • April in Paris • In Walked Bud • Thelonious • Epistrophy • Misterioso • Well You Needn't • Introspection • Humph • Carolina Moon • Hornin' In • Skippy • Let's Cool One • Suburban Eyes • Evonce • Straight No Chaser • Four in One • Nice Work • Monk's Mood • Who Knows • Ask Me Now
Kommentar: Monks exzentrisches Genie wurde selten so gut eingefangen wie auf den Blue-Note-Platten der vierziger und fünfziger Jahre. Dies waren seine ersten Aufnahmen unter eigenem Namen, zu einer Zeit, als viele seiner berühmtesten Stücke entstanden und Monk kurzlebige, aber fruchtbare Kooperationen mit anderen Musikern einging. Wie sperrig und dissonant Monks Musik auch scheinen mag, so ist sie doch immer von bestechender Logik, und die Vielfalt seiner Themen wird nur von der Nahtlosigkeit übertroffen, mit der sein Komponieren und sein Improvisieren verzahnt sind.

Charlie Parker

BIRD LIVES – THE COMPLETE DIAL MASTERS

Aufnahmedatum: 1946–47
Label: Spotlite
Musiker: u. a. Charlie Parker *Altsaxophon*, Dizzy Gillespie, Howard McGhee, Miles Davis *Trompete*, J. J. Johnson *Posaune*, Wardell Gray *Tenorsaxophon*, George Handy, Duke Jordan *Klavier*, Milt Jackson *Vibraphon*, Tommy Potter *Baß*, Max Roach *Schlagzeug*, Earl Coleman *Gesang*
Titel: Diggin' Diz • Moose the Mooche • Yardbird Suite • Ornithology • A Night in Tunisia • Max is Making Wax • Loverman • The Gypsy • Bebop • This Is Always • Dark Shadows • Bird's Nest • Hot Blues • Cool Blues • Relaxing at Camarillo • Cheers • Carvin' the Bird • Stupendous • Dexterity • Bongo Bop • Dewey Square • The Hymn • Bird of Paradise • Embraceable You • Bird Feathers • Klactoveed-sedstene • Scrapple from the Apple • My Old Flame • Out of Nowhere • Don't Blame Me • Drifting on a Reed • Quasimodo • Charlie's Wig • Bongo Beep • Crazeology • How Deep Is the Ocean
Kommentar: Charlie Parker unterschrieb 1946 einen Vertrag beim im Los Angeles beheimateten »Dial«-Label und machte für diese Firma einige seiner intensivsten Aufnahmen. Die technische Virtuosität, die Schnelligkeit der musikalischen Gedanken und das Jonglieren mit Akzenten in *Ornithology* sind um so bemerkenswerter, als sie nach Parkers Maßstäben nicht außergewöhnlich sind, wie *Yardbird Suite, A Night in Tunisia* und viele andere Titel beweisen. Diese brillanten Combo-Aufnahmen zählen zu den wichtigsten Klassikern des Jazz, von ähnlichem Rang wie Louis Armstrongs *Hot Fives* und *Hot Sevens*.

Fats Navarro
THE FABULOUS FATS NAVARRO

Aufnahmedatum: 1947–49
Label: Blue Note
Musiker: Fats Navarro, Howard McGhee *Trompete*, Ernie Henry *Altsaxophon*, Sonny Rollins, Charlie Rouse, Wardell Gray, Allen Eager *Tenorsaxophon*, Bud Powell, Tadd Dameron *Klavier*, Milt Jackson *Klavier, Vibraphon*, Nelson Boyd, Tommy Potter, Curly Russell *Baß*, Shadow Wilson, Roy Haynes, Kenny Clarke *Schlagzeug*, Chano Pozo *Bongos*
Titel: Our Delight (2 Takes) • The Squirrel (2 Takes) • The Chase (2 Takes) • Wail • Bouncing with Bud • Double Talk • Dameronia (2 Takes) • Lady Bird (2 Takes) • Jahbero (2 Takes) • Symphonette (2 Takes) • Dance of the Infidels • The Skunk • Boperation
Kommentar: Die Soli des früh verstorbenen Fats Navarro, eines der intelligentesten und originellsten Bebop-Trompeter, klangen wie ausgeschriebene Kompositionen. Seine virtuose Phrasierung und sein herrlicher Ton bringen *The Chase* und *Lady Bird* zum Leuchten.

Dizzy Gillespie and his Orchestra
OL' MAN REBOP

Gillespie war der Meistertrompeter des Bebop – und sein größter Schauspieler. In der Cab-Calloway-Band lernte er das Schauspielern, doch seine Trompetentechnik war verblüffend.

Aufnahmedatum: 1946–49
Label: His Master's Voice
Musiker: Dizzy Gillespie *Trompete*, Dave Burns, Elmon Wright, Matthew McKay, Ray Orr, Lammar Wright Jr., Ernest Bailey, Willie Cook, Bennie Harris *Trompete*, Taswell Baird, William Shepherd, Ted Kelly, André Duryea, Sam Hurt, Jesse Tarrant *Posaune*, Howard Johnson, John Brown, Ernest Henry *Altsaxophon*, James Moody, Joe Gayles, Don Byas, George Nicholas, William Evans *Tenorsaxophon*, Cecil Payne, Alfred Gibson *Baritonsaxophon*, John Lewis, Al Haig, James Forman Jr. *Klavier*, Milt Jackson *Vibraphon*, John Collins, Bill De Arango *Gitarre*, Al McKibbon, Ray Brown *Baß*, Joe Harris, J. C. Heard, Kenny Clarke, Teddy Stewart *Schlagzeug*, Lucien Rose, Chano Pozo *Bongos*, Vincent Guerra *Congas*
Titel: Ow! • Stay On It • Manteca • Oop-Pop-a-Da • Anthropology • Algo Bueno • Katy • Two Bass Hit • Swedish Suite • Ol' Man Rebop
Kommentar: Auch wenn der Bebop wegen seiner harmonischen Beweglichkeit in erster Linie eine Combo-Musik war, so wandte Dizzy Gillespie doch seine Techniken auch im Big-Band-Format an und experimentierte überdies mit afrokubanischen Rhythmen. Diese Aufnahmen aus den späten Vierzigern, darunter das furiose *Manteca*, zeigen, wie ein technisch brillantes Ensemble die Hürdenläufe der Bebop-Melodik meisterte.

James Moody and his Band

MOODY'S WORKSHOP

Aufnahmedatum: 1954–55
Label: Prestige (britische Ausgabe auf XTRA)
Musiker: James Moody *Tenor- und Altsaxophon*, Dave Burns *Trompete*, William Shepherd *Posaune*, Pee Wee Moore *Baritonsaxophon*, John Lathan *Baß*, Eddie Jefferson *Gesang*
Titel: Keepin' Up with Jonesy • Workshop • I'm Gone • A Hundred Years from Today • Jack Raggs • Mambo with Moody • Over the Rainbow • Blues in the Closet • Moody's Mood for Blues • Nobody Knows • It Might as Well Be Spring
Kommentar: Moody verlieh der akkordischen Bebop-Solistik eine legerere, menschlichere Qualität als viele andere Bopper. Der Sänger Eddie Jefferson inspirierte mit seiner Methode, Bläsersoli mit Texten zu versehen, den populären King Pleasure.

Miles Davis

MILES DAVIS VOL. 2

Aufnahmedatum: 20. April 1953
Label: Blue Note
Musiker: Miles Davis *Trompete*, J. J. Johnson *Posaune*, Jimmy Heath *Tenorsaxophon*, Gil Coggins *Klavier*, Percy Heath *Baß*, Art Blakey *Schlagzeug*
Titel: Kelo (2 Takes) • Enigma (2 Takes) • Ray's Idea (2 Takes) • Tempus Fugit (2 Takes) • C.T.A. (2 Takes) • I Waited for You
Kommentar: Um 1950 hatte Miles Davis eine eigene, intime Variante des Bebop geschaffen. Diese wunderbaren Improvisationen werden oft als seine besten angesehen.

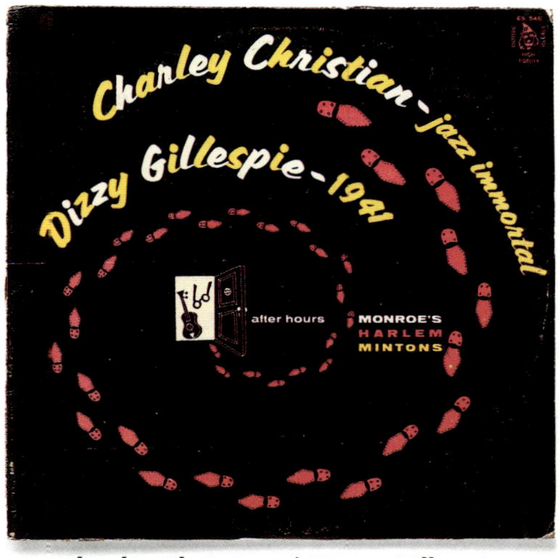

Charlie Christian / Dizzy Gillespie

THE HARLEM JAZZ SCENE

Aufnahmedatum: Mai 1941
Label: Esoteric
Musiker: u. a. Charlie Christian *Gitarre*, Dizzy Gillespie, Joe Guy *Trompete*, Don Byas *Tenorsaxophon*, Kenny Kersey, Thelonious Monk, *Klavier*, Kenny Clarke *Schlagzeug*, Nick Fenton *Baß*
Titel: Swing to Bop • Stompin' at the Savoy • Up on Teddy's Hill • Guy's Got to Go • Lips Flips • Stardust – Kerouac
Kommentar: Die ersten, in Low-Fi aufgenommenen Regungen des Bebop in »Minton's Playhouse« und »Monroe's Uptown House«: eine Jam-Session mit dem Gitarrenvirtuosen Charlie Christian, ein Dizzy Gillespie, der sich vom Swing abwendet, und der revolutionäre Schlagzeuger Kenny Clarke.

The Quintet

JAZZ AT MASSEY HALL

Aufnahmedatum: 1953
Label: Debut
Musiker: »Charlie Chan« *Altsaxophon*, Dizzy Gillespie *Trompete*, Bud Powell *Klavier*, Charles Mingus *Baß*, Max Roach *Schlagzeug*
Titel: Perdido • Salt Peanuts • All the Things You Are • Wee • Hot House • A Night in Tunisia
Kommentar: Wegen anderweitiger vertraglicher Bindungen erschien Parker bei dieser dramatischen Kooperation mit den anderen führenden Köpfen des Bebop unter Pseudonym. Mingus nahm das Konzert mit seinem Tonbandgerät auf.

Verschiedene

THE BE-BOP ERA

Aufnahmedatum: 1946–50
Label: RCA Victor
Musiker: Ensembles unter der Leitung von u. a. Coleman Hawkins *Tenorsaxophon*, Illinois Jacquet *Tenorsaxophon*, Lucky Thompson *Tenorsaxophon*, Charlie Ventura *Tenorsaxophon*, Dizzy Gillespie *Trompete, Gesang*, Count Basie *Klavier*, Kenny Clarke *Schlagzeug*.
Mitwirkende: Miles Davis, Fats Navarro, Kenny Dorham, Joe Newman, Russell Jacquet, Neal Hefti, Conte Candoli, Harry Edison, David Burns, Elmon Wright, Matthew McCay, Ray Orr, Lammar Wright Jr., Ernest Bailey, Willie Cook, Bennie Harris *Trompete*, J. J. Johnson, Benny Green, Kai Winding, Dickie Wells, Taswell Baird, Ted Kelly, André Duryea, Sam Hurt, Jesse Tarrant *Posaune*, Charlie Parker, Pete Brown, Georgie Auld, Howard Johnson, John Brown, Ernie Henry *Altsaxophon*, Benny Carter, Gene Ammons, James Moody, Don Byas, Robert Lawson, Boots Mussulli *Saxophon*, Allen Eager, Joe Gayles, George Nicholas, Yusef Lateef *Tenorsaxophon*, Leo Parker, Ernie Caceres, Cecil Payne, Alfred Gibson *Baritonsaxophon*, Sonny Stitt, Buddy DeFranco *Klarinette*, Ray Abramson, Eddy DeVertetill *div. Holzblasinstrumente*, Lennie Tristano, John Lewis, Bud Powell, Jimmy Henry Jones, Sir Charles Thompson, Dodo Marmarosa, Dan McKenna, James Foreman Jr. *Klavier*, Al McKibbon, Al Lucas, Red Mitchell, Al Hall, Red Callender, Eddie Safranski, Ray Brown *Baß*, Mary Osborne, John Collins, Barney Kessel, Freddie Green, Billy Bauer *Gitarre*, Milt Jackson *Vibraphon*, Shelly Manne, Shadow Wilson, Jack Mills, Ed Shaughnessy, Gus Johnson, Joe Harris, Kenneth Spearman, Teddy Steward *Schlagzeug*, Chano Pozo *Bongos*, Vincent Guerra *Congas*, Joe Carroll *Gesang*
Titel: Allen's Alley • Mutton Leg • Boppin' the Blues • Epistrophy • 52nd Street Theme • Oop-Bop Sh-Bam • Royal Roost • Ha • Overtime • Victory Ball • Rat Race • Ow! • Oop-Pop-a-Da • Stay On It • Cool Breeze • Jump Did-Le Ba
Kommentar: Auch wenn der Bebop in seinen Anfangsjahren von vielen Musikern als unmusikalisch und kommerzieller Selbstmord abgelehnt wurde, schlug die Meinung doch gegen Mitte der vierziger Jahre um. Abgesehen von Bebop-Fundamentalisten wie Kenny Clarke und Dizzy Gillespie erkannte auch Coleman Hawkins, von jeher ein offener Zuhörer, Parallelen zu seinem akkordgrundierten Improvisationsstil und machte frühe Bebop-Einspielungen. Charlie Ventura leitete in den späten Vierzigern eine populäre *Bop for the People*-Band, die Swing mit Bop-Zutaten spielte. Gegen Ende des Jahrzehnts hatten die meisten Swing-Musiker Ideen des Bebop aufgegriffen.

Cool Jazz

Die Bebop-Revolution mit ihrer schnellebigen Intensität, mit ihrer Besessenheit, das Gewohnte zu vermeiden oder auf den Kopf zu stellen, war in den frühen fünfziger Jahren salonfähig geworden. Sie blieb einflußreich, erhielt aber ein leiseres, weicheres Echo: Cool Jazz. Einige, meist weiße Musiker hatten in den vierziger Jahren Techniken der klassischen Musik in den Jazz eingebracht. Varianten dieser Ideen hatten schließlich Miles Davis beeinflußt, dessen verhaltener, gedämpfter Trompetensound eine perfekte Solostimme abgab, und sein Nonett von 1948 spielte die *Birth of the Cool*-Aufnahmen ein. Wenn der Cool Jazz auch entspannt war, so war er doch nicht ausdruckslos – manche seiner Verwandten, z. B. die weiße West-Coast-Schule mit den Trompetern Chet Baker und Shorty Rogers und dem Saxophonisten Gerry Mulligan, zeichneten sich durch bebopartige Vitalität aus. An der Westküste entstanden neue Plattenfirmen, die die neue Bewegung von Anfang an dokumentierten – vor allem Richard Bocks »Pacific Jazz«, die die berühmte Mulligan-Baker-Band aufnahm.

Chet Baker

CHET BAKER & CREW

Aufnahmedatum: 1956
Label: Pacific Jazz (britische Ausgabe auf Vogue)
Musiker: Chet Baker *Trompete*, Phil Urso *Tenorsaxophon*, Bobby Timmons *Klavier*, Jimmy Bond *Baß*, Peter Littman *Schlagzeug*, Bill Loughborough *chromatische Pauken*
Titel: To Mickey's Memory • Slightly Above Moderate • Halema • Revelation • Something for Liza • Lucius Lu • Worrying the Life out of Me • Medium Rock
Kommentar: Bakers erste Platte nach zwei Jahren – der Trompeter war wegen Drogenbesitz verhaftet worden – zeigt, daß sein verletzlich zarter Klang noch frappierend intakt war. Urso glänzt durch freie Tenor-Soli.

Lee Konitz

VERY COOL

Aufnahmedatum: 1955
Label: Columbia
Musiker: Lee Konitz *Altsaxophon*, Don Ferrara *Trompete*, Sal Mosca *Klavier*, Peter Ind *Baß*, Shadow Wilson *Schlagzeug*
Titel: Sunflower • Stairway to the Stars • Movin' Around • Kary's Trance • Crazy She Calls Me • Billie's Bounce
Kommentar: Viele von Lee Konitz' besten Aufnahmen entstanden in den späten fünfziger Jahren. Auf dieser Platte liegt der Akzent sowohl auf Gruppenimprovisation als auch auf Konitz' wachsendem Sinn für Einfachheit und Expressivität des Tons.

Jimmy Giuffre

THE JIMMY GIUFFRE 3

Aufnahmedatum: 1956
Label: Atlantic (britische Ausgabe auf London)
Musiker: Jimmy Giuffre *Klarinette, Tenor- und Baritonsaxophon*, Jim Hall *Gitarre*, Ralph Pena *Baß*
Titel: Gotta Dance • Two Kinds of Blues • The Song Is You • Crazy She Calls Me • Voodoo • My All • That's the Way It Is • Crawdad Suite • The Train and the River
Kommentar: Einfühlsame, kommunikative Gruppenimprovisationen aus den fünfziger Jahren über Giuffres anmutig folkloristische Themen. Giuffres *The Train and the River* wurde nach dem Film *Jazz on a Summer's Day* zur Hymne des Cool.

The Modern Jazz Quartet

ONE NEVER KNOWS

Aufnahmedatum: 1957
Label: Atlantic (britische Ausgabe auf Vogue)
Musiker: John Lewis *Klavier*, Milt Jackson *Vibraphon*, Percy Heath *Baß*, Connie Kay *Schlagzeug*
Titel: The Golden Striker • One Never Knows • The Rose Truc • Cortege • Venice • Three Windows
Kommentar: Auch wenn der Cool Jazz allgemein als weiße Bewegung betrachtet wird, so waren Miles Davis und John Lewis vom *MJQ* doch seine innovativsten Anhänger, und Lewis' zarte »Kammerjazz«-Gruppe mit ihrem brillanten Vibraphonisten Milt Jackson wurde ungemein populär. Dies ist eine ihrer besten Platten. Sie beweist, wie ausdrucksstark Understatement sein kann.

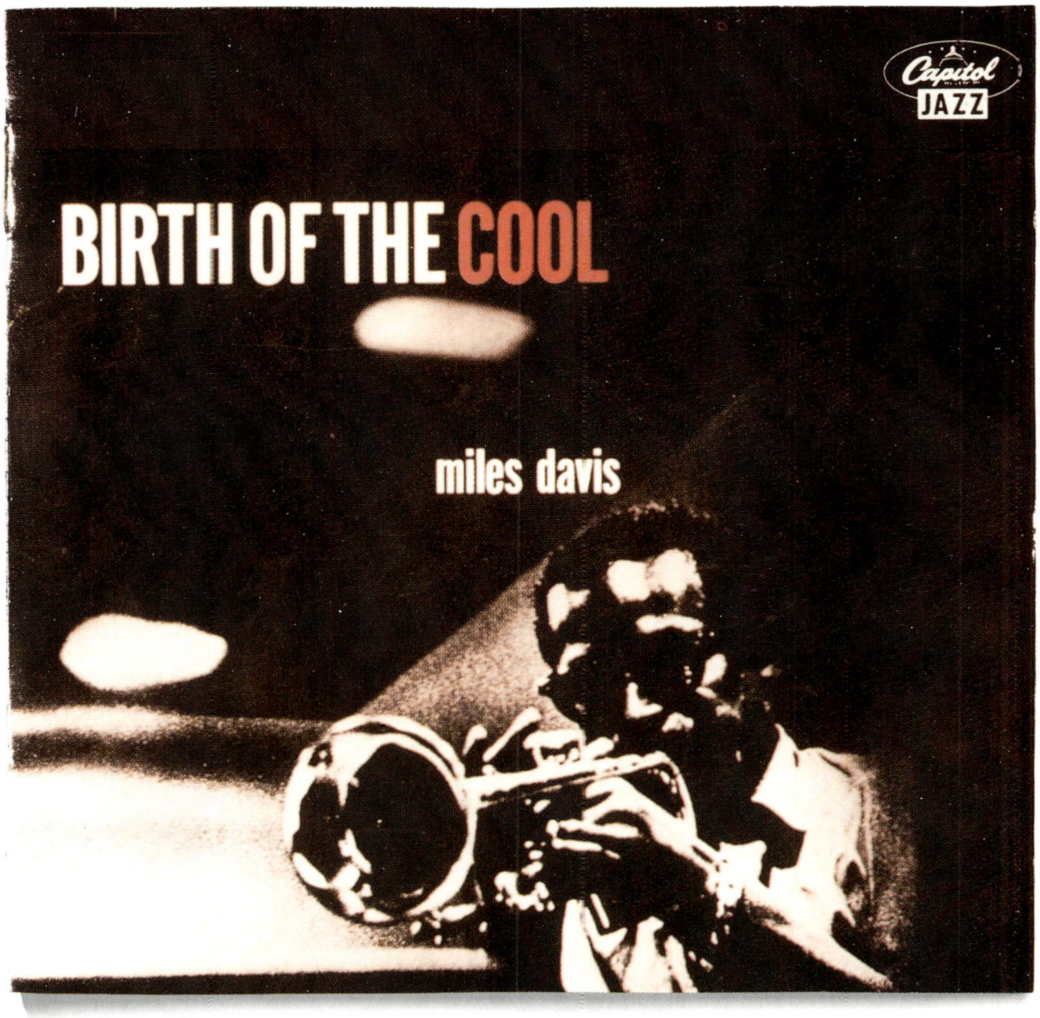

Miles Davis
BIRTH OF THE COOL

Aufnahmedatum: 1949–50
Label: Capitol
Musiker: Miles Davis *Leader, Trompete*, Gil Evans *Arrangement,* Kai Winding, J. J. Johnson *Posaune*, Lee Konitz *Altsaxophon*, Gerry Mulligan *Baritonsaxophon*, Junior Collins, Sandy Siegelstein, Gunther Schuller *Horn*, John Barber *Tuba*, Al Haig, John Lewis *Klavier*, Joe Shulman, Nelson Boyd, Al McKibbon *Baß*, Max Roach, Kenny Clarke *Schlagzeug*, Kenny Hagood *Gesang*
Titel: Move • Jeru • Moon Dreams • Venus de Milo • Budo • Deception • Godchild • Boplicity • Rocker • Israel • Rouge • Darn That Dream
Kommentar: Die Cool-Band unter der Leitung von Davis trat nur zwei Wochen lang auf. Diese späteren Studioaufnahmen halten einen fließenden, kontemplativen Klang fest, der mit der Hektik des Bebop nichts gemein hat. Lee Konitz' fragiler Alt-Sound und Gerry Mulligans samtiges Bariton sind ebenso wesentliche Ingredienzen wie Gil Evans' Verwendung unüblicher Instrumente.

Shorty Rogers
THE SWINGING MR. ROGERS

Aufnahmedatum: 1955
Label: Atlantic (britische Ausgabe auf London)
Musiker: Shorty Rogers *Trompete*, Jimmy Giuffre *Klarinette, Tenor- und Baritonsaxophon*, Pete Jolly *Klavier*, Curtis Counce *Baß*, Shelly Manne *Schlagzeug*
Titel: Isn't It Romantic • Trickleydidlier • Oh Play That Thing • Not Really the Blues • Martians Go Home • My Heart Stood Still • Michele's Meditation • That's What I'm Talkin' 'Bout
Kommentar: Rogers, ein kraftvoller Trompeter, der auch den Cool Jazz immer zum Swingen brachte, ist hier mit einem Quintett von 1955 zu hören und mit einem Repertoire, das seinen Formsinn als Improvisator wie als Komponist zeigt.

Gerry Mulligan / Chet Baker
MULLIGAN / BAKER

Aufnahmedatum: 1951, 1952, 1965
Label: Prestige
Musiker: Gerry Mulligan *Baritonsaxophon*, Chet Baker *Trompete, Flügelhorn*, Jerry Hurwitz, Nick Travis *Trompete*, Ollie Wilson *Posaune*, Allen Eager, George Coleman *Tenorsaxophon*, Max McElroy *Baritonsaxophon*, George Wallington, Kirk Lightsey *Klavier*, Phil Leshin, Carson Smith, Herman Wright *Baß*, Chico Hamilton, Walter Bolden, Roy Brooks *Schlagzeug*, Gail Madden *Maracas*
Titel: Carioca • Line for Lyons • Moonlight in Vermont • Bark for Barksdale • Turnstile • Lady Is a Tramp • My Funny Valentine • Funhouse • Ide's Side • Roundhouse • Kaper • Bweebida Bobbida • Mullenium • Limelight • Mulligan's Too • So Easy • Go-Go • Bevan Beeps • Rearin' Back
Kommentar: Für viele verkörperten die frühen, klavierlosen Mulligan-Baker-Bands die coole West-Coast-Musik, mit Bakers lässig-lyrischen Linien, die sich um den kehligen, tiefen Sound von Mulligans Bariton wanden. Diese spätere Zusammenstellung umfaßt eine größere Zeitspanne der wechselvollen Karriere des Trompeters.

Gerry Mulligan / Paul Desmond

BLUES IN TIME

Aufnahmedatum: 1./27. August 1957
Label: Verve
Musiker: Gerry Mulligan *Baritonsaxophon*, Paul Desmond *Altsaxophon*, Joe Benjamin *Baß*, David Bailey *Schlagzeug*
Titel: Blues in Time • Body and Soul • Stand Still • Line for Lyons • Wintersong • Battle Hymn of the Republican • Fall Out
Kommentar: Nach einer Aufnahme Mulligans mit Stan Getz und Oscar Peterson kam es um zwei Uhr nachts zur ersten Begegnung zwischen Mulligan und Paul Desmond. Die Session gefällt durch entspanntes Feeling und den idealen Kontrast zwischen dem weichen Altsaxophon und dem markigen Bariton.

Chet Baker / Art Pepper

PLAYBOYS

Aufnahmedatum: 31. Oktober 1956
Label: Pacific Jazz
Musiker: Chet Baker *Trompete*, Art Pepper *Altsaxophon*, Phil Urso *Tenorsaxophon*, Carl Perkins *Klavier*, Curtis Counce *Baß*, Lawrence Marable *Schlagzeug*
Titel: For Minors Only • Minor-Yours • Resonant Emotions • Tynan Tyme • Picture of Heath • For Miles and Miles • C.T.A.
Kommentar: Eine ausgezeichnete Band, in Los Angeles aufgenommen, mit zwei der markantesten Solisten der Westküste: dem mal fragilen, mal eleganten Pepper und dem romantischen Baker, mit Titeln, die vom Saxophonisten Jimmy Heath komponiert und arrangiert wurden.

The Jimmy Giuffre 3

THESIS

Aufnahmedatum: 7./8. August 1961
Label: Verve
Musiker: Jimmy Giuffre *Klarinette*, Paul Bley *Klavier*, Steve Swallow *Baß*
Titel: Ictus • That's True, That's True • Sonic • Whirrrr • Carla • Goodbye • Musician • Flight • The Gamut
Kommentar: Eines der unterbewertetsten aller Jazz-Trios. Dieses Treffen von Giuffres murmelnder Klarinette, Bleys mehrdeutiger Akkordik und Swallows forschen Baß-Einwürfen ist ein Meisterstück kollektiver Improvisation und wirkt kein bißchen veraltet.

Don Ellis

... HOW TIME PASSES ...

Aufnahmedatum: 4./5. Oktober 1960
Label: Candid
Musiker: Don Ellis *Trompete*, Jaki Byard *Altsaxophon, Klavier*, Ron Carter *Baß*, Charlie Persip *Schlagzeug*
Titel: ... How Time Passes ... • Sallie • A Simplex One • Waste • Improvisational Suite
Kommentar: Manche Musik aus der Cool-Schule wurde von komponierter Musik wie der Schönbergs und Stockhausens beeinflußt: eine eher formelle Richtung des Jazz, die »Third Stream« genannt wurde. Die Musiker dieser Aufnahme, allen voran der experimentierfreudige und virtuose Ellis, werden glänzend mit den Anforderungen von Strukturen fertig, die im Jazz selten verwendet werden, so wie z. B. die Zwölftonreihe.

Warne Marsh

NE PLUS ULTRA

Aufnahmedatum: September–Oktober 1969
Label: Revelation
Musiker: Warne Marsh *Tenorsaxophon*, Gary Foster *Altsaxophon*, Dave Parlato *Baß*, John Tirabasso *Schlagzeug*
Titel: You Stepped Out of a Dream • Lennie's Pennies • 317 E. 32nd • Subconscious-Lee • Touch and Go
Kommentar: Wie Lennie Tristanos Klavierfiguren entfalten auch Warne Marshs Soli lange, unterschwellig drängende Linien von einer durchgängigen melodischen Originalität, die ihm einen Platz in der Oberliga der Improvisatoren sichert. Marshs gepreßter Ton und seine asketische Coolness machen seine Musik zu einer Sache für Kenner, aber die Mühe lohnt sich.

Jimmy Giuffre

FREE FALL

Aufnahmedatum: 1962
Label: Columbia
Musiker: Jimmy Giuffre *Klarinette*, Paul Bley *Klavier*, Steve Swallow *Baß*
Titel: Propulsion • Threewe • Ornothoids • Dichotomy • Man Alone • Spasmodic • Yggdrasill • Divided Man • Primordial Call • The Five Ways
Kommentar: Giuffre nannte die Bop-Harmonien vertikale Gefängnisse, und diese dritte LP des Trios mit Paul Bley und Steve Swallow ist die freieste und scheinbar am schwierigsten zugängliche. Doch sie birgt zugleich die am konsequentesten verwirklichte kollektive Improvisation dieser drei einfallsreichen Spieler.

Verschiedene

JAZZ ABSTRACTIONS

Aufnahmedatum: 1960
Label: Atlantic
Musiker: Ornette Coleman *Altsaxophon*, Eric Dolphy *Flöte, Baßklarinette, Altsaxophon*, Robert DiDomenica *Flöte*, Bill Evans *Klavier*, Eddie Costa *Vibraphon*, Jim Hall *Gitarre*, Charles Libove, Roland Vamos *Violine*, Harry Zaratzian, Alfred Brown *Bratsche*, Joseph Tekula *Violoncello*, Scott LaFaro, Alvin Brehm, George Duvivier *Baß*, Sticks Evans *Schlagzeug*
Titel: Abstraction • Piece for Guitar and Strings • Variants on a Theme of John Lewis (Django) • Variants on a Theme of Thelonious Monk (Criss-Cross)
Kommentar: Stark konservatoriumsbeeinflußter Third-Stream-Jazz, von Gunther Schuller und Jim Hall komponiert. Nüchtern, aber vielfach faszinierend, besonders durch Ornette Colemans solistischen Flug über Schullers *Abstraction* und das Monk-Thema.

Art Pepper

THE WAY IT WAS!

Aufnahmedatum: 1956–60
Label: Contemporary
Musiker: Art Pepper *Altsaxophon*, Warne Marsh *Tenorsaxophon*, Ronnie Ball, Red Garland, Dolo Coker, Wynton Kelly *Klavier*, Ben Tucker, Paul Chambers, Jimmy Bond *Baß*, Gary Frommer, Philly Joe Jones, Frank Butler, Jimmie Cobb *Schlagzeug*
Titel: I Can't Believe That You're in Love With Me • All the Things You Are • What's New • Tickle Toe • The Man I Love • Autumn Leaves • The Way You Look Tonight
Kommentar: Der West-Coast-Altist Art Pepper verbindet Bop-Agilität mit einem verletzlichen Sound und einer überaus persönlichen fragmentarischen Phrasierung. Hier ist er mit einem der großen, unterschätzten Vertreter der linearen Cool-Improvisation zu hören: dem Tenoristen Warne Marsh.

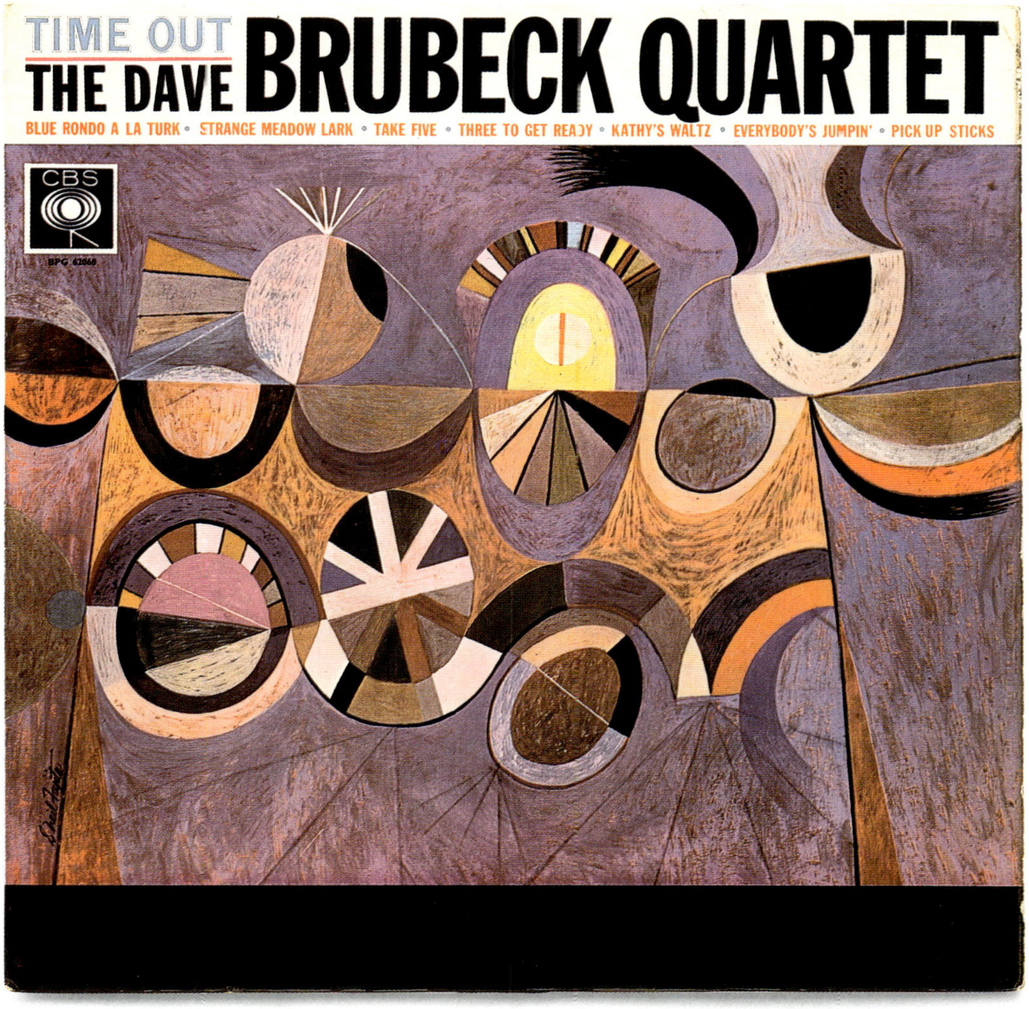

The Dave Brubeck Quartet

TIME OUT

Aufnahmedatum: 1959
Label: CBS
Musiker: Dave Brubeck *Klavier*, Paul Desmond *Altsaxophon*, Eugene Wright *Baß*, Joe Morello *Schlagzeug*
Titel: Blue Rondo à la Turk • Strange Meadow Lark • Take Five • Three to Get Ready • Kathy's Waltz • Everybody's Jumpin' • Pick Up Sticks
Kommentar: Diese Platte, in den sechziger Jahren ein Muß für alle Musikfreunde, zeichnet sich durch Verwendung ungewöhnlicher Taktarten, klassischer Formen und eine oft überhörte Gruppendynamik aus.

Das Publikum liebte Dave Brubeck wegen seiner Verbindung von Jazz und Klassik, doch in einer Zeit, als man Stilmixturen mißtraute, lehnten Kritiker seine Musik oft ab. In den Fünfzigern hatte er mit *Take Five* einen Riesenerfolg.

Hard Bop

Wenn der Cool Jazz das Gegengift zur Hyperaktivität des Bebop war, so war Hard Bop der Widerpart zur Fragilität des Cool. Als in den fünfziger Jahren der Rock and Roll losbrach, suchten viele Spieler, die mit dem Bebop groß geworden waren, ein Zurück zu den erdigeren Wurzeln des Jazz – Gospel, Märsche, Work Songs und Blues. Die Schlagzeuger Max Roach und Art Blakey, der Pianist Horace Silver, der Trompeter Clifford Brown und die Saxophonisten Cannonball Adderley und John Coltrane neigten einer rauheren, emotionaleren Version des Bebop zu, die »Hard Bop« getauft wurde. Die kürzlich erfundene Langspielplatte und die verbesserte Aufnahmetechnik ermöglichten es, ausgedehnte Soli aufzunehmen und Live-Mitschnitte in Clubs zu machen, die die Atmosphäre von Euphorie und Spontaneität noch intensivierten. Drei Jahrzehnte später funktioniert diese Mischung noch immer. Der *Dance Jazz*-Boom der achtziger und neunziger Jahre in Großbritannien und anderswo wurde von wiederentdeckten Hard-Bop-Platten beflügelt, und Veteranen wie der – 1990 verstorbene – Schlagzeugstar Art Blakey erlebten es, daß sie für ein neues Publikum spielten, das sich aus der Generation ihrer Enkel zusammensetzte.

Thelonious Monk / John Coltrane

MONK / TRANE

Aufnahmedatum: 1957–58
Label: Milestone
Musiker: Thelonious Monk *Klavier*, John Coltrane, Coleman Hawkins *Tenorsaxophon*, Ray Copeland *Trompete*, Gigi Gryce *Altsaxophon*, Wilbur Ware *Baß*, Art Blakey, Shadow Wilson *Schlagzeug*
Titel: Ruby My Dear • Trinkle, Tinkle • Nutty • Well You Needn't • Off Minor (2 Takes) • Epistrophy (2 Takes) • Crepuscule with Nellie • Abide with Me • Monk's Mood • Blues for Tomorrow
Kommentar: Coltrane verstand Monks eigenwillige Direktiven. Fesselnd eine durch und durch persönliche Version von *Abide with Me.*

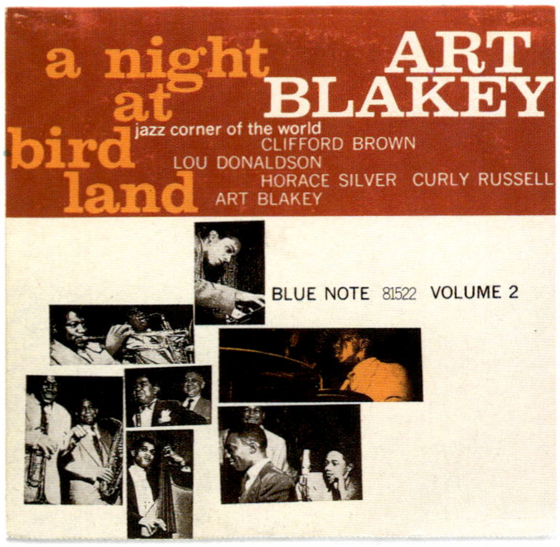

Art Blakey

A NIGHT AT BIRDLAND

Aufnahmedatum: 21. Februar 1954
Label: Blue Note
Musiker: Art Blakey *Schlagzeug*, Clifford Brown *Trompete*, Lou Donaldson *Altsaxophon*, Horace Silver *Klavier*, Curly Russell *Baß*
Titel: Split Kick • Once in a While • Quicksilver • A Night in Tunisia • The Way You Look Tonight • Mayreh • Wee-Dot • If I Had You • Now's the Time • Confirmation
Kommentar: Die Blakey-Band, hier noch nicht unter dem Namen *Jazz Messengers*, demonstriert die Energie des Hard Bop. Wie bei den meisten modernen Altisten von 1954 sind bei Donaldson Parker-Anklänge unüberhörbar. Browns Trompete verkörpert virtuose Eleganz.

Sonny Rollins

SAXOPHONE COLOSSUS

Aufnahmedatum: 22. Juni 1956
Label: Prestige
Musiker: Sonny Rollins *Tenorsaxophon*, Tommy Flanagan *Klavier*, Doug Watkins *Baß*, Max Roach *Schlagzeug*
Titel: St. Thomas • You Don't Know What Love Is • Strode Rode • Moritat • Blue Seven
Kommentar: Eine von Sonny Rollins' geschlossensten Produktionen. *St. Thomas* ist ein vibrierender Calypso und *Moritat* typisch lakonisch. *Blue Seven* macht die Platte zum Meisterwerk: In seinen fragmentierten melodischen Ideen, seiner forschenden, bestimmten thematischen Entwicklung und seinen plötzlichen Kontrasten ist es eine der größten Jazz-Improvisationen.

Clifford Brown / Max Roach

AT BASIN STREET

Aufnahmedatum: Januar–Februar 1956
Label: EmArcy
Musiker: Clifford Brown *Trompete*, Max Roach *Schlagzeug*, Sonny Rollins *Tenorsaxophon*, Richie Powell *Klavier*, George Morrow *Baß*
Titel: What Is This Thing Called Love • Love Is a Many Splendored Thing • I'll Remember April • Powell's Prances • Time • The Scene Is Clean • Gertrude's Bounce
Kommentar: Die symbiotische Rollins-Brown-Kombination in ihrer kreativsten Form, und faszinierender noch durch Roachs intelligentes Schlagzeugspiel. Brown und Powell starben tragischerweise wenige Monate später bei einem Autounfall.

Miles Davis

WORKIN' WITH THE MILES DAVIS QUINTET

Aufnahmedatum: Mai und Oktober 1956
Label: Prestige
Musiker: Miles Davis *Trompete*, John Coltrane *Tenorsaxophon*, Red Garland *Klavier*, Paul Chambers *Baß*, Philly Joe Jones *Schlagzeug*
Titel: It Never Entered My Mind • Four • In Your Own Sweet Way • The Theme (Take 1) • Trane's Blues • Ahmad's Blues • Half Nelson • The Theme (Take 2)
Kommentar: Eine von vier brillanten 1956er-Prestige-LPs, in denen Davis' sinnliches, mehrdeutiges Spiel gegen einen jugendlich-kämpferischen Coltrane steht. Eines der klassischen Ensembles des Jazz.

Thelonious Monk

BRILLIANT CORNERS

Aufnahmedatum: Dezember 1956
Label: Riverside
Musiker: Thelonious Monk *Klavier, Celesta*, Clark Terry *Trompete*, Ernie Henry *Altsaxophon*, Sonny Rollins *Tenorsaxophon*, Oscar Pettiford, Paul Chambers *Baß*, Max Roach *Schlagzeug, Pauken*
Titel: Brilliant Corners • Ba-lue Bolivar Ba-lues-are • Pannonica • I Surrender, Dear • Bemsha Swing
Kommentar: Monks schwierige Kompositionen steckten voller überraschender Auflösungen und trügerischer Pausen; nicht einmal Rollins fühlte sich in ihnen ganz heimisch. Das Titelstück wurde aus mehreren Versionen zusammengeschnitten.

Cannonball Adderley

SOMETHIN' ELSE

Aufnahmedatum: 1958
Label: Blue Note
Musiker: Cannonball Adderley *Alt- und Sopransaxophon*, Miles Davis *Trompete*, Hank Jones *Klavier*, Sam Jones *Baß*, Art Blakey *Schlagzeug*
Titel: Autumn Leaves • Love for Sale • Somethin' Else • One for Daddy • Dancing in the Dark • Alison's Uncle
Kommentar: Cannonball Adderley, ein bemerkenswerter Jünger Charlie Parkers, war in seiner Mischung von modernem Jazz der Fünfziger und vitalen Blues- und Tanzmusik-Klängen à la Eddie Vinson und Louis Jordan das Modell eines Hard-Boppers. Dies ist eine von Adderleys bekanntesten Aufnahmen und enthält sogar ein seltenes Gastspiel Miles Davis', in dem der Trompeter einige hintergründige, knappe und treffende Anmerkungen macht.

Horace Silver

HORACE SILVER AND THE JAZZ MESSENGERS

Aufnahmedatum: 13. November 1954
Label: Blue Note
Musiker: Horace Silver *Klavier*, Kenny Dorham *Trompete*, Hank Mobley *Tenorsaxophon*, Doug Watkins *Baß*, Art Blakey *Schlagzeug*
Titel: Room 608 • Creepin' In • Stop Time • To Whom It May Concern • Hippy • The Preacher • Hankerin' • Doodlin'
Kommentar: Erste offizielle Aufnahme der *Jazz Messengers*, noch unter Silvers Namen. Blakeys Snare-Drum treibt die ohnehin dynamische Mischung voran, und Silvers Nähe zum Rhythm and Blues ist deutlich.

Johnny Griffin
LITTLE GIANT

Aufnahmedatum: 1958–62
Label: Milestone
Musiker: Donald Byrd, Blue Mitchell *Trompete*, Julian Priester *Posaune*, Johnny Griffin *Tenorsaxophon*, Pepper Adams *Baritonsaxophon*, Kenny Drew, Wynton Kelly, Barry Harris *Klavier*, Wilbur Ware, Sam Jones, Ron Carter *Baß*, Philly Joe Jones, Albert »Tootie« Heath, Ben Riley *Schlagzeug*
Titel: Catharsis • What's New • Hot Sausage • Woody'n'You • Where's Your Overcoat, Boy? • Little John • 63rd Street Theme • Playmates • The Message • The Kerry Dancers • Black Is the Color of My True Love's Hair • Green Grow the Rushes • The Londonderry Air
Kommentar: Griffin spielte ein schnelles und aggressives Saxophon mit ideenreicher Phrasierung, und oft in bester Gesellschaft.

Booker Ervin
THAT'S IT!

Aufnahmedatum: 6. Januar 1961
Label: Candid
Musiker: Booker Ervin *Tenorsaxophon*, Felix Krull *Klavier*, George Tucker *Baß*, Al Harewood *Schlagzeug*
Titel: Mojo • Uranus • Poinciana • Speak Low • Booker's Blues • Boo
Kommentar: Eine Platte voller Soul und Dramatik vom Texaner Ervin mit seinem rauhen, inspirierenden Klang. »Felix Krull« ist der vorzügliche Horace Parlan.

John Coltrane
GIANT STEPS

Aufnahmedatum: 1959
Label: Atlantic (britische Ausgabe auf London)
Musiker: John Coltrane *Tenorsaxophon*, Tommy Flanagan, Wynton Kelly *Klavier*, Paul Chambers *Baß*, Art Taylor, Jimmy Cobb *Schlagzeug*
Titel: Giant Steps • Cousin Mary • Countdown • Spiral • Syeeda's Song Flute • Naima • Mr. P. C.
Kommentar: Eine von Coltranes besten – und bekanntesten – Platten. Die Musik bewegt sich zwischen rauhem, bluesigem Hard Bop *(Mr. P. C.)* und der improvisatorischen Dichte von Coltranes Skalen-Erkundungen im halsbrecherisch schnellen Titelstück. Die Mitspieler sind alle aus der Hard-Bop-Richtung.

Coltrane war zu diesem Zeitpunkt bereits einer der brillantesten Saxophonisten des Jazz und suchte ständig nach neuen Ufern.

Elmo Hope

WITH JIMMY BOND
AND FRANK BUTLER

Aufnahmedatum: Februar 1959
Label: Contemporary (britische Ausgabe auf Vocalion)
Musiker: Elmo Hope *Klavier*, Jimmy Bond *Baß*, Frank Butler *Schlagzeug*
Titel: B.'s a Plenty • Barfly • Eejah • Boa • Something for Kenny • Like Someone in Love • Minor Bertha • Tranquility
Kommentar: Hope war ein ausgezeichneter Pianist im Bud-Powell-Idiom und ein bemerkenswerter Komponist, doch wurde er nie so bekannt, wie er es verdient hätte. In *Boa* ist auch der Einfluß Thelonious Monks erkennbar. Ein ausdrucksstarker Musiker, der mit dieser Platte hohe Erwartungen weckte.

Freddie Hubbard

HUB-TONES

Aufnahmedatum: Oktober 1962
Label: Blue Note
Musiker: Freddie Hubbard *Trompete*, James Spaulding *Altsaxophon, Flöte*, Herbie Hancock *Klavier*, Reginald Workman *Baß*, Clifford Jarvis *Schlagzeug*
Titel: You're My Everything • Prophet Jennings • Hub-Tones • Lament for Booker • For Spee's Sake
Kommentar: Freddie Hubbard wurde als Nachfolger Clifford Browns gefeiert: ein Hard-Bop-Virtuose mit strahlendem Ton und eleganter Phrasierung. Diese Session ist durch und durch lebendig. Hubbard ist in Hochform, und die Kooperation mit dem sträflich vernachlässigten James Spaulding und einige schöne Themen machen die Platte zu einem Sammlerstück.

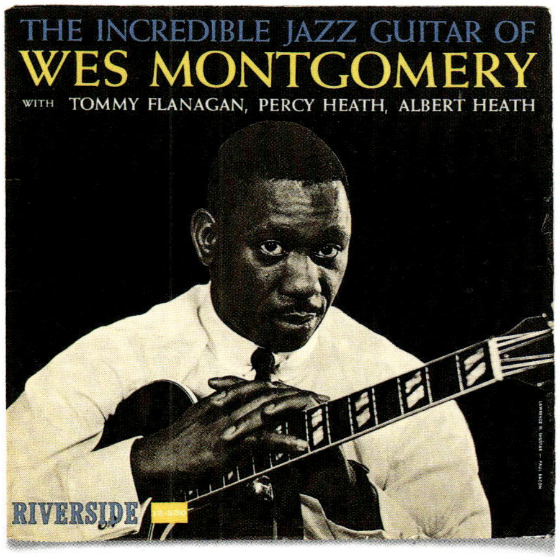

Wes Montgomery

THE INCREDIBLE JAZZ GUITAR
OF WES MONTGOMERY

Aufnahmedatum: 26./28. Januar 1960
Label: Riverside
Musiker: Wes Montgomery *Gitarre*, Tommy Flanagan *Klavier*, Percy Heath *Baß*, Albert Heath *Schlagzeug*
Titel: Airegin • D-Natural Blues • Polka Dots and Moonbeams • Four on Six • West Coast Blues • In Your Own Sweet Way • Mister Walker • Gone with the Wind
Kommentar: Wes Montgomery beeinflußte mit seinem weichen Ton, seinem Swing und seinem klischeefreien Spiel unzählige Gitarristen. Diese frische Bop-Session war eine seiner geradlinigsten, ehe kommerzielle Zwänge seine Improvisationen einengten.

Harold Land

THE FOX

Aufnahmedatum: August 1959
Label: Hifijazz
Musiker: Harold Land *Tenorsaxophon*, Dupree Bolton *Trompete*, Elmo Hope *Klavier*, Herbie Lewis *Baß*, Frank Butler *Schlagzeug*
Titel: The Fox • Mirror-Mind Rose • One Second, Please • Sims A-Plenty • Little Chris • One Down
Kommentar: Ein weiterer Hard-Bop-Klassiker. Land, der wie ein wehmütiger Sonny Rollins klingt, wird aufs schönste von einem Elmo Hope in Bestform ergänzt. Das Titelstück läßt an die Clifford Brown/Max Roach-Band denken.

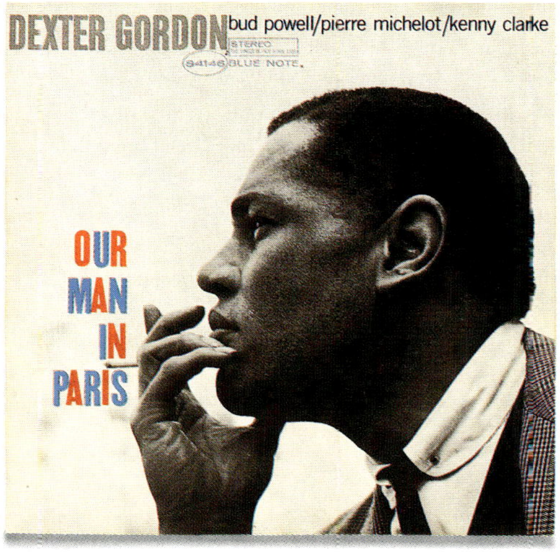

Dexter Gordon

OUR MAN IN PARIS

Aufnahmedatum: 23. Mai 1963
Label: Blue Note
Musiker: Dexter Gordon *Tenorsaxophon*, Bud Powell *Klavier*, Pierre Michelot *Baß*, Kenny Clarke *Schlagzeug*
Titel: Scrapple from the Apple • Willow Weep for Me • Broadway • Stairway to the Stars • A Night in Tunisia
Kommentar: Ein Meilenstein des Hard Bop, gesetzt von einem Mann, der die Noten attackiert, als meißle er sie in Marmor. Das superb konstruierte Solo in *A Night in Tunisia* ist der Höhepunkt der Session.

Tina Brooks

TRUE BLUE

Aufnahmedatum: Juni 1960
Label: Blue Note
Musiker: Tina Brooks *Tenorsaxophon*, Freddie Hubbard *Trompete*, Duke Jordan *Klavier*, Sam Jones *Baß*, Art Taylor *Schlagzeug*
Titel: Good Old Soul • Up Tight's Creek • Theme for Don • True Blue • Miss Hazel • Nothing Ever Changes My Love for You
Kommentar: Der unterschätzte Brooks, leichter im Ton als die meisten Hard-Bop-Tenoristen und weniger orthodox in der Wahl seiner Materialien, machte diese schöne Platte gegen Ende der Hard-Bop-Ära.

Früher Funk

Funk und elektrische Instrumente werden allgemein als untrennbar angesehen. Doch obwohl Gitarren, elektrische Klaviere und riesige Perkussions-Aufgebote die Crossover- und Fusion-Music der späten sechziger und siebziger Jahre beherrschten, hatte dieser Stil doch seine Wurzeln in alten, fundamentalen Formen schwarzer Musik, und viele Jazzmusiker, die sich der Fusion Music zuwandten, hatten schon ein Jahrzehnt zuvor mit Hard Bop und Soul Jazz deren akustische Vorläufer gespielt. Hard Bop war nie weit von der klanglichen Intensität und der rhythmischen Energie des Rhythm and Blues entfernt – der Pianist Horace Silver hatte bereits 1954 ein Stück namens *Opus de Funk* geschrieben. Der Cool Jazz und die asketischeren Ausläufer des Bebop hatten bluesinspirierte Jazzmusiker veranlaßt, direktere, emotionalere Ausdrucksformen zu suchen, und das Aufkommen des Rock and Roll beschleunigte diesen Prozeß. Ein guter Teil der Soul-Jazz-Bewegung ließ sich eindeutig zu den schwarzen Kirchen und der Gospel-Musik zurückverfolgen, insbesondere die stampfenden Beschwörungen der Hammond-Organisten. Einiges davon, so z. B. die Musik der *Crusaders*, kam aus dem mittleren Westen, der von jeher eine Quelle des bluesgeprägten Jazz gewesen war.

The Johnny Griffin Orchestra

THE BIG SOUL-BAND

Aufnahmedatum: 1960
Label: Riverside
Musiker: Johnny Griffin *Tenorsaxophon*, Clark Terry, Bob Bryant *Trompete*, Julian Priester, Matthew Gee *Posaune*, Pat Patrick, Frank Strozier *Altsaxophon*, Edwin Williams *Tenorsaxophon*, Charlie Davis *Baritonsaxophon*, Bobby Timmons *Klavier, Celesta*, Harold Mabern *Klavier*, Bob Cranshaw, Vic Sproles *Baß*, Charlie Persip *Schlagzeug*
Titel: Wade in the Water • Panic Room Blues • Nobody Knows the Trouble I've Seen • Meditation • Holla • So Tired • Deep River • Jubilation
Kommentar: Griffin war ein ultraschneller Hard-Bopper. Die Soul-Mode inspirierte diese rauhe Big Band im Ray-Charles-Stil, mit einigen der besten Soli des *Little Giant*.

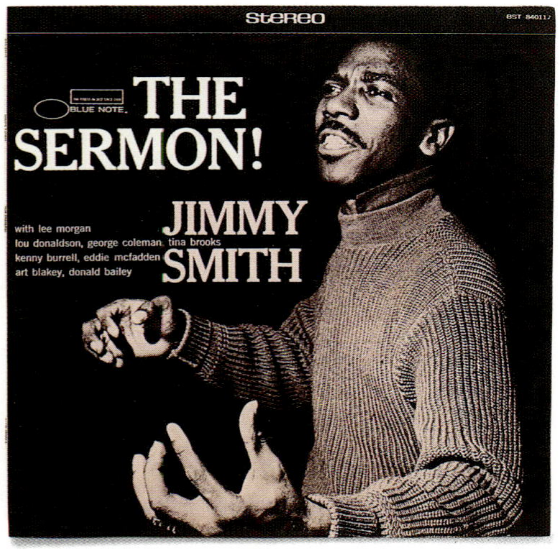

Jimmy Smith

THE SERMON

Aufnahmedatum: 1957–58
Label: Blue Note
Musiker: Jimmy Smith *Orgel*, Lee Morgan *Trompete*, Curtis Fuller *Posaune*, Lou Donaldson *Altsaxophon*, Tina Brooks, George Coleman *Tenorsaxophon*, Kenny Burrell, Eddie McFadden *Gitarre*, Art Blakey, Donald Bailey *Schlagzeug*
Titel: The Sermon • J.O.S. • Flamingo
Kommentar: Die Musik des Hammondorgel-Hohepriesters steckt voll stürmischer Baßlinien, explosiver Akkorde und messerscharfer Läufe.

Donald Byrd

THE CAT WALK

Aufnahmedatum: 2. Mai 1961
Label: Blue Note
Musiker: Donald Byrd *Trompete*, Pepper Adams *Baritonsaxophon*, Duke Pearson *Klavier*, Laymon Jackson *Baß*, Philly Joe Jones *Schlagzeug*
Titel: Say You're Mine • Hello Bright Sunflower • Each Time I Think of You • Duke's Mixture • The Cat Walk • Cute
Kommentar: Byrd beweist auf dieser Platte seine zupackende Attacke und seinen unfehlbaren Swing. Später wandte er sich der Fusion Music zu.

The Cannonball Adderley Quintet

MERCY, MERCY, MERCY!

Aufnahmedatum: 1967
Label: Capitol
Musiker: Cannonball Adderley *Altsaxophon*, Nat Adderley *Kornett*, Joe Zawinul *E-Klavier*, Vic Gatsby *Baß*, Roy McCurdy *Schlagzeug*
Titel: Fun • Games • Mercy, Mercy, Mercy • Sticks • Hipadelphia • Sack o'Woe
Kommentar: Das Adderley-Quintett stand an der Spitze des Soul Jazz, zuerst mit dem Ex-*Jazz Messenger* Bobby Timmons am Klavier, dann mit Joe Zawinul, dem Komponisten des Titelstücks.

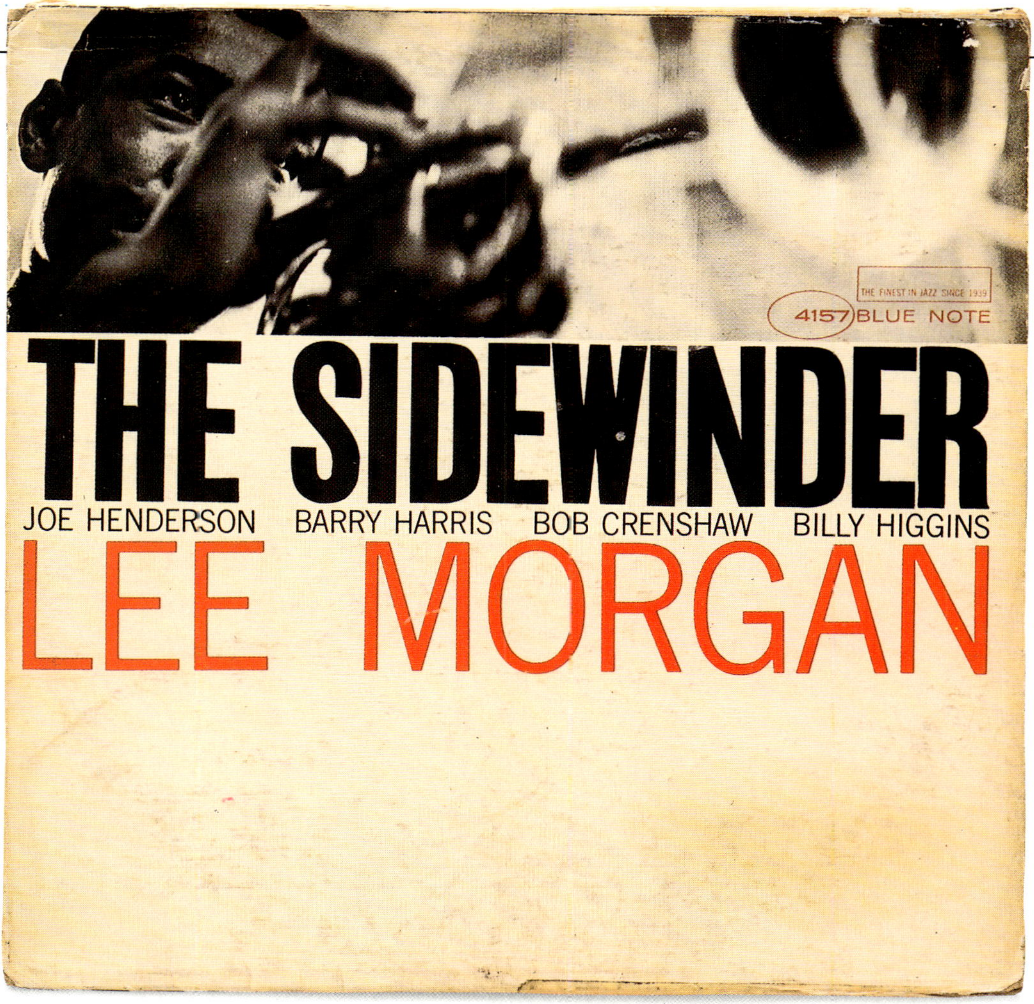

Lee Morgan

THE SIDEWINDER

Aufnahmedatum: 21. Dezember 1964
Label: Blue Note
Musiker: Lee Morgan *Trompete*, Joe Henderson *Tenorsaxophon*, Barry Harris *Klavier*, Bob Cranshaw *Baß*, Billy Higgins *Schlagzeug*
Titel: Totem Pole • Boy, What a Night • Hocus-Pocus • The Sidewinder • Gary's Notebook
Kommentar: Das Titelstück mit seinem mittelschnellen Groove war zu Lebzeiten Morgans ein Hit und dann noch einmal in den achtziger Jahren. Das schnellere, jazzigere *Boy, What a Night* besticht durch seine gewundene Melodielinie, Higgins' siedend heiße Beckenarbeit und Hendersons Tenorsolo. Morgans Solo in *Totem Pole* ist ein überhörter Höhepunkt der Platte.

Ray Charles

GENIUS + SOUL = JAZZ

Aufnahmedatum: 1961
Label: Impulse
Musiker: Ray Charles *Orgel, Gesang*, Quincy Jones, Ralph Burns *Arrangement*, Clark Terry, Phillip Guilbeau, Joe Newman, Thad Jones, Eugene Young, Joe Wilder, John Frosk, Jimmy Nottingham *Trompete*, Urbie Green, Henry Coker, Al Grey, Jimmy Cleveland, Keg Johnson, George Matthews *Posaune*, Frank Wess, Marshall Royal, George Dorsey, Earle Warren *Altsaxophon*, Frank Foster, Billy Mitchell, Budd Johnson, Seldon Powell *Tenorsaxophon*, Charlie Fowlkes, Haywood Henry *Baritonsaxophon*, Freddie Green, Sam Herman *Gitarre*, Eddy Jones, Joe Benjamin *Baß*, Sonny Payne, Roy Haynes *Schlagzeug*
Titel: From the Heart • I've Got News for You • Moanin' • Let's Go • One Mint Julep • I'm Gonna Move to the Outskirts of Town • Stompin' Room Only • Mister C. • Strike Up the Band • Birth of the Blues
Kommentar: Ray Charles, einer der wichtigsten Musiker bei der Entstehung des Soul-Booms und ein guter Hard-Bop-Pianist, wurde in dieser lebendigen Session von 1961 vor eine Band gesetzt, die hauptsächlich aus Count-Basie-Musikern bestand. Obwohl Charles nur in zwei Titeln singt, wird das, wovon er singt, auch in den anderen Titeln deutlich.

Bobby Timmons

THIS HERE IS BOBBY TIMMONS

Aufnahmedatum: 1960
Label: Riverside
Musiker: Bobby Timmons *Klavier*, Sam Jones *Baß*, Jimmy Cobb *Schlagzeug*
Titel: This Here • Moanin' • Lush Life • The Party's Over • Prelude to a Kiss • Dat Dere • My Funny Valentine • Come Rain or Come Shine • Joy Ride
Kommentar: Timmons war der am deutlichsten in der Musik der schwarzen Kirche verwurzelte Pianist der Soul-Jazz-Bewegung, und diese Platte enthält den Klassiker des Genres: *Moanin'*.

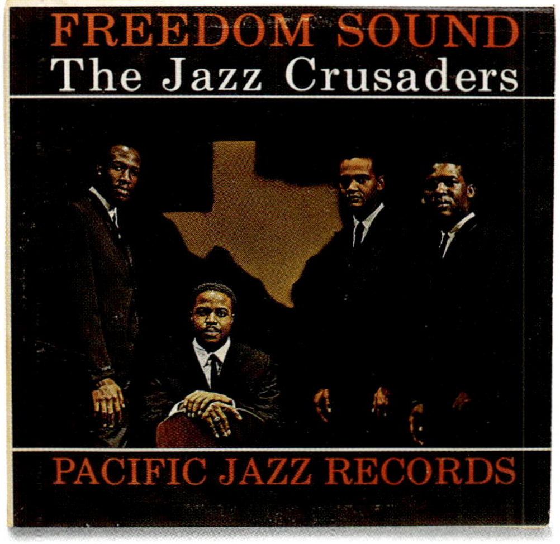

The Jazz Crusaders

FREEDOM SOUND

Aufnahmedatum: 1961
Label: Pacific Jazz
Musiker: Wilton Felder *Tenorsaxophon*, Wayne Henderson *Posaune*, Joe Sample *Klavier*, Roy Gaines *Gitarre*, Jimmy Bond *Baß*, Stix Hooper *Schlagzeug*
Titel: The Geek • M.J.S. Funk • That's It • Freedom Sound • Theme from Exodus • Coon
Kommentar: Wilton Felders großer Tenorsound und Stix Hoopers dynamisches Schlagzeug machten die *Crusaders* ein Vierteljahrhundert lang zum Synonym für Jazz-Funk.

Mainstream

Gegen Mitte der fünfziger Jahre war die Jugendkult-Musik der Vorkriegszeit – Swing – historisch geworden. Der Bebop war nicht für ein Massenpublikum geeignet, aber er war glaubwürdig, und er war noch jung. Noch jünger war der Rock and Roll, der bereits die Nachkriegsjugend in seinen Bann zog. Doch eine Vielzahl älterer Musiker der fünfziger Jahre war davon überzeugt, daß die Musik, die ihnen so teuer war und die sie so gut spielten, nicht einfach von der Bildfläche verschwinden und aussterben könne, auch wenn ihre Generationsgenossen Lester Young und Billie Holiday dem Tod nahe waren. Sie machten zwar keine Schlagzeilen mehr, aber wenn man ihnen eine Chance gab, spielten die Swing-Stars noch mit sämtlichen Tugenden der Prä-Bop-Ära: entspannt vorangleitenden Rhythmen, sprechenden Soli, eingängigen, liedhaften Themen und einer Menge Blues. Und diese Mischung fand ein neues Publikum. Entscheidend für den Erfolg des »Mainstream«-Jazz war Count Basies vitale Musik. Ebenso wichtig war das Auftauchen jüngerer Solisten, die das Swing-Banner hochhielten, darunter der Kornettist Ruby Braff und später der junge Tenorist Scott Hamilton.

Coleman Hawkins

THE HAWK FLIES HIGH

Aufnahmedatum: 12./15. März 1957
Label: Riverside
Musiker: Coleman Hawkins *Tenorsaxophon*, Idrees Sulieman *Trompete*, J. J. Johnson *Posaune*, Hank Jones *Klavier*, Barry Galbraith *Gitarre*, Oscar Pettiford *Baß*, Jo Jones *Schlagzeug*
Titel: Chant • Juicy Fruit • Think Deep • Laura • Blue Lights • Sancticity
Kommentar: Hawkins war zu immens talentiert – und zu klug –, um in Vergessenheit zu geraten. In dieser Session ist sein mächtiger Ton in einer gemischten Swing-Bop-Band zu hören, die von Basies Schlagzeug-wirbelwind Jo Jones vorangetrieben wird.

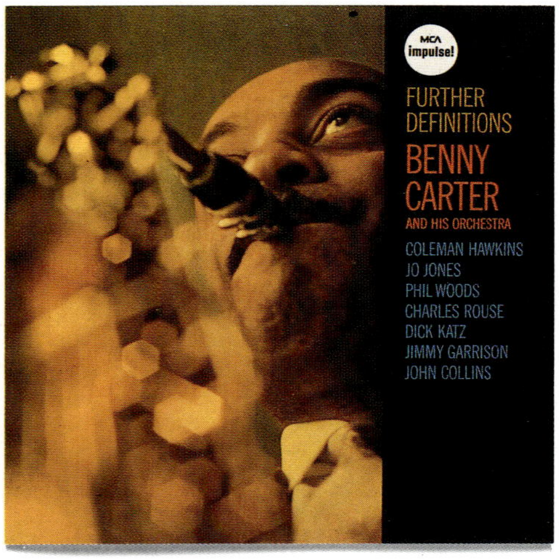

Benny Carter

FURTHER DEFINITIONS

Aufnahmedatum: 13./15. November 1961
Label: Impulse
Musiker: Benny Carter, Phil Woods *Altsaxophon*, Coleman Hawkins, Charlie Rouse *Tenorsaxophon*, Dick Katz *Klavier*, Johnny Collins *Gitarre*, Jimmy Garrison *Baß*, Jo Jones *Schlagzeug*
Titel: Honeysuckle Rose • The Midnight Sun Will Never Set • Crazy Rhythm • Blue Star • Cotton Tail • Body and Soul • Cherry • Doozy
Kommentar: Carter, einer der großen Altisten, ist zugleich ein inspirierter Komponist und Arrangeur. Diese Einspielung enthält ein hervorragendes Remake von Coleman Hawkins' *Body and Soul*-Solo von 1939.

Ruby Braff

HEAR ME TALKIN'!

Aufnahmedatum: Oktober–November 1967
Label: Black Lion/Polydor
Musiker: u. a. Ruby Braff *Kornett*, Alex Welsh *Trompete*, Roy Williams *Posaune*, Buddy Tate *Tenorsaxophon*, George Wein, Fred Hunt *Klavier*, Jim Douglas *Gitarre*, Jack Lesberg, Ron Rae *Baß*, Don Lamond, Lennie Hastings *Schlagzeug*
Titel: u. a. You've Changed • Hear Me Talkin' to Ya • Don't Blame Me • Buddy Bolden's Blues • Mean to Me • Where's Freddy?
Kommentar: Braff, aus der Bebop-Generation, aber swingorientiert, hat einen herrlichen Ton und ist hier in idealer Gesellschaft.

Erroll Garner

CONCERT BY THE SEA

Aufnahmedatum: 1956
Label: Columbia (britische Ausgabe auf Philips)
Musiker: Erroll Garner *Klavier*, Eddie Calhoun *Baß*, Denzil Best *Schlagzeug*
Titel: I'll Remember April • Teach Me Tonight • Mambo Carmel • Autumn Leaves • It's All Right with Me • Red Top • April in Paris • They Can't Take That Away from Me • How Could You Do a Thing Like That to Me • Where or When • Erroll's Theme
Kommentar: Garner, die Verkörperung des »orchestralen« Pianisten, ein dramatischer Schöpfer vielschichtiger Variationen, hatte seinen größten Erfolg mit dieser berühmten Platte.

Duke Ellington

ELLINGTON AT NEWPORT

Aufnahmedatum: 7. Juli 1956
Label: CBS (britische Ausgabe auf Philips)
Musiker: Duke Ellington *Klavier,* Willie Cook, Ray Nance, Clark Terry, Cat Anderson *Trompete*, John Sanders, Quentin Jackson, Britt Woodman *Posaune*, Russell Procope, Johnny Hodges *Altsaxophon*, Paul Gonsalves, Jimmy Hamilton *Tenorsaxophon*, Harry Carney *Baritonsaxophon*, Jimmy Woode *Baß*, Sam Woodyard *Schlagzeug*
Titel: Newport Festival Suite: Festival Junction, Blues to Be There, Newport Up • Jeep's Blues • Diminuendo and Crescendo in Blue
Kommentar: Bei einem legendären Auftritt beim Newport-Jazzfestival von 1956 stahl die Ellington-Band allen die Show und machte wieder Schlagzeilen, als Paul Gonsalves 27 aufeinanderfolgende Chorusse in *Diminuendo and Crescendo in Blue* spielte.

Count Basie Orchestra

THE ATOMIC MR. BASIE

Aufnahmedatum: 21./22. Oktober 1957
Label: Columbia
Musiker: Count Basie *Klavier*, Neal Hefti *Arrangement*, Joe Newman, Thad Jones, Wendell Culley, Eugene »Snooky« Young *Trompete*, Benny Powell, Henry Coker, Al Grey *Posaune*, Marshall Royal, Frank Wess *Altsaxophon*, Eddie Davis, Frank Foster *Tenorsaxophon*, Charlie Fowlkes *Baritonsaxophon*, Freddie Green *Gitarre*, Eddie Jones *Baß*, Sonny Payne *Schlagzeug*
Titel: The Kid from Red Bank • Duet • After Supper • Flight of the Foo Birds • Double-O • Teddy the Toad • Whirly-Bird • Midnite Blue • Splanky • Fantail • Lil' Darlin'
Kommentar: Basies »neue« Band der fünfziger Jahre – eleganter als seine früheren, aber swingender denn je und mit herausragenden Arrangements. Diese phantastische Platte ist vermutlich die beste, die Basie nach dem Krieg aufnahm. Man beachte die Hülle!

Zoot Sims

ONE TO BLOW ON

Aufnahmedatum: 11./18. Januar 1956
Label: Meteor
Musiker: Zoot Sims *Tenorsaxophon*, Bob Brookmeyer *Posaune*, John Williams *Klavier*, Milt Hinton *Baß*, Gus Johnson *Schlagzeug*
Titel: September in the Rain • Down at the Loft • Ghost of a Chance • Not So Deep • Them There Eyes • Our Pad • Dark Clouds • One to Blow On
Kommentar: Der warme, flüssige Sound Zoot Sims' – wie ein etwas robusterer Lester Young – füllte von den Vierzigern bis in die achtziger Jahre die Jazzclubs der Welt. Dies ist ein typisches Beispiel seiner relaxten und gleichbleibend qualitätvollen Musik.

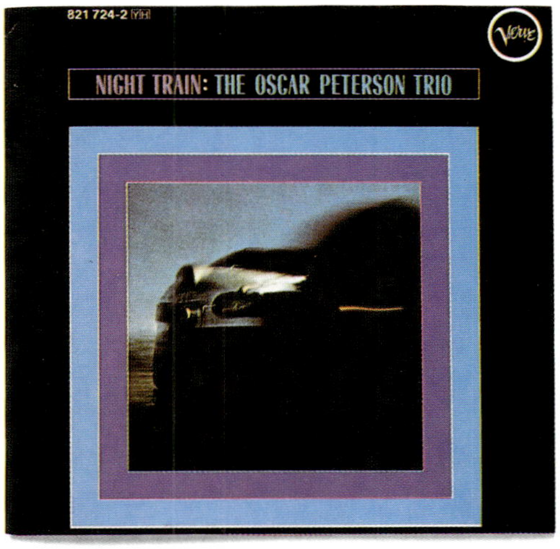

The Oscar Peterson Trio

NIGHT TRAIN

Aufnahmedatum: 15./16. Dezember 1962
Label: Verve
Musiker: Oscar Peterson *Klavier*, Ray Brown *Baß*, Ed Thigpen *Schlagzeug*
Titel: C Jam Blues • Night Train • Georgia on My Mind • Bags' Groove • Moten Swing • Easy Does It • Honey Dripper • Things Ain't What They Used to Be • I Got It Bad and That Ain't Good • Band Call • Hymn to Freedom
Kommentar: Peterson, ein immens populärer Pianist, hatte die Schwäche, daß er sich manchmal von seiner Technik überwältigen ließ. Dies passiert auf dieser Platte, seiner besten und ausdrucksstärksten, nicht.

Jazzgesang nach dem Krieg

Swing-Musiker nannten Sängerinnen *chirpers* oder *canaries:* dekorative Zutaten, die aus geschäftlichen, aber nicht aus musikalischen Gründen nötig waren – es sei denn, sie waren eine Billie Holiday. Als dem Swing die Luft ausging, kamen die Bebopper mit ihrer Ablehnung kommerzieller Werte. Doch in ihrer intensiven Combo-Musik, die auf virtuose Bläser zentriert war, blieb wenig Platz für den Gesang. Die Sänger, die mit den Big Bands aufgewachsen waren, machten daher in den Fünfzigern und Sechzigern entweder als jazzinspirierte Pop-Stars Karriere – wie Frank Sinatra – oder arbeiteten als Entertainer in Nachtclubs und Hotels. Nur einige wenige waren flexibel genug, um Jazz und Pop zu vereinen: so z. B. Ella Fitzgerald mit ihren *Song Book*-LPs der fünfziger Jahre für Norman Granz' »Verve«-Label, oder einige bebop-orientierte Sängerinnen und Sänger mit ihrer witzigen, ausgeklügelten saxophonistischen Phrasierung. Doch die Essenz des Jazzgesangs lag auch in dieser Periode, wie in der vorausgegangenen, nicht in der Nachahmung von Bläsern, sondern in der individuellen, spontanen Umformung von Songs und der Entdeckung der subtilen Ausdrucksqualitäten der menschlichen Stimme.

Ella Fitzgerald

SINGS THE GEORGE AND IRA GERSHWIN SONG BOOK VOL. 5

Aufnahmedatum: 1959
Label: Verve (britische Ausgabe: His Master's Voice)
Musiker: Ella Fitzgerald *Gesang,* Orchester, arrangiert und geleitet von Nelson Riddle
Titel: They Can't Take That Away from Me • Embraceable You • I Can't Be Bothered Now • Boy! What Love Has Done to Me! • Fascinating Rhythm • Funny Face • Lorelei • Oh, So Nice • Let's Kiss and Make-Up • I Got Rhythm
Kommentar: Fünf-LP-Set mit insgesamt 53 Songs, das beste von Fitzgeralds *Song Book*-Projekten.

Mel Tormé

LULU'S BACK IN TOWN

Aufnahmedatum: 20. Januar 1956
Label: Polydor
Musiker: u. a. Mel Tormé *Gesang,* Marty Paich *Klavier, Arrangement,* Pete Candoli, Don Fagerquist *Trompete,* Bob Enevoldsen *Ventilposaune,* Bud Shank *Altsaxophon,* Bob Cooper, Jack Montrose *Tenorsaxophon,* Red Mitchell *Baß,* Mel Lewis *Schlagzeug*
Titel: u. a. Lulu's Back in Town • When the Sun Comes Out • Fascinating Rhythm • The Carioca • The Lady Is a Tramp • I Like to Recognise the Tune • Keepin' Myself for You • Lullaby of Birdland • When April Comes Again • Sing for Your Supper
Kommentar: Paichs wunderbare Arrangements umschmeicheln Tormés seidige Stimme.

Lambert, Hendricks & Ross

SING A SONG OF BASIE

Aufnahmedatum: August–November 1957
Label: Impulse
Musiker: Dave Lambert, Jon Hendricks, Annie Ross *Gesang,* Nat Pierce *Klavier,* Freddie Green *Gitarre,* Eddie Jones *Baß,* Sonny Payne *Schlagzeug*
Titel: Everyday • It's Sand, Man! • Two for the Blues • One o'Clock Jump • Little Pony • Down for Double • Fiesta in Blue • Down for the Count • Blues Backstage • Avenue C
Kommentar: Berühmtes *vocalese*(Gesangsversion von Instrumentaltiteln)-Trio. Man höre Annie Ross' superbes Timing in ihrer Hommage an Buck Claytons Trompete in *Fiesta in Blue.*

Leon Thomas

SPIRITS KNOWN AND UNKNOWN

Aufnahmedatum: 21./22. Oktober 1969
Label: Flying Dutchman
Musiker: Leon Thomas *Gesang, Perkussion,* James Spaulding *Altsaxophon, Flöte,* Little Rock *Tenorsaxophon,* Lonnie Liston Smith Jr. *Klavier,* Richard Davis, Cecil McBee *Baß,* Roy Haynes *Schlagzeug,* Richard Landrum *Bongos*
Titel: The Creator Has a Master Plan (Peace) • One • Echoes • Song for My Father • Damn Nam (Ain't Going to Vietnam) • Malcolm's Gone • Let the Rain Fall on Me
Kommentar: Schwarzes Selbstbewußtsein und der Vietnam-Krieg werden in dieser Platte mit ihren erweiterten Gesangstechniken thematisiert.

Sheila Jordan

PORTRAIT OF SHEILA

Aufnahmedatum: September/Oktober 1962
Label: Blue Note
Musiker: Sheila Jordan *Gesang,* Barry Galbraith *Gitarre,* Steve Swallow *Baß,* Denzil Best *Schlagzeug*
Titel: Falling in Love with Love • If You Could See Me Now • Am I Blue • Dat Dere • When the World Was Young • Let's Face the Music and Dance • Laugh, Clown, Laugh • Who Can I Turn To? • Baltimore Oriole • I'm a Fool to Want You • Hum Drum Blues • Willow Weep for Me
Kommentar: Die beste Platte von Charlie Parkers Lieblingssängerin, der phantasievollen Sheila Jordan.

Betty Carter

LOOK WHAT I GOT!

Aufnahmedatum: 1988
Label: Polygram
Musiker: Betty Carter *Gesang,* Don Braden *Tenorsaxophon,* Benny Green, Stephen Scott *Klavier,* Michael Bowie, Ira Coleman *Baß,* Winard Harper, Lewis Nash, Troy Davis *Schlagzeug*
Titel: Look What I Got • That Sunday, That Summer • The Man I Love • All I Got • Just Like the Movies • Imagination • Mr. Gentleman • Make It Last • The Good Life
Kommentar: Eine der großen lebenden Jazzsängerinnen. Die hypnotische Betty Carter schafft faszinierende Spannung und gibt den Texten eine besondere Bedeutung, wie diese unverzichtbare Platte beweist.

Anita O'Day

TRAVELIN LIGHT

Aufnahmedatum: 1961
Label: World
Musiker: Anita O'Day *Gesang,* Barney Kessel *Leader, Gitarre,* Don Fagerquist, Al Porcino, Ray Triscari, John Anderson Jr., Jack Sheldon *Trompete,* Stu Williamson, Frank Rosolino, Dick Nash, L. MacCreary *Posaune,* Ben Webster *Tenorsaxophon,* Joe Maini, Chuck Gentry *Saxophon,* Russ Freeman, Jimmy Rowles *Klavier,* Al Viola *Gitarre,* Buddy Clark *Baß,* Mel Lewis *Schlagzeug,* Larry Bunker *Perkussion*
Titel: Travelin Light • The Moon Looks Down and Laughs • Don't Explain • You Forgot to Remember • Some Other Spring • What a Little Moonlight Can Do • Miss Brown to You • God Bless the Child • If the Moon Turns Green • I Hear Music • Lover Come Back to Me • Crazy He Calls Me
Kommentar: O'Days Auftritt im Film *Jazz on a Summer's Day* machte ein größeres Publikum mit einer herausragenden Sängerin vertraut. Auf dieser Platte sind eine ausgezeichnete Band und ein Billie-Holiday-Repertoire zu hören, doch im Mittelpunkt stehen O'Days unerbittlicher Swing und ihre instrumentengleiche Agilität.

Sarah Vaughan

SASSY SINGS

Aufnahmedatum: 1946–47
Label: SAGA
Musiker: u. a. Sarah Vaughan *Gesang,* George Treadwell, Ermett Perry, Roger Jones, Freddie Webster, Neal Hefti, Sonny Rich *Trompete,* Ed Burke, Dick Harris, Donald Coles *Posaune,* Rupert Cole, Scoville Brown *Altsaxophon,* Budd Johnson, Lowell Hastings, Charlie Ventura *Tenorsaxophon,* Eddie De Verteuill, Cecil Payne *Baritonsaxophon,* Bud Powell, Teddy Wilson *Klavier,* Al McKibbon *Baß,* Cozy Cole, Kenny Clarke *Schlagzeug*
Titel: I Cover the Waterfront • Tenderly • Time and Again • You're Blasé • I Can't Get Started • September Song • My Kinda Love • If You Could See Me Now • What a Difference a Day Made • You're Not the Kind • Motherless Child • The One I Love
Kommentar: Vaughan wurde in der Eckstine-Band bekannt, und dies sind einige ihrer ersten Versuche, in den späten vierziger Jahren eigene Wege zu gehen. Der Jazzgehalt ist nicht durchgängig hoch, aber die Verbindung ihrer gewaltigen, opernhaften Stimme mit einem bopbeeinflußten Stil zeigt ihr immenses Potential.

Carmen McRae

TORCHY!

Aufnahmedatum: 1955
Label: Memoir
Musiker: Carmen McRae *Gesang,* Orchester mit Arrangements und unter Leitung von Jack Pleis und Ralph Burns, mit u. a. Joe Wilder *Trompete,* Al Klink *Tenorsaxophon,* Andy Ackers *Klavier,* Danny Perri *Gitarre*
Titel: Last Night When We Were Young • Speak Low (When You Speak, Love) • But Beautiful • If You'd Stay the Way I Dream about You • Midnight Sun • My Future Just Passed • Yesterdays • We'll Be Together Again • I'm a Dreamer (Aren't We All) • Good Morning, Heartache • Star Eyes • I Don't Stand a Ghost of a Chance with You
Kommentar: In ihren besten Aufnahmen hat McRaes Stimme einen scharfen Unterton, der ihrer Musik eine Strenge gibt, die wenig mit jenen Vorstellungen von Jazzsängerinnen gemein hat, die zum *canary*-Etikett führten. Nach einigen unergiebigen Jahren ist McRae unlängst wieder als markige, ironische, geistreiche und swingende Jazzsängerin aufgetaucht. Dies war eine ihrer besten Sessions aus ihrer ersten Blütezeit, in der all jene Qualitäten, die nun regeneriert sind, sich ankündigten.

Free Jazz

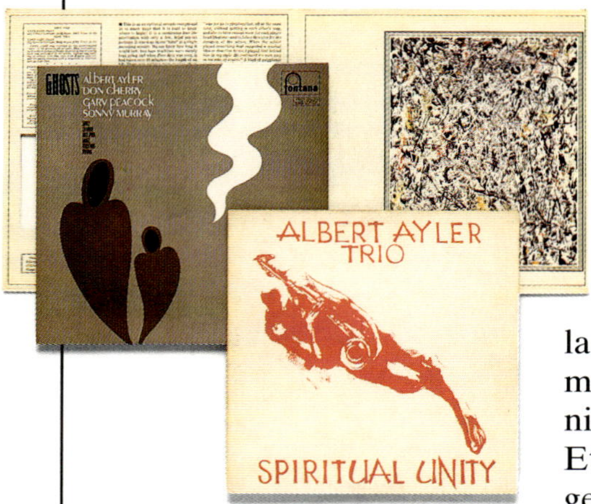

Wenn der Bebop auch ein merkwürdiger Dialekt war, so verwendete er doch noch stets die Grammatik des Jazz, der ihm vorausging. Mit dem Free Jazz war das anders. In manchen seiner Erscheinungsformen schien er alles zugleich aufgeben zu wollen: Songform, erkennbare Akkordfolgen, selbst den einladenden Swing. Aber der Bebop wirkte mittlerweile auf viele Spieler wie ein Gefängnis, seine schnellen Läufe klangen ihnen wie Etüden. Auf der Suche nach neuen Jazzklängen und neuen melodischen Gestalten bereicherten manche Musiker den Bebop mit Elementen zeitgenössischer E-Musik, andere mit den Rufen der uralten *field hollers* und des archaischen Blues. Die aufkommende Bürgerrechtsbewegung verstärkte den Drang nach einer vehementen, emotionalen afroamerikanischen Musik ohne Zugeständnisse an das Musikbusineß. Solche Haltungen und der weltweite Boom der Rockmusik führten dazu, daß sich die Plattenindustrie vom neuen Jazz abwandte und viele Free-Musiker auf der Suche nach Autonomie ihre eigenen Labels gründeten.

George Russell

THE JAZZ WORKSHOP

Aufnahmedatum: März/Dezember 1956
Label: RCA Victor
Musiker: George Russell *Komponist,* Art Farmer *Trompete,* Hal McKusick *Altsaxophon,* Bill Evans *Klavier,* Barry Galbraith *Gitarre,* Milt Hinton, Teddy Kotick *Baß,* Joe Harris, Paul Motian, Osie Johnson *Schlagzeug*
Titel: Ye Hypocrite, Ye Beelzebub • Jack's Blues • Livingstone I Presume • Ezz-thetic • Night Sound • Round Johnny Rondo • Witch Hunt • Concerto for Billy the Kid • Fellow Delegates • The Sad Sergeant • Knights of the Steamtable • Ballad of Hix Blewitt
Kommentar: Wichtige frühe Aufnahme progressiver Musik von einem der einflußreichsten Jazztheoretiker.

Ornette Coleman

SOMETHING ELSE!

Aufnahmedatum: Februar/März 1958
Label: Contemporary
Musiker: Ornette Coleman *Altsaxophon,* Don Cherry *Trompete,* Walter Norris *Klavier,* Don Payne *Baß,* Billy Higgins *Schlagzeug*
Titel: Invisible • The Blessing • Jayne • Chippie • The Disguise • Angel Voice • Alpha • When Will the Blues Leave? • The Sphinx
Kommentar: Eine Platte, die den Weg für den Free Jazz ebnete. Werden Colemans Neuerungen hier erst ansatzweise hörbar, so bringt diese Session doch Colemans vorzüglichen Sinn für Themen und sein telepathisches Einverständnis mit Cherry und Higgins zur Geltung.

The Cecil Taylor Quartet

LOOKING AHEAD!

Aufnahmedatum: 9. Juni 1958
Label: Contemporary
Musiker: Cecil Taylor *Klavier,* Earl Griffith *Vibraphon,* Buell Neidlinger *Baß,* Dennis Charles *Schlagzeug*
Titel: Luyah! The Glorious Step • African Violets • Of What • Wallering • Toll • Excursion on a Wobbly Rail
Kommentar: Taylors blendende Technik ist so intensiv, daß die Grenzen zwischen zeitgenössischer Klassik und Jazz verschwimmen. Doch Taylors perkussiver Ansatz und seine offenkundige Liebe zu Duke Ellington und Thelonious Monk machen diese Session zugleich zu einer Hommage an die Jazztradition wie zu einem futuristischen Ausblick.

The Charlie Mingus Jazz Workshop

PITHECANTHROPUS ERECTUS

Aufnahmedatum: 1956
Label: Atlantic (britische Ausgabe auf London)
Musiker: Charles Mingus *Baß,* Jackie McLean *Altsaxophon,* J. R. Monterose *Tenorsaxophon,* Mal Waldron *Klavier,* Willie Jones *Schlagzeug*
Titel: Pithecanthropus Erectus • A Foggy Day • Profile of Jackie • Love Chant
Kommentar: Mingus trieb seine Solisten bis an die Grenzen abstrakter Improvisation, doch ließ er in seiner Musik immer Gospel und Blues mitschwingen. Wie Ellington oder Morton erzählt Mingus in dieser berühmten Aufnahme eine Geschichte, nimmt aber dabei einiges vom freien Spiel der sechziger Jahre vorweg.

Sun Ra

ANGELS AND DEMONS AT PLAY

Aufnahmedatum: 1955–57
Label: Saturn
Musiker: Sun Ra and his Myth Science Arkestra mit Sun Ra *Klavier, Orgel, E-Piano,* Nate Pryor *Posaune,* John Gilmore *Tenorsaxophon, Solarglocken,* Pat Patrick *Alt- und Baritonsaxophon, Flöte,* Marshall Allen *Altsaxophon, Flöte,* Ronald Boykins, Wilburn Green *Baß,* Robert Barry *Schlagzeug,* Jim Hearndon *Perkussion*
Titel: Tiny Pyramids • Between Two Worlds • Music From the World Tomorrow • Angels and Demons at Play • Urnack • Medicine for a Nightmare • A Call for All Demons • Demon's Lullaby
Kommentar: Sun Ra, origineller Bandleader, Synthesizer-Pionier und Meister des Musiktheaters, kam aus Swing- und Hard-Bop-Ensembles, war aber gegen Mitte der fünfziger Jahre nahe am Free Jazz. Diese prophetische und unterhaltsame Platte verbindet so heterogene Elemente wie Latin Jazz und Atonalität.

Ornette Coleman

THE SHAPE OF JAZZ TO COME

Aufnahmedatum: 22. Mai 1959
Label: Atlantic
Musiker: Ornette Coleman *Altsaxophon,* Don Cherry *Kornett,* Charlie Haden *Baß,* Billy Higgins *Schlagzeug*
Titel: Lonely Woman • Eventually • Peace • Focus on Sanity • Congeniality • Chronology
Kommentar: Eine der größten Jazzplatten aller Zeiten, wenige Monate vor dem Sensationserfolg des Quartetts in New York aufgenommen. Obwohl ein Harmonieinstrument fehlt und es in der Begleitung keine wiederholten harmonischen Schemata gibt, sind Logik und Kohärenz von Colemans Soli und Reaktionsschnelligkeit und Einfühlsamkeit der Gruppe von so eminenter Musikalität, daß man kaum verstehen kann, warum diese Musik einst solch einen Wirbel verursachte. Colemans sehnsüchtig-bluesige Kompositionen *Lonely Woman* und *Peace* zählen zu den schönsten Jazzthemen.

Lennie Tristano / Tadd Dameron

CROSSCURRENTS

Aufnahmedatum: 1949
Label: Affinity
Musiker: Lennie Tristano Sextet: Lennie Tristano *Klavier,* Lee Konitz *Altsaxophon,* Warne Marsh *Tenorsaxophon,* Billy Bauer *Gitarre,* Arnold Fishkin *Baß,* Harold Granowsky, Denzil Best *Schlagzeug;*
Tadd Dameron Orchestra: Tadd Dameron *Klavier,* Fats Navarro, Miles Davis *Trompete,* Kai Winding, J. J. Johnson *Posaune,* Sahib Shihab *Altsaxophon,* Dexter Gordon, Benjamin Lundy *Tenorsaxophon,* Cecil Payne *Baritonsaxophon,* John Collins *Gitarre,* Curly Russell *Baß,* Kenny Clarke *Schlagzeug,* Diego Iborra *Bongos,* Vidal Bolado *Congas,* Rae Pearl, Kay Penton *Gesang*
Titel: Wow • Crosscurrent • Yesterdays • Marionette • Sax of a Kind • Intuition • Digression • Sid's Delight • Casbah • John's Delight • What's New • Heaven's Doors Are Open Wide • Focus
Kommentar: Ornette Coleman mag der einflußreichste Pionier des Free Jazz gewesen sein, doch der eigensinnige Pianist und Komponist Lennie Tristano erforschte bereits eine Musik, die die konventionellen Taktstriche durchbrach, das Spiel der üblichen klirrenden Bebop-Rhythmusgruppen glättete und, in ersten Erkundungen freier Improvisation mit seinem Sextett, auf die Neuerungen von Mingus und Coleman vorauswies.

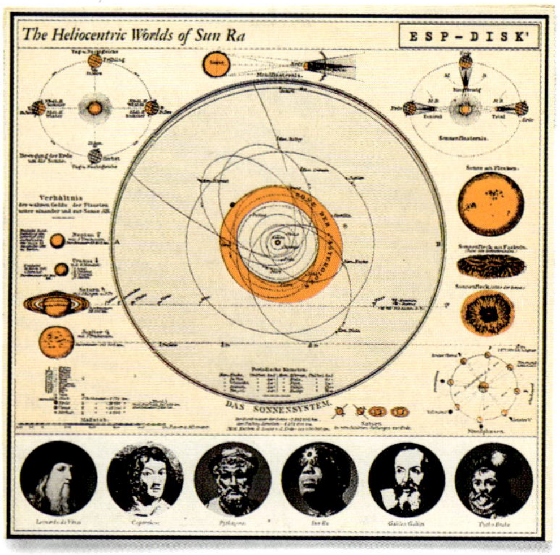

Sun Ra

THE HELIOCENTRIC WOLRDS OF SUN RA, VOL. 2

Aufnahmedatum: 1965
Label: ESP
Musiker: Sun Ra *Klavier, gestimmte Bongos, Clavioline,* Walter Miller *Trompete,* Marshall Allen *Altsaxophon, Flöte, Piccolo,* John Gilmore *Tenorsaxophon,* Pat Patrick *Baritonsaxophon,* Robert Cummings *Baßklarinette,* Ronnie Boykins *Baß,* Roger Blank *Perkussion*
Titel: The Sun Myth • A House of Beauty • Cosmic Chaos
Kommentar: 1965 hatte sich Sun Ra mit seinem *Solar Arkestra* von herkömmlicher Melodik gelöst und arbeitete mit Schichtungen gehaltener Klänge und einer Mischung reicher Ensembletexturen und freier Improvisation.

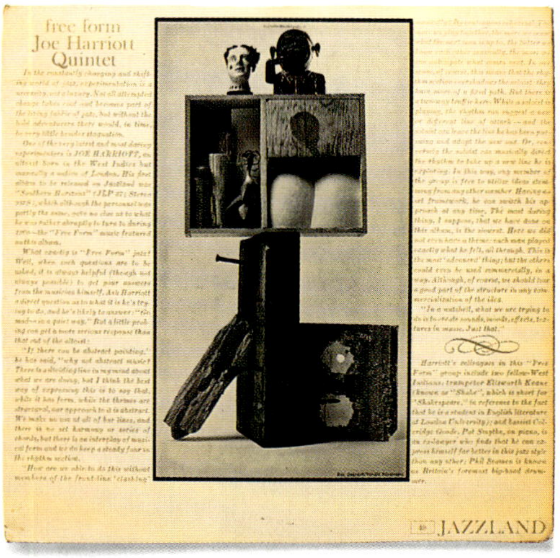

Joe Harriott Quintet

FREE FORM

Aufnahmedatum: 1960
Label: Jazzland
Musiker: Joe Harriott *Altsaxophon,* Shake Keane *Trompete, Flügelhorn,* Pat Smythe *Klavier,* Coleridge Goode *Baß,* Phil Seamen *Schlagzeug*
Titel: Formation • Coda • Abstract • Impression • Parallel • Straight Lines • Calypso Sketches • Tempo
Kommentar: Eine der originellsten britischen Jazzplatten der sechziger Jahre, die sogar, selten genug für eine europäische Platte, in »Down Beat« gepriesen wurde. Der jamaikanische Altist Harriott erkundet unabhängig von Ornette Coleman eine intensive, kollektive, freie Musik. Phil Seamen, ein Schlagzeuger mit einem bemerkenswert entspannten Swing, trägt entscheidend zum Fluß der Musik bei.

Art Ensemble of Chicago

PEOPLE IN SORROW

Aufnahmedatum: 7. Juli 1969
Label: Nessa
Musiker: Lester Bowie *Trompete, Flügelhorn, Perkussion,* Roscoe Mitchell *Sopran-, Alt- und Baßsaxophon, Klarinette, Flöte, Perkussion,* Joseph Jarman *Altsaxophon, Fagott, Oboe, Flöte Perkussion,* Malachi Favors *Baß, Zither, Percussion*
Titel: People in Sorrow (Part 1) • People in Sorrow (Part 2)
Kommentar: Brillante frühe Aufnahme aus der fruchtbaren Chicagoer Szene. Eine einzige Collage, stimmungsvoll intensiviert durch mannigfaltige Perkussionsklänge und zart-rauhe Bläser.

Eric Dolphy

OUT TO LUNCH!

Aufnahmedatum: 1964
Label: Blue Note
Musiker: Eric Dolphy *Saxophon, Flöte, Baßklarinette,* Freddie Hubbard *Trompete,* Bobby Hutcherson *Vibraphon,* Richard Davis *Baß,* Tony Williams *Schlagzeug*
Titel: Hat and Beard • Something Sweet, Something Tender • Gazzelloni • Out to Lunch • Straight Up and Down
Kommentar: Dolphy, ein origineller Denker und ein herausragender Multiinstrumentalist, verband Schroffheit mit Zartheit.

Don Cherry

SYMPHONY FOR IMPROVISERS

Aufnahmedatum: 19. September 1966
Label: Blue Note
Musiker: Don Cherry *Kornett,* Gato Barbieri, Pharoah Sanders *Tenorsaxophon, Piccolo,* Karl Berger *Klavier, Vibraphon,* Henry Grimes, J.-F. Jenny Clark *Baß,* Ed Blackwell *Schlagzeug*
Titel: Symphony for Improvisers • Nu Creative Love • What's Not Serious • Infant Happiness • Manhattan Cry • Lunatic • Sparkle Plenty • Om Nu
Kommentar: Cherrys Talent, mit verschiedensten Idiomen umzugehen, kommt in dieser Gruppe zum Tragen.

Ornette Coleman Double Quartet

FREE JAZZ

Aufnahmedatum: 21. Dezember 1960
Label: Atlantic
Musiker: Ornette Coleman *Altsaxophon,* Don Cherry *Kornett,* Freddie Hubbard *Trompete,* Eric Dolphy *Baßklarinette,* Scott LaFaro, Charlie Haden *Baß,* Billy Higgins, Ed Blackwell *Schlagzeug*
Titel: Free Jazz (Part 1) • Free Jazz (Part 2)
Kommentar: Archetypische Free-Jazz-Platte. In dieser wilden und rauhen Musik stehen sich zwei Quartette gegenüber, eines im Free Jazz zu Hause, das andere dem Bop näher.

John Coltrane
ASCENSION

Aufnahmedatum: 28. Juni 1965
Label: Impulse
Musiker: John Coltrane *Tenorsaxophon,* Freddie Hubbard, Dewey Johnson *Trompete,* Marion Brown, John Tchicai *Altsaxophon,* Pharoah Sanders, Archie Shepp *Tenorsaxophon,* McCoy Tyner *Klavier,* Art Davis, Jimmy Garrison *Baß,* Elvin Jones *Schlagzeug*
Titel: Ascension (Part 1) • Ascension (Part 2)
Kommentar: Coltranes Reaktion auf Colemans *Free Jazz,* eine heftige Studie in Dissonanz für ein erweitertes Ensemble, die den Sound aller größeren Free-Formationen weltweit beeinflußte. Sie definierte das, was man später *energy playing* nannte.

Elvin Jones, Coltranes Schlagzeuger in den Free-Jahren, führte ins Jazzschlagzeug eine turbulente Intensität überlagerter Rhythmen ein, die zu der neuen, vieldeutigeren Musik paßte. Der Schlagzeuger ist bis heute für junge Musiker der Papst der Polyrhythmik.

Anthony Braxton
THREE COMPOSITIONS OF NEW JAZZ

Aufnahmedatum: 1968
Label: Delmark
Musiker: Anthony Braxton *Alt- und Sopraninosaxophon, Klarinette, Flöte, Musette, Akkordeon, Glocken, Snare Drum, Mixer,* Leo Smith *Trompete, Mellophonium, Xylophon, Flaschen, Kazoo,* Leroy Jenkins *Violine, Viola, Mundharmonika, Baßtrommel, Blockflöte, Becken, Lotosflöte,* Richard Abrams *Klavier, Cello, Bassetthorn*
Titel: (840M) REALIZE 44M 44M • N M488 44M Z---- • The Bell
Kommentar: Der vollkommenste Virtuose der Jazzszene Chicagos in den sechziger Jahren steht noch in den Neunzigern in der vordersten Linie der Jazz-Avantgarde. Man beachte die Titel der Stücke!

Albert Ayler Trio
SPIRITUAL UNITY

Aufnahmedatum: 10. Juli 1964
Label: ESP
Musiker: Albert Ayler *Tenorsaxophon,* Gary Peacock *Baß,* Sunny Murray *Schlagzeug*
Titel: Ghosts: First Variation • The Wizard • Spirits • Ghosts: Second Variation
Kommentar: Aylers Saxophonsound war eine der seelenvollsten Stimmen des Jazz, und seine frühen Aufnahmen waren oft von markerschütternder Intensität. Sunny Murrays dichte Gewebe von Beckenklängen sind die ideale Unterstützung.

Big Bands nach dem Bebop

Nachdem die Wirtschaftsflaute der Nachkriegsjahre und der Aufstieg des Bebop ihnen den Tanzboden unter den Füßen weggezogen hatten, kehrten die Big Bands in den fünfziger Jahren mit den revitalisierten Basie- und Ellington-Ensembles wieder auf die Szene zurück. Aber das Swing-Publikum war verschwunden. Statt dessen inspirierten die Lektionen der *Birth of the Cool*-Aufnahmen einen orchestralen Jazz, in dem die Instrumente als subtile Farbwerte eingesetzt wurden, anstatt, wie im »Savoy Ballroom« der dreißiger Jahre, kraftvolle Riffs auszutauschen. Der neue Big-Band-Jazz nahm Elemente des zeitgenössischen Jazz, gelegentlich auch der Rockmusik, auf und machte Anleihen bei der europäischen Klassik. Der *Birth of the Cool*-Arrangeur Gil Evans und sein Antipode, der impulsive Charles Mingus, beide auf unterschiedliche Weise von Ellington beeinflußt, waren die führenden Köpfe dieser Entwicklung. Andere, wie Stan Kenton, ließen sich von der modernen E-Musik inspirieren, oder, wie Charlie Haden und Carla Bley, von Ornette Coleman und dem Free Jazz.

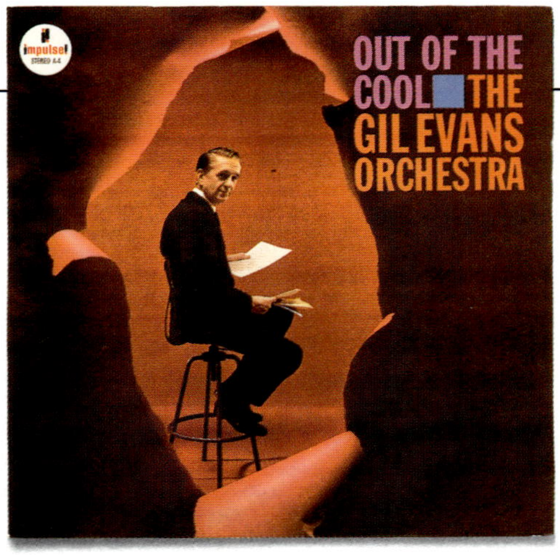

The Gil Evans Orchestra

OUT OF THE COOL

Aufnahmedatum: 1960
Label: Impulse
Musiker: Gil Evans *Klavier, Arrangement,* John Coles, Phil Sunkel *Trompete,* Jimmy Knepper, Keg Johnson *Posaune,* Tony Studd *Baßposaune,* Bill Barber *Tuba,* Budd Johnson *Tenor- und Sopransaxophon,* Eddie Caine, Ray Beckenstein *Altsaxophon, Flöte, Piccolo,* Bob Tricarico *Fagott, Flöte, Piccolo,* Ray Crawford *Gitarre,* Ron Carter *Baß,* Elvin Jones, Charlie Persip *Schlagzeug, Perkussion*
Titel: La Nevada • Where Flamingos Fly • Bilbao • Stratusphunk • Sunken Treasure
Kommentar: Der subtile Gil Evans von seiner besten Seite: dramatisch, rätselhaft, so originell wie die besten Jazzgruppen der Zeit.

Carla Bley

ESCALATOR OVER THE HILL

Aufnahmedatum: 1968–71
Label: J.C.O.A./Virgin
Musiker: u. a. Carla Bley *Tasteninstrumente,* Don Cherry, Michael Mantler *Trompete,* Roswell Rudd *Posaune,* Jimmy Lyons *Altsaxophon,* Gato Barbieri *Tenorsaxophon,* John McLaughlin *Gitarre,* Charlie Haden, Jack Bruce *Baß,* Paul Motian *Schlagzeug, Perkussion,* Linda Ronstadt *Gesang*
Titel: u. a. Hotel Overture • This Is Here • Like Animals • Escalator Over the Hill • Stay Awake • Businessmen • Why • Detective Writer Daughter • Over Her Head • Little Pony Soldier • Oh Say Can You Do? • A.I.R. • Rawalpindi Blues
Kommentar: Ambitioniertes opernartiges Werk für eine Big Band, die durch eindrucksvolle Auftritte von Gästen wie John McLaughlin, Jack Bruce, Don Cherry und der Popsängerin Linda Ronstadt unterstützt wird. Carla Bleys von Gil Evans beeinflußter Sound ist einmalig.

Charlie Haden

LIBERATION MUSIC ORCHESTRA

Aufnahmedatum: 1969
Label: Impulse
Musiker: Charlie Haden *Baß,* Michael Mantler *Trompete,* Don Cherry *Kornett,* Roswell Rudd *Posaune,* Bob Northern *Horn,* Howard Johnson *Tuba,* Dewey Redman *Tenor- und Altsaxophon,* Gato Barbieri *Tenorsaxophon,* Perry Robinson *Klarinette,* Carla Bley *Orgel, Klavier,* Sam Brown *Gitarre, tansanische Gitarre, Daumenklavier,* Paul Motian, Andrew Cyrille *Schlagzeug, Perkussion*
Titel: The Introduction • Song of the United Front • El Quinto Regimento • Los Quatro Generales • The Ending of the First Side • Song for Che • War Orphans • Interlude • Circus 68, 69 • We Shall Overcome
Kommentar: Enthält bewegende Interpretationen von Liedern aus dem spanischen Bürgerkrieg und eines Ornette-Coleman-Themas. Carla Bleys Kooperation mit Haden auf dieser Platte inspirierte *Escalator.*

The Don Ellis Orchestra

ELECTRIC BATH

Aufnahmedatum: 1968
Label: CBS
Musiker: Don Ellis, Glenn Stuart, Alan Weight, Ed Warren, Bob Harmon *Trompete,* Ron Myers, Dave Sanchez, Terry Woodson *Posaune,* Ruben Leon, Joe Roccisano *Alt- und Sopransaxophon, Flöte,* Ira Schulman *Tenorsaxophon, Flöte, Piccolo, Klarinette,* Ron Starr, *Tenorsaxophon, Flöte, Klarinette,* John Magruder *Baritonsaxophon, Flöte, Baßklarinette,* Mike Lang, *Klavier, Clavinet, Fender-Rhodes,* Ray Neapolitan *Baß, Sitar,* Frank De La Rosa, Dave Parlato *Baß,* Steve Bohannon *Schlagzeug,* Chino Valdes *Congas, Bongos,* Mark Stevens *Timbales, Vibraphon, Perkussion,* Alan Estes *Perkussion*
Titel: Indian Lady • Alone • Turkish Bath • Open Beauty • New Horizons
Kommentar: Pulsierende Klänge und leuchtende Texturen in einer Mixtur von Jazz und Neuer Musik.

Charles Mingus, der Titan des Kontrabasses, entwickelte einen guten Teil seiner Musik in einer Workshop-Atmosphäre. Mingus' Musik spiegelte sein impulsives Temperament wider, doch auch wenn die Texturen seiner Musik rauher sind, so ist sie doch mit der Ellingtons vergleichbar.

Charles Mingus

THE BLACK SAINT AND THE SINNER LADY

Aufnahmedatum: 20. Januar 1963
Label: Impulse
Musiker: Charles Mingus *Baß, Klavier,* Rolf Ericson, Richard Williams *Trompete,* Quentin Jackson *Posaune,* Don Butterfield *Tuba, Kontrabaßposaune,* Charles Mariano *Altsaxophon,* Dick Hafer *Tenorsaxophon, Flöte,* Jerome Richardson *Sopransaxophon, Flöte,* Jaki Byard *Klavier,* Jay Berliner *Gitarre,* Dannie Richmond *Schlagzeug*
Titel: Track A – Solo Dance • Track B – Duet Solo Dancers • Track C – Group Dancers • Mode D – Trio and Group Dancers • Mode E – Single Solos and Group Dance • Mode F – Group and Solo Dance
Kommentar: Mingus nahm jede erdenkliche Ensembletechnik und revitalisierte sie durch neue rhythmische Ideen, Instrumentierungen und Texturen. Diese Aufnahme mit ihren eindringlichen Themen ist eine seiner schönsten.

Miles Davis

PORGY AND BESS

Aufnahmedatum: Juli–August 1958
Label: CBS
Musiker: Miles Davis *Trompete, Flügelhorn,* Gil Evans *Arrangement,* Louis Mucci, Ernie Royal, John Coles, Bernie Glow *Trompete,* Jimmy Cleveland, Joseph Bennett, Dick Hickson, Frank Rehak *Posaune,* John »Bill« Barber *Tuba,* Julian Adderley, Danny Banks *Saxophon,* Willie Ruff, Julius B. Watkins, Gunther Schuller *Horn,* Phil Bodner, Romeo Penque, Jerome Richardson *Flöte,* Paul Chambers *Baß,* Philly Joe Jones, Jimmy Cobb *Schlagzeug*
Titel: The Buzzard Song • Bess You Is My Woman Now • Gone • Gone, Gone, Gone • Summertime • Bess, Oh Where's My Bess • Prayer (Oh Doctor Jesus) • Fishermen, Strawberry and Devil Crab • My Man's Gone Now • It Ain't Necessarily So • Here Come de Honey Man • I Loves You, Porgy • There's a Boat that's Leaving Soon for New York
Kommentar: Gil Evans entwarf einige concertoartige Stücke für Miles Davis' grüblerische Trompete. Dieses berühmte Werk gibt den Gershwin-Originalen härtere und schärfere Konturen.

Stan Kenton

NEW CONCEPTS OF ARTISTRY IN RHYTHM

Aufnahmedatum: September 1952
Label: Capitol
Musiker: Stan Kenton *Klavier,* Conte Candoli, Buddy Childers, Maynard Ferguson, Don Dennis, Ruben McFall *Trompete,* Bob Fitzpatrick, Keith Moon, Frank Rosolino, Bill Russo *Posaune,* George Roberts *Baßposaune,* Lee Konitz, Vinnie Dean *Altsaxophon,* Richie Kamuca, Bill Holman *Tenorsaxophon,* Bob Gioga *Baritonsaxophon,* Sal Salvador *Gitarre,* Don Bagley *Baß,* Stan Levey *Schlagzeug,* Derek Walton *Congas,* Kay Brown *Gesang*
Titel: Prologue • Portrait of a Count • Young Blood • Frank Seaking • 23°N. – 82°W. • Taboo • Lonesome Train • Invention for Guitar and Trumpet • My Lady • Swing House • Improvisation • You Go to My Head
Kommentar: Eine typische Kenton-Platte mit »progressiver« Musik, mit einer Verbindung dissonanter Texturen, klassischer und Jazz-Elemente.

Modaler Jazz

Die rigiden Akkordprogressionen des Bebop hatten zur Folge, daß noch das ekstatischste Solo sich an sehr klaren Wegmarken orientieren mußte, und manchmal hörte es sich so an, als versuchten Musiker, die Arbeit eines ganzen Lebens in die Musik eines einzigen Abends zu zwängen. In den frühen fünfziger Jahren suchten viele Jazzer nach anderen Grundlagen der Improvisation. Der Komponist und ehemalige Schlagzeuger George Russell schrieb das *Lydian Chromatic Concept of Tonal Organization,* das beschrieb, wie Soli auf der Basis von Skalen verschiedener Ausgangspunkte und Zusammensetzung – sogenannten »Modi«, jeder mit einem spezifischen Sound – anstelle von Akkorden konstruiert werden können. Wenn Bebop-Soli sich wie Billardkugeln bewegten, die bei jedem Akkord eine überraschende neue Wendung nahmen, so waren modale Soli in sanfteren Kurven geformt, da sich die zugrundeliegende Struktur seltener änderte. Das Ergebnis war eine meditative, tranceartige Musik. Der modale Jazz bot somit in der Lockerung der Jazzstrukturen eine eingängigere Alternative zum Free Jazz, doch viele Spieler kombinierten ältere und neuere Verfahren.

John Coltrane
A LOVE SUPREME

Aufnahmedatum: Dezember 1964
Label: Impulse
Musiker: John Coltrane *Tenorsaxophon,* McCoy Tyner *Klavier,* Jimmy Garrison *Baß,* Elvin Jones *Schlagzeug*
Titel: Acknowledgment • Resolution • Pursuance • Psalm
Kommentar: Modale Musik an die Grenze getrieben, mit einer rohen Gewalt in Coltranes Sound, der an die *chanted sermons* der schwarzen Kirche und *field hollers* denken läßt. Eine großartige Aufnahme im Grenzgebiet von modalem und Free Jazz, von der Aggressivität von *Pursuance* bis zur ruhigen Kraft von *Psalm.*

McCoy Tyner
THE REAL McCOY

Aufnahmedatum: 1967
Label: Blue Note
Musiker: McCoy Tyner *Klavier,* Joe Henderson *Tenorsaxophon,* Ron Carter *Baß,* Elvin Jones *Schlagzeug*
Titel: Passion Dance • Contemplation • Four by Five • Search for Peace • Blues on the Corner
Kommentar: Obwohl diese Platte in einer schwierigen Zeit für ihn entstand, ist sie eine von Tyners besten. Die Musik ähnelt der, die er mit Coltrane schuf, ist aber von weniger eindimensionaler Besessenheit. Die Intensität des Pianisten im Umgang mit modalem Material, die Originalität Hendersons und ein vielfältiges Material machen die Platte zu einem Klassiker.

Herbie Hancock
MAIDEN VOYAGE

Aufnahmedatum: 1965
Label: Blue Note
Musiker: Herbie Hancock *Klavier,* Freddie Hubbard *Trompete,* George Coleman *Tenorsaxophon,* Ron Carter *Baß,* Tony Williams *Schlagzeug*
Titel: Maiden Voyage • The Eye of the Hurricane • Little One • Survival of the Fittest • Dolphin Dance
Kommentar: Der Klaviervirtuose Herbie Hancock tauchte auf der Jazzszene auf, als der modale Jazz bereits in voller Blüte stand. Seine Musik verband Modi, funky Akkorde und vorzügliche Kompositionen. Zwei von Hancocks elegant-beweglichsten Stücken sind hier zu hören: das Titelstück und *Dolphin Dance.*

John Coltrane
MY FAVORITE THINGS

Aufnahmedatum: 1960
Label: Atlantic
Musiker: John Coltrane *Sopran- und Tenorsaxophon,* McCoy Tyner *Klavier,* Steve Davis *Baß,* Elvin Jones *Schlagzeug*
Titel: My Favorite Things • Every Time We Say Goodbye • Summertime • But Not for Me
Kommentar: Das Titelstück dieser Platte, eine der populärsten und meistimitierten modalen Improvisationen, wird entwickelt, indem Coltrane nicht den Akkorden des Rodgers/Hammerstein-Songs folgt, sondern einem Ostinato aus zwei Akkorden McCoy Tyners, über das er modal improvisiert.

Miles Davis
MILESTONES

Aufnahmedatum: 1958
Label: CBS
Musiker: Miles Davis *Trompete,* Julian »Cannonball« Adderley *Altsaxophon,* John Coltrane *Tenorsaxophon,* Red Garland *Klavier,* Paul Chambers *Baß,* Philly Joe Jones *Schlagzeug*
Titel: Dr. Jekyll • Sid's Ahead • Two Bass Hit • Milestones • Billy Boy • Straight, No Chaser
Kommentar: Ist auch *Kind of Blue* das bekannteste Beispiel früher Miles-Modalität, so ging ihm doch das leicht swingende, auf zwei Skalen aufgebaute *Milestones* voraus – und sofort wurde die Jazzimprovisation schlanker, luftiger, virtuoser.

Bill Evans Trio
EVERYBODY DIGS BILL EVANS

Aufnahmedatum: 1958
Label: Riverside
Musiker: Bill Evans *Klavier,* Sam Jones *Baß,* Philly Joe Jones *Schlagzeug*
Titel: Minority • Young and Foolish • Lucky to Be Me • Night and Day • Epilogue • Tenderly • Peace Piece • What Is There to Say? • Oleo • Epilogue
Kommentar: Evans, einer der lyrischsten, romantischsten, introvertiertesten und einflußreichsten Jazzpianisten, mit Musik, die die Grundsteine für *Kind of Blue* legte. *Peace Piece,* eine schöne Ballade, die während der Aufnahmesession komponiert wurde, basiert auf den Skalen, die auf Miles Davis' klassischer Platte zu *Flamenco Sketches* wurden.

Pharoah Sanders
JEWELS OF THOUGHT

Aufnahmedatum: 1969
Label: Impulse
Musiker: Pharoah Sanders *Tenorsaxophon, Kontrabaßklarinette, Bambusflöte, afrikanisches Daumenklavier, Röhrenglocken, Perkussion,* Lonnie Liston Smith *Klavier, afrikanisches Daumenklavier, afrikanische Flöte, Perkussion,* Cecil McBee, Richard Davis *Baß, Perkussion,* Idris Muhammad *Schlagzeug, Perkussion,* Roy Haynes *Schlagzeug,* Leon Thomas *Gesang, Perkussion*
Titel: Hum-Allah-Hum-Allah-Hum Allah • Sun in Aquarius (Part 1) • Sun in Aquarius (Part 2)
Kommentar: Sanders wandelte in den späten Sechzigern in den Fußstapfen Coltranes und Albert Aylers. Sein Saxophon verströmte eine beängstigende Energie. Die Stücke sind voller afrikanischer Allusionen, noch verstärkt durch die bemerkenswerte afrikanische Jodel-Technik von Leon Thomas.

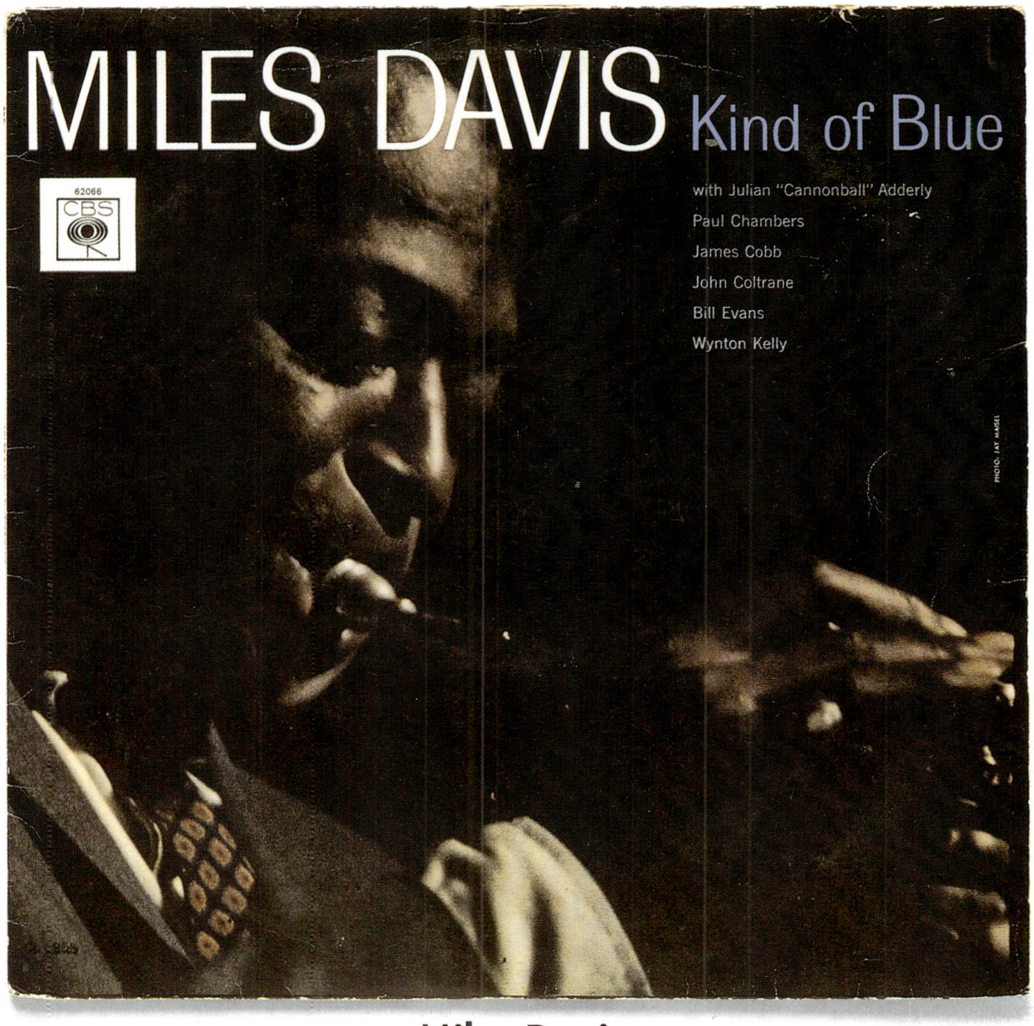

Miles Davis
KIND OF BLUE

Aufnahmedatum: März–April 1959
Label: CBS
Musiker: Miles Davis *Trompete,* Julian Adderley *Altsaxophon,* John Coltrane *Tenorsaxophon,* Bill Evans, Wynton Kelly *Klavier,* Paul Chambers *Baß,* James Cobb *Schlagzeug*
Titel: So What • Freddie Freeloader • Blue in Green • All Blues • Flamenco Sketches
Kommentar: Eine der hypnotischsten und zeitlosesten aller Jazzplatten: ein Klassiker des modalen Jazz mit großen Solisten, die erste Schritte auf einem neuen Terrain wagen.

Latin Jazz

Afrikanische Rhythmen gingen in Amerika in verschiedenen Regionen und auf verschiedene Weise in den Untergrund. Voodoo-Tänze, Ahnenkult und Arbeitslieder trafen in amerikanisch, spanisch, portugiesisch, französisch oder englisch dominierten Gesellschaften auf Ablehnung oder Duldung und tauchten in gewandelten Formen neu auf. Der Jazz-Beat ist oft in Dreiereinheiten untergliedert, aber in Lateinamerika – zumal auf Kuba und in Brasilien – sind Tanzrhythmen in Paaren von Schlägen organisiert, auf die die Akzente unregelmäßig verteilt sind (BA-ba, ba-BA, ba-ba, BA-ba). Dieses Latin-Feeling artikulierte sich in manchem Jazz der dreißiger Jahre, verbreitete sich aber rasch, nachdem Dizzy Gillespie 1947 den sensationellen kubanischen Trommler Chano Pozo engagiert hatte. Seitdem ist Jazz mit jener gewissen Prise Latin immer populär gewesen, erlebte in den Sechzigern mit dem Jazz-Samba-Kult einen Boom und färbte kräftig die Fusion-Rhythmen des darauffolgenden Jahrzehnts.

Tito Puente

IN PUERTO RICO

Aufnahmedatum: 1960
Label: Tico
Musiker: Tito Puente, *Perkussion, Vibraphon, Arrangement* mit Orchester
Titel: Pa Borinquen • El Paso • Quisiera Olividarte • Cancion de la Serrania • Vega Baja • El Que Usted Conoce • Babarabatiri • Morena • Romance del Campesino
Kommentar: Tito Puente gründete in den vierziger Jahren seine erste Band und spielt mit der Authentizität des *Santeria*-Priesters, der er ist. Diese Live-Aufnahme fängt die ekstatische Energie eines Salsa ein.

Poncho Sanchez

SONANDO

Aufnahmedatum: August 1982
Label: Concord Picante
Musiker: Poncho Sanchez *Congas, Perkussion*, Steven Huffsteter *Trompete*, Mark Levine *Posaune*, Gary Foster *Altsaxophon, Flöte*, Dick Mitchell *Tenorsaxophon, Flöte*, Charlie Otwell *Klavier*, Tony Banda *Baß*, Ramon Banda *Timbales, Schlagzeug*, Luis Conte *Perkussion*, Jose Perico Hernandez *Gesang*
Titel: A Night in Tunisia • Sonando • The Summer Knows • Con Tres Tambores Bata un Quinto y un Tumbador • Este Son • Almendra • Sueño • Cal's Pals • Peruchín
Kommentar: Sanchez legt auf dieser ersten Platte als Leader neben Cha-Chas, Boleros und Salsa-Nummern eine Mambo-Version von *A Night in Tunisia* vor.

Wayne Shorter

NATIVE DANCER

Aufnahmedatum: 1975
Label: Columbia
Musiker: u. a. Wayne Shorter *Tenor- und Sopransaxophon*, Milton Nascimento *Gesang*, Herbie Hancock, Wagner Tiso *Tasteninstrumente*, David Amaro *Gitarre*, Roberto Silva *Schlagzeug*, Airto Moreira *Perkussion*
Titel: Ponta de Areia • Beauty and the Beast • Tarde • Miracle of the Fishes • Diana • From the Lonely Afternoons • Ana Maria • Lilia • Joanna's Theme
Kommentar: Milton Nascimentos leichter, schwebender Gesang und seine magisch-melodischen Kompositionen treffen bei dieser Samba-Session auf Shorters ungewöhnliche Phrasierung und seinen leicht melancholischen Tenorsound: ein Meilenstein in der Fusion von brasilianischer Musik und Jazz.

Hermeto Pascoal

SLAVES MASS

Aufnahmedatum: 1976
Label: Warner Bros.
Musiker: Hermeto Pascoal *Tasteninstrumente, Sopransaxophon, Flöten, Gitarre, Gesang*, Raoul de Souza *Posaune, Gesang*, David Amaro *Gitarre*, Ron Carter, Alphonso Johnson *Baß*, Chester Thompson *Schlagzeug*, Airto Moreira *Schlagzeug, Perkussion*, Flora Purim, Hugo Fattoruso, Laudir de Olivera, Airto Moreira *Gesang*
Titel: Mixing Pot • Slaves Mass • Little Cry for Him • Cannon • Just Listen • That Waltz • Cherry Jam
Kommentar: Der brasilianische Multi-Instrumentalist Pascoal ist ein eifriger Klangtüftler: Auf dieser Platte ist neben seinem Protegé Moreira das Grunzen von Ferkeln zu hören.

Chick Corea

RETURN TO FOREVER

Aufnahmedatum: 2.–3. Februar 1972
Label: ECM
Musiker: Chick Corea *E-Piano*, Joe Farrell *Flöten, Sopransaxophon*, Stanley Clarke *Baß*, Airto Moreira *Schlagzeug*, Flora Purim *Gesang, Perkussion*
Titel: Return to Forever • Crystal Silence • What Game Shall We Play Today • Sometime Ago-la Fiesta
Kommentar: Die erste – und beste – Ausgabe von *Return to Forever*: Flora Purims schwebend reiner Gesang und Coreas glitzernde Klavierfiguren tanzen über dem afrobrasilianischen Beat Moreiras.

Machito

THE WORLD'S GREATEST LATIN BAND

Aufnahmedatum: 1988
Label: GNP Crescendo
Musiker: Machito *Gesang, Leader*; Orchester mit u. a. Jimmy Zito *Trompete*, Graciella *Gesang*
Titel: El Columpio • Tenderly • Ayer lo vi Llorar • Mi Otoño • Todo Es • Bernie's Tune • Jamaicuba • Moonlight in Vermont • Alma con Alma • Almendra • Pent-up House
Kommentar: Machito leitete eine der ersten Latin-Bands, die Bop-Einflüsse aufnahm.

Mongo Santamaria

MONGO

Aufnahmedatum: Mai 1959
Label: Fantasy
Musiker: Mongo Santamaria *Schlagzeug*, Francisco Aquabella *Schlagzeugarrangement*, Jose »Chombo« Silva *Tenorsaxophon*, Paul Horn *Flöte*, Vince Guaraldi *Klavier*, Cal Tjader *Vibraphon*, Emil Richards *Marimba*, Al McKibbon *Baß*, Armando Peraza, Willie Bobo, Juan Cheda, Carlos Vidal *Perkussion*, Jose Gamboa *Gesang, Tres*
Titel: Afro Blue • Che-que-re-que-che-que • Rezo • Ayenye • Onyaye • Bata • Meta • Rhumba • Chano Pozo • Los Conguitos • Monte Adentro • Imaribayo • Mazacote
Kommentar: Mongo Santamaria war der nächste große Latin-Jazz-Star nach Chano Pozo. Er beeinflußte Chick Corea und viele andere. Das Dancefloor-Vibraphon-Idol Cal Tjader ist hier ebenso zu hören wie der großartige »Chombo« Silva, aber im Vordergrund stehen die dichten Perkussionsgewebe. Herausragend ist *Mazacote.*

Stan Getz / Charlie Byrd

JAZZ SAMBA

Aufnahmedatum: 13. Februar 1962
Label: Verve
Musiker: Stan Getz *Tenorsaxophon*, Charlie Byrd *Gitarre*, Gene Byrd *Baß, Gitarre*, Keter Betts *Baß*, Buddy Deppenschmidt, Bill Reichenbach *Schlagzeug*
Titel: Desafinado • Samba Dees Days • O Pato • Samba Triste • Samba de Uma Nota Só • E Luxo So • Baia
Kommentar: Mit dem Jazz-Samba-Boom der frühen Sechziger traf Latin auf den Cool Jazz. Die wichtigste Stimme dabei war der weiche, fragile Sound von Stan Getz' Lester-Young-inspiriertem Saxophon: von den fünfziger bis zu den siebziger Jahren eine der bewegendsten und meistimitierten Saxophonfarben. *Desafinado* wurde zum Hit, ebenso wie das nachfolgende *Girl from Ipanema* mit der Sängerin Astrud Gilberto. Obwohl diese Stücke manchmal durch den Vergleich mit späteren, lärmenderen, zupackenderen Versionen von Latin Jazz verunglimpft worden sind, ist Getz' Spiel trotz seiner Zurückhaltung phantasievoll, und die Themen sind ein Genuß. Nur die Rhythmusgruppe, die einen minimalistischen coolen Shuffle spielt, läßt die Energie der Latin-Musik vermissen.

Fusion

Die Rockmusik entsprang den gleichen Wurzeln wie der Jazz 40 Jahre vor ihr; doch in den sechziger Jahren war der Jazz in die hinteren Ränge der Publikumsgunst abgedrängt worden. Nicht, daß es keine phänomenalen Musiker mehr gegeben hätte – Miles Davis, John Coltrane, Thelonious Monk, Charles Mingus, Ornette Coleman und zahllose mehr –, die immer noch auf ihre Weise zeitlose Musik machten. Aber das große Publikum war verschwunden, und die Rockmusik wurde ihrerseits gegen 1965 zunehmend raffiniert, komplex und, in manchen Händen, improvisatorisch. Die großen Plattenfirmen wurden nervös, was ihre Jazzkünstler anging, und ermutigten sie, mit Jazz-Rock-Zwittern zu experimentieren. Doch kamen solche Trends nicht allein aus den Buchhaltungsabteilungen. Jene Musiker, die nicht daran glaubten, daß die hochenergetische frei improvisierte Musik der Sechziger dem Jazz wirklich neue Vitalität verliehen hatte, hörten das Feuer, das sie suchten, in der Rock- und Soul-Musik, nahmen deren Klänge auf – und hatten damit teilweise große Hits.

Herbie Mann

MEMPHIS UNDERGROUND

Aufnahmedatum: 1969
Label: Atlantic
Musiker: Herbie Mann *Flöte*, Bobby Emmons, Bobby Wood *Tasteninstrumente*, Larry Coryell, Sonny Sharrock, Reggie Young *Gitarre*, Tommy Cogbill, Mike Leech, Miroslav Vitous *Baß*, Roy Ayers *Vibraphon*, Gene Christman *Schlagzeug*
Titel: Memphis Underground * New Orleans * Hold On I'm Comin' * Chain of Fools * Battle Hymn of the Republic
Kommentar: Wichtige Fusion-Platte mit Flöte und Vibraphon, die noch 25 Jahre später frisch klingt.

Herbie Hancock

HEAD HUNTERS

Aufnahmedatum: 1973
Label: CBS
Musiker: Herbie Hancock *Fender-Rhodes-Klavier, Hohner D6 Clavinet, ARP Odyssey- und Soloist Synthesizer*, Bennie Maupin *Sopran- und Tenorsaxophon, Baßklarinette, Altflöte*, Paul Jackson *Baß*, Marimbula, Harvey Mason *Schlagzeug*, Bill Summers *Perkussion*
Titel: Chameleon * Watermelon Man * Sly * Vein Melter
Kommentar: Jazzplatte der Siebziger mit Rekordverkaufszahlen; enthält wenig Improvisation, aber eingängige Themen wie das viel nachgespielte *Chameleon*, E-Baß-Riffs, um die Fenster zum Klirren zu bringen, Wah-Wah-Effekte und Perkussionssalven.

Dreams

DREAMS

Aufnahmedatum: 1970
Label: CBS
Musiker: Randy Brecker *Trompete, Flügelhorn*, Barry Rogers *Posaune, Wagner-Tuba*, Michael Brecker *Tenorsaxophon, Flöte*, Jeff Kent *Tasteninstrumente, Gitarre, Gesang*, John Abercrombie *Lead-Gitarre*, Doug Lubahn *Baß, Gesang*, Billy Cobham *Schlagzeug, Perkussion*, Edward Vernon *Gesang*
Titel: Devil Lady * 15 Miles to Provo * The Maryanne * Holli Be Home * Try Me * Dream Suite * New York
Kommentar: Die kreativen und einflußreichen *Dreams*, eine der ersten Fusion-Bands, wurden von den Brecker-Brüdern und Billy Cobham gegründet, alle drei Musiker, die sich von Rhythm and Blues und Soul ebenso angezogen fühlten wie vom Jazz.

The Mahavishnu Orchestra

THE INNER MOUNTING FLAME

Aufnahmedatum: 1971
Label: CBS
Musiker: John McLaughlin *Gitarre*, Jan Hammer *E-Klavier*, Jerry Goodman *Violine*, Rick Laird *Baß*, Billy Cobham *Schlagzeug*
Titel: Meetings of the Spirit * Dawn * The Noonward Race * A Lotus on Irish Streams * Vital Transformation * The Dance of Maya * You Know You Know * Awakening
Kommentar: Der britische Gitarrist John McLaughlin verdiente seine ersten Sporen in Rhythm-and-Blues-Bands, spielte bei Miles Davis und gründete dann dieses mächtige Quintett mit dem lautstark-funkigen Schlagzeug Cobhams, Goodmans countrygetönter Violine und Anklängen an indische Musik.

The Tony Williams Lifetime
EMERGENCY!

Aufnahmedatum: 1969
Label: Polydor
Musiker: Tony Williams *Schlagzeug*, Larry Young *Orgel*, John McLaughlin *Gitarre*
Titel: Emergency • Beyond Games • Where • Vashkar • Via the Spectrum Road • Spectrum • Sangria for Three • Something Spiritual
Kommentar: Williams, einer der avanciertesten Jazz-Schlagzeuger, gründete diese vitale, kompromißlose Fusion-Band, nachdem er die Miles-Davis-Band verlassen hatte.

Donald Byrd
BLACK BYRD

Aufnahmedatum: 1973
Label: Blue Note
Musiker: u. a. Donald Byrd *Trompete*, Larry Mizell *Produzent, Arrangement*
Titel: Flight Time • Black Byrd • Love's So Far Away • Mr. Thomas • Sky High • Slop Jar Blues • Where Are We Going?
Kommentar: Die Antwort des Hard-Bop-Trompeters Donald Byrd auf Motown, Gospel und James Brown, mit den Markenzeichen der einflußreichen Mizell-Brüder.

Weather Report
I SING THE BODY ELECTRIC

Aufnahmedatum: 1971–72
Label: CBS
Musiker: Wilmer Wise *D- und Piccolo-Trompete*, Andrew White *Englischhorn*, Wayne Shorter *Holzblasinstrumente*, Hubert Laws Jr. *Flöte*, Josef Zawinul *elektrische und akustische Tasteninstrumente*, Ralph Towner *zwölfsaitige Gitarre*, Miroslav Vitous *Baß*, Eric Gravatt *Schlagzeug*, Dom Um Romao *Perkussion*, Yolande Bavan, Joshie Armstrong, Chapman Roberts *Gesang*
Titel: Unknown Soldier • The Moors • Crystal • Second Sunday in August • Medley: Vertical Invader, T. H., Dr. Honoris Causa • Surucucu • Directions
Kommentar: *Weather Report* revolutionierte den Gebrauch elektrischer Instrumente im Jazz und die Entwicklung eines lebendigen Fusion-Ensemblestils, in dem Komposition und Improvisation ineinander verflochten sind. Dies war ihre zweite Platte, mit u. a. Miroslav Vitous und Dom Um Romao.

Miles Davis
BITCHES BREW

Aufnahmedatum: 1969
Label: CBS
Musiker: Miles Davis *Trompete*, Wayne Shorter *Sopransaxophon*, Bennie Maupin *Baßklarinette*, Chick Corea, Joe Zawinul, Larry Young *E-Piano*, John McLaughlin *Gitarre*, Harvey Brooks *E-Baß*, Dave Holland *Baß*, Lenny White, Jack DeJohnette, Charles Alias, *Schlagzeug*, Jim Riley *Perkussion*
Titel: Pharaoh's Dance • Bitches Brew • Spanish Key • John McLaughlin • Miles Runs the Voodoo Down • Sanctuary
Kommentar: Die einflußreichste aller Fusion-Platten der späten Sechziger, zudem eine, in der damit begonnen wird, die Studiotechnik ebenso kreativ wie andere musikalische Techniken zu verwenden. Davis löst die Trennung zwischen *frontline* und Rhythmusgruppe noch weiter auf und verwandelt die gesamte Band in einen unermüdlichen Generator funkiger Rhythmustexturen, aus denen Solisten geistergleich auftauchen und wieder verschwinden. Die Platte wirkt noch heute stimmungsvoll, mitreißend und lebendig.

Aufklappbare Plattenhülle

In the tradition

Gegen Anfang der achtziger Jahre kehrten Traditionen des akustischen Jazz, die gut 15 Jahre lang vernachlässigt worden waren, triumphal zurück. Alternde Bebop-Größen, die sich schon damit abgefunden hatten, von Club zu Club zu reisen und mühevoll aus der Nostalgie vereinzelter Jazzliebhaber ihren Lebensunterhalt zu bestreiten, fanden ihre Namen wieder in den Schlagzeilen – und sogar auf den Plattenverträgen der großen Firmen. An ihrer Seite wuchsen junge Bebopper auf, die gierig die Lektionen der Veteranen aufsaugten. Der Hard Bop erfreute sich neuer Beliebtheit – wie auch andere Stile und Methoden, die zu früh aufgegeben worden waren, so etwa die akustische Musik eines Miles Davis der sechziger Jahre. Junge Virtuosen strömten aus den Musikhochschulen, vor allem dem Berklee-College in Boston, und wurden sofort von den großen Labels unter Vertrag genommen. Junge Musiker, motiviert von einer neuerwachten Liebe zum Jazz, versiert in den schwierigsten Techniken und in einer Zeit lebend, in der Selbstausdruck nicht mehr unbedingt als Tugend galt, gaben der Faszination, die älteren Stile live zu hören, neue Nahrung, während die Pioniere allmählich abtraten.

The Harper Brothers
REMEMBRANCE

Aufnahmedatum: September 1989
Label: PolyGram
Musiker: Philip Harper *Trompete*, Winard Harper *Schlagzeug*, Justin Robinson *Altsaxophon*, Stephen Scott *Klavier*, Kiyoshi Kitagawa *Baß*
Titel: Introduction by Barbara Hackett • Hodge Podge • In a Way She Goes • Remembrance • Somewhere in the Night • C. B. • Keynote Doctrine • Kiss Me Right • Always Know • Don't Go to Strangers • Umi • Yang
Kommentar: Viele junge Musiker in den achtziger Jahren spielten die richtigen Noten, aber nicht so viele trafen den richtigen Ton. Die *Harper Brothers*, deren Vorbild Art Blakey ist, fangen viel von der ekstatischen Energie des Hard Bop ein.

Dexter Gordon
HOMECOMING

Aufnahmedatum: 11.–12. November 1976
Label: CBS
Musiker: Dexter Gordon *Tenorsaxophon*, Woody Shaw *Trompete, Flügelhorn*, Ronnie Matthews *Klavier*, Stafford James *Baß*, Louis Hayes *Schlagzeug*
Titel: Gingerbread Boy • Little Red's Fantasy • Fenja • In Case You Haven't Heard • It's You or No One • Let's Get Down • Round Midnight • Backstairs
Kommentar: Als Gordon, der Hohepriester des Hard Bop, in die USA zurückkehrte, entfachte er mit dieser Platte, ohne es zu ahnen, die Neo-Bop-Bewegung.

Woody Shaw
LOTUS FLOWER

Aufnahmedatum: 7. Januar 1982
Label: Enja
Musiker: Woody Shaw *Trompete*, Steve Turre *Posaune, Perkussion*, Mulgrew Miller *Klavier*, Stafford James *Baß*, Tony Reedus *Schlagzeug*
Titel: Eastern Joy Dance • Game • Lotus Flower • Rahsaan's Run • Song of Songs
Kommentar: Ein früh verstorbener Trompetenstar der Siebziger und Achtziger mit einer hervorragenden Band. Gute Themen, vorzügliche Gruppeninteraktion und schöne Soli.

Joe Henderson
THE STATE OF THE TENOR, VOL. 2

Aufnahmedatum: 14.–16. November 1985
Label: Blue Note
Musiker: Joe Henderson *Tenorsaxophon*, Ron Carter *Baß*, Al Foster *Schlagzeug*
Titel: Boo Boo's Birthday • Cheryl • Y Ya la Quiero • Soulville • Portrait • The Bead Game
Kommentar: Henderson bewies, daß das Herz des Jazz noch immer die pure melodische Erfindungsgabe ist. Diese Live-Aufnahmen aus dem »Village Vanguard« zeigen, warum Henderson in den achtziger Jahren jenen weltweiten Respekt erlangte, den er heute genießt.

George Adams – Don Pullen Quartet

LIVE AT THE VILLAGE VANGUARD

Aufnahmedatum: 19. August 1983
Label: Soul Note
Musiker: George Adams *Tenorsaxophon*, Don Pullen *Klavier*, Cameron Brown *Baß*, Dannie Richmond *Schlagzeug*
Titel: The Necessary Blues (Thank You Very Much, Mr. Monk) • Solitude • Intentions • Diane
Kommentar: Von 1977 bis 1989 okkupierte dieser Nachkomme von Charles Mingus' Gruppen ein Territorium zwischen Free Jazz und Hard Bop.

Art Blakey and the Jazz Messengers

KEYSTONE 3

Aufnahmedatum: Januar 1982
Label: Concord
Musiker: Art Blakey *Schlagzeug*, Wynton Marsalis *Trompete*, Branford Marsalis *Altsaxophon*, Bill Pierce *Tenorsaxophon*, Donald Brown *Klavier*, Charles Fambrough *Baß*
Titel: In Walked Bud • In a Sentimental Mood • Fuller Love • Waterfalls • A la Mode
Kommentar: Blakey war ein Idol des Bebop-Revivals, und die glühende Energie der *Messengers* ist auf diesem Live-Mitschnitt mit den Marsalis-Brüdern gut zu spüren.

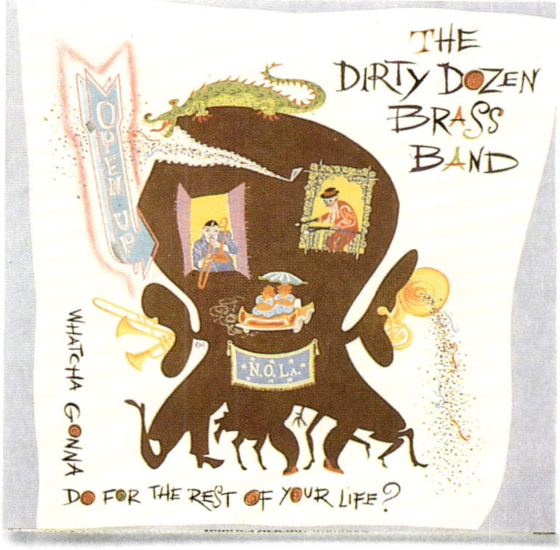

The Dirty Dozen Brass Band

OPEN UP (WHATCHA GONNA DO FOR THE REST OF YOUR LIFE?)

Aufnahmedatum: Januar–April 1991
Label: Columbia
Musiker: Gregory Davis *Trompete, Perkussion*, Efrem Towns *Trompete*, Charles Joseph *Posaune, Tamburin, Gesang*, Kirk Joseph *Sousaphon, Gesang*, Roger Lewis *Sopran- und Baritonsaxophon*, Kevin Harris *Tenorsaxophon, Kuhglocke, Becken*, Raymond Weber *Schlagzeug*, Lionel Batiste *Snare Drum, Kuhglocke, Baßtrommel, High-Hat-Becken*, Jenell Marshall *Baßtrommel, Claves, Snare Drum*
Titel: Use Your Brain • Open Up (Whatcha Gonna Do for the Rest of Your Life?) • The Lost Souls of Southern Louisiana • Deorc Sceadu (Dark Shadow) • Dominique • Charlie Dozen • Song for Lady M. • Remember When • Darker Shadows • Eyomzi
Kommentar: Nicht alle aus der jungen Jazz-Generation wandten sich dem Bop zu. Manche gingen noch weiter zurück, zu den Straßenumzügen und Märschen. Diese quicklebendige Gruppe aus New Orleans verbindet in dieser stürmischen Session all dies mit Bebop, heißestem Funk, Gospel und Cajun-Musik. Die Kompositionen stammen von verschiedenen Bandmitgliedern.

Verschiedene

THE YOUNG LIONS

Aufnahmedatum: 30. Juni 1982
Label: Elektra
Musiker: Bobby McFerrin *Gesang*, Wynton Marsalis *Trompete*, Craig Harris *Posaune*, Paquito D'Rivera *Altsaxophon*, John Purcell *Altsaxophon, Klarinette, Englischhorn, Oboe, Flöte*, Chico Freeman *Tenorsaxophon, Baßklarinette*, Hamiet Bluiett *Baritonsaxophon*, James Newton *Flöte*, Anthony Davis *Klavier*, Jay Hoggard *Vibraphon, Marimba, Balafon*, Kevin Eubanks *Gitarre*, John Blake *Violine*, Abdul Wadud *Violoncello*, Avery Sharpe, Fred Hopkins *Baß*, Ronnie Burrage *Schlagzeug*, Daniel Ponce *Perkussion*
Titel: B.'n' W. • Mariel • Thank You • Maiden Dance • What Ever Happened to the Dream Deferred • Breakin' • Nigerian Sunset • F. M. W. • Pleasant Memories • Endless Flight
Kommentar: Berühmtes Konzert vom 1982er »Kool Jazz Festival« mit 17 jüngeren Musikern in verschiedenen Kombinationen. Der Auftritt bewies, wie technisch versiert die Jungen waren und mit welcher Begeisterung afrikanische und lateinamerikanische Musik integriert wurden. Ein guter Teil dessen, was den Jazz der achtziger Jahre ausmachte, kündigte sich hier an.

Chick Corea
AKOUSTIC BAND

Aufnahmedatum: 1989
Label: GRP
Musiker: Chick Corea *Klavier*, John Patitucci *Baß*, Dave Weckl *Schlagzeug*
Titel: Bessie's Blues • My One and Only Love • Sophisticated Lady • Autumn Leaves • T. B. C. (Terminal Baggage Claim) • Morning Sprite • Circles • Spain
Kommentar: Der reife, eloquente Lyrismus Coreas in einem lebendigen Trio. Eines der gehaltvollsten Alben eines Künstlers, der sich manchmal von seinen wirklichen Stärken ablenken läßt.

Diane Schuur
IN TRIBUTE

Aufnahmedatum: 1992
Label: GRP
Musiker: Diane Schuur *Gesang, Klavier*, großes Orchester unter Leitung von Alan Broadbent
Titel: Them There Eyes • The Man I Love • God Bless the Child • Sweet Georgia Brown • Guess I'll Hang My Tears Out to Dry • 'Round Midnight • How High the Moon • Body and Soul • Black Coffee • Love for Sale • Sophisticated Lady • The Best Is Yet to Come • Ev'ry Time We Say Goodbye
Kommentar: Eine gospelinspirierte Sängerin voller Kraft und Vitalität, wenn auch gelegentlich durch nichtssagendes Repertoire und schwülstige Arrangements beeinträchtigt. Auf dieser Hommage an zwölf Jazz-Sängerinnen und -Sänger zeigt sie sich von ihrer besten Seite und interpretiert einige klassische Songs.

Wynton Marsalis
MARSALIS STANDARD TIME

Aufnahmedatum: Mai–September 1986
Label: CBS
Musiker: Wynton Marsalis *Trompete*, Marcus Roberts »J. Master« *Klavier*, Robert Leslie Hurst III *Baß*, Jeff »Tain« Watts *Schlagzeug*
Titel: Caravan • April in Paris • Cherokee (2 Takes) • Goodbye • New Orleans • Soon All Will Know • Foggy Day • The Song Is You • Memories of You • In the Afterglow • Autumn Leaves
Kommentar: Mit seinem noblen Ton, seiner verblüffenden Virtuosität und seinem profunden Wissen dominierte Marsalis die Jazz-Renaissance der Achtziger. Hier erkundet er in der Gesellschaft ideal reaktionsschneller, kommunikativer Partner zwölf klassische Songs, darunter ein übersprudelnd schnelles *Caravan* und *Cherokee* mit einem leise umherhuschenden, gedämpften Solo. Diese Platte, ein Höhepunkt der Jazzdiskographie der achtziger Jahre, markiert die halbe Strecke von Marsalis' Reise zurück in die Jazz-Vergangenheit.

Dianne Reeves
DIANNE REEVES

Aufnahmedatum: 1987
Label: Blue Note
Musiker: Dianne Reeves *Gesang*, Freddie Hubbard *Flügelhorn*, Justo Almario *Tenorsaxophon*, Herbie Hancock *Tasteninstrumente*, George Duke *Klavier, Synclavier, TX 816*, Jorge del Barrio *Synclavier-Streicher*, Billy Childs *Klavier*, Paul Jackson *Gitarre*, Stanley Clarke, Tony Dumas, Freddie Washington *Baß*, Tony Williams, Rickey Lawson, Ralph Penland, Leon »Ndugu« Chancler *Schlagzeug*, Paulinho Da Costa, Airto Moreira *Perkussion*
Titel: Sky Island • I'm OK • Better Days • Harvest Time • Never Said (Chan's Song) • Yesterdays • I've Got It Bad and That Ain't Good • That's All
Kommentar: Eine potentielle neue Sarah Vaughan, eine opernhafte Sängerin, die diverse Stile singt, hier mit Größen wie Herbie Hancock und George Duke.

Geri Allen

ETUDES

Aufnahmedatum: 1987
Label: Soul Note
Musiker: Geri Allen *Klavier*, Charlie Haden *Baß*, Paul Motian *Schlagzeug*
Titel: Lonely Woman • Dolphy's Dance • Sandino • Fiasco • Etude II • Blues in Motion • Silence • Shuffle Montgomery • Etude I
Kommentar: *Dolphy's Dance* und Ornette Colemans *Lonely Woman* zeigen eine blendende Pianistin mit einer sanften Intensität, die von Bill Evans und Paul Bley herkommt, aber einem ganz eigenen Formsinn. Charlie Haden und Paul Motian sind ihr immer dicht auf den Fersen.

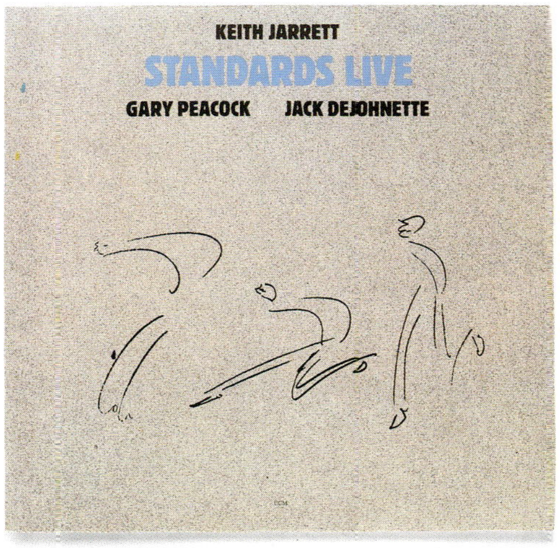

Keith Jarrett / Gary Peacock / Jack DeJohnette

STANDARDS LIVE

Aufnahmedatum: 2. Juli 1985
Label: ECM
Musiker: Keith Jarrett *Klavier*, Gary Peacock *Baß*, Jack DeJohnette *Schlagzeug*
Titel: Stella by Starlight • The Wrong Blues • Falling in Love with Love • Too Young to Go Steady • The Way You Look Tonight • The Old Country
Kommentar: Manche retrospektiven Aufnahmen der Achtziger klangen so, als seien die Spieler von der Vergangenheit überwältigt worden, doch Jarretts völlig persönliche Weiterentwicklung der Methoden des Bill-Evans-Trios ist voller Leben.

29th Street Saxophone Quartet

LIVE

Aufnahmedatum: Juli 1988
Label: Red
Musiker: Ed Jackson, Bobby Watson *Altsaxophon*, Rich Rothenberg *Tenorsaxophon*, Jim Hartog *Baritonsaxophon*
Titel: The Originator • Pannonica • »B.« on the Break • Claudia's Car • Night Dreamer • New Moon • The Halcyon • My Little Suede Shoes
Kommentar: Von den reinen Saxophon-Ensembles, die in den siebziger und achtziger Jahren auftauchten, war das *29th Street*-Quartett eines der kreativsten. Dieser Live-Mitschnitt zeigt es von seiner vitalsten und kommunikativsten Seite.

Cassandra Wilson

BLUE SKIES

Aufnahmedatum: Februar 1988
Label: JMT
Musiker: Cassandra Wilson *Gesang*, Mulgrew Miller *Klavier*, Lonnie Plaxico *Baß*, Terri Lyne Carrington *Schlagzeug*
Titel: Shall We Dance • Polka Dots and Moonbeams • I've Grown Accustomed to His Face • I Didn't Know What Time It Was • I'm Old Fashioned • Sweet Lorraine • My One and Only Love • Autumn Nocturne • Blue Skies
Kommentar: Eine Mischung von kräftigem Soul und Funk mit ambitionierter, Betty-Carter-artiger Phrasierung. Die *M-Base*-Sängerin Cassandra Wilson zollte mit dieser Platte der Jazz-Tradition Tribut; das Titelstück ist ein Klassiker.

Dave Holland Quintet

THE RAZOR'S EDGE

Aufnahmedatum: Februar 1987
Label: ECM
Musiker: Dave Holland *Baß*, Kenny Wheeler *Flügelhorn, Trompete, Kornett*, Steve Coleman *Altsaxophon*, Robin Eubanks *Posaune*, Marvin »Smitty« Smith *Schlagzeug*
Titel: Brother Ty • Vedana • The Razor's Edge • Blues for C. M. • Vortex • 5 Four Six • Wights Waits for Weights • Figit Time
Kommentar: Virtuoser, intelligenter, raffinierter Neo-Bop vom Bassisten mit dem Glockenton, in Sound und Ensemble-Ideen von Charles Mingus beeinflußt, mit einer Gruppe junger Musiker. Diese Aufnahme war eine der besten Synthesen dieses Quintetts von Komposition und Improvisation, frei, aber strukturiert.

Joe Lovano

LANDMARKS

Aufnahmedatum: 13.–14. August 1990
Label: Blue Note
Musiker: Joe Lovano *Tenorsaxophon*, Ken Werner *Klavier*, Joe Abercrombie *Gitarre*, Marc Johnson *Baß*, Bill Stewart *Schlagzeug*
Titel: The Owl and the Fox • Primal Dance • Emperor Jones • Landmarks along the Way • Street Talk • Here and Now • I Love Music • Where Hawks Fly • Thanksgiving • Dig This
Kommentar: In der Band des Gitarristen John Scofield wurde man auf Lovano aufmerksam, der die Subtilität Lester Youngs mit dem Drängen Coltranes und der unberechenbaren Melodik eines Ornette Coleman oder Monk verbindet. Seine Debütplatte für »Blue Note« und ein Höhepunkt des Jazz-Jahrzehnts.

Club Jazz

Der Jazz wuchs mit dem Tanz auf: In den dreißiger Jahren hätte sogar Ellington sein Gesicht verloren, hätte er nicht die Lindy-Hopper in den Ballsälen Harlems zufriedengestellt. In den achtziger Jahren kehrte der Jazz im großen Stil auf die Tanzfläche zurück. Die neue schwarze Musik verband Jazzthemen mit Funk-Grooves. Die Grenzen zwischen DJ, Musiker und Produzent verwischten sich. DJs wie Gilles Peterson, der die folgenden Platten auswählte, legten eine eklektische Mischung von Soul Jazz der Fünfziger und Sechziger, Latin-Standards, Funk und zeitgenössischem Rap auf. Produzenten und Musiker sampelten Fragmente von Jazzklassikern; junge Funk- und Rap-Musiker vertieften sich in die Jazzgeschichte (der Slogan: »Du mußt »Blue Note« hören, um »Def Jam« verstehen zu können«), und Jazzveteranen entdeckten ihre 30 Jahre alten Platten in den persönlichen Hitparaden der Jungen. Wenn auch für die kühnsten Improvisationen hier kein Platz ist, so ist der Club Jazz doch Ausdruck der zeitlosen Kraft dieser Musik.

Willis Jackson

MORE GRAVY

Aufnahmedatum: 1964
Label: Prestige
Musiker: Willis Jackson *Tenorsaxophon*, Frank Robinson *Trompete*, Carl Wilson *Orgel*, Pat Azzara *Gitarre*, Sam Jones *Baß*, Joe Hadrick *Schlagzeug*
Titel: Pool Shark • Somewhere Along the Way • Stuffin' • Nuther'n like Thuther'n • More Gravy • Fiddlin'
Kommentar: »Gator« Jackson, ein schlichter, kräftiger Soul-Jazz-Tenorist, der meist in Orgel-Bands spielte. *Nuther'n like Thuther'n* mit seinem *Watermelon Man*-Groove ist eine unwiderstehliche Tanznummer.

Airto Moreira

SAMBA DE FLORA

Aufnahmedatum: 1988
Label: Montuno
Musiker: u. a. Airto Moreira *Schlagzeug, Perkussion, Gesang, Flöte*, Flora Purim *Gesang*, Jeff Elliott *Trompete*, Raoul de Souza *Posaune*, David Tolegian, Joe Farrell, *Holzblasinstrumente*, Jorge Dalto, Kei Akagi *Tasteninstrumente*, Frank Colon *Berimbau*, Alphonso Johnson, Michael Shapiro, Randy Tico, Keith Jones *Baß*, Tony Moreno *Schlagzeug*, Angel Maldonado, Giovanni Hidalgo, Don Alias, Laudir de Oliveira, Frank Colon, Luiz Muñoz *Perkussion*
Titel: Parana • Samba de Elora • La Puerta • Dedos • Yanah Amina • El Fiasco • Mulambo • Latin Woman
Kommentar: Wenige Perkussionisten können mehr Intensität erzeugen, und die Band ist wie ein einziges Perkussionsensemble.

Art Ensemble of Chicago

LES STANCES A SOPHIE

Aufnahmedatum: 22. Juli 1970
Label: Nessa
Musiker: Lester Bowie *Trompete, Flügelhorn, Perkussion*, Roscoe Mitchell *Sopran-, Alt- und Baßsaxophon, Klarinette, Flöte, Perkussion*, Joseph Jarman *Tenor-, Alt- und Sopransaxophon, Flöte, Perkussion*, Malachi Favors *Kontrabaß und E-Baß, Perkussion*, Fontella Bass *Gesang, Klavier*
Titel: Thème de Yoyo • Thème de Celine • Variations sur un Thème de Monteverdi • Proverbes (2 Takes) • Thème de l'Amour Universel • Thème Libre
Kommentar: Das *Thème de Yoyo* beweist, daß, wenn der Groove stimmt, sogar zu Free-Jazz-Bläsern und wackligem Ensemblespiel getanzt werden kann.

Public Enemy

FEAR OF A BLACK PLANET

Aufnahmedatum: 1989
Label: Def Jam
Musiker: u. a. Chuck D, Flavor Flav, Professor Griff, Terminator X, Ice Cube, Big Daddy Kane
Titel: Brothers Gonna Work It Out • 911 Is a Joke • Welcome to the Terrordome • Meet the G that Killed Me • Pollywanacraka • Anti-Nigger Machine • Burn Hollywood Burn • Power to the People • Who Stole the Soul • Fear of a Black Planet • Revolutionary Generation • Can't do Nuttin' • Reggie Jax • B Side Wins Again • War at 33⅓ • Fight the Power
Kommentar: Ein Einfluß auf den Jazz von heute und morgen: rauher, kompromißloser Rap von einer Band, die so auf den Ghettostraßen zu Hause ist wie Airto in der brasilianischen Sonne. *Fight the Power* – drängend, deklamatorisch, politisch – ist die Hymne.

Funk Incorporated

CHICKEN LICKIN'

Aufnahmedatum: 1972
Label: Prestige
Musiker: Eugene Barr *Tenorsaxophon*, Bobby Watley *Orgel, Gesang*, Steve Weakley *Gitarre*, Jimmy Munford *Schlagzeug, Gesang*, Cecil Hunt *Congas*
Titel: Chicken Lickin' • Running Away • They Trying to Get Me • The Better Half • Let's Make Peace and Stop the War • Jung Bung
Kommentar: Heißer, bluesiger, *Crusaders*-ähnlicher Sound nach der Tenor-Orgel-Formel, mit heulender Gitarre im hitzigen *The Better Half*.

Gang Starr

JAZZ THING

Aufnahmedatum: 1990
Label: CBS
Musiker: Gang Starr: DJ Premier, Guru *Gesang, Samples*; Kenny Kirkland, *Klavier*, Robert Hurst *Baß*, Branford Marsalis *Produzent, Saxophon*
Titel: Jazz Thing • Instrumental
Kommentar: Der Stand des Jazz-Rap von 1990: Die Rap-Gruppe *Gang Starr* trifft auf Neo-Bop-Musiker. Das Titelstück gelobt Treue zu den »Blue Note«-Klassikern und wurde in Spike Lees Jazzfilm *Mo' Better Blues* verwendet.

Galliano

A JOYFUL NOISE UNTO THE CREATOR

Aufnahmedatum: 1992
Label: Talkin Loud
Musiker: u. a. Rob Gallagher, Constantine Weir *Gesang*, Mick Talbot *Tasteninstrumente*, Ernie McKone *Baß*, Crispin Taylor *Schlagzeug*, Crispin Robinson, Michael Snaith *Perkussion*, Valerie Etienne, Carleen Anderson, Omar *Gesang*
Titel: Grounation (Part 1) • Jus' Reach • Skunk Funk • Earth Boots • Phantom • Jazz! • New World Order • So Much Confusion • Totally Together • Golden Flower • Prince of Peace • Grounation (Part 2)
Kommentar: Britischer *dancefloor jazz* von urbanen Rap-Poeten und Funk-Musikern mit Einflüssen aus New York, Jamaika, Afrika und Lateinamerika. *Prince of Peace*, ursprünglich von Pharoah Sanders und Leon Thomas, ist zum Klassiker geworden und verbindet geschmeidigen Soul und geschwätzigen Rap.

Pharoah Sanders

JOURNEY TO THE ONE

Aufnahmedatum: 1980
Label: Theresa
Musiker: Pharoah Sanders *Tenorsaxophon, Tambura, Glöckchen*, Eddie Henderson *Flügelhorn*, John Hicks, Joe Bonner *Klavier und E-Piano*, Mark Isham *Oberheim-Synthesizer*, Carl Lockett, Chris Hayes *Gitarre*, Yoko Ito Gates *Koto*, Paul Arslanian *Harmonium, Windgeläute*, Bedria Sanders *Harmonium*, James Pomerantz *Sitar*, Ray Drummond, John Julks *Baß*, Idris Muhammad, Randy Merrit *Schlagzeug*, Phil Ford *Tablas*, Babatunde *Shekere, Congas*, Vicki Randle, Ngoh Spencer, Donna Dickerson, Bobby McFerrin, Claudette Allen *Gesang*
Titel: Greetings to Idris • Doctor Pitt • Kazuco (Peace Child) • After the Rain • Soledad • You've Got to Have Freedom • Yemenja • Easy to Remember • Think About the One • Bedria
Kommentar: Als sich Pharoah Sanders in den Sechzigern John Coltrane anschloß, hätte niemand gedacht, daß man einmal zu den heiseren, ekstatischen Schreien seines Tenors tanzen würde. Aber in den späten Siebzigern verband er diesen markerschütternden Klang mit einem tanzbaren Beat, und die Kombination eingängiger Melodien mit einem Timbre, das Lichtjahre vom glatten Funk-Tenor entfernt ist, erwies sich als unwiderstehlich – wie man im hymnischen *You've Got to Have Freedom* hört. Das sphärische *Think About the One* strahlt eine kontemplativere Magie aus.

Jack DeJohnette's Special Edition

ALBUM ALBUM

Aufnahmedatum: Juni 1984
Label: ECM
Musiker: Jack DeJohnette *Schlagzeug, Tasteninstrumente*, Howard Johnson *Tuba, Baritonsaxophon*, John Purcell *Alt- und Sopransaxophon*, David Murray *Tenorsaxophon*, Rufus Reid *Baß*
Titel: Ahmad the Terrible • Monk's Mood • Festival • New Orleans Strut • Third World Anthem • Zoot Suite
Kommentar: Großartige Aufnahme einer herausragenden Band. Jack DeJohnette war nicht nur ein Meister des Schlagzeugs, sondern auch einer der kreativsten Bandleader der achtziger Jahre. Eine kraftvolle Kombination von altem Jazz, Funk und Bebop.

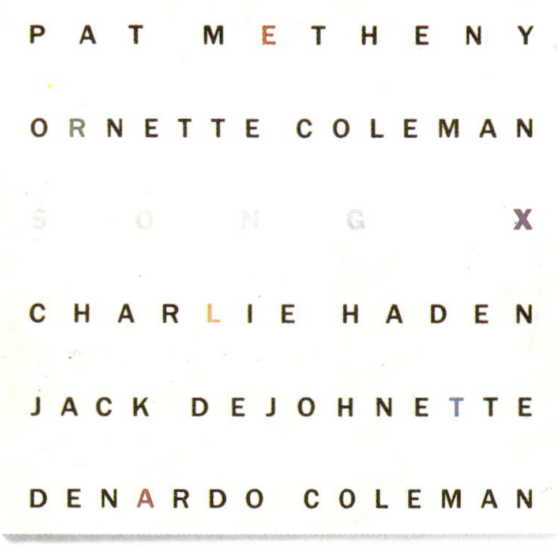

Pat Metheny

SONG X

Aufnahmedatum: 12.–14. Dezember 1985
Label: Geffen
Musiker: Pat Metheny *Gitarre, Gitarrensynthesizer*, Ornette Coleman *Altsaxophon, Violine*, Charlie Haden *Baß*, Jack DeJohnette *Schlagzeug*, Denardo Coleman *Schlagzeug, Perkussion*
Titel: Song X • Mob Job • Endangered Species • Video Games • Kathelin Gray • Trigonometry • Song X Duo • Long Time No See
Kommentar: Diese Koproduktion mit dem Free-Jazz-Altsaxophon-Guru Ornette Coleman überraschte manche Pat-Metheny-Fans. Doch der berühmte Romantiker der Fusion-Gitarre bewies die Vielfalt und die Tiefe seiner Vorlieben, seiner Phantasie, seiner Talente.

Tony Williams

ANGEL STREET

Aufnahmedatum: 4.–6. April 1988
Label: Blue Note
Musiker: Tony Williams *Schlagzeug*, Wallace Roney *Trompete*, Billy Pierce *Tenor- und Sopransaxophon*, Mulgrew Miller *Klavier*, Charnett Moffett *Baß*
Titel: Angel Street • Touch Me • Red Mask • Kiss Me • Dreamland • Only with You • Pee Wee • Thrill Me • Obsession
Kommentar: Einer der kreativsten aller Post-Bop-Schlagzeuger kehrte in den Achtzigern zum Stil der Miles-Davis-Band der sechziger Jahre zurück und erweckte ihn zu neuem Leben. Seine komplexen, hintergründigen Themen tragen wesentlich zum Gelingen dieser Platte bei.

The Bill Frisell Band

LOOKOUT FOR HOPE

Aufnahmedatum: März 1987
Label: ECM
Musiker: Bill Frisell *Gitarre, Banjo*, Kermit Driscoll *Baß*, Hank Roberts *Violoncello, Gesang*, Joey Baron *Schlagzeug*
Titel: Lookout for Hope • Little Brother Bobby • Hang Dog • Remedios the Beauty • Lonesome • Melody for Jack • Hackensack • Little Bigger • The Animal Race • Alien Prints
Kommentar: Obwohl er Bebop gelernt hat, klingt Frisell anders als alle anderen Gitarristen, denn er verbindet Hendrix, die Jazz-Tradition, Filmmusik, Country Rock und viele andere Elemente. Diese Platte ist kein Pastiche, sondern eine wirkliche Synthese von Einflüssen.

John Zorn

SPY VS SPY

Aufnahmedatum: 18.–19. August 1988
Label: Elektra
Musiker: John Zorn, Tim Berne *Altsaxophon*, Mark Dresser *Baß*, Joey Baron, Michael Vatcher *Schlagzeug*
Titel: W. R. U. • Chronology • Word for Bird • Good Old Days • The Disguise • Enfant • Rejoicing • Blues Connotation • C. & D. • Chippie • Peace Warriors • Ecars • Feet Music • Broadway Blues • Space Church • Zig Zag • Mob Job
Kommentar: Zorn beherrscht das Bebop-Saxophon, doch seine Musik ist mit freier Improvisation, Walt-Disney-Soundtracks und surrealistischen Klängen durchsetzt – auch diese atemlose, wüste Hommage an Ornette Coleman.

Tim Berne

MUTANT VARIATIONS

Aufnahmedatum: 5.–6. März 1983
Label: Soul Note
Musiker: Tim Berne *Altsaxophon*, Clarence Herb Robertson *Taschentrompete, Trompete, Kornett, Flügelhorn*, Ed Schuller *Baß*, Paul Motian *Schlagzeug*
Titel: Icicles • Homage • Clear • The Tin Ear • An Evening on Marvin Street
Kommentar: Eine überzeugende Aufnahme eines experimentierfreudigen Saxophonisten an den Grenzen des Post-Bop, mit Elementen des Free Jazz der Sechziger und klar definierten Strukturen. Berne vermeidet hartnäckig das Naheliegende und entwickelt in einer Folge radikaler Kompositionen Ideen, die seine Solisten dazu inspirieren, es ihm gleichzutun.

Funk Incorporated
CHICKEN LICKIN'

Aufnahmedatum: 1972
Label: Prestige
Musiker: Eugene Barr *Tenorsaxophon*, Bobby Watley *Orgel, Gesang*, Steve Weakley *Gitarre*, Jimmy Munford *Schlagzeug, Gesang*, Cecil Hunt *Congas*
Titel: Chicken Lickin' • Running Away • They Trying to Get Me • The Better Half • Let's Make Peace and Stop the War • Jung Bung
Kommentar: Heißer, bluesiger, *Crusaders*-ähnlicher Sound nach der Tenor-Orgel-Formel, mit heulender Gitarre im hitzigen *The Better Half.*

Gang Starr
JAZZ THING

Aufnahmedatum: 1990
Label: CBS
Musiker: Gang Starr: DJ Premier, Guru *Gesang, Samples*; Kenny Kirkland, *Klavier*, Robert Hurst *Baß*, Branford Marsalis *Produzent, Saxophon*
Titel: Jazz Thing • Instrumental
Kommentar: Der Stand des Jazz-Rap von 1990: Die Rap-Gruppe *Gang Starr* trifft auf Neo-Bop-Musiker. Das Titelstück gelobt Treue zu den »Blue Note«-Klassikern und wurde in Spike Lees Jazzfilm *Mo' Better Blues* verwendet.

Galliano
A JOYFUL NOISE UNTO THE CREATOR

Aufnahmedatum: 1992
Label: Talkin Loud
Musiker: u. a. Rob Gallagher, Constantine Weir *Gesang*, Mick Talbot *Tasteninstrumente*, Ernie McKone *Baß*, Crispin Taylor *Schlagzeug*, Crispin Robinson, Michael Snaith *Perkussion*, Valerie Etienne, Carleen Anderson, Omar *Gesang*
Titel: Grounation (Part 1) • Jus' Reach • Skunk Funk • Earth Boots • Phantom • Jazz! • New World Order • So Much Confusion • Totally Together • Golden Flower • Prince of Peace • Grounation (Part 2)
Kommentar: Britischer *dancefloor jazz* von urbanen Rap-Poeten und Funk-Musikern mit Einflüssen aus New York, Jamaika, Afrika und Lateinamerika. *Prince of Peace*, ursprünglich von Pharoah Sanders und Leon Thomas, ist zum Klassiker geworden und verbindet geschmeidigen Soul und geschwätzigen Rap.

Pharoah Sanders
JOURNEY TO THE ONE

Aufnahmedatum: 1980
Label: Theresa
Musiker: Pharoah Sanders *Tenorsaxophon, Tambura, Glöckchen*, Eddie Henderson *Flügelhorn*, John Hicks, Joe Bonner *Klavier und E-Piano*, Mark Isham *Oberheim-Synthesizer*, Carl Lockett, Chris Hayes *Gitarre*, Yoko Ito Gates *Koto*, Paul Arslanian *Harmonium, Windgeläute*, Bedria Sanders *Harmonium*, James Pomerantz *Sitar*, Ray Drummond, John Julks *Baß*, Idris Muhammad, Randy Merrit *Schlagzeug*, Phil Ford *Tablas*, Babatunde *Shekere, Congas*, Vicki Randle, Ngoh Spencer, Donna Dickerson, Bobby McFerrin, Claudette Allen *Gesang*
Titel: Greetings to Idris • Doctor Pitt • Kazuco (Peace Child) • After the Rain • Soledad • You've Got to Have Freedom • Yemenja • Easy to Remember • Think About the One • Bedria
Kommentar: Als sich Pharoah Sanders in den Sechzigern John Coltrane anschloß, hätte niemand gedacht, daß man einmal zu den heiseren, ekstatischen Schreien seines Tenors tanzen würde. Aber in den späten Siebzigern verband er diesen markerschütternden Klang mit einem tanzbaren Beat, und die Kombination eingängiger Melodien mit einem Timbre, das Lichtjahre vom glatten Funk-Tenor entfernt ist, erwies sich als unwiderstehlich – wie man im hymnischen *You've Got to Have Freedom* hört. Das sphärische *Think About the One* strahlt eine kontemplativere Magie aus.

Jack DeJohnette's Special Edition

ALBUM ALBUM

Aufnahmedatum: Juni 1984
Label: ECM
Musiker: Jack DeJohnette *Schlagzeug, Tasteninstrumente*, Howard Johnson *Tuba, Baritonsaxophon*, John Purcell *Alt- und Sopransaxophon*, David Murray *Tenorsaxophon*, Rufus Reid *Baß*
Titel: Ahmad the Terrible • Monk's Mood • Festival • New Orleans Strut • Third World Anthem • Zoot Suite
Kommentar: Großartige Aufnahme einer herausragenden Band. Jack DeJohnette war nicht nur ein Meister des Schlagzeugs, sondern auch einer der kreativsten Bandleader der achtziger Jahre. Eine kraftvolle Kombination von altem Jazz, Funk und Bebop.

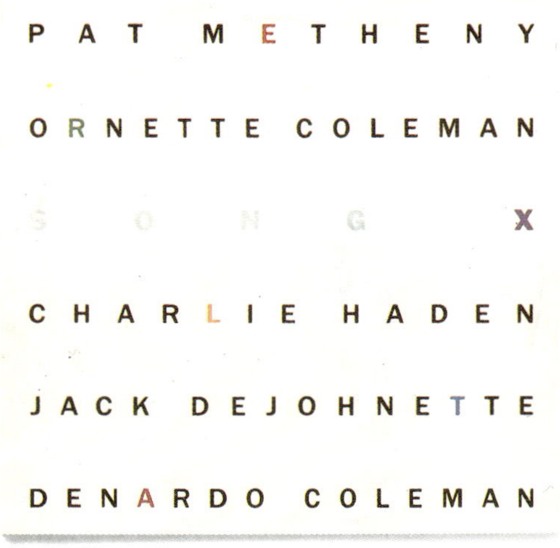

Pat Metheny

SONG X

Aufnahmedatum: 12.–14. Dezember 1985
Label: Geffen
Musiker: Pat Metheny *Gitarre, Gitarrensynthesizer*, Ornette Coleman *Altsaxophon, Violine*, Charlie Haden *Baß*, Jack DeJohnette *Schlagzeug*, Denardo Coleman *Schlagzeug, Perkussion*
Titel: Song X • Mob Job • Endangered Species • Video Games • Kathelin Gray • Trigonometry • Song X Duo • Long Time No See
Kommentar: Diese Koproduktion mit dem Free-Jazz-Altsaxophon-Guru Ornette Coleman überraschte manche Pat-Metheny-Fans. Doch der berühmte Romantiker der Fusion-Gitarre bewies die Vielfalt und die Tiefe seiner Vorlieben, seiner Phantasie, seiner Talente.

Tony Williams

ANGEL STREET

Aufnahmedatum: 4.–6. April 1988
Label: Blue Note
Musiker: Tony Williams *Schlagzeug*, Wallace Roney *Trompete*, Billy Pierce *Tenor- und Sopransaxophon*, Mulgrew Miller *Klavier*, Charnett Moffett *Baß*
Titel: Angel Street • Touch Me • Red Mask • Kiss Me • Dreamland • Only with You • Pee Wee • Thrill Me • Obsession
Kommentar: Einer der kreativsten aller Post-Bop-Schlagzeuger kehrte in den Achtzigern zum Stil der Miles-Davis-Band der sechziger Jahre zurück und erweckte ihn zu neuem Leben. Seine komplexen, hintergründigen Themen tragen wesentlich zum Gelingen dieser Platte bei.

The Bill Frisell Band

LOOKOUT FOR HOPE

Aufnahmedatum: März 1987
Label: ECM
Musiker: Bill Frisell *Gitarre, Banjo*, Kermit Driscoll *Baß*, Hank Roberts *Violoncello, Gesang*, Joey Baron *Schlagzeug*
Titel: Lookout for Hope • Little Brother Bobby • Hang Dog • Remedios the Beauty • Lonesome • Melody for Jack • Hackensack • Little Bigger • The Animal Race • Alien Prints
Kommentar: Obwohl er Bebop gelernt hat, klingt Frisell anders als alle anderen Gitarristen, denn er verbindet Hendrix, die Jazz-Tradition, Filmmusik, Country Rock und viele andere Elemente. Diese Platte ist kein Pastiche, sondern eine wirkliche Synthese von Einflüssen.

John Zorn

SPY VS SPY

Aufnahmedatum: 18.–19. August 1988
Label: Elektra
Musiker: John Zorn, Tim Berne *Altsaxophon*, Mark Dresser *Baß*, Joey Baron, Michael Vatcher *Schlagzeug*
Titel: W. R. U. • Chronology • Word for Bird • Good Old Days • The Disguise • Enfant • Rejoicing • Blues Connotation • C. & D. • Chippie • Peace Warriors • Ecars • Feet Music • Broadway Blues • Space Church • Zig Zag • Mob Job
Kommentar: Zorn beherrscht das Bebop-Saxophon, doch seine Musik ist mit freier Improvisation, Walt-Disney-Soundtracks und surrealistischen Klängen durchsetzt – auch diese atemlose, wüste Hommage an Ornette Coleman.

Tim Berne

MUTANT VARIATIONS

Aufnahmedatum: 5.–6. März 1983
Label: Soul Note
Musiker: Tim Berne *Altsaxophon*, Clarence Herb Robertson *Taschentrompete, Trompete, Kornett, Flügelhorn*, Ed Schuller *Baß*, Paul Motian *Schlagzeug*
Titel: Icicles • Homage • Clear • The Tin Ear • An Evening on Marvin Street
Kommentar: Eine überzeugende Aufnahme eines experimentierfreudigen Saxophonisten an den Grenzen des Post-Bop, mit Elementen des Free Jazz der Sechziger und klar definierten Strukturen. Berne vermeidet hartnäckig das Naheliegende und entwickelt in einer Folge radikaler Kompositionen Ideen, die seine Solisten dazu inspirieren, es ihm gleichzutun.

Funk Incorporated

CHICKEN LICKIN'

Aufnahmedatum: 1972
Label: Prestige
Musiker: Eugene Barr *Tenorsaxophon*, Bobby Watley *Orgel, Gesang*, Steve Weakley *Gitarre*, Jimmy Munford *Schlagzeug, Gesang*, Cecil Hunt *Congas*
Titel: Chicken Lickin' • Running Away • They Trying to Get Me • The Better Half • Let's Make Peace and Stop the War • Jung Bung
Kommentar: Heißer, bluesiger, *Crusaders*-ähnlicher Sound nach der Tenor-Orgel-Formel, mit heulender Gitarre im hitzigen *The Better Half.*

Gang Starr

JAZZ THING

Aufnahmedatum: 1990
Label: CBS
Musiker: Gang Starr: DJ Premier, Guru *Gesang, Samples*; Kenny Kirkland, *Klavier*, Robert Hurst *Baß*, Branford Marsalis *Produzent, Saxophon*
Titel: Jazz Thing • Instrumental
Kommentar: Der Stand des Jazz-Rap von 1990: Die Rap-Gruppe *Gang Starr* trifft auf Neo-Bop-Musiker. Das Titelstück gelobt Treue zu den »Blue Note«-Klassikern und wurde in Spike Lees Jazzfilm *Mo' Better Blues* verwendet.

Galliano

A JOYFUL NOISE UNTO THE CREATOR

Aufnahmedatum: 1992
Label: Talkin Loud
Musiker: u. a. Rob Gallagher, Constantine Weir *Gesang*, Mick Talbot *Tasteninstrumente*, Ernie McKone *Baß*, Crispin Taylor *Schlagzeug*, Crispin Robinson, Michael Snaith *Perkussion*, Valerie Etienne, Carleen Anderson, Omar *Gesang*
Titel: Grounation (Part 1) • Jus' Reach • Skunk Funk • Earth Boots • Phantom • Jazz! • New World Order • So Much Confusion • Totally Together • Golden Flower • Prince of Peace • Grounation (Part 2)
Kommentar: Britischer *dancefloor jazz* von urbanen Rap-Poeten und Funk-Musikern mit Einflüssen aus New York, Jamaika, Afrika und Lateinamerika. *Prince of Peace*, ursprünglich von Pharoah Sanders und Leon Thomas, ist zum Klassiker geworden und verbindet geschmeidigen Soul und geschwätzigen Rap.

Pharoah Sanders

JOURNEY TO THE ONE

Aufnahmedatum: 1980
Label: Theresa
Musiker: Pharoah Sanders *Tenorsaxophon, Tambura, Glöckchen*, Eddie Henderson *Flügelhorn*, John Hicks, Joe Bonner *Klavier und E-Piano*, Mark Isham *Oberheim-Synthesizer*, Carl Lockett, Chris Hayes *Gitarre*, Yoko Ito Gates *Koto*, Paul Arslanian *Harmonium, Windgeläute*, Bedria Sanders *Harmonium*, James Pomerantz *Sitar*, Ray Drummond, John Julks *Baß*, Idris Muhammad, Randy Merrit *Schlagzeug*, Phil Ford *Tablas*, Babatunde *Shekere, Congas*, Vicki Randle, Ngoh Spencer, Donna Dickerson, Bobby McFerrin, Claudette Allen *Gesang*
Titel: Greetings to Idris • Doctor Pitt • Kazuco (Peace Child) • After the Rain • Soledad • You've Got to Have Freedom • Yemenja • Easy to Remember • Think About the One • Bedria
Kommentar: Als sich Pharoah Sanders in den Sechzigern John Coltrane anschloß, hätte niemand gedacht, daß man einmal zu den heiseren, ekstatischen Schreien seines Tenors tanzen würde. Aber in den späten Siebzigern verband er diesen markerschütternden Klang mit einem tanzbaren Beat, und die Kombination eingängiger Melodien mit einem Timbre, das Lichtjahre vom glatten Funk-Tenor entfernt ist, erwies sich als unwiderstehlich – wie man im hymnischen *You've Got to Have Freedom* hört. Das sphärische *Think About the One* strahlt eine kontemplativere Magie aus.

Freebop & Funk

Die Fusion Music der sechziger und siebziger Jahre verjagte das Sektierertum aus dem Jazz. Puristische Vorurteile über die Kommerzialität der Popmusik mußten unter der Attacke von Jimi Hendrix, James Brown, Maceo Parker, Stevie Wonder und Sly Stone weichen – Namen aus der Rock- und Soul-Musik, die nun beinahe ebenso häufig wie die von Charlie Parker, Miles Davis, Sonny Rollins oder John Coltrane genannt wurden, wenn junge Musiker von ihren Einflüssen sprachen. Die frühe Fusion Music war häufig ein häßlicher Zwitter. Wohl hatte sie Energie, Virtuosität und Druck, doch nur allzu oft büßte sie die Leichtigkeit und den Fluß des Jazz-Beats ein und nahm die Improvisatoren an eine kurze Leine. In den achtziger Jahren hatte eine neue Generation von Musikern aus diesen Fehlern gelernt. Anstatt einfach Rock-Techniken auf den Jazz zu übertragen (oder umgekehrt), hatten die jungen Musiker, die nun auftauchten, beide Idiome gleichzeitig gelernt. Manche standen der Avantgarde nahe, aber für sie alle war der Jazz eine Musik für heute und morgen.

John Scofield

TIME ON MY HANDS

Aufnahmedatum: 19.–21. November 1989
Label: Blue Note
Musiker: John Scofield *Gitarre*, Joe Lovano *Saxophon*, Charlie Haden *Baß*, Jack DeJohnette *Schlagzeug*
Titel: Wabash III • Since You Asked • So Sue Me • Let's Say We Did • Flower Power • Stranger to the Light • Nocturnal Mission • Farmacology
Kommentar: Die beste Platte des bluesig-kraftvollen Ex-Miles-Davis-Gitarristen, mit Spuren von Charles Mingus' Komponieren, Rock and Roll und der gesamten Geschichte der Jazzgitarre.

Tuck and Patti

LOVE WARRIORS

Aufnahmedatum: 1989
Label: Windham Hill Jazz
Musiker: Tuck Andress *Gitarre*, Patti Cathcart *Gesang*
Titel: Love Warriors • Honey Pie • They Can't Take That Away from Me • Hold Out, Hold Up and Hold On • Cantador (Like a Lover) • On a Clear Day • Europa • Castles Made of Sand/Little Wing • Glory Glory • If It's Magic
Kommentar: Da Tuck Andress regelrecht eine Ein-Mann-Kapelle ist und Patti Cathcart ein Gospelchor, klingt ein Duo mit ihren Talenten nie dünn. Aber sie zeigen ihre Technik nicht demonstrativ, sondern wenden sie auf eine dicht arrangierte, trügerisch lässig klingende Mischung aus Jazz-Standards, Rock-Balladen, Gospel und Blues an.

Lester Bowie's Brass Fantasy

AVANT POP

Aufnahmedatum: März 1986
Lable: ECM
Musiker: Lester Bowie, Stanton Davis, Malachi Thompson, Rasul Siddik *Trompete*, Steve Turre, Frank Lacy *Posaune*, Vincent Chancey *Horn*, Bob Stewart *Tuba*, Phillip Wilson *Schlagzeug*
Titel: The Emperor • Saving All My Love for You • B. Funk • Blueberry Hill • Crazy • Macho • No Shit • Oh, What a Night
Kommentar: Der *Art Ensemble*-Trompeter mit einer hervorragenden Band mit der eloquenten Posaune Steve Turres und dem flüssig spielenden Jazz- und Blues-Schlagzeuger Phillip Wilson. Eine freudige, liebenswerte, ekstatische Musik, die zum großen Teil von der Popmusik der fünfziger Jahre zehrt.

Bobby McFerrin

BOBBY McFERRIN

Aufnahmedatum: 1982
Label: Elektra
Musiker: Bobby McFerrin, Phoebe Snow *Gesang*, Victor Feldman *Tasteninstrumente*, Peter Maunu, Steve Erquiaga, Ken Karsh, Joe Caro *Gitarre*, Larry Klein, Stu Feldman, John Siegler, Randy Jackson *Baß*, John Guerin, James Preston, Frank Vilardi, H. B. Bennett *Schlagzeug*, Kenneth Nash *Perkussion*
Titel: Dance with Me • Feline • You've Really Got a Hold on Me • Moondance • All Feets Can Dance • Sightless Bird • Peace • Jubilee • Hallucinations • Chicken
Kommentar: McFerrin kann beinahe jedes Instrument nachahmen – und fast jedem Song neues Leben einhauchen. Diese Platte verbindet Jazz und Pop.

Michael Brecker

MICHAEL BRECKER

Aufnahmedatum: 1987
Label: Impulse
Musiker: Michael Brecker *Saxophon*, Kenny Kirkland *Klavier*, Pat Metheny *Gitarre*, Charlie Haden *Baß*, Jack DeJohnette *Klavier, Schlagzeug*
Titel: Sea Glass • Syzygy • Choices • Nothing Personal • The Cost of Living • Original Rays
Kommentar: Brecker, einer der meistbewunderten Saxophonisten von heute, machte diese erste Platte unter eigenem Namen mit stark jazzorientierter Fusion Music im Alter von 38 Jahren.

Tania Maria

COME WITH ME

Aufnahmedatum: August 1982
Label: Concord Picante
Musiker: Tania Maria *Tasteninstrumente, Gesang*, Eddie Duran, Jose Neto *Gitarre*, Lincoln Goines, John Peña *Baß*, Portinho *Schlagzeug, Perkussion*, Steve Thornton *Perkussion*
Titel: Sangria • Embraceable You • Lost in Amazonia • Come with Me • Sementes, Graines and Seeds • Nêga • Euzinha • It's All Over Now
Kommentar: Mitreißend vitale Latin-Jazz-Sängerin und -Pianistin, die in den achtziger Jahren weltweit Karriere machte. Die Melodik des Bebop und die perkussiven Texturen der lateinamerikanischen Musik haben sie gleichermaßen beeinflußt, und diese kommerziell erfolgreiche Platte enthält ihr populäres gescattetes *Sangria* und das tanzbare Titelstück.

Marisa Monte

MAIS

Aufnahmedatum: September–November 1990
Label: World Pacific
Musiker: Marisa Monte *Gesang*, John Zorn *Altsaxophon*, Marty Ehrlich *Tenorsaxophon*, Bernie Worrell, Ryuichi Sakamoto *Tasteninstrumente*, Arto Lindsay *Gitarre, Gesang, Produzent*, Marc Ribot, Perinho Santana, Robertinho Do Recife *Gitarre, Violine*, Melvin Gibbs, Ricardo Feijao *Baß*, Romero Lubambo *Violine, Assovio*, Carol Emmanuel *Harfe*, Dougie Bowne *Schlagzeug*, Prince Vasconcelos De Bois, Gigante Brazil *Schlagzeug, Perkussion, Gesang*, Armando Marcal *Cuica*, Nana Vasconcelos, Cyro Baptista, Armando Marcal *Perkussion*, Pastoras Da Velha Guarda De Portela (Dona Doca, Dona Surica, Dona Eunice), Criancada *Gesang*
Titel: Beija Eu • Go Back to Your Home • I Still Remember • At Night in Bed • Rosa • Butterfly • Soap It Up – The Washer Woman's Lament • I Don't Live on Your Street • Daily • I Know • Everything Halfway • Mustapha
Kommentar: Die operngeschulte Sängerin und Fernsehberühmtheit aus Rio in einem eklektischen, vom David-Byrne-Mitarbeiter Arto Lindsay produzierten Programm, das Samba-Reggae enthält – in *Soap It Up* wirken Frauen aus der Samba-Schule von Portela mit. Lateinamerikanische Perkussion bildet den turbulenten Unterstrom, dominiert vom brillanten Nana Vasconcelos und von Armando Marcal.

Gil Scott-Heron / Brian Jackson

FROM SOUTH AFRICA TO SOUTH CAROLINA

Aufnahmedatum: 1975
Label: Arista
Musiker: Gil Scott-Heron *Gesang, E-Piano*, Brian Jackson *Tasteninstrumente, Flöte*, Bilal Sunni Ali *Mundharmonika, Flöte, Saxophon*, Danny Bowens *Baß*, Bob Adams *Schlagzeug*, Barnett Williams *Perkussion*, Adenola *Congas*, Charlie Saunders *Congas, chinesische Trommel*, Victor Brown *Gesang, Glocken, Tamburin*
Titel: Johannesburg • A Toast to the People • The Summer of '42 • Beginnings (First Minute of a New Day) • South Carolina (Barnwell) • Essex • Fell Together • A Lovely Day
Kommentar: Der einflußreiche Sänger-Songwriter Gil Scott-Heron machte eine Musik, zu der man tanzen konnte, mit dem Fluß und dem Drive des Jazz und kraftvollen, poetischen und oft zornigen Texten. In den Siebzigern arbeitete er häufig mit dem Pianisten Jackson zusammen, und diese Platte enthält die Anti-Apartheid-Hymne *Johannesburg* und das beschwörende *Beginnings*.

Miles Davis

YOU'RE UNDER ARREST

Aufnahmedatum: 1985
Label: CBS
Musiker: Miles Davis *Trompete, Stimme, Synthesizer*, Bob Berg *Sopran- und Tenorsaxophon*, Robert Irving III *Synthesizer, Clavinet, Celesta*, John Scofield, John McLaughlin *Gitarre*, Darryl Jones *Baß*, Al Foster, Vince Wilburn Jr. *Schlagzeug*, Steve Thornton *Perkussion, Stimme*, James Prindiville *Handschellen*, Sting, Marek Olko *Stimme*
Titel: One Phone Call/Street Scenes • Human Nature • M. D. 1/Something's on Your Mind/M. D. 2 • Ms. Morrisine • Katia Prelude • Katia • Time After Time • You're Under Arrest • Medley: Jean Pierre/You're Under Arrest/Then There Were None
Kommentar: Davis' Musik der Achtziger zielte stärker auf Radiotauglichkeit und verwendete mehr Pop-Material – diese Platte enthält Cyndi Laupers *Time After Time* und *Human Nature* von den Jacksons –, aber er verstand es noch immer, mit einer Note mehr auszudrücken als viele andere Musiker mit Zwanzig.

Jack DeJohnette's Special Edition
ALBUM ALBUM

Aufnahmedatum: Juni 1984
Label: ECM
Musiker: Jack DeJohnette *Schlagzeug, Tasteninstrumente*, Howard Johnson *Tuba, Baritonsaxophon*, John Purcell *Alt- und Sopransaxophon*, David Murray *Tenorsaxophon*, Rufus Reid *Baß*
Titel: Ahmad the Terrible • Monk's Mood • Festival • New Orleans Strut • Third World Anthem • Zoot Suite
Kommentar: Großartige Aufnahme einer herausragenden Band. Jack DeJohnette war nicht nur ein Meister des Schlagzeugs, sondern auch einer der kreativsten Bandleader der achtziger Jahre. Eine kraftvolle Kombination von altem Jazz, Funk und Bebop.

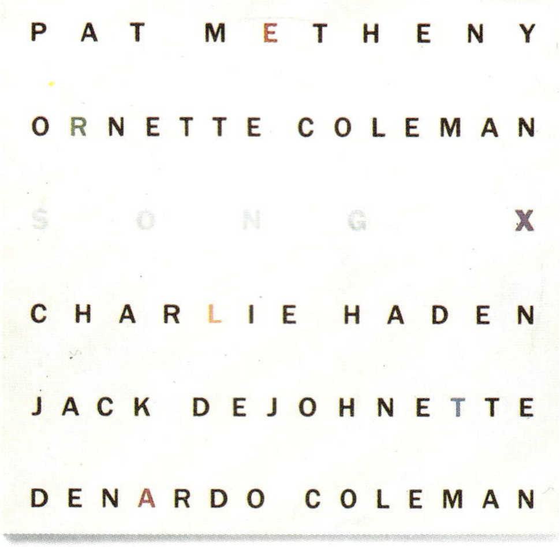

Pat Metheny
SONG X

Aufnahmedatum: 12.–14. Dezember 1985
Label: Geffen
Musiker: Pat Metheny *Gitarre, Gitarrensynthesizer*, Ornette Coleman *Altsaxophon, Violine*, Charlie Haden *Baß*, Jack DeJohnette *Schlagzeug*, Denardo Coleman *Schlagzeug, Perkussion*
Titel: Song X • Mob Job • Endangered Species • Video Games • Kathelin Gray • Trigonometry • Song X Duo • Long Time No See
Kommentar: Diese Koproduktion mit dem Free-Jazz-Altsaxophon-Guru Ornette Coleman überraschte manche Pat-Metheny-Fans. Doch der berühmte Romantiker der Fusion-Gitarre bewies die Vielfalt und die Tiefe seiner Vorlieben, seiner Phantasie, seiner Talente.

Tony Williams
ANGEL STREET

Aufnahmedatum: 4.–6. April 1988
Label: Blue Note
Musiker: Tony Williams *Schlagzeug*, Wallace Roney *Trompete*, Billy Pierce *Tenor- und Sopransaxophon*, Mulgrew Miller *Klavier*, Charnett Moffett *Baß*
Titel: Angel Street • Touch Me • Red Mask • Kiss Me • Dreamland • Only with You • Pee Wee • Thrill Me • Obsession
Kommentar: Einer der kreativsten aller Post-Bop-Schlagzeuger kehrte in den Achtzigern zum Stil der Miles-Davis-Band der sechziger Jahre zurück und erweckte ihn zu neuem Leben. Seine komplexen, hintergründigen Themen tragen wesentlich zum Gelingen dieser Platte bei.

The Bill Frisell Band
LOOKOUT FOR HOPE

Aufnahmedatum: März 1987
Label: ECM
Musiker: Bill Frisell *Gitarre, Banjo*, Kermit Driscoll *Baß*, Hank Roberts *Violoncello, Gesang*, Joey Baron *Schlagzeug*
Titel: Lookout for Hope • Little Brother Bobby • Hang Dog • Remedios the Beauty • Lonesome • Melody for Jack • Hackensack • Little Bigger • The Animal Race • Alien Prints
Kommentar: Obwohl er Bebop gelernt hat, klingt Frisell anders als alle anderen Gitarristen, denn er verbindet Hendrix, die Jazz-Tradition, Filmmusik, Country Rock und viele andere Elemente. Diese Platte ist kein Pastiche, sondern eine wirkliche Synthese von Einflüssen.

John Zorn
SPY VS SPY

Aufnahmedatum: 18.–19. August 1988
Label: Elektra
Musiker: John Zorn, Tim Berne *Altsaxophon*, Mark Dresser *Baß*, Joey Baron, Michael Vatcher *Schlagzeug*
Titel: W. R. U. • Chronology • Word for Bird • Good Old Days • The Disguise • Enfant • Rejoicing • Blues Connotation • C. & D. • Chippie • Peace Warriors • Ecars • Feet Music • Broadway Blues • Space Church • Zig Zag • Mob Job
Kommentar: Zorn beherrscht das Bebop-Saxophon, doch seine Musik ist mit freier Improvisation, Walt-Disney-Soundtracks und surrealistischen Klängen durchsetzt – auch diese atemlose, wüste Hommage an Ornette Coleman.

Tim Berne
MUTANT VARIATIONS

Aufnahmedatum: 5.–6. März 1983
Label: Soul Note
Musiker: Tim Berne *Altsaxophon*, Clarence Herb Robertson *Taschentrompete, Trompete, Kornett, Flügelhorn*, Ed Schuller *Baß*, Paul Motian *Schlagzeug*
Titel: Icicles • Homage • Clear • The Tin Ear • An Evening on Marvin Street
Kommentar: Eine überzeugende Aufnahme eines experimentierfreudigen Saxophonisten an den Grenzen des Post-Bop, mit Elementen des Free Jazz der Sechziger und klar definierten Strukturen. Berne vermeidet hartnäckig das Naheliegende und entwickelt in einer Folge radikaler Kompositionen Ideen, die seine Solisten dazu inspirieren, es ihm gleichzutun.

Gary Thomas
THE KOLD KAGE

Aufnahmedatum: März–Juni 1991
Label: JMT
Musiker: Gary Thomas *Tenorsaxophon, Flöte, Synthesizer, Rap,* Mulgrew Miller, Tim Murphy, Anthony Perkins, Michael Caine *Klavier, Synthesizer*, Kevin Eubanks, Paul Bollenback *Gitarre*, Anthony Cox *Baß*, Dennis Chambers *Schlagzeug*, Steve Moss *Perkussion*, Joe Wesson *Rap*
Titel: Threshold • Gate of Faces • Intellect • Infernal Machine • The Divide • Peace of the Korridor • First Strike • Beyond the Fall of Night • The Kold Kage • Kulture Bandits
Kommentar: Ein kraftvoller, lauter Post-Bop-Tenorist in einer intensiven Funk/Jazz-Rap-Aufnahme.

Greg Osby
SEASON OF RENEWAL

Aufnahmedatum: Juli 1989
Label: JMT
Musiker: Greg Osby *Alt- und Sopransaxophon*, Edward Simon, Renee Rosnes *Tasteninstrumente*, Kevin Eubanks, Kevin McNeal, *Gitarrensynthesizer*, Lonnie Plaxico *Baß*, Paul Samuels *Schlagzeug*, Steve Thornton *Perkussion*, Cassandra Wilson, Amina Claudine Myers *Gesang*
Titel: Sapphire • Enchantment • For the Cause • Life's Truth • Dialogue X • Season of Renewal • Mischief Makers • Word • Constant Structure • Eye Witness • Spirit Hour
Kommentar: In der komplexen Musik Osbys lebt das Bebop-Erbe in zeitgemäßem Jazz-Funk und Rap weiter.

Steve Coleman and Five Elements
ON THE EDGE OF TOMORROW

Aufnahmedatum: Januar 1986
Label: JMT
Musiker: Steve Coleman *Altsaxophon, Gesang*, Graham Haynes *Trompete*, Geri Allen *Synthesizer*, Kelvyn Bell *Gitarre, Gesang*, Kevin Bruce Harris *Baß*, Marvin »Smitty« Smith, Mark Johnson *Schlagzeug, Perkussion*, Cassandra Wilson *Gesang*
Titel: Fire Revisited • Fat Lay Back • I'm Going Home • It Is Time • Metaphysical Phunktion • (In Order to Form) A More Perfect Union • Little One I'll Miss You • T-T-Tim • Nine to Five • Stone Bone (Can't Go Wrong) • Almost There • Change the Guard
Kommentar: Trotz der Funk-Rhythmen, die den größten Teil seiner Musik antreiben, besteht der Altsaxophonist Steve Coleman darauf, daß im Herzen seiner Musik der Jazz ist, und er ist einer der besten Saxophonsolisten der internationalen Szene. Die Synthese von Straßenrhythmen und komplexer Improvisation in Colemans Musik ist noch nicht perfekt, aber auf dieser Platte ist eine Versammlung der wichtigsten New Yorker Newcomer zu hören.

Der Altsaxophon-Virtuose Steve Coleman beherrscht die konventionellen Saxophon-Techniken, versucht aber, Brücken zwischen Jazz und kreativer Popmusik zu bauen. Er ist einer der führenden Köpfe der progressiven New Yorker M-Base-Bewegung.

Worldbeat

Der Rundfunk, die Plattenindustrie und die prosperierende amerikanische Wirtschaft verbreiteten die Kunde vom Jazz weit außerhalb der USA, und bereits in den dreißiger Jahren spielten Musiker auf der ganzen Welt die Musik der Afroamerikaner. Anfangs standen die meisten im Schatten der amerikanischen Idole. Doch in den vergangenen zwei Jahrzehnten hat sich das Bild dramatisch gewandelt. In Europa haben Musiker auf ihre eigenen Erfahrungen und regionale Musikformen zurückgegriffen und haben keltische oder nordische Lieder mit dem treibenden Puls und den charakteristischen Farben des Jazz neu belebt. In der ehemaligen Sowjetunion und Osteuropa wurde der Jazz zu einer Untergrundmusik des Protests und der Unabhängigkeit. In Nordafrika begann man, die regionalen modalen Formen mit jazz- und bluesgeprägten Melodielinien zu versehen. In Südafrika verband sich Duke Ellington mit der Tanzmusik der Townships, während es in Japan und Australien Post-Bop-Saxophon-Stars gibt. Die essentielle Botschaft des Jazz – einer Musik, die es den Musikern ermöglicht, sich selbst zu entdecken – ist um die Welt gegangen.

John Surman
ROAD TO SAINT IVES

Aufnahmedatum: April 1990
Label: ECM
Musiker: John Surman *Baßklarinette, Sopran- und Baritonsaxophon, Tasteninstrumente, Perkussion*
Titel: Polperro • Tintagel • Trethevy Quoit • Rame Head • Mevagissey • Lostwithiel • Perranporth • Bodmin Moor • Kelly Bray • Piperspool • Marazion • Bedruthan Steps
Kommentar: Surman, einer der großen Jazzmusiker Europas, spielt eine sehr persönliche Musik, die Coltrane, englische Folklore und Kirchenmusik verbindet. Diese stimmungsvolle Aufnahme ist eine Hommage an seine Jugend im Südwesten Englands.

Bireli Lagrene Ensemble
ROUTES TO DJANGO

Aufnahmedatum: 29.–30. Mai 1980
Label: Jazzpoint
Musiker: Bireli Lagrene *Gitarre*, Bernd Marquart *Trompete*, Jörg Reiter *Klavier*, Wolfgang Lackerschmid *Vibraphon*, Gaiti Lagrene, Tschirglo Loeffler *Gitarre*, Schmido Kling *Violine*, Jan Jankeje *Baß*
Titel: Bireli Swing 1979 • All of Me • My Melancholy Baby • Boxer Boogie • I've Found a New Baby • Latches • Night and Day
Kommentar: In den achtziger Jahren schien der junge Zigeunergitarrist Lagrene der neue Django zu sein. Seine Platten sind von wechselhafter Qualität gewesen, doch diese Aufnahme vermeidet schale Fusion-Formeln und konzentriert sich auf virtuose Improvisation in modernisierter Postbop-Django-Manier.

Julian Joseph
THE LANGUAGE OF TRUTH

Aufnahmedatum: 1991
Label: Eastwest
Musiker: Julian Joseph *Tasteninstrumente*, Jean Toussaint *Tenor- und Sopransaxophon*, Alec Dankworth *Baß*, Mark Mondesir *Schlagzeug*, Sharon Musgrave, Dee Lewis *Gesang*
Titel: Miss Simmons • The Language of Truth • Don't Chisel the Shisel • Art of the Calm • The Wash House • The Other Side of Town • The High Priestess • The Magical One • Brothers of the Bottom Row (Version 3) • Tyrannosaurus Rex • Ode to the Time Our Memories Forgot
Kommentar: Vorzüglicher britischer Pianist in der akustischen Herbie-Hancock-Tradition, mit einem unangestrengt dynamisch spielenden Quartett.

Willem Breuker Kollektief
DE KLAP OP DE VUURPIJL

Aufnahmedatum: 31. Dezember 1985
Label: BVHAAST
Musiker: Willem Breuker *Sopran- und Altsaxophon*, Boy Raaymakers, Andy Altenfelder *Trompete*, Chris Abelen, Bernard Hunnekink *Posaune*, André Goudbeek *Altsaxophon*, Peter Barkema *Tenorsaxophon*, Henk de Jonge *Klavier, Synthesizer*, Arjen Gorter *Baß*, Robby Verdurmen *Schlagzeug*
Titel: The Little Ramblers • Duke Edward/Misère • El Tren Blindado • Casablanca Suite • Anabelle
Kommentar: Die Konzerte des holländischen Komponisten und Improvisators Breuker sind musikalisch wie theatralisch unvergeßlich – ausschweifende Reminiszenzen zwischen Ellington und Kurt Weill, oft bewegend, gelegentlich urkomisch.

Courtney Pine

TO THE EYES OF CREATION

Aufnahmedatum: 1992
Label: Island
Musiker: Courtney Pine *Sopran- und Tenorsaxophon, Baßklarinette, Altflöte, Klavier, Yamaha WX7, JD 800, Hammond-B3-Orgel, Korg ML, Prophet VS, Wavestation, Kurzweil 250, Tambura, Drum Sample-Design, Perkussion*, Dennis Rollins *Posaune*, Keith Waite *Holzflöte, Shekere*, Julian Joseph *Klavier, Hammond-B3-Orgel, Wavestation*, Bheki Mseleku *Klavier*, Tony Rémy, Cameron Pierre *Gitarre*, Wayne Batchelor, Gary Crosby *Baß*, Mark Mondesir, Peter Lewinson, Brian Abrahams *Schlagzeug*, Frank Tontoh *Schlagzeug, Tamburin*, Thomas Dyani *Perkussion*, Mamadi Kamara *Tenor-Sprechtrommel, Bata*, Thebe Lipere *Kongo-Trommel, Kuhglocken, Woodblocks*, Cleveland Watkiss, Juliet Roberts, Linda Muriel, Lois Farakhan *Gesang*
Titel: The Healing Song • Zaire • Country Dance • Psalm • Eastern Standard Time • X-Caliber • The Meditation of Contemplation • Life Goes Around • The Ark of Mark • Children Hold On • Cleopatra's Needle • Redemption Song • The Holy Grail (Parts 1–3)
Kommentar: Pines konzentrierteste und einheitlichste Platte. Sie verbindet afrikanische, karibische, amerikanische und europäische Musik und benutzt die Klänge von Soul-Sängern, Reggae-Rhythmen und eine kräftige Prise der Musik zweier seiner großen Idole: John Coltrane und Bob Marley.

Courtney Pine war die führende Figur der britischen Jazz-Renaissance der achtziger Jahre und wurde zum Vorbild junger karibischer und asiatischer Musiker.

Barbara Dennerlein

HOT STUFF

Aufnahmedatum: 6.–8. Juni 1990
Label: Enja
Musiker: Barbara Dennerlein *Orgel, Pedalbaß, Synthesizer*, Andy Sheppard *Tenorsaxophon*, Mitch Watkins *Gitarre*, Mark Mondesir *Schlagzeug*
Titel: Hot Stuff • Wow! • Top Secret • Birthday Blues • Polar Lights • Killer Joe • My Invitation • Seven Steps to Heaven • Toscanian Sunset
Kommentar: Die deutsche Orgelkönigin Dennerlein revitalisiert mit Hilfe dynamischer junger englischer und amerikanischer Mitspieler die funkige Hammond-Tradition.

Andy Sheppard

SOFT ON THE INSIDE

Aufnahmedatum: 6.–9. November 1989
Label: Antilles
Musiker: Andy Sheppard *Tenorsaxophon*, Claude Deppa *Trompete*, Kevin Robinson *Flügelhorn*, Gary Valente *Posaune*, Chris Biscoe *Altsaxophon*, Pete Hurt *Baßklarinette*, Dave Buxton *Klavier*, Steve Lodder *Synthesizer*, Orphy Robinson *Vibraphon*, Pete Maxfield *Baß*, Mano Ventura *Gitarre*, Ernst Reijseger *Violoncello*, Han Bennink, Simon Gore *Schlagzeug*, Mamadi Kamara *Perkussion*
Titel: Soft on the Inside • Rebecca's Silk Stockings • Carla Carla Carla Carla • Adventures in the Rave Trade, Part One (Smoking), Part Two (Burning)
Kommentar: Eine Mischung von Carla Bley, Gil Evans und avantgardistischer europäischer Improvisation.

Mike Gibbs

THE ONLY CHROME WATERFALL ORCHESTRA

Aufnahmedatum: 1975
Label: Ah Um
Musiker: Mike Gibbs *Tasteninstrumente*, Charlie Mariano *Alt- und Sopransaxophon, Flöte, Nagaswaram*, Philip Catherine *Gitarre*, Steve Swallow *Baß, E-Piano*, Bob Moses *Schlagzeug, Perkussion*, Jumma Santos *Perkussion*
Titel: To Lady Mac: In Retrospect • Nairam • Blackgang • Antique • Undergrowth • Tunnel of Love • Unfinished Symphony
Kommentar: Ein in Simbabwe geborener Komponist, der von Gil Evans, Olivier Messiaen und der Rockmusik beeinflußt wurde. In dieser schönen Aufnahme steht der eklektische Ex-Mingus-Saxophonist Charlie Mariano im Mittelpunkt.

Jan Garbarek / Keith Jarrett

BELONGING

Aufnahmedatum: 24.–25. April 1974
Musiker: Jan Garbarek *Tenor- und Sopransaxophon*, Keith Jarrett *Klavier*, Palle Danielsson *Baß*, Jon Christensen *Schlagzeug*
Titel: Spiral Dance • Blossom • 'Long as You Know You're Living Yours • Belonging • The Windup • Solstice
Kommentar: Der Starpianist Jarrett arbeitete in den siebziger Jahren gern mit europäischen Musikern zusammen, und dieses Ensemble mit einem jazziger, weniger introvertiert spielenden Jan Garbarek war eines seiner überzeugendsten und originellsten, sowohl wegen der Saxophonsoli als auch wegen des ungewöhnlich geradlinigen und kraftvollen Klavierspiels.

Pinski Zoo

RARE BREEDS

Aufnahmedatum: Januar–Februar 1988
Label: JCR
Musiker: Jan Kopinski *Tenor-, Sopran- und Altsaxophon*, Steve Iliffe *Tasteninstrumente*, Karl Wesley Bingham *Baß*, Tim Bullock, Frank Tonto, Steve Harris *Schlagzeug*
Titel: No Release • Back Down the Mountain • Nathan's Song • Blueprint • New Lunacy • Body Moves • Awkward Friends • Duel in the Sun • Deep Scratch • Sweet Automatic (2 Takes) • Sun Duel
Kommentar: Eine ungewöhnliche Fusion-Band aus Nordengland mit der Platte, aufgrund deren sie von der Jazz-Zeitschrift »Wire Magazine« als beste Gruppe von 1988 prämiert wurde. Energetische, aggressive Grooves zwischen Space-Disco und Miles Davis mit einem Albert-Ayler-ähnlichen Tenor.

Company

ONCE

Aufnahmedatum: 12.–17. Mai 1987
Label: Incus
Musiker: Lee Konitz *Alt- und Sopransaxophon, Schlagzeug*, Richard Teitelbaum *Tasteninstrumente*, Derek Bailey *Gitarre*, Carlos Zingaro *Violine*, Tristan Honsinger *Violoncello*, Barre Phillips *Baß*, Steve Noble *Perkussion, Signalhorn, Säge*
Titel: Sextet • Duo • Trio I • Trio II • Quartet
Kommentar: Diese internationale Zusammenkunft frei improvisierender Musiker verzichtet auf Tonalität, Themen und Takt und lebt doch von einer anderen Art von Virtuosität, von asketischer Kraft.

Keith Tippett

MUJICIAN

Aufnahmedatum: 3.–4. Dezember 1981
Label: FMP
Musiker: Keith Tippett *Klavier*
Titel: All Time, All Time • I've Got the Map, I'm Coming Home • I Hear Your Voice Again
Kommentar: Erster Teil einer Trilogie erstaunlicher Soloklavier-Improvisationen eines britischen Pianisten, der gelegentlich Cecil-Taylor-verhaftet klingt, aber mit einer solchen texturellen Phantasie, daß man kaum glauben kann, daß keine Elektronik im Spiel ist.

The Paul Bley Quartet

THE PAUL BLEY QUARTET

Aufnahmedatum: November 1987
Label: ECM
Musiker: Paul Bley *Klavier*, John Surman *Sopransaxophon, Baßklarinette*, Bill Frisell *Gitarre*, Paul Motian *Schlagzeug*
Titel: Interplay • Heat • After Dark • One in Four • Triste
Kommentar: Bley ist einer der subtilsten, dramatischsten und harmonisch einfallsreichsten heutigen Pianisten. Obwohl reserviert und streckenweise dissonant, ist dies doch eine Platte selbstloser Zusammenspiels von vier virtuosen Führerpersönlichkeiten.

The Globe Unity Orchestra
INTERGALACTIC BLOW

Aufnahmedatum: 4. Juni 1982
Label: JAPO/ECM
Musiker: Toshinori Kondo, Kenny Wheeler *Trompete*, Günter Christmann, Albert Mangelsdorff, George Lewis *Posaune*, Bob Stewart *Tuba*, Evan Parker *Sopran- und Tenorsaxophon*, Gerd Dudek *Flöte, Sopran- und Tenorsaxophon*, Ernst-Ludwig Petrowsky *Flöte, Alt- und Baritonsaxophon*, Alexander von Schlippenbach *Klavier*, Alan Silva *Baß*, Paul Lovens *Schlagzeug*
Titel: Quasar • Phase A • Phase B • Mond im Skorpion
Kommentar: Wildes, hektisches, ambitioniertes und oft auch komisches europäisches Orchester frei improvisierender Musiker, seit 1966 an vorderster Front neuer Entwicklungen im Jazz.

Stan Tracey
UNDER MILK WOOD

Aufnahmedatum: 8. Mai 1965
Label: Steam
Musiker: Stan Tracey *Klavier*, Bobby Wellins *Tenorsaxophon*, Jeff Clyne *Baß*, Jackie Dougan *Schlagzeug*
Titel: Cockle Row • Starless and Bible Black • I Lost My Step in Nantucket • No Good Boyo • Penpals • Llareggub • Under Milk Wood • A. M. Mayhem
Kommentar: Diese faszinierende Suite aus den zögerlicheren Tagen des europäischen Jazz kommt von zwei starken Individualisten: dem aggressiv-perkussiven Tracey und dem Romantiker Wellins.

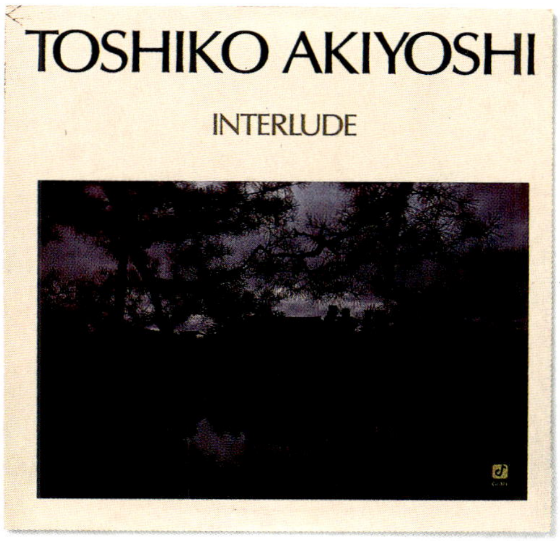

Toshiko Akiyoshi
INTERLUDE

Aufnahmedatum: Februar 1987
Label: Concord
Musiker: Toshiko Akiyoshi *Klavier*, Dennis Irwin *Baß*, Eddie Marshall *Schlagzeug*
Titel: Interlude • I Know Who Loves You • Blue and Sentimental • I Ain't Gonna Ask No More • Pagliacci • Solitude • So in Love • You Stepped Out of a Dream
Kommentar: Toshiko Akiyoshi, eine hervorragende Pianistin – ursprünglich im Bud-Powell-Stil, aber mit einer ätherischen, nachdenklicheren Note – und eine noch bessere Komponistin, erweist sich seit 40 Jahren als eine der kreativsten japanischstämmigen Jazzmusikerinnen. In ihrer Arbeit sind afroamerikanische Traditionen offenkundiger als fernöstliche, und es war Oscar Petersons Interesse an ihrem Spiel, das sie in den fünfziger Jahren in die USA kommen ließ. Diese Aufnahme stammt von 1987, als sie sich bereits in Amerika einen Ruf als Pianistin und Big-Band-Komponistin erworben hatte. Der Schlagzeuger Eddie Marshall zeigt, warum er seit den Sechzigern Akiyoshis erste Wahl ist: Er ist der Pianistin ständig auf den Fersen und spornt sie an. Der Standard *You Stepped Out of a Dream* wird von Akiyoshi besonders schön interpretiert.

Loose Tubes
OPEN LETTER

Aufnahmedatum: Dezember 1987
Label: EG
Musiker: Chris Batchelor *Trompete*, Lance Kelly *Trompete, Flügelhorn*, Dave DeFries *Trompete, Flügelhorn, Perkussion*, John Eacott *Trompete, Flügelhorn, Signalhorn, Tontrompete*, Richard Pywell *Alt- und Tenorposaune*, John Harborne *Tenorposaune, Flugelbone*, Steve Day *Tenorposaune, Euphonium*, Ashley Slater *Baßposaune, Tuba*, Dave Powell *Tuba*, Iain Ballamy *Alt- und Sopransaxophon, Flöte*, Steve Buckley *Alt- und Sopransaxophon, Penny Whistle*, Mark Lockheart *Tenor- und Sopransaxophon*, Tim Whitehead *Tenorsaxophon*, Julian Argüelles *Bariton- und Sopransaxophon*, Dai Pritchard *Klarinette, Baßklarinette*, Eddie Parker *Flöte, Baßflöte*, Django Bates *Tasteninstrumente, Tenorhorn*, John Parricelli *Gitarre*, Steve Barry *Baß*, Steve Argüelles *Schlagzeug, Perkussion*, Thebe Lipere *Perkussion*
Titel: Sweet Williams • Children's Game • Sticklebacks • Blue • The Last Word • Ⓐ • Accepting Suites from Strangers • Open Letter to Dudu Pukwana
Kommentar: Talentierte und enthusiastische britische Big Band der achtziger Jahre mit ihrer afrikabeeinflußten letzten Platte. Warmherzige, schrullige, thematisch originelle Musik einer vielseitigen Gruppe.

Mike Westbrook
CITADEL / ROOM 315

Aufnahmedatum: März 1974
Label: RCA
Musiker: Henry Lowther *Trompete, Flügelhorn*, Kenny Wheeler *Flügelhorn*, Malcolm Griffiths *Posaune*, Geoff Perkins *Baßposaune*, Alan Wakeman *Tenor- und Sopransaxophon, Klarinette*, John Surman *Sopran- und Baritonsaxophon, Baßklarinette*, Mike Page *Baßklarinette*, Dave MacRae *Tasteninstrumente*, Brian Godding *Gitarre*, Chris Laurence *Baß*, Alan Jackson *Schlagzeug*
Titel: Overture • Construction • Pistache • View from the Drawbridge • Love and Understanding • Tender Love • Bebop de Rigueur • Pastorale • Sleep-walker Awaking in Sunlight • Outgoing Song • Finale
Kommentar: Westbrook und seine Musiker feierten in den sechziger Jahren Triumphe mit ihrer Verbindung von Ellingtonscher Opulenz und der Rauheit von Coltranes *Ascension*. Ellington-Einflüsse, aber auch solche aus der Rockmusik, sind auf dieser Platte nicht zu überhören. Der herausgestellte Solist ist John Surman mit intensiven Saxophon-Höhenflügen.

Vagif Mustafa-Zadeh
ASPIRATION

Aufnahmedatum: 1978
Label: East Wind Records
Musiker: Vagif Mustafa-Zadeh *Klavier*, Tamaz Kurashvili *Baß*, Vladimir Boldyrev *Schlagzeug*, Elza Mustafa-Zadeh *Gesang*
Titel: Persistence • Aspiration • In the Garden • Dark Eyebrows • The Hottest Day in Baku • Concert No. 2 • Autumn Leaves • Bemsha Swing
Kommentar: Der verstorbene Pianist aus Aserbaidschan, der einen introspektiven Stil à la Bill Evans mit modaler Volksmusik der islamischen Kultur seiner Heimat verband.

Zakir Hussain
MAKING MUSIC

Aufnahmedatum: Dezember 1986
Label: ECM
Musiker: Zakir Hussain *Tabla, Perkussion, Gesang*, Jan Garbarek *Tenor- und Sopransaxophon*, Hariprasad Chaurasia *Flöte*, John McLaughlin *akustische Gitarre*
Titel: Making Music • Zakir • Water Girl • Toni • Anisa • Sunjog • You and Me • Sabah
Kommentar: Ein Tabla-Spieler der indischen klassischen Musik, der als Kind Charlie Parker hörte und John McLaughlins Indo-Jazz-Band *Shakti* angehörte. Dies ist eine der ergiebigsten aller »Weltmusik«-Kooperationen.

Verschiedene
THE 80s / DOCUMENT

Aufnahmedatum: achtziger Jahre
Label: Leo
Musiker: u. a. Dearly Departed; Vyacheslav Guyvoronsky *Trompete*, Vladimir Volkov *Baß*; Valentina Goncharova *Saiteninstrumente, Gesang, Schlagzeug, Flöte*; Valentina Ponomareva *Gesang*; Arkhangelsk; Datevik Hovhannessian *Gesang*; Orkestrion; Petras Vysniauskas *Alt- und Sopransaxophon*, Kestutis Lusas *Tasteninstrumente*; Anatoly Vapirov *Holzblasinstrumente*, Sergey Kuryokhin *Klavier, Perkussion*; Tri-O; Vladimir Chekasin *Klarinette, Altsaxophon, Gesang, Perkussion, Gitarre*, Sergey Kuryokhin *Klavier, Gesang, Perkussion, Flöte*, Boris Grebenshchikov *Gitarre, Gesang, Perkussion*; Homo Liber; Sakurov/Dronov; Sergey Kuryokhin Trio; Moscow Improvising Trio; Makarov New Improvised Music Trio; Ganelin Trio
Titel: Composition of Russian Love Songs • Skamba Gita, Jazz Raga, Five Netsuke • Ocean • Above the Sun, Below the Moon • Concerto for Voice • 1987, Tsaritson, Abyss • In Memoriam • Thracian Duos, Portraits • Mirage, Transformation of Matters • Exercise • St. Petersburg, Homage to Velemir Khlebnikov, Old Ballade • Big Explosion • First Recordings • Natural Selection, Conspiracy, Cogito • Incomplete Tendencies of Meta-reality • Solo and Duo in Blue, Something Is Happening in the Seascape, Simultamente, Old Bottles
Kommentar: Üppige, ausufernde, manchmal redundante und ungeschickt aufgemachte Kollektion, aber ein faszinierender Überblick über den russischen Jazz im Untergrund und die Neue-Musik-Szene der Prä-Glasnost-Ära.

Rabih Abou-Khalil
NAFAS

Aufnahmedatum: Februar 1988
Label: ECM
Musiker: Rabih Abou-Khalil *Ud*, Selim Kusur *Nay, Gesang*, Glen Velez *Rahmentrommeln*, Setrak Sarkissian *Darabuka*
Titel: Awakening • Window • Gaval Dance • The Return I • The Return II • Incantation • Waiting • Amal Hayati • Nafas • Nandi
Kommentar: Libanesischer improvisierender Virtuose der elfsaitigen Ud, der mit Jazzmusikern wie Charlie Mariano und Sonny Fortune gespielt hat. Abou-Khalil versteht den Jazz, und dies prägt seine kraftvolle und doch zarte Musik. Selim Kusurs Bambusflöte trägt zur Atmosphäre bei.

Phil Minton

THE BERLIN STATION

Aufnahmedatum: 1984–86
Label: FMP
Musiker: Phil Minton *Gesang*, Peter Brötzmann *Saxophon*, Michel Waisvisz *Synthesizer*, Tony Oxley, Hugh Davies *Elektronik*, Ernst Reijseger *Violoncello*, Sven-Åke Johansson *Perkussion, Akkordeon, Gesang*
Titel: The Berlin Station • Das Raspeln und Zischen der Nacht • Lost Trainers • On Metal • The Slug • Sweet Suite
Kommentar: Minton ist einer der führenden europäischen Sänger, gleich, ob er Songs interpretiert oder abstrakte Free-Jazz-Sounds produziert. Letztere stehen auf dieser schroffen Platte im Mittelpunkt.

Sadao Watanabe

CALIFORNIA SHOWER

Aufnahmedatum: März 1978
Label: Miracle
Musiker: Sadao Watanabe *Alt- und Sopraninosaxophon, Flöte*, Oscar Brashear *Trompete*, George Bohanon *Posaune*, Ernie Watts *Tenorsaxophon*, Dave Grousin *Klavier, Fender-Rhodes*, Lee Ritenour *Gitarre*, Chuck Rainey *Baß*, Harvey Mason *Schlagzeug*, Paulinho Da Costa *Congas, Perkussion*
Titel: California Shower • Duo-Creatics • Desert Ride • Seventh High • Turning Pages of Wind • Ngoma Party • My Country
Kommentar: Führender japanischer Saxophonist mit einer frühen Platte mit amerikanischen Fusion-Stars.

Dollar Brand

AFRICAN SPACE PROGRAM

Aufnahmedatum: 7. November 1973
Label: Enja
Musiker: Dollar Brand *Klavier*, Cecil Bridgewater, Enrico Rava, Charles Sullivan *Trompete*, Kiani Zawadi *Posaune*, John Stubblefield *Tenorsaxophon*, Hamiet Bluiett *Baritonsaxophon*, Sonny Fortune, Carlos Ward *Flöte, Altsaxophon*, Roland Alexander *Mundharmonika, Tenorsaxophon*, Cecil McBee *Baß*, Roy Brooks *Schlagzeug*
Titel: Tintiyana (Parts 1 and 2) • Jabulani – Easter Joy
Kommentar: Dollar Brand, heute Abdullah Ibrahim, ist einer der berühmtesten jener Musiker, die seit den sechziger Jahren aus der südafrikanischen Jazzszene hervorgegangen sind. Obwohl er lange Jahre im Exil verbrachte und wesentlich von Thelonious Monk und Duke Ellington (der ihn in den USA bekannt machte) beeinflußt wurde, bewahrt Ibrahim doch den Nachklang afrikanischer Trommeln, Gesangstimbres und Kirchenmusik in seinem Œuvre, das eine für den Jazz ungewöhnliche lyrische Würde hat. Dies ist eine seltene Big-Band-Einspielung, die stark an Ellington denken läßt, um Ibrahims eindrucksvolle Komposition *Tintiyana* aufgebaut ist und das bewegende Saxophonspiel Carlos Wards herausstellt.

Salif Keita

AMEN

Aufnahmedatum: 1991
Label: Mango
Musiker: Salif Keita *Gesang*, Ron Mesa *Trompete*, Raymond Brown, Gary Bias, Reggie Young *Horn*, Wayne Shorter *Tenor- und Sopransaxophon*, Joe Zawinul *Tasteninstrumente, Arrangement*, Cheik Tidiane Seck *Tasteninstrumente*, Korg Pepe *Akkordeon*, Kante Manfila, Jeff Baillard, Carlos Santana, Mamadou Doumbia *Gitarre*, Etienne M'Bappe *Baß*, Keletigui Diabate *Balafon*, Paco Sery *Schlagzeug*, Souleymanne Doumbia, Bill Summers *Perkussion*, Djene Doumbouya, Djanka Diabate, Assitan Dembele, Nayanka Bell, Assitan Keita *Gesang*
Titel: Yele n Na • Waraya • Tono • Kuma • Nyanafin • Karifa • N B' I Fe • Lony
Kommentar: Die faszinierende Stimme des Maliers Salif Keita verbindet sich mit Jazz. In einem radikalen Mix der Kontinente machen westafrikanische und karibische Musiker in Paris Aufnahmen mit den altgedienten Fusion-Helden Joe Zawinul, Wayne Shorter, Bill Summers und dem großen Siebziger-Jahre-Gitarrenidol Carlos Santana. Keitas Arbeit belegt, daß die »Weltmusik«-Bewegung vielleicht ihr Vokabular ändert, aber keineswegs ihren Abenteuergeist verliert.

Chris McGregor

BROTHERHOOD OF BREATH

Aufnahmedatum: 1970–71
Label: RCA
Musiker: Chris McGregor *Klavier, Xylophon*, Harry Beckett *Trompete*, Mongezi Feza *Taschentrompete, indische Flöte*, Marc Charig *Kornett*, Malcolm Griffiths, Nick Evans *Posaune*, Dudu Pukwana *Altsaxophon*, Mike Osborne *Altsaxophon, Klarinette*, Ronnie Beer *Tenorsaxophon, indische Flöte*, Alan Skidmore *Tenor- und Sopransaxophon*, John Surman *Bariton- und Sopransaxophon*, Harry Miller *Baß*, Louis Moholo *Schlagzeug, Perkussion*
Titel: Mra • Davashe's Dream • The Bride • Andromeda • Night Poem • Union Special
Kommentar: Ein weiterer von Ellington beeinflußter südafrikanischer Komponist. Das Plattendebüt eines bemerkenswerten, langlebigen Orchesters, mit u. a. dem ekstatischen Alt-Sound des verstorbenen Dudu Pukwana und Louis Moholos peitschendem Schlagzeug.

Register

A

B

C

D

L

M

N

O

P

R

Danksagung

John Fordham: Herzlichen Dank an Fred und Leo Fordham und Ros Asquith, daß sie mich daran erinnert haben, daß es, so faszinierend er ist, doch ein Leben außerhalb des Jazz gibt. Verbunden bin ich auch Val Wilmer und Daphne Razazan, die mir den Auftrag zu diesem Projekt vermittelten, und meiner Herausgeberin Susannah Marriott, die unendlich geduldig, »hip« und enthusiastisch war.

Dorling Kindersley möchte folgenden Personen danken: Eddie Brannan (Nachforschungen über Fakten und Abbildungen); Helen Gatward, Tanya Hines, Diana Craig und Alexa Stace (editorische Mitarbeit); Rowena Feeny, Karen Mackley und Noel Barnes (Satz); Sarah Ashun, Nick Goodall, Gary Ombler, Jonathan Buckley (Hilfe bei Herstellung der Fotografien); Jo Leevers (Korrekturen und Nachforschungen) und Hilary Bird (Register).

Besonderer Dank an Sonny und Lucille Rollins, Gilles Peterson, Val Wilmer, Max und Nick Jones, Ronald Atkins, James Joseph und Graham Lock für ihre Ratschläge und ihr Fachwissen, und Carroll Pinkham von *Serious Speakout* für ihre unermüdliche Hilfe bei der Engagierung der Musiker.

Dank an alle Musiker und Tänzer: Cleveland Watkiss, Claude Deppa, Fayyaz Virgi, Jimmy Giuffre, John Surman, Jean Toussaint, Andy Sheppard, Eddie Parker, Lindsay Cooper, Mark Mondesir, Nana Vasconcelos, Orphy Robinson, Julian Joseph, Jason Rebello, Tunde Jegede, Johnny Van Derrick, Tony Rémy, Alec Dankworth, Urban Species und Paul Borg; Sheron Wray, Melanie Joseph, Lorraine Le Blanc, Nikki Woollaston, Irven Lewis von *Brothers in Jazz and Legs*.

Dank an Neil Ardley und Brian Priestley für Ratschläge zum Techniken-Kapitel und für die Auswahl und die Transkription von Beispielen; an John Marshall für Informationen über Rhythmik und die Beispiele für Schlagzeug-Notation; an Julian Joseph für die Transkription des Bebop-Beispiels auf S. 82 und an John Harle, George Haslam, Robyn Archer und Chris Hodgkins für Ratschläge zum Instrumenten-Kapitel.

An Paul Wilson vom *National Sound Archive* für Auskünfte und Ratschläge; Dr. Bruce Boyd Raeburn vom *William Ransom Hogan Jazz Archive* an der Tulane University und an Don Marquis, den Jazz-Kurator des *Louisiana State Museum*, für ihre Hilfe und Gastfreundschaft.

Quellennachweis

An alle, die Schallplatten und Gegenstände zur Reproduktion zur Verfügung stellten: *The Jazz Collection*, *Louisiana State Museum*, Val Wilmer, Gilles Peterson, Max Jones, Ronald Atkins, Graham Lock; *Soul Jazz*, insbesondere Stuart Baker, Simon Adams, Chrissie Murray, Victor Schonfield, John Crosby, Katrina Payne, Paul Carter, James Joseph; *Honest Jon's*, insbesondere Alan Scholefield, *Mr. Bongo*, *Ray's Jazz*, *Mole Jazz*, Asman James; und an alle Firmen, die Plattenhüllen ausliehen: Fantasy, New Note, Mosaic, EMI, Harmonia Mundi, Island, Polygram, Warner Bros.
An *Steinway & Sons* für das Zurverfügungstellen des Klaviers (S. 80–83), *Bill Lewington Ltd.* für Tenor-Mundstücke und -Blättchen (S. 64), *Ray Man* für das Nagaswaram (S. 68), *Impact Percussion* für das Vibraphon (S. 78–79), Paul Clarvis für das *Gretsch Birdland*-Schlagzeugset (S. 28), Ken Jones von der *National Jazz Foundation* für die Zeitschrift (S. 49), *Acid Jazz* für das T-Shirt (S. 47), *Harrods* für den schwarzen Turtleneck-Pullover (S. 146), den *Hat Shop Covent Garden* für den Hut auf dem Schutzumschlag.
Abdruck der *Down Beat*-Titelseite mit freundlicher Genehmigung (S. 34), der *Time*-Titelseite (S. 49) © 1990 mit Genehmigung von Time Inc.; der Handzettel von *Swifty Typografix* (S. 49) mit Genehmigung von Ian Swift.

Illustrationen
(o = oben, M = Mitte, u = unten, l = links, r = rechts)
Stephen Bull: S. 57, 58, 61, 62, 65, 68, 84, 86, 88
Amy Lewis: S. 126–27; 15ul, Mr; 18u, Mr; 19M, Mr; 23 ul, ur; 29u; 34; 40
Sarah McMenemy: 18M, 23, 28–29
Stephen Michael: 82, 128–36, 138–39
Lynda Payne: 54, 57, 63, 64

Fotografien
Alle Fotos vom Dorling-Kindersley-Atelier: Tim Ridley, Andy Crawford, Steve Gorton, Sarah Ashun, und Dave King. Zusätzliche Fotoarbeiten von Geoff Dann, Philip Gatward, Phillip Dowell, Matthew Chattle und Paul Goff.
Val Wilmer: S. 20u, 42, 43, 45o, 96, 97, 99, 101ol, 102, 121, 122u, 123ur, 128or, 157u, *Zeittafeln:* S. 15 – 1917o · 23 – 1939M · 28 – 1942o, 1943M · 35 – 1957o, M; 1958u · 40–41 – 1961M; 1963o; 1964o, M; 1965o, Ml/136u; 1966M; 1968o; 1969M · 46 – 1970o, 1972M
James J. Kriegmann/Sammlung Val Wilmer: *Zeittafel* S. 29 – 1949o
Eric Jelly/Sammlung Val Wilmer: *Zeittafel* S. 35 – 1958o
Daniel Filipacchi/Sammlung Val Wilmer: S. 106u
David Redfern: S. 39, 44, 50, 118, 120, 132or, 187ul, 189or, *Zeittafeln:* S. 34–35 – 1951o, 1954M, 1955M, 1956o, 1958M, 1959o · S. 40–41 – 1961o, 1962o, 1963M/109, 1965Mr, 1966o, 1967o, 1969o · 46–47 – 1972o, 1976M, u; 1982o, M; 1984M
Bob Willoughby/Redferns: S. 115, 173u, *Zeittafel* S. 34 – 1952M, 1953o
Chuck Stewart/Redferns: S. 176ur
J. Krebs/Redferns: S. 123o
A. Putler/Redferns: S. 45u, *Zeittafel* S. 46 – 1974M
Gems/Redferns: *Zeittafel* S. 46 – 1974o
Stephen Morley/Redferns: *Zeittafel* S. 46 – 1978M
Mick Hutson/Redferns: *Zeittafel* S. 47 – 1984o
Tim Hall/Redferns: *Zeittafel* S. 47 – 1986o
Beryl Bryden/Redferns: *Zeittafel* S. 34 – 1953u
William Gottlieb/Redferns: S. 27, 30, 33u, 107, 116, 168u, *Zeittafeln:* S. 22–23 – 1934u; 1935o, M; 1939o/103o/Umschlag · S. 28–29 – 1940ol, M; 1942M; 1944o, M; 1945M/92; 1946o/113u/Umschlag; 1947o · S. 34 – 1950o, 1951M
Archiv Max Jones/Redferns: S. 31u, *Zeittafeln:* S. 14–15 – 1903o, 1907o. · S. 19 – 1926M, u · S. 23 – 1936o · S. 29 – 1944ul, 1947M
Archiv Max Jones: S. 17u, 100, 104u, 105, *Zeittafeln:* S. 14–15 – 1909o, 1915o, 1919o · S. 18–19 – 1920o, M; 1925M, u; 1927o, 1928o; 1929o/S. 95ur · S. 22 – 1933M/S. 104ol
Max Jones/Sammlung Sinclair Triall: S. 14 – 1900o
Tim Motion: S. 5M/S. 112, 114ol, 117, 119, 123ul, *Zeittafel* S. 46–47 – 1970u, 1978o
Sammlung Frank Driggs: S. 8–9, 25r, 108o, 142o, *Zeittafeln:* S. 15 – 1913o, 1919u · S. 18 – 1921u, 1922o, 1924M/S. 24 · S. 23 – 1936M · S. 28–29 – 1940u, 1941o, 1945o
Greg Kerr/Sammlung Frank Driggs: *Zeittafel* S. 29 – 1948o
Charles B. Nadell/Sammlung Frank Driggs: *Zeittafel* S. 28 – 1940or
Popsie Randolph/Sammlung Frank Driggs: S. 36
The Bettmann Archive: S. 25o, 26u, 32–33, 94, 140ul, 141o, 143, *Zeittafeln:* S. 18 – 1924u · S. 22–23 – 1930M; 1932M, u; 1934o
The Bettmann Archive/Hulton Deutsch Collection: S. 10o, 11, 12u, 13u, 21, 26o, 98o, 104or, 110, 134or, 165u, *Zeittafeln:* S. 14–15 – 1907u, 1911M, 1915u · S. 18 – 1921o, 1923M, 1925o · S. 23 – 1932o, 1933o, 1937o, 1938M · S. 34–35 – 1954o, 1959M
Hulton Deutsch Collection: S. 12o, 20o, 139, *Zeittafel* S. 14 – 1905M
Francis Wolff, mit Genehmigung von Mosaic Images: S. 38o, 136o
Archives Jazz Memories Francis Paudras: S. 31, 111, *Zeittafeln:* S. 18 – 1923o · S. 22–23 – 1938o · S. 35 – 1955o
Magnum Photos: Miles Davis (Umschlag)
Guy Le Querrec/Magnum Photos: *Zeittafeln:* S. 34 – 1953M · S. 40 – 1960o
Chris Clunn: *Zeittafel* S. 47 – 1988M
Nick White: S. 2, 6, 130or, 207ul, *Zeittafel* S. 46–47 – 1978u, 1980o, 1982u, 1984u, 1988o
Andy Crawford: S. 114or
Bruce Rae: S. 48
Gert De Ruyter: S. 51
Mary Evans Picture Library: S. 16u
Peter Newark's Western Americana: *Zeittafel* S. 15 – 1911u
The Advertising Archives: S. 140o, 141u
William Ransom Hogan Jazz Archive: S. 10u, 17o, 125, 142u, *Zeittafeln:* S. 14–15 – 1900u, 1905u, 1909M, 1913u · S. 28 – 1944ur
Solid State Logic Limited: Mischpult S. 91
AKAI Professional: AKAI S 1000, S. 91
Saydisc Records: Pianola Jazz S. 153
BMG Records (UK) Ltd.: S. 205u

Plattenhüllen
Abdruck mit freundlichem Einverständnis von:
Atlantic Recording Corporation; Biograph Records Inc.; Blue Note Records, a division of Capitol Records Inc.; BVHAAST; Black Lion und Candid mit Genehmigung von Candid Productions Ltd.; Capitol Records Inc.; World Pacific und Pacific Jazz mit Genehmigung von Capitol Records Inc.; Castle Copyrights Ltd.; Affinity, Esquire und Tico mit Genehmigung von Charly Holdings Inc.; Circle aus dem Katalog von Solo-Art Records; Concord Jazz; Concord Picante, a division of Concord Jazz Inc.; Red mit Genehmigung von Crepuscule; Delmark Records; Savoy Jazz mit Genehmigung von Denon/Nippon Columbia Co. Ltd.; ECM Records; EMI Records; East West Records; Elektra Entertainment; Enja Records; Everest Recording Group; Saturn und Theresa mit Genehmigung von Evidence Records; FMP; Debut, Contemporary, Jazzland, Milestone, Pablo, Prestige und Riverside mit Genehmigung von Fantasy Inc.; Leo Records mit Genehmigung von Leo Feigin; GNP Crescendo Record Co. Inc.; Mike Gibbs; Incus; Jazzpoint und Soul Note mit Genehmigung von Harmonia Mundi UK Ltd.; Island und Mango mit Genehmigung von Island Records Ltd.; MCA Records Inc.; Meteor mit Genehmigung von The Magnum Music Group; Montuno; Mosaic Records; Nessa mit Genehmigung von Chuck Nessa; Motown mit Genehmigung von Polygram International Ltd.; RCA, RCA Victor und Bluebird mit Genehmigung von BMG Music; SAGA Continuation Ltd.; Sony S^2 und Sony Music; Smithsonian Institution Press, Smithsonian/Folkways; Spotlite Jazz; Steam; Talkin Loud/Phonogram Ltd.; TKO Records Ltd. und ihre Tochtergesellschaft Ember Records; Vera-Bra Music Group; Miracle mit Genehmigung von Victor Musical Industries, Inc.; Virgin EG Records; Warner Bros. Records Inc.; ESP und Village mit Genehmigung von ZYX-Music GmbH.

Notenbeispiele
Round Midnight, *So What* und *Panassie Stomp* mit freundlicher Genehmigung von Warner Chappell Music Ltd./International Music Publications Ltd.
A Love Supreme mit Genehmigung von Island Music Ltd.
Sweet Georgia Brown mit Genehmigung von Warner Bros. Inc/33.33% Redwood Music Ltd.
Blues for Pablo mit Genehmigung von Solar Plexus Music
Ghosts mit Genehmigung von Syndicore
Composition No. 107 (Anthony Braxton) mit Genehmigung von Synthesis Music

Zitate
Black Nationalism and the Revolution in Music von Frank Kofsky mit Genehmigung von Pathfinder Press
Black Dance 1680 – Today mit Genehmigung von Dance Books
Down Beat, Zitate S. 30, 41: Abdruck mit Genehmigung
Bird Lives! von Ross Russell mit Genehmigung von Quartet Books
The Sound of Surprise von Whitney Balliett, *The Story of Jazz* von Marshall Stearns und *The Jazz Tradition* von Martin Williams mit Genehmigung von Oxford University Press, Inc.

Plattenhüllendesign
Marshall Arsiman für das Gemälde *Witness* (1981) auf *Young Lions*; **GIANT** für *Open Letter* (Loose Tubes); **Shoot that Tiger!** für Design von Sidney Bechet: *The Bluebird Sessions*; **Swifty Typografix** für *A Joyful Noise unto the Creator* (Galliano); **Kate Westbrook** für *Citadel/Room 315*; **Joe Boyd** für Chris MacGregors *Brotherhood of Breath*.